KB268505

합법적으로 확실하게

# 세금 줄이는 방법

최성호 · 김기근 지음

가림출판사

# 책머리에

세금은 국가를 운영하는데 없어서는 안 되는 것으로서, 국가는 세금을 징수하는 것이 중요 임무이며, 개인이나 기업은 세금을 납부하는 것이 기본 의무라고 할 수 있습니다. 따라서 세금의 부과징수에 대하여는 세법에 엄격하게 규정되어 있고, 우리는 세법에 준해서 세금을 납부할 의무가 있으며, 세법에 의하지 않는 불필요한 세금은 납부할 의무가 없습니다. 그러므로 세법에서 정한 바를 잘 알고서 합법적으로 확실하게 세금을 줄일 수 있는 방법을 알고 실천해야 합니다.

우리는 생활 속에서 많은 종류의 세금에 노출되어 있지만 세금에 대하여 너무나 무지하거나 주의를 소홀히 하여, 절세할 수 있는 기회를 놓치고 억울하게 세금을 부담하는 경우가 종종 있습니다. 이것을 세법이 너무나 복잡하기 때문이라고 탓할 수만은 없습니다. 현재의 세법이 아무리 복잡하더라도 세법의 기본적인 몇 가지를 파악하고 있었거나, 미리 전문가의 도움을 받아서 주의를 기울였다면 충분한 예방을 할 수 있기 때문입니다.

본 서는 세금에 관해 일반인에게 꼭 필요한 세금지식을 알려주고자 필자의 경험을 바탕으로 기존에 집필하였던 『일반인이 꼭 알아야 할 절세전략 73선』을 보완하여 다시금 정리하였습니다. 본 서는 일반인이 반드시 알아야 할 필수적인 절세상식을 가능한 도표를 이용하여 정리함으로써 쉽게 파악할 수 있도록 하였으며, 참고가 될만한 사례를 함께 수록하였습니다. 특히 최근 개정된 세법을 반영시킴으로써 바로 활용할 수 있도록 히였습니디. 따라서 본 서를 창상 옆에 두고 참고한다면 절세에 많은 도움을 줄 수 있을 것으로 기대합니다. 한 가지 꼭 명심할 것은 세법은 경제상황에 따라 수시로 변하는 것이므로 기존에 알고 있거나 들은 것에 대하여는 반드시 정확한 근거를 확인하여 의사결정을 하여야 한다는 것입니다.

마지막으로 본 서의 내용에 부족한 점이 많으리라고 생각하지만 세무상식의 저변확대를 위하여 한 사람에게라도 도움이 될 수 있기를 기대하면서 집필하게 된 점을 이해하여 주시기 바랍니다. 본 서의 부족한 점은 향후 계속 보완해 독자에게 유용한 정보를 제공할 수 있도록 노력하겠습니다. 또한 본 서의 출판을 독려해 주신 가림출판사 강선희 대표를 비롯한 직원 분들께 고마움을 표하며, 하느님의 은혜에 감사드립니다.

저자 일동

# 차례

# 제5장 부동산과 세금 줄이는 방법



# 제6장 주식과 세금 줄이는 방법

# 제7장 증여 · 상속과 세금 줄이는 방법

# 주요 개정 **세법**

## Ⅰ. 2010년 주요 세법 개정

2010년 개정세법(안)의 내용 중에서 일부는 당초 안과 동일하게 확정된 것이 있으나, 일부는 변경되어 확정되었거나 또는 변경되지 아니한 부분이 있다.

이하에서는 2010년 개정세법 중 자주 활용되는 중요한 부분만 발췌하여 요약하였다. 현재까지 해당 세법의 시행령이 아직 개정되지 아니하였기 때문에 구체적으로 확정되지 아니한 부분이 있을 수 있으므로 해당 세법의 적용 시에는 반드시 확인한 후에 적용하여야 한다.

### ❶ 국세기본법 등

#### 1) 세무조사 법제화(국세기본법 제81의 8부터 제81의 12까지 신설)

① 세무조사의 투명성 및 예측가능성을 제고하기 위하여 법제화하여, 2010년 4월 1일 이후 시작하는 세무조사분부터 적용

② 연간 수입금액이 100억 원 미만인 납세자에 대한 세무조사 기간을 20일 이내로 제한하고, 연장하는 경우 관할 세무관서 장의 승인을 받도록 함.

③ 납세자의 장부 등을 세무조사 목적으로 세무관서에 임의로 보관할 수 없도록 하고 납세자의 동의가 있는 경우에만 예외적으로 세무조사 기간동안 일시 보관할 수 있도록 함.

④ 세무조사에 있어서 납세자의 권익보장에 기여할 것으로 기대됨.

| 현　행 | 개　정 |
| --- | --- |
| 〈없 음〉 | □ 중소사업자의 세무조사기간 한도 설정<br>　• 대상 : 수입금액 100억 원 미만<br>　• 조사기간(한도) : 20일 이내<br>　　*예외 : 무자료거래 등으로 세금계산서 추적<br>　　　조사 등이 필요한 경우 등<br>　• 기간연장제한 : 1회당 20일 이내<br>　　*1차 연장 시 해당 관서장 승인,<br>　　　2차 연장 시 상급 관서장 승인 필요<br>□ 세무조사범위 확대의 제한<br>　• 대통령령으로 정하는 사유 이외에는 세무조<br>　　사범위 확대를 제한<br>　　*예외 : 여러 과세기간 또는 세목과 관련된<br>　　　세금탈루 혐의가 확인되는 경우 등<br>□ 세무조사 시 장부·서류의 일시보관 제한<br>　• 납세자가 동의하는 경우에만 장부서류를 조<br>　　사기간 종료 시까지 일시보관 가능하며, 납세<br>　　자가 반환요구 시 즉시 반환 |

## 2) 납세자보호관 제도 신설(국세기본법 제81의 16 신설)

① 납세자의 권리보호를 위하여 국세청에 납세자 권리보호업무를 총괄하는 납세자보호관을 설치하고, 국세청장은 납세자보호관이 업무를 수행함에 있어 독립성이 보장될 수 있도록 하여야 함.

② 납세자보호관의 업무수행의 독립성 보장을 통하여 납세자의 권익보호에 기여할 것으로 기대됨.

| 현　행 | 개　정 |
| --- | --- |
| 〈없 음〉 | □ 납세사보호관 세노 신설<br>　• 국세청 : 납세자보호관 설치<br>　　지방청·세무서 : 납세자보호담당관 설치<br>　• 납세자보호관을 개방형직위로 운영하고 직무<br>　　수행의 독립성 보장 |

## 3) 납부기한연장 승인여부 미회신 시 승인간주규정 신설(국세기본법 제6조)

① 천재 등으로 인한 납세자의 납부기한 연장신청에 대하여 10일 이내에 승인여부를 통지하지 아니한 때에는 그 10일이 되는 날에 납부기한의 연장을 승인한 것으로 간주함.

② 승인여부에 대한 신속한 통지를 담보하여 불확정적인 납세자의 지위를 조기에 안
   정시킬 수 있을 것으로 기대됨.

| 현　행 | 개　정 |
|---|---|
| □ 기한연장 제도<br>　• 대상 : 세법상 신고 · 신청 · 청구 · 서류제출 · 통지 · 납부의 기한<br>　• 연장사유 : 천재지변, 재해, 질병, 가족의 사망, 사업상 손해 등<br>　• 절차 : 납세자의 신청에 대해 관할세무서장이 승인여부 결정<br>　＊승인여부 미통지에 대한 별도규정 없음 | □ 납부기한 10일 전에 신청한 납부기한 연장신청에 대해 세무서장이 승인여부를 미통지한 경우<br>　• 신청일로부터 10일이 경과한 날 납부기한 연장을 승인한 것으로 간주 |

## 4) 고액 · 상습체납자 명단공개 대상 확대(국세기본법 제85조의 5 제1항)

　① 초기 제도 도입 이후 징수실적이 줄어들고 있어 명단공개 제도의 강화가 필요함.

　② 명단공개 대상 체납자의 범위를 체납액 10억 원에서 7억 원으로 확대함.

| 현　행 | 개　정 |
|---|---|
| □ 고액 · 상습체납자 명단공개<br>　• 공개요건 : 2년 이상된 체납액이 10억 원 이상인 체납자 | □ 공개요건 변경<br>　• 공개요건 : 2년 이상된 체납액이 7억 원 이상인 체납자 |

## 5) 체납자 출국금지 요청 근거 신설(국세징수법 제7의 4)

　① 출국금지 요청 근거를 국세징수법에 마련

　② 종전에는 국세청 훈령에 근거하여 필요한 경우에 5천만 원 이상의 국세체납자의
　　 출금금지를 요청하였음

| 현　행 | 개　정 |
|---|---|
| 〈없 음〉 | □ 체납액 5,000만 원 이상으로 대통령령으로 정하는 체납자에 대하여 출국금지 요청 의무화 |

## 6) 국세 신용카드 납부제도 확대(국세기본법 제46조의 2 제1항)

　① 고지세액이 신용카드로 납부할 수 있는 한도를 초과할 경우 현재는 신용카드로
　　 납부할 수 없으나, 2010년부터는 고지세액 중 한도 이하의 금액에 대해서는 신
　　 용카드로 납부할 수 있도록 하고,

② 신용카드로 납부할 수 있는 세목을 현행 소득세 등 5개 세목에서 모든 세목으로 확대함.

③ 일시적 유동성 부족을 겪고 있는 납세의무자의 납세편의를 제고할 것으로 기대됨.

## 7) 현금영수증 발급의무의 위반(조세범처벌법 제15조)

① 고소득 전문직 등의 종사자가 현금영수증 등의 발급 의무를 위반한 경우 그 미발급액의 100분의 50 상당액을 과태료로 부과하도록 함.

② 과태료 부과액 수준이 과도할 수 있다는 우려 불식

| 정 부 안 | 수 정 안 |
|---|---|
| □ 고소득 전문직 등 종사자가 30만 원 이상 거래 시 현금영수증 등 적격증빙 발급의무를 위반할 경우<br> • 해당 미발급액 상당액의 과태료를 부과 | □ 과태료 부과액 수준을 조정<br> • 해당 미발급액의 50% 상당액을 과태료로 부과 |

## ❷ 소득세법

## 1) 소득세 최고세율 인하 2년간 유보(소득세법 제55조)

① 2008년 소득세법 개정 당시에 비해 달라진 경제여건을 고려하여 2010년에 소득세 최고세율을 인하하지 않고 현행 수준을 유지할 필요가 있음.

② 2010년 이후 발생하는 소득분에 적용되는 소득세 최고세율을 현행 35%로 유지하고, 2012년 이후 발생하는 소득분부터 소득세 최고세율을 33%로 인하함

<table>
<tr><th colspan="3">현 행</th><th colspan="4">개 정</th></tr>
<tr><td colspan="3">□ 2010년 2단계 소득세율 인하</td><td colspan="4">□ 최고세율 인하 2년 유보</td></tr>
<tr><td rowspan="2">과세표준</td><td colspan="2">세율</td><td rowspan="2">과세표준</td><td colspan="3">세율</td></tr>
<tr><td>2009년</td><td>2010년</td><td>2009년</td><td>2010년</td><td>2012년</td></tr>
<tr><td>1,200만 원 이하</td><td>6%</td><td>6%</td><td>1,200만 원 이하</td><td>6%</td><td>6%</td><td rowspan="3">(좌동)</td></tr>
<tr><td>1,200 ~ 4,600만 원</td><td>16%</td><td>15%</td><td>1,200 ~ 4,600만 원</td><td>16%</td><td>15%</td></tr>
<tr><td>4,600 ~ 8,800만원</td><td>25%</td><td>24%</td><td>4,600 ~ 8,800만원</td><td>25%</td><td>24%</td></tr>
<tr><td>8,800만 원 초과</td><td>35%</td><td>33%</td><td>8,800만 원 초과</td><td>35%</td><td>35%</td><td>33%</td></tr>
</table>

## 2) 고소득자 소득세 감면 축소시행 및 2년간 유보(소득세법 제59조)

① 근로소득세액공제는 근로소득공제 및 인적공제, 특별공제 등과 중복되는 문제가 있음.

② 2012년 1월 1일 이후 발생하는 소득분부터 총급여 8,000만 원 초과자에 대하여 총급여가 매 500만 원 증가할 때마다 근로소득세액공제 한도가 10만 원씩 축소되도록 함.

| 현　행 | 개　정 |
| --- | --- |
| □ 근로소득세액공제<br>　가. 산출세액 50만 원 미만<br>　　: 산출세액의 55% 공제<br>　나. 산출세액 50만 원 초과분<br>　　: 초과금액의 30% 추가공제<br>　다. 총공제한도 50만 원 | □ 고소득자 근로소득세액공제 축소(단, 2012. 1. 1 부터 시행)<br>　가. (좌동)<br>　나. (좌동)<br>　다. 총급여액이 8,000만 원 초과 시<br>　　8,500만 원 이하 : 40만 원 공제<br>　　9,000만 원 이하 : 30만 원 공제<br>　　9,500만 원 이하 : 20만 원 공제<br>　　1억 원 이하 : 10만 원 공제<br>　　1억 원 초과 : 공제없음<br>　라. 총공제한도 50만 원 |

## 3) 고소득자 소득세 감면 축소 및 2년간 유보(소득세법 제47조)

① 근로소득공제는 총급여 수준에 따라 일정비율을 공제함으로써 고소득자일수록 실제 지출한 비용에 비하여 과도한 공제가 이루어짐.

② 2012년 1월 1일 이후 발생하는 소득분부터 총급여 4,500만 원 초과분에 대한 근로소득공제율(현행 5%)을 총급여 8,000만 원 초과 1억 원 이하분은 3%, 총급여 1억 원 초과분은 1%로 조정함.

| 현　행 | 개　정 |
| --- | --- |
| □ 근로소득공제<br>　가. 총급여액 500만 원 이하<br>　　: 총급여액의 80% 공제<br>　나. 총급여액 500만 원 초과분<br>　　: 초과분의 50% 추가공제<br>　다. 총급여액 1,500만 원 초과분<br>　　: 초과분의 15% 추가공제<br>　라. 총급여액 3,000만 원 초과분<br>　　: 초과분의 10% 추가공제<br>　마. 총급여액 4,500만 원 초과분<br>　　: 초과분의 5% 추가공제 | □ 고소득자 근로소득공제 축소(단, 2012. 1. 1부터 시행)<br>　가~마. (좌동)<br>　바. 총급여액 8,000만 원 초과분<br>　　: 초과분의 3% 추가공제<br>　사. 총급여액 1억 원 초과분<br>　　: 초과분의 1% 추가공제 |

## 4) 저소득근로자에 대한 주택임차차입금 소득공제 확대 및 월세금액 소득공제 신설(소득세법 제52조 제4항, 소득세법시행령 제112조)

① 현재 주택임차차입금 소득공제를 받기 위해서는 주택마련저축에 가입하여야 하고, 전세자금 대출이나 모기지론 상환액에 대해서는 소득공제를 하지만, 월세 비용에 대한 소득공제는 없어 형평성에 문제가 있음.

② 주택임차차입금 소득공제 요건 중 주택마련저축 가입요건을 삭제하고, 부양가족이 있는 총급여 3,000만 원 이하의 무주택 세대주인 근로자로서 국민주택규모 이하 주택에 대한 월세금액을 지출한 경우 그 금액의 40%를 소득공제함.

| 현 행 | 개 정 |
|---|---|
| □ 금융기관으로부터의 주택임차차입금 소득공제<br>가. 공제대상 : 무주택 세대주로서 국민주택규모의 주택 세입자로서 주택마련저축에 가입한 자<br>나. 공제금액 : 원리금 상환액의 40%<br>　　(연간 300만 원 한도) | □ 저소득 근로자에 대해 사인간의 주택임차차입금에 대해서도 소득공제 허용<br>가. 공제대상 : 무주택 세대주로서 국민주택규모의 주택 세입자<br>나. 공제금액 : 원리금 상환액의 40%<br>　　(연간 300만 원 한도) |
|  | □ 저소득 근로자의 월세금액의 소득공제 신설<br>가. 공제대상 : 배우자 또는 부양가족이 있는 총급여 3,000만 원 이하 무주택 세대주인 근로자로서 국민주택규모의 주택 세입자<br>나. 공제금액 : 월세금액의 40%(연간 300만 원 한도) |

## 5) 양도세 예정신고납부세액공제 단계적 폐지(소득세법 제69조 제4항 및 제108조 삭제 및 부칙 제16조 신설)

① 양도소득세 예정신고납부세액공제(10%) 제도는 1975년 양도소득세 도입 당시의 행정전산시스템 미비와 고금리 등의 여건에서 징세비용 절감 등을 위한 인센티브로 도입되었으나, 최근의 양도소득세율 인하, 과세정보시스템 정비 등 경제여건 변화로 이를 존치할 필요가 없게 됨.

② 양도소득세 예정신고납부세액공제제도를 폐지하되, 과세표준 4,600만 원 이하인 경우와 공익수용 부동산에 대하여는 2010년 12월 31일까지 양도하여 발생한 소득에 대해서 납부할 세액의 5%를 세액공제함.

| 현　행 | 개　정 |
| --- | --- |
| □ 양도세 예정신고세액공제<br>　* 부동산 등 양도 후 2월 이내 신고 시 납부할<br>　　세액의 10% 세액공제 | □ 예정신고세액공제를 폐지하되, 다음의 경우 1년<br>　간 한시적으로 5% 예정신고세액공제 적용<br>　① 부동산을 2010. 12. 31까지 양도 시 과표<br>　　4,600만 원 이하 부분에 대해 적용<br>　　• 과표 4,600만 원 이하인 자 : 전체 납부할<br>　　　세액의 5% 세액공제<br>　　• 과표 4,600만 원 초과인 자 : 과표 4,600<br>　　　만 원 부분에 해당하는 납부할 세액의 5%<br>　　　세액공제<br>　② 공익사업 수용토지로서 사업인정고시일이<br>　　2009. 12. 31 이전인 토지를 2010. 12. 31까<br>　　지 양도 시 |
| □ 양도세 예정신고 임의제도<br>　가. 예정신고납부불성실가산세는 없으며, 예정<br>　　신고 시에는 세액공제를 하여 주고 있음. | □ 양도세 예정신고 강제제도<br>　가. 예정신고불성실가산세 : 과소신고 10%, 무<br>　　신고 20%<br>　나. 예정납부불성실가산세 : 연 10.95%<br>　　* 다만, 2010. 12. 31까지 부동산을 양도한<br>　　　양도세 예정신고 무신고자의 경우에는 무<br>　　　신고가산세를 50% 경감하여 10% 적용 |

## 6) 비과세되는 근로소득의 범위 확대(소득세법 제12조)

① 장기복무 제대군인의 구직활동을 지원하고 자녀의 보육비 부담을 낮추기 위하여 세제지원을 확대할 필요가 있음.

② 장기복무 제대군인에 대한 전직지원금을 비과세 대상에 포함하고 보육수당이 비과세되는 6세 이하 자녀의 연령 판단시기를 보육수당 지급 월에서 과세기간 개시일로 변경함.

## 7) 주택전세보증금에 대한 임대소득세 과세(소득세법 제25조)

① 현재 월세를 받고 주택을 임대하는 경우와 보증금 등을 받고 상가를 임대하는 경우에는 과세되고 있으나, 전세금을 받고 주택을 임대하는 경우에는 비과세되고 있어 임대형식 및 임대물건에 따라 과세불형평이 발생함.

② 주택을 3채 이상 소유한 경우 주택전세보증금 합계액의 일정 금액에 대하여 이자상당액만큼 소득세를 과세함.

## 8) 기부금 이월공제기간의 연장 및 제도 보완(소득세법 제34조 및 제52조 제8항)

① 일시적인 고액 기부의 경우 현행 기부금의 이월공제기간으로는 소득공제를 받기

에 부족한 측면이 있고, 근로자의 경우 기부금 공제한도를 초과한 기부금에 대해 이월공제가 허용되지 않고 있음.

② 법정기부금의 이월공제기간을 1년으로 하고, 지정기부금의 이월공제기간을 5년으로 연장하며, 근로자에 대해서도 이월공제를 허용함.

## 9) 기장세액공제율의 합리적 조정(소득세법 제56조의 2 제1항 및 소득세법 부칙 제14조)

① 간편장부대상자인 사업자가 복식기장에 따라 소득금액을 계산하는 경우 산출세액의 20%를 공제하여 복식기장을 유도하고 있으나, 간편장부에 따라 소득금액을 계산하는 경우에도 산출세액의 10%를 공제해 주고 있어 복식기장 유인효과가 적음.

② 간편장부대상자가 간편장부를 기장하고 그에 따라 소득금액을 계산하는 경우 2010년도 소득분에 대해서는 산출세액의 5%를 공제하고 2011년도 소득분부터는 공제하지 않도록 함.

## 10) 고소득 전문직 사업자 등의 현금영수증 발급 의무 강화(소득세법 제162조의 3 제4항)

① 사업자가 재화·용역을 공급하고 그 대가를 현금으로 받은 경우 거래상대방이 요청한 때에 한정하여 현금영수증을 발행하도록 되어 있어 고소득 전문직 사업자 등이 재화·용역을 공급하고 현금을 받은 경우 현금영수증의 발급을 기피함으로써 세원의 노출을 은폐하는 사례가 있음.

② 의사·변호사 등 고소득 전문직 사업자 등에 대해서는 건당 30만 원 이상의 거래를 하는 경우 소비자의 요청과 관계없이 현금영수증을 발급하도록 함

## ❸ 법인세법

## 1) 법인세 최고세율 인하 2년 유보(법인세법 제55조)

① 2010년부터 과세표준 2억 원 초과구간에 대한 적용될 20%의 세율을 현행과 같이 22%로 2년간 한시적으로 유예하여 대법인에 대한 감세유보로 재정건전성 확보

| 현　　행 | 개　　정 |
| --- | --- |
| □ 2단계 법인세율 인하(2010년부터)<br>　• 낮은세율 : 10%<br>　　높은세율 : 20% | □ 높은 법인세율 인하 2년 유보<br>　• 낮은세율 : (좌동)<br>　　높은세율 : 22%(2011년까지) → 20%(2012년부터) |

| 과세표준 | 세율 | |
| --- | --- | --- |
| | 2009년 | 2010년 |
| 2억 원 이하 | 11% | 10% |
| 2억 원 초과 | 22% | 20% |

| 과세표준 | 세율 | | |
| --- | --- | --- | --- |
| | 2009년 | 2010~2011년 | 2012년 |
| 2억 원 이하 | 11% | 10% | 10% |
| 2억 원 초과 | 22% | 22% | 20% |

## 2) 현물출자에 따른 자산양도차익 과세이연 특례 확대(법인세법 제47조의 2)

① 일정 요건을 갖춘 현물출자에 대해서는 자산양도차익에 대한 과세를 이연하고 있으나, 그 대상을 주식 또는 사업용 유형고정자산을 현물출자하여 새로운 법인을 설립하는 경우로 한정하고 있어 활용에 제약이 있음.

② 현물출자 시 과세이연 대상 자산을 모든 자산으로 확대하고 이미 설립된 법인이 현물출자 방식으로 증자하는 경우에도 과세이연을 허용함.

## 3) 합병, 분할에 대한 과세체계 개선(법인세법 제16조 제1항, 제17조 제1항, 제24조 제1항 및 제44조, 법 제44조의 2 및 제44조의 3 신설, 법 제45조 및 제46조, 법 제46조의 2부터 제46조의 5까지 신설, 법 제47조, 현행 제48조, 제48조의 2 및 제49조 삭제, 법 제60조 제4항 신설, 법 제76조의 13 및 제77조, 현행 제80조 및 제81조 삭제, 법 제84조, 제86조 및 제113조)

① 법인이 합병·분할하면서 자산을 포괄적으로 이전·승계하는 경우 일정 요건을 갖추면 법인이나 주주에 대한 과세를 이연하고 있으나, 현행 과세체계가 지나치게 복잡하고 과세이연을 사업용 유형고정자산에 한정함으로써 과세이연 효과도 불완전하여 기업이 구조개편을 추진하는 데 부담이 되고 있음.

② 앞으로는 합병·분할 시 과세이연 요건을 갖추면 모든 자산을 장부가액으로 양도한 것으로 하고 이월결손금과 세무조정사항 등을 일괄하여 승계할 수 있도록 함으로써 합병·분할 시점에서 과세문제가 발생하지 않도록 하고, 아울러 과세이연 요건 중 합병대가로 합병법인 주식을 100분의 95 이상 교부하여야 하던 것을 100분의 80 이상으로 완화하되, 합병·분할로 인하여 취득한 주식과 승계받은

사업은 일정기간 계속 보유·유지하도록 하여 합병·분할이 조세회피 목적으로 악용되지 않도록 함.

## ④ 부가가치세법

### 1) 전자세금계산서제도의 단계별 시행(부가가치세법 제16조, 제22조)

① 2011년부터 일정 규모 이상의 개인사업자를 전자세금계산서 교부대상 사업자에 추가하되, 납세자의 부담을 완화하기 위하여 제도 시행 첫 해(법인은 2010년)에는 세금계산서의 유형을 선택할 수 있도록 하고 다음 해부터 2년간 전자세금계산서 교부의무를 위반하는 경우 낮은 미전송 가산세율을 적용하도록 함

② 신설안을 수정하여 개정한 이유는 영세·중소 사업자의 준비기간 등을 감안하여 점진적 도입하기 위함

| 현 행 | 개 정 |
| --- | --- |
| 〈없 음〉 | □ 당초 신설안에서 단계별 제도 시행으로 확정<br><br>[1단계] 선택적으로 교부할 수 있도록 함(법 시행 후 1년간)<br>가. 법인(2010. 1. 1. ~ 2010. 12. 31.)<br>나. 개인(2011. 1. 1. ~ 2011. 12. 31.)<br><br>[2단계] 교부를 의무화하되 낮은 가산세 적용 (1단계 이후, 2년간)<br>가. 법인(2011. 1. 1. ~ 2012. 12. 31.)<br>나. 개인(2012. 1. 1. ~ 2013. 12. 31.)<br>다. 교부일 익월 15일 ~과세기간 말 익월 15일 전 전송 시 : 0.1% 가산세<br>리. 과세기긴 말 익월 15일 이후 : 0.3% 가산세<br><br>[3단계] 제도 본격 시행 (2단계 이후)<br>가. 법인(2013. 1. 1. ~)<br>나. 개인(2014. 1. 1. ~)<br>다. 교부일 익월 15일 ~과세기간 말 익월 15일 전 전송 시 : 0.5% 가산세<br>라. 과세기간 말 익월 15일 이후 : 1% 가산세<br><br>□ 전송기한<br>• 교부일 익월 15일 |

### 2) 주사업장 총괄납부제도 개선(부가가치세법 제4조 제2항)

주사업장 총괄납부제도의 요건 중 관할세무서장의 승인을 삭제함으로써 사업자의 신청만으로 제도를 적용받을 수 있도록 함

### 3) 고소득 전문업종 현금매출명세서 미제출가산세 강화(부가가치세법 제20조의 2 제1항 및 제22조 제6항)

변호사 등 고소득 전문업종의 현금매출명세서 미제출에 대한 가산세를 현행 1천분의 5에서 100분의 1로 상향조정함.

### 4) 부동산임대공급가액명세서 제출의무화(부가가치세법 제20조의 2 제2항 신설 및 제22조 제6항)

부동산임대업자의 부가가치세 신고 시 부동산임대공급가액명세서를 의무적으로 제출하도록 하고 미제출 시 100분의 1에 상당하는 금액을 가산세로 부과함.

### 5) 지방소비세액의 공제 신설(부가가치세법 제32조의 6 신설)

부가가치세 5퍼센트의 지방소비세 전환을 위하여 부가가치세를 그 납부세액에서 감면세액, 공제세액 및 가산세를 차가감한 세액의 95%로 함.

## ❺ 상속세 및 증여세법

### 1) 배우자상속공제의 신청절차 간소화(상속세 및 증여세법 제19조 제2항)

① 배우자상속공제를 받기 위해서는 배우자 명의로 등기·명의개서 등을 하고 그 사실을 세무서에 신고하여야 함에 따라 등기·명의개서 등을 하였음에도 불구하고 신고하지 못한 경우 배우자상속공제를 적용받지 못하는 문제점이 있음.

② 배우자가 상속받은 재산을 배우자 명의로 등기·명의개서한 경우에는 그 사실을 세무서에 신고하지 아니하여도 배우자상속공제를 적용하도록 함.

### 2) 계부·계모와 자녀 간의 증여에 대한 증여재산공제 신설(상속세 및 증여세법 제53조 제1항 제2호)

① 현재 직계존속과 자녀 간의 증여에 대해서는 증여재산공제(3,000만 원 한도)를 허용하고 있으나, 계부·계모와 자녀 간의 증여에 대하여는 증여재산공제를 허

용하고 있지 아니하여 형평성에 어긋나는 문제점이 있음.

② 계부·계모와 자녀 간의 증여에 대해서도 직계존속과 자녀 간의 증여와 동일하게 증여재산공제를 허용함.

### 3) 금전무상대부이익 증여에 대한 경정 등의 특례인정(상속세 및 증여세법 제79조 제2항)

① 현재는 특수관계자로부터 금전을 무상 또는 저리(低利)로 대부받은 이익에 대하여 증여세를 1년 단위로 과세하면서 중도상환 등으로 금전의 무상대부 등이 종료된 경우에도 경정청구를 허용하고 있지 아니한 문제점이 있음.

② 금전무상대부이익의 증여에 대하여 중도상환 등으로 무상대부 등이 종료된 경우에는 경정청구를 허용하도록 함.

## ❻ 지방세법

### 1) 지방소비세 신설(지방세법 제159조 개정 및 제159조의 2부터 제159조의 9까지 신설)

① 부가가치세의 5%를 지방세로 전환하여 지방소비세를 신설하고, 과세표준 및 세율, 신고·납부, 특별징수 절차 등을 규정하여 납세자의 불편과 징수에 따른 행정비용을 최소화하도록 함.

② 납세의무자는 지방소비세를 부가가치세와 함께 신고·납부하고, 특별징수의무자가 징수한 지방소비세는 납입관리자인 시·도지사가 지역별 소비지표 등을 감안하여 대통령령으로 정하는 안분기준 및 방법에 따라 각 시·도지사에게 납입하도록 함.

### 2) 주민세 통폐합 및 지방소득세 신설(지방세법 제172조부터 제176조 개정 및 제176조의 2 및 제176조의 3부터 제176조의 12까지 신설)

① 납세자에 대하여 균등하게 부과하는 주민세 균등할과 사업소세 재산할을 통합하여 주민세로 함.

② 소득에 대해 부과하는 주민세 소득할과 사업소세 종업원할을 통합하여 지방소득세로 함.

### 3) 농업소득세의 폐지(지방세법 제197조부터 제214조까지 삭제)

① 현행 농업소득세는 법률 제7332호 지방세법중개정법률 부칙 제5조에 따라 2005년 1월 5일부터 5년간 과세가 중단되어 있음.

② 영세농가 지원 및 농업의 국제경쟁력 강화를 위하여 과세중단기간이 만료된 농업소득세를 폐지함.

### 4) 어업회사법인, 신기술창업집적지역에 대한 감면 신설(지방세법 제266조 제7항 및 제276조 제1항 · 제3항)

① 수산업의 규모화 · 기업화를 촉진하고 어업 경영의 안정화를 위하여 어업회사법인에 대한 지방세 감면을 신설함.

② 대학 내 기술창업을 촉진하기 위하여 신기술창업집적지역 개발사업시행자 및 건물 신 · 증축에 대한 지방세 감면을 신설함.

### 5) 신용카드에 의한 지방세 납부 허용범위 등(지방세법 시행령 제11조의 6 신설)

① 주행세와 담배소비세를 제외한 모든 지방세를 신용카드로 납부할 수 있도록 하되, 3건 이상의 지방세를 체납하여 그 체납액이 100만 원 이상인 자는 지방세를 신용카드로 납부할 수 없도록 함.

② 신용카드로 지방세를 납부할 수 있도록 함으로써 납세자의 편의를 도모하고, 지방세의 징수에 필요한 예산을 절감하는 등 세정운영의 효율성을 높일 수 있을 것으로 기대됨.

## ❼ 조세특례제한법

### 1) 대법인(일반기업)에 대한 최저한세율 유지(조세특례제한법 제132조)

① 법인세 최고세율이 유예되는 것에 맞추어 과세표준 1천억 원 초과구간은 현행대로 14%를 유지하고, 100억 원 초과 1천억 원 미만의 구간 역시 현행대로 11%를 유지하며, 100억 원 이하는 당초 계획대로 10%로 인하함.

② 중소기업에 대한 최저한세율 역시 당초 계획대로 현행 8%에서 7%로 인하함.

| 현 행 | 개 정 |
|---|---|
| □ 법인의 최저한세제도<br>  • 중소기업 : 8%<br>  • 일반기업<br>    – 과표기준금액 : 2구간<br>    – 최저한세율 | □ 법인의 최저한세제도 조정<br>  • 중소기업 : 7%<br>  • 일반기업 : 최저한세율 현행 유지<br>    – 과표기준금액 : 3구간(세분화)<br>    – 최저한세율 |

| 과세표준<br>기준금액 | 세율 | |
|---|---|---|
| | 1천억 원 이하 | 1천억 원 초과 |
| 최저한세율<br>(2009년→2010년) | 11% | 14% |

| 과세표준<br>기준금액 | 세율 | | |
|---|---|---|---|
| | 100억 원<br>이하 | 100억 원~<br>1천억 원 | 1천억 원<br>초과 |
| 최저한세율<br>(2009년→2010년) | 10% | 11%<br>(현행 유지) | 14%<br>(현행 유지) |

## 2) 신용카드 등 소득공제 조정(조세특례제한법 제126조의 2)

① 신용카드 등 사용금액에 대한 소득공제 제도의 일몰을 2011년 12월 31일까지 2년 연장하고, 소득공제 한도를 현행 연간 500만 원에서 연간 300만 원으로 조정함(과표양성화 목적이 달성된 점을 고려함).

② 신용카드·현금영수증 사용액에 대한 소득공제율은 20%로 하고, 직불 및 선불카드 사용액에 대한 소득공제율은 25%로 차등을 둠

| 현 행 | 개 정 |
|---|---|
| □ 신용카드 등 소득공제<br>  • 공제한도 : 연간 500만 원<br>  • 최저사용금액 : 총급여의 20%<br>  • 공제율 : 20% | □ 신용카드 등 소득공제 축소 및 공제율 차등화<br>  • 공제한도 : 연간 300만 원<br>  • 최저사용금액 인상 : 총급여의 25%<br>  • 직불·선불카드 공제율 인상 : 25%<br>    * 신용카드, 현금영수증의 공제율은 현행 20%<br>    유지 |

## 3. 교육비·의료비가 공제되는 성실사업자 요건 완화(조세특례제한법 제122조의 3)

① 금년에 일몰이 도래하는 성실사업자에 대한 교육비·의료비 공제제도의 적용시한을 2010년 12월 31일까지 1년간 연장함.

② 수입금액 요건을 해당 과세기간의 수입금액이 직전 3개 과세기간의 연평균 수입금액을 초과하는 경우로 완화함.

③ 시행시기 : 2009년 귀속분부터 적용.

| 현　　행 | 개　　정 |
|---|---|
| □ 성실사업자에 대해 교육비·의료비 소득공제<br>• 성실사업자 요건<br>　－ 신용카드, 현금영수증 가맹 사업자<br>　－ 3년평균 수입금액대비 1.1배 초과<br>　－ 복식장부 기장·비치 및 신고 등<br>• 일몰 기한 : 2009. 12. 31. | □ 성실사업자 소득공제 요건 완화<br>• 성실사업자 요건 완화<br>　－ (좌동)<br>　－ 3년평균 수입금액대비 1.0배 초과<br>　－ (좌동)<br>• 일몰 기한 연장 : 2010. 12. 31. |

## 4) 근로장려세제 자영사업자 확대 법제화(조세특례제한법 제100조의 3)

① 근로장려금의 지급대상에 사업소득자를 포함하고 2014년 귀속 소득분부터 지급하기로 함

| 현　　행 | 개　　정 |
|---|---|
| □ 근로장려금 지급대상<br>• 근로소득자(부양자녀가 있고, 무주택자로서 세대원의 총재산이 1억 원 이하이며, 무주택(소규모주택 제외)세대로서, 연간 총소득액(배우자소득 포함)이 1,700만 원 이하인 근로자) | □ 근로장려금 지급대상 확대<br>• 근로소득자 및 자영업자<br>　※ 자영업자 확대적용은 2014년 소득분부터 적용 |

## 5) 공익사업 수용에 따른 보상채권 만기보유 시 양도세 감면 확대(조세특례제한법 제77조, 제133조)

① 공익사업지역 내 토지수용에 따른 보상금을 채권으로 받아 만기까지 보유하는 경우 양도소득세 감면율과 감면한도를 확대(토지보상금의 부동산시장 재유입 최소화하여 부동산시장 불안요인을 제거)

② 시행시기 : 2010년 1월 1일 이후 양도하는 분부터 적용

| 현　　행 | 개　　정 |
|---|---|
| □ 공익사업 수용 시 양도세 감면의 일몰 연장<br>• 일몰 기한 : 2009. 12. 31.<br>• 감면율<br>　－ 현금보상 : 20%<br>　－ 일반 보상채권 : 25%<br>　－ 만기보유 보상채권 : 30%<br>• 감면한도<br>　: 연간 1억 원 | □ 일몰 연장 및 감면 확대<br>• 일몰 기한 : 2012. 12. 31.<br>• 만기보유 보상채권 감면율 확대<br>　－ 3년만기 보유 : 40%<br>　－ 5년만기 보유 : 50%<br>　　* 현금보상과 일반보상채권에 대한 감면율은 현행과 동일<br>• 만기보유 보상채권 감면한도 확대<br>　: 연간 2억 원(5년간 3억 원) |

## 6) 국가매수 임야에 대한 양도세 감면 신설(조세특례제한법 제85조의 10)

① 거주자가 2년 이상 보유한 산지를 2012년 12월 31일 이전에 국가에 양도함으로
써 발생하는 소득에 대해 양도소득세의 20%를 세액감면 함(산림보호 등 공익사
업의 원활한 수행을 지원)

② 시행시기 : 2010년 1월 1일 이후 양도하는 분부터 적용

| 현 행 | 개 정 |
|---|---|
| 〈신 설〉 | □ 국가매수 임야에 대한 양도세 감면<br>• 적용요건<br> – 「국유림 경영 및 관리에 관한 법률」에 따라 산림의 공익기능과 국유림 경영관리의 효율성 제고를 위해 국가가 매수하는 임야일 것<br> – 2년 이상 보유한 임야일 것<br> – 「국토 계획 및 이용에 관한 법률」에 따른 도시지역 밖에 소재하는 임야일 것<br>• 감면율 : 20% 세액감면<br>• 일몰 기한 : 2012. 12. 31. |

# II. 2010년 주요 세법 개정(안)

## 1) 서민층 · 중산층 세제지원 확대

| 현 행 | 개정(안) |
| --- | --- |
| **1. 간이과세자인 음식, 숙박, 소매업에 대해 낮은 부가가치세율 적용** | |
| − 간이과세자인 음식, 숙박, 소매업에 대해서는 금년말까지 한시적으로 낮은 부가가치세율*을 이용하여 세 부담을 경감.<br>* 납세편의를 위해 매출액에 대해 업종별로 부가가치율을 감안한 별도의 세율적용 :<br>(소매업) 2% → 1.5%, (음식 · 숙박업) 4% → 3% | − 어려움을 겪고 있는 음식, 숙박, 소매업에 종사하는 영세 자영업자 지원을 위해 적용시한을 2011년 12월 31일까지 2년 연장 |
| **2. 저소득 근로자에 대한 소형주택 '월세 소득공제' 신설** | |
| − 무주택 세대주인 근로자가 금융기관으로부터 받는 전세자금 대출금의 원리금 상환액에 대해서는 소득공제* 하고 있으나, 월세에 대한 소득공제는 없음<br>* 원리금 상환액의 40%(300만 원 한도) | − 무주택 근로자의 주거안정 지원을 위해 저소득 무주택 근로자에 대하여 소형주택 월세 소득공제를 신설<br>− 공제대상 : 부양가족이 있는 총급여 3,000만 원 이하 무주택 세대주인 근로자로서 국민주택 규모 이하 주택 세입자<br>− 공제금액 : 월세지급액의 40% 공제(연간 300만 원 한도) |
| **3. 8년 자경농지 양도세 감면 시 경작기간 계산 요건 완화** | |
| − 8년 자경농지 양도세 감면 적용 시 상속받은 농지의 경우 피상속인(사망한 자)이 경작한 기간을 상속인이 경작한 기간에 합산 | − 농민에 대한 세 부담 경감을 위해 피상속인의 경작기간뿐만 아니라 피상속인 배우자의 경작기간도 상속인의 경작기간에 합산 |
| **4. 지정기부금의 이월공제기간 연장** | |
| − 사업자가 사회복지 · 장학 · 학술 · 문화예술단체 등에 지출하는 지정기부금에 대해 소득 금액의 일정 한도* 내에서 소득공제를 허용하되, 한도를 초과하는 기부금* 은 3년간 이월공제 허용. 근로자에 대해서는 이월공제를 허용하지 아니함<br>* 개인 : 소득금액의 15%(2010년부터 20%)<br>법인 : 소득금액의 5% | − 지정기부금의 이월공제기간을 5년으로 연장하고, 근로자에 대하여도 5년간 이월공제를 허용하여 기부문화 활성화 지원<br>− 이월공제기간 : 일본, 영국, 호주는 없음. 미국, 프랑스, 캐나다, 싱가포르는 5년 |

| 현 행 | 개정(안) |
| --- | --- |
| **5. 자녀 보육수당 소득세 비과세 범위 확대** | |
| – 어린 자녀에게 지급되는 보육수당은 자녀가 만 6세가 되는 달까지 지급받는 보육수당(월 10만 원 한도)에 한하여 소득세 비과세 | – 자녀가 6세가 되는 날에 속하는 연도의 말까지 지급받는 보육수당에 대해 소득세 비과세 |
| **6. 동거봉양 상속주택 양도세 비과세 개선** | |
| – 상속 전에 1주택을 보유한 자가 주택을 상속 받은 후 상속 전부터 보유하던 주택을 양도하는 경우 1세대 1주택 비과세 적용<br>– 다만, 동일세대 구성원으로부터 주택을 상속받은 경우에는 상속 전부터 보유하던 주택에 대해 1세대 1주택 비과세 적용배제 | – 동거봉양 활성화를 위해 동일세대 구성원으로부터 주택을 상속받은 경우에도 상속 전부터 보유하던 주택에 대해 1세대 1주택 비과세 적용<br>– 상속받은 주택을 먼저 양도하는 경우에도 양도세가 기본세율로 과세됨 |
| **7. 중소기업 가업상속 공제요건 완화** | |
| – 2008년 세제개편 시 10년 이상된 중소기업의 가업상속에 대해 가업상속재산의 40%를 상속공제(100억 원 한도)하도록 상속세 감면 확대. 이 경우 피상속인(사망한 자)이 생전에 당해 기업의 대표이사로서 80% 이상의 기간 동안 근무해야 가업으로 인정됨<br>– 그러나 대표이사 재직요건 80%가 너무 엄격하여 적용요건을 충족시키지 못하는 사례가 많이 발생 | – 피상속인의 대표이사 재직기간 요건을 완화하여 경쟁력 있는 장수기업의 기업 상속을 지원<br>– 사업영위기간의 60% 이상 또는 상속 개시 전 10년 중 8년 이상 |
| **8. 중소기업 주식 상속·증여세 할증평가 배제 적용시한 연장** | |
| – 중소기업 주식에 대해서는 2009년 말까지 상속·증여세 과세 시 최대주주에 대한 할증 평가를 배제<br>– 최대주주 지분에 내포된 경영권 프리미엄을 반영하여 최내수수의 보유주식에 내해서는 평가액에 10~15%를 할증하여 평가 | – 중소기업 주식 할증평가 배제 적용시한을 2010년 12월 31일까지 1년 연장<br>– 구조조정과 가업승계 과정에서 발생하는 중소기업의 세 부담 완화 |
| **9. 국세 신용카드 납부범위 확대** | |
| 2008년 10월부터 국세를 신용카드로 납부하는 제도를 운용 중<br>– 납부한도 : 200만 원<br>– 대상자 : 개인<br>– 대상세목 : 소득세, 부가가치세, 개별소비세 종합부동산세, 주세 | – 납세편의 제고 차원에서 국세 신용카드 납부범위를 확대<br>– 납부한도 : 500만 원<br>– 대상자 : 개인, 법인<br>– 대상세목 : 모든 세목 |

| 현　　행 | 개정(안) |
| --- | --- |
| 10. 중소기업 지원제도 일몰 연장 | |
| | －금년 말로 일몰이 도래하는 각종 중소기업 지원 제도의 적용시한을 2012년 12월 31일까지 3년 연장<br>① 창업중소기업 등에 대한 세액감면<br>　－제조업, 건설업, 전기통신업, 연구개발업 등을 영위하는 중소기업이 과밀억제권역 외에서 창업 시 소득세 · 법인세를 4년간 50% 감면<br>② 중소기업투자 세액공제<br>　－사업용 자산, 판매시점 정보관리 시스템 설비, 정보보호 시스템 설비 등 투자금액 3%를 소득세 · 법인세에서 공제<br>③ 중소기업 정보화 지원사업에 대한 특례<br>　－중소기업 정보화 지원사업 출연금을 전사적 기업자원 관리설비, 전자상거래설비, 생산공정 정보화 시스템 등에 투자한 경우 손금 산입<br>④ 중소기업지원설비에 대한 손금 산입 특례<br>　－중고자동화설비 등을 중소기업에 무상 기증. 저가양도한 경우 무상기증설비의 시가 또는 저가양도 시 양도차손을 손금 산입<br>⑤ 중소기업 출자에 대한 양도세 과세특례<br>　－중소기업창투조합, 신기술사업투자조합 등이 창업중소기업 벤처기업, 신기술사업자 등에 출자하여 취득한 주식 양도세 비과세<br>⑥ 중소기업창업투자회사 등 증권거래세 면제<br>　－중소기업창업투자회사, 조합 등에 창업자 · 벤처기업에게 출자하여 취득한 주권 · 지분 양도 시 증권거래세 면세 |
| 11. 소기업. 소상공인 공제부금 소득공제 영구화 | |
| －2010년 12월 31일까지 소기업 · 소상공인 공제부금*에 대해 연 300만 원 한도로 소득공제<br>* 폐업 등에 따른 생계위협으로부터 생활 안정 및 사업재기의 기회마련을 위해 도입(2007. 9. 1)한 공제 제도로서 중소기업중앙회가 운영. 매월 일정부금(5~70만 원)을 납입하고 폐업 등의 사유 발생 시 공제부금을 지급받으며, 수급권의 보호를 위해 공제부금의 압류 · 담보 · 양도가 금지 | －일몰규정을 삭제 · 영구화하여 제도운용의 예측 가능성을 제고 |

## 2) 미래 성장동력 확충 지원

| 현 행 | 개정(안) |
|---|---|
| **1. 신성장동력산업 및 원천기술 분야 R&D 세액공제 신설** | |
| −연구원 인건비 등 R&D 활동에서 발생하는 비용의 일정률을 법인세·소득세에서 공제(아래 ①, ② 중 선택)<br>① 당기분 : 당해연도 지출액×3~6% (중소기업 25%)<br>② 증가분 : 직전 4년 평균지출액 초과분×40%(중소기업 50%) | −신성장동력산업 및 원천기술 분야 당기분 R&D 비용에 대한 세액공제율을 세계 최고 수준인 20%, 25%(중소기업 30%, 35%)로 확대<br>−주요국의 R&D 공제율[%, ( )는 증가분]<br> : 미국 0(20), 일본 8~10, 영국 8.4, 캐나다 20, 스페인 30, 대만 30(20), 이탈리아 10(10), 호주 7.5<br>신성장동력산업* 및 원천기술** 범위는 추후 대통령령에서 규정<br>*LED 응용, 그린수송시스템, 첨단 그린도시 고부가 식품산업, 글로벌 교육서비스, 녹색금융, 콘텐츠, 소프트웨어, 고도물처리 등<br>**제품이나 서비스를 개발하는데 필수불가결한 독창적 기술로서 지속적으로 부가가치를 창출하고 다양한 기술 분야에 응용이 가능한 기술<br>−2012년 12월 31일까지 3년간 한시적으로 운용 |
| **2. 연구 및 인력개발설비 투자세액공제 일몰 연장** | |
| −연구시험용 시설, 직업훈련용 시설 등에 투자하는 경우 투자금액의 10%를 법인세 또는 소득세에서 공제 | −연구 및 인력개발에 대한 투자를 활성화시키기 위하여 적용시한을 2012년 12월 31일까지 3년 연장 |
| **3. 중소기업의 기술취득비용에 대한 세액공제 일몰연장** | |
| −특허권, 실용신안권, 기술비법(know-how) 등을 취득하는 경우 취득금액의 7%(대기업 3%) 법인세 또는 소득세에서 공제 | −중소기업에 한해 적용시한을 2012년 12월 31일까지 3년 연장 |

| 현 행 | 개정(안) |
|---|---|
| **4. 기업 인수합병((M&A) 세제 선진화** | |

| 현 행 | 개정(안) |
|---|---|
| −법인이 합병·분할 등을 하는 경우 청산 법인세, 주주에 대한 배당소득세 등이 발생<br>　다만, 법인의 동질성 요건* 등을 구비한 적격 합병·분할 등에 대해서는 법인세 등을 과세이연<br>* 피합병법인의 주주와 사업이 합병법인에게 승계되어 계속되는 경우<br>−다양한 형태의 인수합병(M&A)이 가능함에도 지원세제가 마련되지 않아 원활한 구조조정에 제약요인으로 작용 | −민간 부문의 원활한 구조조정을 지원하기 위해 인수합병(M&A) 등과 관련된 법인세제를 선진국 수준으로 개편<br>−준비기간 등을 감안 2010년 7월 1일 이후 시행<br>① 새로운 M&A 유형에 대하여 합병 지원 세제* 적용<br>　−법인세·소득세 과세이연, 증권거래세 등 면제<br>　* 주식의 포괄적 교환·이전을 통한 M&A에 대해 합병세제 적용 : 2개 회사가 실질적으로 1개 회사로 통합된다는 점에서 실질이 합병과 유사하므로  합병과 동일한 특례 적용<br>　−자산의 포괄적 양도를 통한 M&A에 대해 합병세제 적용 : 인수기업 주식을 대가로 자산을 대부분(90% 이상) 양도 후 청산하는 경우 실질이 합병과 유사하므로 합병과 동일한 특례 적용<br>② 현행 합병·분할(M&A) 과세체계의 합리적 개선 합병·분할 시 발생하는 양도차익에 대해 현재는 사업용 유형고정자산에 한정하여 과세이연 혜택을 부여(부분 과세이연)<br>　−앞으로는 무형고정자산 등 모든 자산의  양도차익에 대해 과세이연(완전 과세이연)<br>　−다만, M&A를 이용한 조세회피를 방지하기 위해  과세이연이 인정되는 기업의 동질성 요건 강화<br>　−주주 : 피합병법인 지배주주는 합병으로 취득한 주식을 일정기간 보유토록 함<br>　−사업 : 합병법인은 합병으로 취득한 자산의 1/2 이상을 일정기간 보유토록 함<br>③ 현물출자를 통한 기업 간 전략적 제휴 및 자본확충 지원<br>　− 현물출자 시 양도차익에 대한 과세이연 범위를 확대함으로써 공동투자를 통한 기업 간 제휴 원활화 및 자본확충 방법 다양화 |

## 3) 고소득 전문직 등 과표양성화 제고

| 현 행 | 개정(안) |
|---|---|
| **1. 상습. 고액탈세범에 대한 조세범 처벌제도 합리화** | |
| − 사기 기타 부정한 행위로 조세를 포탈하거나 조세의 환급 · 공제를 받은 자는 3년 이하 징역 혹은 3배(직접세) 또는 5배(간접세) 이하 벌금형 부과<br>− 연간 포탈세액이 5억 원 이상인 경우 특가법으로 가중 처벌 | − 현행 조세범칙 중 가장 핵심적인 유형인 조세포탈죄(제9조)에 대하여 상습 · 고액 탈세범에 대한 처벌을 강화하고, 조세포탈죄 구성요건을 명확하게 하는 등 체계를 개선<br>− 양형체계 변경 및 조세포탈죄 구성요건 명확화<br>① 양형체계 변경 : 조세포탈의 상습성 정도, 포탈세액 규모, 납부세액 대비 포탈세액 비율 등에 따라 양형을 차등화<br> −기본형량* : 현재의 과도한 형량수준을 전반적으로 완화→2년 이하 징역 또는 포탈세액 2배 이하<br> 벌금(사후신고를 통해 자수할 경우 형의 1/2을 감경)<br> *포탈세액이 5억 원 미만인 경우를 대상으로 적용하며, 5억 원 이상 고액 포탈범은 특가법을 적용하여 엄벌(일정 탈세액 · 탈세비율 이상 시 형량)<br> 포탈 세액 3억 원 이상이고 납부세액 대비 포탈세액 비율이 30% 이상이거나 포탈세액이 5억 원 이상인 경우 형량을 가중→3년 이하 징역 또는 포탈세액 3배 이하 벌금<br> −상습범 가중 : [상습범]인 경우 상기 형의 1/2을 가중 처벌<br>② 조세포탈죄 구성요건 명확화 : 대법원 판례 등을 참조해 조세 포탈죄 범죄구성 요건을 유형별로 구체화<br>※조세포탈죄 성립 요건 :<br>조세를 회피 또는 포탈할 목적으로 다음 행위를 한 경우<br>① 이중장부작성 등 장부 허위기장<br>② 허위증빙 또는 허위문서의 작성 및 수취<br>③ 장부와 기록의 파기<br>④ 재산의 은닉, 소득 · 수익 · 행위 · 거래의 조작 또는 은폐<br>⑤ 장부 불작성 · 불비치, 세금계산서 불발급 등 부작위<br>⑥ ERP 등 전산시스템 조작, 전자세금계산서 조작 및 정상적인 수수행위 방해<br>⑦ 그 밖에 조세의 부과와 징수를 불능 또는 현저히 곤란하게 하는 위계 기타 부정한 행위 |

| 현 행 | 개정(안) |
| --- | --- |

**2. 법인의 고액 탈세 범죄 행위에 대한 처벌 강화**

| 현 행 | 개정(안) |
| --- | --- |
| − 법인 고액탈세범죄의 경우 하위실무자는 특가법(특정범죄가중처벌법) 적용으로 가중처벌되고, 10년의 공소시효가 적용되는데 반해<br>− 법인은 특가법보다 처벌이 약한 조세범 처벌법만 적용되고 5년의 공소시효가 적용. 범죄발생 후 5년 경과 시 법인에 대한 처벌 불가능 | − 현실적으로 탈세행위를 한 하수인은 엄벌에 처해지는 반면, 이익귀속자인 법인은 과소 처벌되는 문제 해역<br>− 특가법 적용대상인 법인의 범죄에 대하여 조세범처벌법상 공소시효를 5년에서 10년으로 연장<br>− 범죄 행위자인 개인과 이익귀속자인 법인간 처벌 형평성 제고 |

**3. 수 개의 점포를 가진 상가임대업자에 대한 일반과세자 판정기준 개선**

| 현 행 | 개정(안) |
| --- | --- |
| − 현재는 개별 점포별 임대료를 기준으로 일반·간이과세자 여부를 판정<br>− 연간 임대료가 각각 4,800만 원 미만인 4개의 상가를 임대하는 사업자는 임대료 관련 연간 총매출액이 1억 9,000만 원임에도 불구하고 간이과세자로 분류 | − 한 사람이 수 개의 점포를 임대하는 경우 모든 점포의 임대료를 합산하여 일반·간이과세자 여부를 판정토록 개선<br>− 총매출액이 큰 규모임에도 불구하고 간이과세자로 적용되는 사례를 배제하고, 세금계산서 교부 의무 부여로 임대소득 노출<br>− 시행시기 : 2010년 7월 1일 이후 시행 |

**4. 전자세금계산서 교부의무를 개인사업자까지 확대**

| 현 행 | 개정(안) |
| --- | --- |
| − 2010년부터 법인사업자에 대해 전자세금계산서 교부를 의무화 | − 일정규모 이상의 개인사업자를 교부의무사업자에 추가<br>− 다만, 시스템 준비 등의 기간을 감안하여 제도 시행을 1년간 유예<br>− 과표양성화 추진을 현재 신용카드를 통한 소매단계에서 생산·유통 등 중간단계의 거래 투명성을 제고하는 방향으로 확대(자료상을 통한 가공 세금계산서의 유통이 억제되는 효과)<br>− 시행시기 : 2011년 1월 1일 이후 시행 |

**5. 전자세금계산서 미전송 가산세 세분화**

| 현 행 | 개정(안) |
| --- | --- |
| − 전자세금계산서 교부사업자는 교부내역을 전송기한인 교부일 익월 10일까지 국세청에 전송하여야 하며, 전송기한이 경과하는 경우 미전송 가산세(관련 공급가액의 1%)를 부과 | − 미전송 가산세를 전송기간별로 세분화(1% → 0.5%, 1%)하여 전송기한이 경과하더라도 조기에 전자세금계산서를 전송할 유인을 부여<br>− 교부일 익월 10일(전송기한) 이후 과세기간 말 익월 10일까지 : 0.5%<br>− 과세기간 말 익월 10일 이후 : 1%<br>− 시행시기 : 2010년 1월 1일 이후 시행 |

## 4) 재정건전성 확보

| 현 행 | 개정(안) |
| --- | --- |
| **1. 고소득 근로자에 대한 소득세 감면 축소** | |
| ① 근로소득세액공제 : 총급여 수준에 관계없이 50만 원까지 공제<br>→ 공제금액 : 산출세액 50만 원 이하 55%, 50만 원 초과 30%(한도 50만 원)<br><br>② 근로소득공제 : 총급여 수준에 따라 80%~5% 공제<br>→ 총급여 500만 원 이하 80%, 1,500만 원 이하 50%, 3,000만 원 이하 15%, 4,500만 원 이하 10%, 4,500만 원 초과 5% | ① 총급여 1억 원 초과자*에 대해 근로소득 세액 공제 폐지<br>→ 문턱효과 방지를 위해 총급여 8,000만 원부터 단계적 축소<br>*총급여 500만 원 증가 시마다 세액공제한도를 10만 원씩 축소<br><br>② 총급여 1억 원 초과분에 대한 근로소득공제율을 5%에서 1%로 축소(총급여 8,000만 원~1억 원 5%→3%)<br>(개정 이유) 소득세율이 인하되는 점을 감안하여 고소득 근로자 중심으로 감면을 축소함으로써 소득세 과세기반을 확대 |
| **2. 부동산 양도소득세에 대한 예정신고세액공제 폐지** | |
| – 부동산 등에 대한 양도소득세는 양도 후 2개월 이내 예정신고한 경우 인센티브로 10%의 세액공제를 적용(신고하지 않은 경우 가산세는 없음), 예정신고를 하지 아니하였거나 동일 연도에 부동산을 여러 건 양도한 경우에는 다음해 5월에 확정신고 의무<br>→ 양도세 예정신고 세액공제액 : (2006년) 0.9조원→(2007년) 1.2조원→(2008년) 0.9조원 | – 양도세 예정신고 세액공제를 폐지하고, 부동산 등의 양도 후 2개월 이내에 양도세를 신고하도록 예정신고를 의무화<br>(2010. 1. 1. 이후 양도분부터 적용)<br>동일 연도에 부동산 등을 여러 건 양도한 경우에는 예정신고와 함께 다음해 5월에 종합하여 확정 신고할 의무 부여 |
| **3. 상속 · 증여세 납세편의 제고** | |
| **가. 증여세 공제대상 보완** | |
| – 직계존비속간 증여에 대해서는 3,000만 원(수증자가 미성년자인 경우 1,500만 원)을 증여재산가액에서 공제<br>– 다만, 계부 · 계모로부터 증여받은 경우에는 증여재산공제 적용배제 | – 재혼 가정이 증가하는 사회변화 추세 등을 감안, 계부 · 계모로부터 증여받는 경우에도 직계존속으로부터 증여받은 경우와 동일하게 증여세 공제 허용 |
| **나. 상속 · 증여세 연부연납 신청절차 보완** | |
| – 상속 · 증여세는 신고기한(상속세 6개월, 증여세 3개월)까지 연부연납 신청이 가능<br>– 다만, 상속 · 증여세 신고는 하였으나 세액을 납부하지 않은 경우는 연부연납 신청이 불가 | – 상속 · 증여세 신고 후 납부하지 않은 경우에도 무납부에 대한 납세고지서의 납부기한까지 연부연납 신청을 허용 |

| 현 행 | 개정(안) |
| --- | --- |
| **다. 배우자 상속공제 절차 간소화** | |
| − 배우자 상속공제(30억 원 한도*)는 상속세 신고기한으로부터 6월 이내에 배우자 명의로 등기·명의개서 등을 완료하고 세무서에 완료사실을 신고하는 경우에 적용<br>*배우자가 상속받은 금액이 5억 원 미만인 경우 5억 원 공제 | − 상속세 신고기한으로부터 6월 이내에 상속재산을 배우자 명의로 등기·명의개서 등을 완료한 경우에는 세무서에 완료사실을 신고하지 않아도 30억 원까지 배우자 상속 공제를 적용 |
| **라. 상속·증여재산 평가 시 유가증권평가기관 확대** | |
| − 비상장주식 평가 시 추정이익은 신용평가 전문기관과 회계법인이 산정, 국·공채 등의 채권평가 시 처분예상금액은 투자 매매·중개업자(증권회사)가 산정 | − 비상장주식 평가 시 추정이익 산정기관에 세무법인을 추가하고, 국·공채 등의 채권평가액 산정기관에 회계·세무법인을 추가 |
| **마. 성실공익법인의 운용소득 사용요건 완화** | |
| − 성실공익법인은 운용소득 중 90% 이상을 공익목적사업에 사용하여야 성실공익법인으로 인정 | − 성실공익법인 운용소득을 공익목적 사업에 의무적으로 사용해야 하는 비율을 현재 90%에서 80%로 완화, 사회복지·장학단체 등 성실공익법인의 자산운용의 탄력성 부여 |

1장
절세의 기초

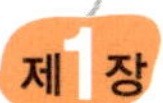

# 절세의 기초

## 1. 절세의 10계명

**절세는 요령이 아니라 계획에 의한 세무관리이다.**

### ❶ 절세는 합법적인 관리기법

　최근 우리나라에서도 재테크에 대한 일반인들의 관심이 크게 증가하고 있다. 재테크를 재산을 증식하기 위한 정상적인 모든 관리기법이라고 말한다면, 재테크를 통하여 재산을 증식하기 위해서는 기본적으로 수입을 증가시켜야 하지만, 그와 함께 지출도 감소시켜야만 최대의 효과를 얻을 수 있다. 지출의 종류에는 여러 가지가 있지만 그 중에 하나가 바로 세금이다.

　따라서 절세란 경제활동을 하는 과정에서 필수적으로 발생하는 세금문제를 가장 효율적으로 관리하여 세금지출을 최소화하고, 결과적으로 재산을 증식시키는 합법적인 모든 관리기법이라고 할 수 있다. 따라서 납세자는 자신을 보호하기 위하여 세금징수의 한계를 규정한 세법의 규정을 잘 이해하고 이를 활용하여 세금지출을 최소화하는 것이 필요하다. 이러한 절세는 비합법적인 탈세와는 근본적으로 다르며, 국가의 조세정책을 바로 알고 적극적으로 대처해 나가는 것이라고 할 수 있다.

## ② 경제활동 유형별 절세 10계명

절세를 위해서는 세법을 잘 알아야 하는데 세법이 전문적이고 자주 바뀌다 보니 일반인이 알기는 매우 어렵다. 따라서 절세를 하기 위하여 납세자는 <표>에서 보는 바와 같은 경제활동과정에서 필수적으로 발생하는 세금의 개념 정도만을 알고 있으면서 중요한 의사결정, 예를 들면, 사업을 시작할 때, 부동산을 구입할 때, 부동산을 처분할 때, 증여를 하고자 할 때에 의사결정을 하기 전에는 반드시 세무전문가의 도움을 받는 것이 절세에 도움이 될 수 있다.

**표** 경제활동 유형별 세금의 종류 및 절세 10계명

| 단계별 소득 | | | 관련 세금의 종류 | 세테크 10계명 | 관련장 |
|---|---|---|---|---|---|
| 계획단계 | | | 모든 세금 | 1. 연초에 세금을 포함한 예산을 수립하라.<br>2. 세무상담 시 책임있는 답변을 확보하라.<br>3. 신고납부기한을 준수하라.<br>4. 연말에 세법의 개정에 관심을 가져라. | 1장 |
| 생산과<br>소비 단계 | 근로소득 | | 근로소득세 | 5. 증빙의 확보를 생활화하라. | 2장<br>3장 |
| | 사업소득 | | 사업소득세<br>법인소득세 | | |
| | 소비지출 | | 부가가치세 | | |
| | 기타소득 | | 기타 소득세 | | |
| 투자와<br>회수단계 | 저축투자 | | 이자소득세 | 6. 종합합산에 대비하라. | 4장<br>5장<br>6장 |
| | 주식투자 | | 배당소득세 | | |
| | 부동산<br>투 자 | 취득 | 취득세, 등록세 | 7. 취득세 등의 중과세에 주의하라. | |
| | | 보유 | 재산세<br>종합부동산세<br>임대소득세 | | |
| | | 개발 | 개발부담금 | | |
| | | 양도 | 양도소득세 | 8. 양도시기를 조절하라. | |
| 이전단계 | 증여·상속 | | 증여·상속세 | 9. 증여·상속에 대한 계획을 세워라. | 7장 |
| 구제단계 | 모든 소득 | | 모든 세금 | 10. 부당한 세금은 기한 내에 이의를 제기하라. | 1장 |

**Point ❶ 연초에 세금을 포함한 예산을 수립하라.**

매년 초에 가정 또는 기업의 수입과 지출에 대한 계획을 수립할 때에는 반드시 세금문제도 함께 검토하여야 한다. 예를 들면, 금년에 부동산을 처분한다고 하면 양도소득세 문제는 없는지, 부동산을 취득한다고 하면 취득세, 등록세는 얼마나 발생할 것인지, 급여에 대한 근로소득세는 얼마나 납부해야 할 것인지, 어떤 예금에 가입해야 근로소득세나 이자소득세가 절감될 것인지 등에 대한 관심을 가지고 전문가와 상담을 하여 이를 계획에 반영할 필요가 있다.

**Point ❷ 세무상담 시에는 책임 있는 답변을 확보하라.**

세무상담을 하는 사람들을 보면 일반적으로 친구, 선배, 은행원, 세무서 직원 또는 공인회계사나 세무사에게 구두 또는 전화로 문의하곤 한다. 물론 상담료를 내는 경우는 거의 없다. 이렇게 상담을 하고 난 후에 나중에 예상치 못한 세금고지서를 받아 들고 난 후에 이를 항의해 보아야 소용이 없다.

그러므로 현명한 납세자라면 사전에 상담받을 내용을 전문가에게 알려 준 후에 상담시간을 예약하여 필요한 서류를 준비해서 상담하고 이를 서면으로 확인받아 두는 것이 필요하다. 책임 있는 공인회계사나 세무사라면 이를 거부할 사람은 없다. 물론 상담료는 부담하여야 할 것이다. 이렇게 한 것을 토대로 경제행위를 하였는데 예상치 못한 세금이 발생하였다면 이를 항의하거나, 손해배상을 청구하면 된다. 관계법에 의하면 공인회계사나 세무사가 업무상 손해를 끼친 경우에는 손해배상책임을 지도록 하고 있다.

**Point ③ 각종 세금의 신고납부기한을 준수하라.**

　대부분의 세금은 신고납부기한이 법으로 정해져 있으며, 기한을 하루만 지나쳐도 가산세가 부과되므로 주의하여야 한다. 따라서 어차피 내야 할 세금이라면 기한을 지켜 억울하게 높은 가산세를 부담하는 일이 없어야 할 것이다. 신고납부기한을 일일이 기억할 필요까지는 없으며, 세금과 관련하여 필요할 때마다 사전에 전문가의 도움을 받으면 된다. 중요한 것은 언제 어떠한 도움을 받아야 하는지를 알면 되는 것이다.

**Point ④ 연말의 세법 개정에 관심을 가져라.**

　우리나라의 경우에는 매년 말에는 항상 세법 개정작업이 진행되고, 신문 등 각종 매스컴에서는 이 중 중요한 부분을 집중적으로 보도한다. 현명한 납세자는 본인이 전문가가 아니라고 할지라도 이러한 정보를 그냥 흘려보내지 않고, 다음해의 가정이나 기업의 예산을 수립할 때 참고한다.

　예를 들어, 금년도 말에 부동산을 양도하려고 하는데 내년도 개정 세법에서 양도소득세에 대한 세제혜택이 주어지는 경우라면 양도시기를 약간 늦추어 내년도 초에 양도하려고 한다. 반대로 내년도에 부동산을 증여하려고 하는데 내년도 개정 세법에서 증여세율이 높아진다면 증여시기를 앞당겨 금년도 말이라도 증여하려고 할 것이다. 이와 같이 개정세법에 관심을 가진다면 구체적인 내용은 전문가와 상의하여 의사결정을 하더라도 의외로 상당한 세금을 줄일 수 있게 된다.

**Point 5** **모든 경제활동에 대한 지출증빙의 확보를 생활화하라.**

　사업자는 사업을 영위함에 따라 그와 관련하여 각종 비용을 지출하게 되는데, 현행 세법에서는 이러한 비용지출에 대한 증빙이 없다면 그 비용을 수입에서 공제받을 수가 없다. 또한 법에서 인정한 증빙 이외의 인정되지 않는 비정규증빙을 수취한 경우에는 지출한 사실이 객관적으로 인정되는 경우에 한하여 비용으로는 인정은 하되 가산세를 추가로 부담해야 하기 때문에 이러한 불이익을 당하지 않기 위해서는 사전에 지출증빙을 꼼꼼히 챙겨야 한다.

### 》 정규지출 증빙서류란?

　사업자가 다른 사업자로부터 물건을 구입하거나 서비스를 제공받고, 그 대가를 지급할 때에는 세법에서 정하는 정규영수증을 반드시 수취해야 하는데, 이것을 정규지출 증빙서류라고 한다.

　정규지출 증빙서류에는 세금계산서(과세사업자가 발행), 계산서(면세사업자가 발행), 신용카드매출전표(직불카드, 기명식선불카드, 현금영수증 등 포함)가 있으며 거래 시기에 받아야 한다.

### 》 사업자가 지출할 때 꼭 챙겨야 하는 증빙서류

　사업자는 업무상 지출액이 발생하는 경우 실제 지출 내용을 입증하기 위한 증빙서류가 필요하며, 지출내용에 따라 필요한 서류는 다음과 같다.

| 지출유형별 구분 | | 관련 증빙 등 |
|---|---|---|
| 인건비 | 임직원 | 매월 갑근세 신고 납부 |
| | 일용직근로자 | 분기별 일용근로소득 지급조서 제출 |
| 복리후생비 | 식대 | 정규 증빙서류[부가가치세 포함 건당 1만 원 초과분], 기타 영수증 |
| | 경조사비 | 내부 지출결의서 |
| 접대비 | 일반접대비 | 건당 1만 원(경조사비는 20만 원) 초과분 적격증빙만 인정 |
| 여비·교통비 | 사내교통비 | 내부 지출결의서 |
| | 국내출장비 | 정규 증빙서류[부가가치세 포함 건당 1만 원 초과분], 기타 영수증 |
| | 해외출장비 | 여행사 수수료에 대한 세금계산서, 기타 영수증 |
| 임차료 | 일반과세자 | 세금계산서 |
| | 간이과세자 | 경비 등 간이영수증, 송금명세서 |
| 리스료 | 금융리스 | 영수증 |
| | 운용리스 | 세금계산서 |
| 지급수수료 | 인적용역 | 세금계산서(전문직 중 과세사업자), 지급자가 사업소득(또는 기타소득) 원천징수를 하고 다음달 10일까지 신고·납부한 경우 원천징수 영수증 |
| 식품·원재료 구입 | 과세재화 | 세금계산서, 기타 정규 증빙서류 |
| | 면세재화 | 계산서, 기타 정규 증빙서류 |

## ▶▶ 정규지출증빙을 갖추지 않고 간이영수증을 첨부해도 되는 경우

전기료, 전화료, 택시요금, 송금수수료, 보험료, 기차요금 등은 해당 회사가 발행한 간이영수증을 첨부해도 국세청이 인정하는 영수증에 해당되어 정규증빙 미수취에 따른 가산세를 부담하지 않는다.

## ▶▶ 경비 등 송금명세서를 제출하면 되는 경우

간이과세자에게 지급한 부동산임대료 등의 경우에는 정규증빙을 수취하지는 못했지만 금융기관을 통하여 송금한 계좌번호, 지급금액 등의 송금내역을 기재한 '경비 등 송금명세서'를 별도로 작성하여 법인세 신고 시 첨부하는 경우에는 정규증빙 미수취에 따른 가산세를 부담하지 않는다. 이상의 사업과 관련된 절세의 자세한 사항은 '제3장 사업과 세금 줄이는 방법'을 참조하기 바란다.

### ≫ 정규지출증빙을 갖추지 않았을 경우 세무상 불이익

재화나 용역을 공급받고 공급대가가 부가세를 포함하여 1만 원을 초과하는 경우 정규증빙을 수취하지 않는다면 미수취 금액의 2%를 정규증빙 미수취에 따른 가산세로 부담하게 된다.

### Point ⑥ 저축을 하거나 주식을 취득할 때에는 종합합산 여부를 검토하라.

이자소득 중 금융기관이자가 아닌 개인 간에 주고받은 사채(私債)이자소득은 종합 합산되며 금융기관으로부터 받은 이자소득과 모든 배당소득의 합계액이 연간 4천만 원 이상이면 다른 종합소득과 합산되므로 전체적인 세 부담이 증가할 수 있다. 이상과 관련하여 자세한 사항은 '제4장 제소득과 세금 줄이는 방법' 및 '제6장 주식과 세금 줄이는 방법'을 참조하기 바란다.

### Point ⑦ 부동산의 취득 및 보유와 관련한 취득세, 재산세, 종합토지세의 중과세에 주의한다.

별장, 골프장, 고급오락장(예 : 특수목욕탕 · 나이트클럽 · 룸살롱 등), 고급주택, 고급선박 등의 사치성 용도의 부동산을 취득할 때 또는 일반부동산을 취득한 후 5년 이내에 사치성 용도로 사용할 때에는 취득세가 중과되므로 주의하여야 한다. 또한, 사치성 재산을 보유하고 있는 동안에는 계속해서 재산세와 종합부동산세가 중과되므로 주의하여야 한다. 만약, 당해 재산을 임차한 임차인이 사치성으로 사용해도 역시 중과되므로 당해 재산소유자는 임대차계약 시에 반드시 사용용도를 확인한 후에 임대할 필요가 있다. 자세한 사항은 '제5장 부동산과 세금 줄이는 방법'을 참조하기 바란다.

## Point 8 부동산의 양도 시에는 양도시기를 조절하라.

부동산의 양도차익에 대하여 부과되는 양도소득세는 보유기간에 따라 세금에 차이가 크다. 예를 들어 2년 미만 보유한 경우, 3년 이상 보유한 경우, 5년 이상 보유한 경우 및 10년 이상 보유한 경우에는 세금에 큰 차이가 발생하며, 1년에 1회만 양도한 경우와 1회 이상 양도한 경우에도 세금에 차이가 발생한다.

따라서 가능하다면 양도계약 시에는 양도시기의 조절을 통하여 세금을 최소화하도록 할 필요가 있다. 세법상의 양도시기는 원칙적으로 잔금수령일과 소유권이전등기일 및 실질적으로 사용하는 날 중 빠른 날로 하도록 하고 있다. 이에 대한 자세한 사항은 '제5장 부동산과 세금 줄이는 방법'을 참조하기 바란다.

## Point 9 증여와 상속은 시기와 방법에 대하여 사전계획을 수립하는 것이 중요하다.

증여세는 재산을 무상으로 취득한 자가 납부하는 세금으로서 과거 10년간의 증여액을 통합하여 세금을 부과하므로 증여시기에 따라 세금이 달라질 수 있다. 또한, 증여재산의 가액이 변할 수 있는 부동산이나 주식 등은 가장 가격이 하락했을 때 증여하면 절세가 가능하다. 현행 세법에서는 여러 가지 유형의 조세회피행위에 대하여 증여로 본다는 규정이 있으므로, 섣부르게 조세부담을 피하려고 하다가 오히려 더 많은 세금을 추징당하는 경우가 흔히 있다. 따라서 반드시 전문가와 상의한 후에 의사결정할 필요가 있다.

한편, 상속세는 사망한 자로부터 재산을 상속받은 경우에 납부하는 세금으로서 원칙적으로 사망한 자가 사망하기 이전 10년간의 증여액도 상속재산에 포함하여 세금을 부과하고 있으므로 증여와 상속은 장기적인 세무계획을 필요로 한다. 특히 상속받는 사람이 어떤 상속재산이 있는 지도 몰라 재산권행사를 못한다거나, 상속세신고를 못해 가산세를 납부한다거나 하는 일이 있어서는 안 된다. 또한, 전부 부동산으로 상속을 받아 상속세를 납부할 현금이 없어 부동산을 헐값에 처분하는 일이 없도록 사전에 계획을 세워야 한다. 자세한 사항은 '제7장 증여·상속과 세금 줄이는 방법'을 참조하기 바란다.

## Point ⑩ 부당한 세금에 대하여는 불복기한 내에 이의를 제기하라.

모든 세금은 세법에 정한 바에 따라 부과되는 것이 원칙이다. 그러므로 절세를 하고자 하는 납세자는 사전에 세무상담 등을 통하여 세무계획을 세워야 한다. 그러나 현실적으로 대부분의 납세자들은 세무상식의 결여로 인하여 전혀 예상하지 못한 세금이 부과되는 경우가 많이 있다.

이와 같이 납세자가 예상하지 못한 세금이나 억울하다고 생각되는 세금이 부과된 경우에 우물쭈물하다가는 구제받지 못하게 될 수가 있다. 심지어는 조세범으로 형사고발 당할 수도 있다는 점을 알아야 한다. 모든 세금은 세법에 정한 바에 따라 고지 또는 납부하는 것이지만, 과세관청이 사실파악을 잘못하였거나, 착오가 있었거나, 또는 납세자가 잘못 신고한 경우 등 여러 가지 사유에 의해 정당하지 못한 세금인 경우도 있을 수 있다. 이러한 경우에 세법에 정한 구제기한이 경과되면 구제받지 못할 수가 있으므로, 납세자는 본인이 억울하다고 생각되면 즉시 전문가의 조언을 받아 구제절차를 밟아야 한다. 억울한 세금에 대한 불복절차는 본 장의 억울한 세금의 구제절차를 참조하기 바란다.

## 부동산의 양도계약 후 잔금지급 전에 양도소득세법 개정 시 절세

2008년 3월에 양도소득세법이 개정되어 장기보유특별공제율이 크게 높아진 적이 있었다. 통상적으로 세법의 개정은 매년 말에 이루어지지만, 이 경우에는 부동산 정책실행상 연초에 추가적인 세법개정이 이루어졌다. 이때 양도자가 2007년 12월에 양도계약을 체결하고 잔금은 2009년 2월에 수령하기로 계약된 경우가 있었는데, 만약 세법개정으로 양도소득세의 절감효과가 매우 크면 매수자와 협의하여 잔금지급일을 연기하여 상당한 양도세를 절감할 수가 있었다.

## 주택취득 시 취득세·등록세 50% 감면

김 사장은 얼마 전에 주택을 취득하기로 매매계약을 체결하고, 계약금과 중도금을 납부하였으며. 잔금은 2009년 12월 31일까지 지급하기로 되어 있다. 그런데 정부에서 주택담보대출을 규제하는 바람에 잔금지급할 자금이 부족하게 되어 매도자와 잔금지급을 늦추는 것에 대하여 협의하고 있는 상황이다.

현행 지방세법에 의하면 부동산을 유상으로 취득할 때에는 취득세로 2%와 등록세로 2%를 납부하여야 한다. 또한 농어촌특별세로 취득세액의 10%와 지방교육세로 등록세의 20%를 부가해서 납부하여야 한다.

그러나 몇년 전에 주택거래의 활성화를 위해 취득세와 등록세를 50% 감면하도록 세법이 개정되어 2009년 12월 31일까지 감면되고 있다. 만약 이러한 사실을 모르고 연말까지 취득을 완료하지 아니하면 취득세와 등록세를 지금보다 2배 더 납부하게 되므로 어떻게 해서든지 잔금을 납부하는 것이 필요하다.

# 2. 세금의 종류



우리나라의 세금은 종류가 매우 많다. 이러한 세금의 종류를 다 기억하고 있기는 매우 어려울 뿐만 아니라 모두 기억하고 있을 필요도 없다. 다만, 특정 경제활동과 관련하여 어떤 종류 또는 어떤 성격의 세금이 있다는 정도만 알고 있으면 된다. 이를 기초로 하여 경제활동 단계별로 절세포인트를 파악할 수 있다.

## Point ① 세금의 성격을 알아야 절세할 수 있다.

경제활동 단계에서 발생하는 세금에는 어떤 것이 있는지 정도는 알고 있어야 절세할 수 있다. 내가 내는 세금이 무엇이고 그 세금이 어떻게 사용되는지 관심을 갖고 있다면 절세할 자격이 있다고 할 수 있다.

### 용어의 설명

1. 국세 : 국가에서 부과하는 세금을 말하며, 내국세와 관세로 구분된다.
2. 내국세 : 국내의 과세대상에 대하여 부과하는 세금을 말한다.
3. 관세 : 외국으로부터 수입하는 물품에 대하여 부과하는 세금을 말한다.
4. 지방세 : 지방자치단체에서 부과하는 세금을 말한다.
5. 도세, 시세, 군세 : 지방세는 도에서는 도세와 시·군세로 구분된다.
6. 특별시(광역시)세, 구세 : 지방세는 특별시·광역시에서는 특별시·광역시세와 구세로 구분된다. 특별시·광역시의 세목은 거의 도세와 같으며, 구의 세목은 거의 시·군세와 같다.
7. 보통세 : 지출목적을 특정하지 아니하고 징수하는 세금을 말한다.
8. 목적세 : 지출목적을 특정하고 그 목적에 사용하기 위하여 징수하는 세금을 말한다.
9. 직접세 : 실질적인 세 부담자에게 직접 부과하는 세금이다.
10. 간접세 : 실질적인 세 부담자와 납세의무자가 일치하지 않는 세금을 말한다.

모든 세금은 국가의 정책이 반영된 결과로서 생긴 것이므로 세금의 성격을 이해하고 있다면 본인의 생산, 투자, 소비활동을 합리적으로 조절하여 절세할 수가 있다. 예를 들면 부가가치세가 과세되는 물건보다는 면세되는 물건을 구입하면 싸게 구입할 수 있으며, 특별소비세가 과세되는 물건보다는 비슷한 물건이지만 과세되지 않는 물건을 구입한다면 저렴하게 구입할 수가 있다.

## Point ❷ 납세자는 적어도 우리나라의 세금의 종류를 알아야 절세할 수 있다.

현행 세법상 우리나라의 세금의 종류를 정리하면 다음의 <표>와 같다. 우리나라의 세금의 종류는 국세로서 내국세와 관세가 있으며, 지방세로서 도세와 시 · 군세가 있다.

### 표 우리나라 세금의 종류와 과세대상

| 구 분 | | | | 세 목 | 과세대상 |
|---|---|---|---|---|---|
| 국세 | 내국세 | 보통세 | 직접세 | 소득세 | 개인의 소득 |
| | | | | 법인세 | 법인의 소득 |
| | | | | 상속세 · 증여세 | 재산의 상속 · 증여 |
| | | | 간접세 | 부가가치세 | 재화 · 용역의 공급, 재화의 수입 |
| | | | | 특별소비세 | 특정물품, 특정장소입장, 유흥음식행위 |
| | | | | 전화세 | 전화사용료 |
| | | | | 주세 | 주류 |
| | | | | 인지세 | 재산권에 대한 문서의 작성 |
| | | | | 증권거래세 | 주식 · 지분의 양도 |
| | | 목적세 | | 교육세 | 특정한 세액, 특정한 수입금액 |
| | | | | 농어촌특별세 | 특정한 세액, 특정한 감면세액 |
| | | | | 교통세 | 유류 |

| 구분 | | | 세목 | 과세대상 |
|---|---|---|---|---|
| 지방세 | 관세 | | | 수입물품 |
| | 도세 | 보통세 | 취득세 · 등록세 | 부동산 등의 취득 · 등록 |
| | | | 면허세 | 면허 |
| | | | 레저세 | 경륜장, 경정장, 경마장 |
| | | 목적세 | 공동시설세 | 건축물, 선박, 토지 |
| | | | 지역개발세 | 발전용수, 지하수, 지하자원, 컨테이너 |
| | | | 지방교육세 | 등록세, 자동차세, 재산세 등 |
| | 시 · 군세 | 보통세 | 재산세 | 건축물, 선박, 항공기, 토지 |
| | | | 주민세 | 개인 · 법인 및 개인 · 법인의 소득 |
| | | | 자동차세 | 차량 |
| | | | 담배소비세 | 담배 |
| | | | 농업소득세 | 농지의 경작으로 얻은 소득 |
| | | | 도축세 | 소 · 돼지의 도살 |
| | | 목적세 | 사업소세 | 재산할 사업소세, 종업원할 사업소세 |
| | | | 도시계획세 | 토지, 건축물 |

# 3. 억울한 세금의 구제

**세금에 이의가 있으면 반드시 불복신청기한을 지켜야 한다.**

　세금제도는 전문가에게도 복잡하고 어려운 것으로서 일반인에게는 더욱 어렵게 느껴진다. 특히 납세자가 부당하다고 생각되는 세금문제에 대하여 충분히 구제받을 수 있음에도 불구하고 무지로 인하여 구제받지 못하거나 구제받더라도 많은 시간과 비용을 들여 구제받는 경우를 흔히 볼 수 있다. 그러므로 납세자의 권리구제제도를 잘 알아야 억울한 세금으로부터 보호받을 수 있다.

납세자권리구제제도는 행정지원에 의한 구제제도로서 납세자보호담당관제도가 있으며, 법적절차에 의한 구제제도로서 사전적인 구제제도인 과세전적부심사제도와 사후적인 구제제도로서 행정심판인 이의신청, 심사청구, 심판청구와 행정소송이 있다.

행정지원에 의한 구제제도인 납세자보호담당관제도는 세금과 관련된 모든 고충을 납세자의 편에 서서 적극적으로 처리해 줌으로써 납세자의 권익을 실질적으로 보호하기 위해 도입한 제도로서 전국의 모든 세무관서에는 납세자보호담당관이 설치되어 있다.

그러므로 납세자는 국세청에서 담당하는 모든 세금과 관련된 애로 및 불편사항에 대하여 고충을 청구할 수 있으며, 여기서 받아들여지지 않을 경우에는 법적절차에 의한 권리구제를 받아야 한다.

## 》 고충청구의 사례

1. 세금구제 절차를 알지 못하여 불복청구 기간이 지났거나, 입증자료를 내지 못하여 세금을 물게 된 경우
2. 실제로는 국내에 한 채의 주택을 갖고 3년 이상 소유한 후 팔았으나 여러 가지 사유로 공부상 기재 내용과 같지 아니하여 1세대 1주택 비과세 혜택을 받지 못한 경우
3. 사실상 자신의 자금으로 부동산을 취득하였으나 취득자금을 서류상으로 명백하게 입증하기 어려운 경우
4. 체납세액에 비하여 너무 많은 재산을 압류하였거나 다른 재산이 있음에도 사업활동에 지장을 주는 재산을 압류한 경우

5. 세무조사과정에서 과도한 자료요구 등 세무조사와 관련하여 애로·불만
   사항이 있는 경우

 **세금고지 전에는 간편한 과세적부심사제도를 활용한다.**

과세적부심사제도는 세무서에서 세금을 고지하기 전에 과세할 내용을 납세
자에게 세무조사결과통지서 또는 과세예고통지서를 미리 통지하고 그 내용에
대하여 불복이 있는 경우에 납세자로 하여금 받은 날로부터 30일 내에 이의를
제기토록 하여 이를 시정해 주는 제도이다. 과세적부심사제도는 신청 후 30일
내에 심사하여 납세자의 주장이 타당하면 세금을 고지하기 전에 자체적으로
시정하여 주므로 시간과 비용이 절감될 수 있는 제도이다.

 **세금고지 후에는 행정심판을 청구하여야 한다.**

세금의 고지 후에는 세무서에 이의신청하거나 국세청에 심사청구하거나 국
세심판원에 심판청구하거나 감사원에 심사청구를 할 수 있다. 이때 중요한 것
은 반드시 통지서를 받은 날로부터 90일 내에 청구를 제기하여야 한다는 점이
다. 이 기간이 지나서 청구하면 옳고 그름을 따지지도 못하고 구제받지 못하게
된다. 여기서도 구제가 되지 않는 경우에는 행정법원에 행정소송을 제기하여
야 한다.

이상의 납세자 권리구제제도의 절차를 도표로 요약하면 다음의 〈표〉와 같다.

**납세자**

90일 내 청구 → **이의신청**
(세무서 또는 지방국세청)
30일 내 결정

90일 내 청구 → **심사청구**
(국세청)
90일 내 결정

90일 내 청구 → **심판청구**
(국세심판원)
90일 내 결정

90일 내 청구 → **감사원 심사청구**
(국세청)
3개월 내 결정

90일 내 청구 → **행정소송**
(법원)

### 사례

## 소극적 대응으로 고발당한 사례

납세자가 부가가치세를 신고한 후에 얼마 지나지 않아 사업부진으로 폐업을 하게 되었다. 그로부터 몇 년이 지난 후에 관할 세무서로부터 위장거래와 가공거래의 혐의가 있어 소명자료를 제출할 것을 요청받았다. 그러나 납세자는 폐업하였기 때문에 소명이나 답변을 하지 않았다. 그 결과 세무서에서는 검찰에 조세범 혐의로 고발을 하여 검찰로부터 소환장을 받아 그때부터 소명하느라 어려움을 겪게 되었다.

2장
창업과 세금
줄이는 방법

# 창업과 세금 줄이는 방법

## 1. 창업자의 절세

**창업세무 알아야 사장된다.**

일반적으로 사업경험이 없는 신규창업자들은 창업과 관련된 많은 문제들을 체계적으로 해결하지 못하고, 상황이 발생하는 대로 해결한다. 이로 인하여 중대한 실수를 하거나, 창업과정의 효율성을 떨어뜨리기도 한다. 세금문제에 있어서는 특히 그러하다. 그러므로 창업준비단계에서 세무회계전문가의 조언을 받아 계획적으로 일을 추진하여야 한다.

창업은 크게 사업계획단계, 법인설립등기단계(법인사업자에만 해당됨), 사업자등록단계 및 영업활동단계로 구분할 수 있으며, 제조업의 경우에는 공장등록의 단계가 추가된다.

### ❶ 1단계 : 사업 계획단계

**Point ❶ 사업타당성의 검토 시 세금효과를 고려하여야 한다.**

신규창업자의 경우에는 사업 타당성을 검토할 때 주먹구구식으로 매출에서 매입과 기타의 비용을 차감한 금액을 이익으로 파악하는 경향이 있다. 그러다가 어느 정도 사업을 한 후에 각종 세금고지서를 받아 들고는 세금 때문에 사업을 할 수가 없다는 말을 한다. 그러나 세금은 사업할 때 필수적으로 발생하는 사항으로 사업성의 검토단계부터 철저히 검토되어야 한다.

### Point ② 창업자의 조세감면제도를 검토하고, 이를 활용하여야 한다.

정부에서는 국가경제의 기반이 될 수 있는 중소기업자에 대한 세제상의 지원제도가 있다. 또한, 창업 시 특정 업종, 특정 지역에 대하여도 각종 세제상의 지원제도가 있다. 이러한 지원제도는 중소기업창업, 벤처기업창업 등의 특정한 조건을 필요로 하기 때문에 사전에 전문가와 상의하는 것이 필요하다. 창업자의 조세지원제도는 다음에 서술하는 창업기업의 절세를 참조하기 바란다.

### Point ③ 개인기업과 법인기업의 장·단점을 비교하여 기업의 형태를 결정한다.

개인기업이란 자연인인 개인의 명의로 사업을 하는 것을 말하며, 법인기업은 법인설립등기에 의하여 법인의 명의로 사업을 하는 것을 말한다. 법인기업은 주식회사, 유한회사, 합자회사, 합명회사와 같이 회사형태가 일반적이며 기타의 특수한 법인기업도 있다.

개인기업과 법인기업 중 주식회사와의 중요한 차이점을 비교하면 다음의 <표>와 같다.

| 구 분 | 개인기업 | 법인기업 중 주식회사 |
| --- | --- | --- |
| 설립절차 | 설립등기가 필요 없이 사업자등록만으로 사업을 개시할 수 있어 간편하다. | 원칙적으로 5천만 원(소액도 가능) 이상의 자본금과 4인 이상(2인도 가능)의 인원이 있어야 주식회사의 설립등기에 의해 설립이 가능하므로 번거롭다. |
| 소득세와 법인세의 부담 | 7%에서 34%까지의 4단계 초과누진세율로서 소득이 많은 경우에는 소득세부담이 법인세부담보다 크게 된다. | 11%와 22%의 2단계 초과누진세율로서 소득이 많은 경우에는 법인세부담이 소득세부담보다 적게 된다. 법인이익의 배당에 대하여 배당소득세가 부과되지만 배당세액공제제도가 있어 이중과세의 상당부분이 조정된다.<br>한편, 배당을 하지 않는다면 배당소득세를 납부하지 아니하므로 세금납부를 지연시킬 수 있다. |
| 기업자금의 개인적인 사용 | 대표자에 의한 기업자금의 개인적인 사용이 자유롭고, 불이익이 거의 없다. | 대표자가 회사자금을 개인용도로 사용하는 것이 자유롭지 못하다. 임의로 사용하면 대표자로부터 이자를 추징하며, 해당차입금에 대한 지급이자는 비용으로 인정받지 못하는 등의 세제상의 각종 불이익이 있다. |
| 책임의 한계 | 대표자는 기업채무자에 대하여 무한책임을 진다. | 대표자는 회사운영과 관련하여 일정한 책임을 지며, 주주는 원칙적으로 주금납입액을 한도로 회사채무자에 대하여 유한책임을 진다. |
| 기업의 계속성 | 대표자가 바뀌는 경우에는 폐업을 하고, 신규로 사업자등록을 해야 하므로 기업의 계속성이 단절된다. | 주식양도에 의해 사업의 양도가 가능하므로 회사소유주는 바뀌어도 회사는 계속 유지할 수 있게 된다. |
| 사업양도 시의 세금 | 사업을 양도하면 양도된 영업권 또는 부동산에 대하여 양도소득세가 부과된다. | 사업을 양도하려면 주식을 양도하면 되고, 주식양도에 대하여는 원칙적으로 낮은 세율의 양도소득세가 부과된다. |
| 결론 | 일정 규모 이상으로는 성장하지 않는 중소규모의 사업에 적합하다. | 일정 규모 이상으로 성장가능한 유망사업의 경우에 적합하다. |

## ② 2단계 : 법인설립 등기단계

**Point ④   자본금의 규모와 자금조달방법을 먼저 결정하여야 한다.**

회사의 자본금은 한 번 납입이 되면 임의로 주주에게 반환할 수가 없어 임의로 사용할 수가 없지만, 회사의 자본금이 많으면 대외적으로 신용도를 높일 수 있는 측면도 있다. 반대로 회사의 차입금이 많으면 이자가 발생하게 되므로 재무상태 및 경영성과가 악화되어 대외적으로 신용도를 떨어뜨리는 측면이 있지만, 지급이자를 비용으로 계상하여 이익을 감소시키고 결과적으로 법인세를 절감할 수 있다. 그러므로 이러한 사항을 고려하여 자본금의 규모와 조달방법을 결정하여야 한다.

**Point ⑤   전문가의 조언을 받아 법인설립 등기서류와 사업자 등록서류를 동시에 준비한다.**

법인설립 등기서류와 사업자 등록서류가 서로 중복되는 서류가 있기 때문에 한 번에 준비하여 창업진행에 차질이 없도록 하여야 한다. 또한, 서류준비를 하면서 사용하고자 하는 상호를 타인이 이미 사용하고 있는지 상호 등록 여부를 확인하여 미리 결정하여야 한다. 동일한 지역에서 동일한 목적으로 동일한 상호를 사용할 수 없기 때문에 상호를 결정하지 않고는 간판, 명함, 서류인쇄 등의 다른 일을 진행할 수가 없다.

**Point ⑥   주주명부의 작성 시에 타인의 명의로 등재하지 않도록 한다.**

현행 세법상 조세회피 목적이 있는 주식의 명의신탁은 증여로 간주하기 때문에 실질 주주가 아닌 타인의 명의를 빌려 주주로 등재하지 않도록 한다. 타인의 명의로 하는 경우에는 추후에 주식의 소유권에 관한 분쟁이 발생할 수 있다. 주주로 등재하고자 하는 사람은 주식취득자금의 출처가 분명한 사람을 대상으로 하는 것이 바람직하다. 이는 주식취득에 대한 자금출처조사가 있는 경우에 자금출처를 입증하지 못하면 이를 증여받은 것으로 추정하기 때문이다.

**Point ⑦ 법인설립 등기완료까지 발생하는 비용은 증빙을 챙긴다.**

법인설립 등기완료 시까지 발생하는 비용은 합법적인 비용으로 인정된다. 그러나 발생한 모든 비용이 인정되는 것은 아니며, 일부 특정항목만 인정되므로 비용의 지출 전에 비용의 인정여부에 대하여 전문가와 상의하도록 한다.

## ❸ 3단계 : 사업자 등록단계

**Point ⑧ 영업허가 업종인지를 검토하여 먼저 영업허가증을 받아야 한다.**

음식점, 건설업, 학원, 병원 등은 관할 기관에서 영업허가를 받거나 영업신고를 해야 저법하게 사업을 할 수 있다. 또한 학원 등의 일부 업종은 관할 기관의 허가를 받아야만 부가가치세법에 따른 면세혜택이 적용되는 경우도 있다. 그러므로 먼저 영업허가업종인지를 검토하여 사업자등록 전에 영업허가증을 받아야 한다. 영업허가 관련사항은 각각의 관련법규에서 규제하고 있으며, 영업허가증은 사업자등록 시에 제출해야 한다.

**Point ⑨ 사업개시일로부터 20일 이내에 사업자등록을 신청하여야 한다.**

사업개시일은 재화 또는 용역의 공급개시일 또는 재화의 제조개시일 또는 광물의 채취개시일을 의미한다. 사업자등록을 하지 않으면 세금계산서를 교부하지 못하며, 미등록가산세가 부과되고, 사업자등록 전에 발생한 부가가치세 매입세액을 매출세액에서 공제받지 못하며, 세금계산서 교부의무의 위반으로 조세범처벌법에 의한 처분을 받을 수도 있다.

사업자등록은 사업개시 전이라도 할 수 있으므로 특별한 사유가 없다면 가능한 빨리 등록하는 것이 유리하다. 부가가치세가 면제되는 면세사업자의 경우에도 소득세법 등의 규정에 의하여 면세사업자로 사업자등록을 하여야 한다.

**Point ⑩ 개인사업자의 경우에는 동업자가 있다면 공동사업자로의 등록을 검토한다.**

현행 소득세법은 4단계 초과누진세율을 적용하고 있다. 소득을 동업자의 수로 나누어 세율을 적용하면 단일 소득자로 계산한 세금보다 절감되기 때문이다. 그러나 공동사업자는 거래 등이 불편할 수 있으며, 연대납세의무가 있으므로 이를 종합적으로 검토하여 공동사업 여부를 결정해야 한다. 공동사업자와 관련된 세금문제는 뒤에 공동사업자와 연대납세의무에서 설명하기로 한다.

**Point ⑪ 개인사업자의 경우에는 사업자등록 시 사업자의 유형을 결정하여야 한다.**

개인사업자의 경우에 부가가치세가 과세되는 사업자는 매출액의 규모에 따라 간이과세자 및 일반과세자로 구분되며, 부가가치세액의 계산방법이 다르므로 특성에 맞게 사업자등록을 하는 것이 필요하다.

신규로 사업을 개시하는 간이과세적용은 다음의 <표>와 같고, 일반과세자와 간이과세자의 비교 요약내용을 정리하면 그 다음의 <표>와 같다.

**표  신규사업자의 간이과세 적용**

| 구 분 | 내 용 |
|---|---|
| 간이과세<br>적용<br>신고서<br>제출자 | 신규로 사업을 개시하는 개인사업자는 사업을 개시한 날이 속하는 1년간에 있어서 공급대가의 합계액이 4,800만 원에 미달될 것으로 예상되는 때에는 사업자등록신청 시 간이과세적용신고서를 사업장 관할 세무서장에게 제출하여야 한다.[1] 이 경우 당해 신고를 한 개인사업자는 최초의 과세기간에 있어서 간이과세자로 한다.[2] |
| 미등록<br>사업자 | 사업자등록을 하지 아니한 개인사업자로서 사업을 개시한 날이 속하는 1년간에 있어서 공급대가의 합계액이 4,800만 원에 미달하는 경우에는 최초의 과세기간에 있어서 간이과세자로 한다. 다만, 다른 사업을 일반과세자로 하고 있는 사업자는 그러하지 아니한다. |

1) 사업자등록신청서에 연간 공급대가 예상액과 기타 참고사항을 기재하여 제출한 경우에는 간이과세적용신고서를 제출한 것으로 본다.
2) 다만, 간이과세적용 배제 업종을 영위하는 사업자의 경우에는 그러하지 아니한다.

**표  일반과세자와 간이과세자의 비교**

| 구분 | 일반과세자 | 간이과세자 |
|---|---|---|
| 과세표준 | 공급가액 | 공급대가(즉, 공급가액 + 부가가치세) |
| 납부세액 | 매출세액 − 매입세액 | 공급대가×업종별 부가가치율×10% |
| 거래징수 | 재화·용역공급 시 거래징수의무가 있음 | 해당 사항 없음 |
| 세금계산서 | 세금계산서 또는 영수증 교부 | 영수증 교부만 가능 |
| 예정신고납부 | 사신신고 납무. 난, 개인사업사는 예성고지를 원칙으로 함 | 해당 사항 없음 |
| 대손세액공제 | 적용받을 수 있음 | 적용받을 수 없음 |
| 매입세액 | 매입세액으로 공제 | 매입세액×업종별 부가가치율×10% |
| 신용카드매출전표발행세액공제 | 1.3% | 1.3%(음식점업 및 숙박업을 영위하는 간이과세자는 2.6%) |
| 가산세 | 미등록가산세 = 공급가액×1%<br>세금계산서 관련가산세 있음 | 미등록가산세 = 공급대가×0.5%<br>세금계산서 관련 가산세 없음 |
| 납부의무면제 | 해당 사항 없음 | 공급대가가 1,200만 원 미만인 경우 |
| 기장의무 | 장부비치 기장의무가 있음 | 교부받은 세금계산서와 교부한 영수증을 보관한 때에는 장부비치 기장의무를 이행한 것으로 봄 |

**Point 12** 법인설립등기 후(개인사업자는 사업준비단계)부터 사업개시일까지 발생하는 비용도 인정되므로 증빙을 철저히 챙긴다.

법인설립등기 후부터 사업개시일까지 발생하는 비용도 비용으로 인정된다. 그러나 발생한 모든 비용이 인정되는 것은 아니며, 사업인허가과정에서 발생한 비용 등 특정한 지출만이 인정되므로 지출 전에 전문가와 상의하도록 한다.

## ❹ 4단계 : 영업 활동단계

**Point 13** 회계 관련장부의 기장 및 비치의무를 준수하여야 한다.

법인사업자는 무조건 회계 관련장부를 기록하고 유지하여야 하며, 개인사업자는 일정 규모 이상일 경우에 회계 관련장부를 기록하고 유지하여야 한다. 이러한 장부기장 및 보관의무를 이행하지 않으면 높은 기준경비율 또는 단순경비율이 적용되어 세금이 많이 부과되며, 또한 가산세의 적용 등으로 세 부담이 상당히 증가하게 된다.

**Point 14** 각종 신고 · 납부의무를 준수하여야 한다.

대부분의 개별 세법에서는 각종 신고 · 납부의무의 이행이 하루만 늦는 경우에도 관련 세금의 10%에서 40% 정도의 높은 가산세가 붙는 등의 불이익이 있다. 사업자의 기본적인 신고 · 납부기한은 다음의 <표>와 같다.

**표** 사업자의 각종 신고 · 납부기한

| 종류 | 신고 · 납부의무자 | 신고 · 납부할 내용 | 신고 · 납부의 기한 |
|---|---|---|---|
| 원천징수 | 원천징수 대상소득을 지급하는 자 | 원천징수한 세액 | 원천징수한 다음달 10일 |
| 부가가치세 | 부가가치세 과세사업자 | 1월~3월의 매출액<br>4월~6월의 매출액<br>7월~9월의 매출액<br>10월~12월의 매출액 | 당해연도  4월 1일~25일<br>당해연도  7월 1일~25일<br>당해연도 10월 1일~25일<br>다음연도  1월 1일~25일 |
| 사업장 현황보고 | 부가가치세 면세사업자 | 1월~12월의 수입금액 | 다음연도  1월 1일~31일 |
| 소득세 | 개인사업자 | 중간예납 | 원칙적으로 고지된 세금을 당해연도 11월 30일까지 납부한다. |
| | | 확정신고 | 다음연도 5월 1일~31일 |
| 법인세 | 법인사업자 | 중간예납 | 상반기 6개월 경과 후 2월 이내 |
| | | 각 사업연도의 과세표준과 세액 | 각 사업연도 종료일로부터 3월 이내 |
| 특별소비세 | 과세유흥장소 등의 특별소비세 대상 사업자 | 매월의 수입금액 등 | 다음 달 말일까지 |

## Point ⑤ 세법상의 각종 혜택을 활용한다.

조세제도는 정부의 정책에 많이 의존하므로 정책적으로 결정된 각종 세제지원세도를 이용하도록 한다. 연구개발비, 중소기업지원, 설비두사비 등과 같이 특정한 경우에는 각종 조세지원제도가 있으므로 전문가의 조언을 받아 이를 활용한다.

이상과 같은 기본적인 사항은 창업자라면 상식적으로 파악하고 있어야 한다. 물론 복잡한 많은 사항까지 알 필요는 없으며, 이러한 사항은 전문가와 상의하면 된다. 이를 토대로 사업자의 각종 의무를 이행하여 불이익을 받지 않도록 하고, 각종 조세지원제도를 이용하여 절세하는 것이 합리적인 사업자의 기본자세라고 할 수 있다.

**법인설립 시 취득세, 등록세**

일반적으로 법인설립 시에 설립자가 지금 할 사업뿐만 아니라 미래에 할 사업도 모두 사업목적으로 등기하려는 경향이 있다. 그러나 사업목적에 따라서 취득세와 등록세가 중과 또는 면제가 되는 경우가 있으므로 감면되는 사업목적과 감면되지 않는 사업목적이 함께 있는 경우에 감면되지 않는 사업목적은 지금 사업을 할 것이 아니라면 이를 포함하지 않는 것이 절세에 유리하다.

# 2. 이사·감사와 절세

### 이사와 감사는 각종 의무불이행 시 책임이 있다.

주식회사와 같은 법인을 설립하려면 반드시 이사와 감사를 선임하여야 한다. 실제로 선임된 이사와 감사가 회사에 근무하는 경우도 있지만, 소규모 회사에서는 대표이사를 제외한 나머지 이사와 감사는 선임만 하고 실제로 근무하지 않는 경우가 대부분이다. 이런 경우에 근무하지 않는 이사와 감사를 선임하기 위하여 친지 등에게 부탁을 하여 선임하고 회사를 설립하게 된다. 이러한 부탁을 받은 사람은 이사와 감사로 등재하는 것이 어떤 문제가 있는지 잘 몰라 부탁을 들어주어야 할 것인지 들어주지 말아야 할 것인지 고민하는 경우를 볼 수 있다. 특히 대표이사로 등재해 달라고 부탁을 받는 경우에는 더욱 그렇다.

주식회사의 이사와 감사의 권한과 의무 및 책임관계에 대하여는 상법에 규정되어 있으며, 세법에는 특별한 규정은 없다. 다만, 법인의 대표자 또는 사용인 등이 조세범처벌법에 규정하는 범칙행위를 하는 경우에는 징역이나 벌금이 부과될 수 있다. 또한, 이사와 감사는 당해 법인의 특수관계자에 해당되어 특수관계자에 해당된 제 규정을 적용할 때에 불이익을 받을 수 있다.

## Point ❶ 이사와 감사는 세법상 의무를 이행해야 불이익이 없다.

조세범처벌법에 의하면 대표이사 또는 임직원이 범칙행위를 하는 경우에는 징역이나 벌금의 처벌을 받는다.

### ≫ 조세범처벌법상 임직원의 주요 처벌내용

1. 원천징수 의무위반
2. 세금계산서 교부의무위반
3. 세금계산서 허위교부
4. 납세증명서 등의 불법사용
5. 조세포탈의 증거인멸을 목적으로 한 장부 파기 또는 은닉
6. 과세표준 허위신고

### ≫ 상법상 이사의 권리와 의무 및 책임

주식회사의 이사는 업무집행기관인 이사회의 구성원으로서 이사의 권리와 의무 및 책임에 대하여는 상법에 규정되어 있으며, 주요한 사항을 요약하면 다음의 <표>와 같다.

| 구분 | 내 용 |
| --- | --- |
| 권리<br>의무 | 1. 대표이사의 경우 회사대표권<br>2. 주주총회의 특별결의로 해임되는 경우 회사에 대한 손해배상청구권<br>3. 주주총회출석권<br>4. 총회결의취소의 소 등과 같은 각종 소의 제기권<br>5. 겸업 · 겸직금지의무 : 이사는 이사회의 승인이 없으면, 자기 또는 제3자의 계산으로 회사의 영업부류에 속한 거래를 하거나, 동종영업을 목적으로 하는 다른 회사의 무한책임사원이나 이사가 되지 못한다.<br>6. 자기거래의 제한의무 : 이사는 자기 또는 제3자의 재산으로  회사와 거래를 하는 경우에는 이사회의 승인을 얻어야 한다.<br>7. 보고의무 : 이사는 회사에 현저하게 손해를 미칠 염려가 있는 사실을 발견한 때에는 즉시 감사에게 이를 보고하여야 한다. |
| 책임 | 1. 법령이나 정관에 위반한 행위를 하는 경우 회사에 대한 손해배상책임(이사회의 결의에 의한 것인 때에는 그 결의에 찬성한 이사도 손해배상책임)<br>2. 임무 해태 시 회사에 대한 손해배상책임<br>3. 악의 또는 중대한 과실로 인한 경우에는 제3자에 대하여 행위자는 연대하여 손해배상책임(이사회의 결의에 의한 경우에는 그 결의에 찬성한 이사도 손해배상책임) |

## 》 상법상 감사의 권리와 의무 및 책임

주식회사의 감사의 권리와 의무 및 책임에 대하여는 상법에 규정되어 있으며, 주요한 사항을 요약하면 다음의 <표>와 같다.

**표** 주식회사의 감사의 상법상 권리 · 의무 및 책임

| 구분 | 내 용 |
| --- | --- |
| 권리<br>의무 | 1. 이사업무집행의 적법성 감사권<br>2. 주주총회에 제출할 의안, 서류조사권 및 주주총회보고의무<br>3. 이사에 대한 영업보고요구권<br>4. 회사의 업무와 재산상태조사권<br>5. 재무제표와 영업보고서에 대한 감사권 및 감사보고서제출의무<br>6. 이사회에서의 의견진술권<br>7. 이사위법행위유지청구권 및 이사회보고의무<br>8. 임시주주총회소집청구권<br>9. 자회사에 대한 영업보고요구권<br>10. 감사록작성의무<br>11. 주주총회의 특별결의로 해임 시 회사에 대한 손해배상청구권 |
| 책임 | 1. 임무해태 시 회사에 대한 손해배상책임<br>2. 임무해태가 악의 또는 중대한 과실로 인한 경우 제3자에 대한 손해배상책임 |

이상에서 본 바와 같이 주식회사의 이사와 감사는 각종의 의무를 이행하여야 하며, 특히 대표이사의 경우에는 조세와 관련하여 조세범처벌법의 적용을 받을 수도 있다는 점에 유의하여야 한다.

## Point ❷ 명의상 대표이사도 2차 납세의무가 발생할 수 있다.

명의상 대표이사로 등재하게 되면 대표이사로서의 긱종 책임을 져야 한다. 특히 세법상으로는 당해 법인의 지분을 50%를 초과하여 가지고 있는 과점주주로서 당해 법인의 경영권을 행사하는 자는 당해 법인이 납부하지 아니한 세금에 대하여 과점주주가 납부할 책임이 있으므로 주의하여야 한다. 특히, 과점주주의 판단 시에는 대표이사와 특수관계자를 포함하여 판단하므로 이를 고려하여야 한다.

## » 과점주주의 2차 납세의무

법인의 특정한 과점주주는 국세와 지방세에 대하여 제2차 납세의무가 있다는 점에 주의하여야 한다. 여기서 과점주주란 상장법인을 제외한 회사가 발행한 주식을 특수관계자가 소유한 주식을 포함하여 50%를 초과하여 소유하고 있는 주주를 말한다. 납세의무 성립일 현재 이러한 과점주주에 해당하는 자 중에서 주주의 권리를 실질적으로 행사하는 자, 경영을 사실상 지배하는 자 및 이러한 자의 배우자 및 생계를 같이 하는 직계존비속의 경우에는 법인에 부과되거나 납부할 세금에 대하여 법인이 납부하지 아니하면 폐업 후라도 과점주주가 납부하여야 한다. 이때 과점주주가 납부할 세금은 실질적으로 권리를 행사하는 비율만큼의 세금을 납부하여야 한다. 이를 과점주주의 제2차 납세의무라고 한다.

또한, 과점주주가 아닌 자가 매매 또는 유상증자 등의 사유로 주식을 취득하게 되어 과점주주가 되면 당해 회사의 부동산 등을 취득한 것으로 보아 과점주주에게 취득세를 부과하므로 주의하여야 한다.

### 명의상 대표이사에 대한 세금추징

모(某) 사장은 잘 아는 거래처의 사장으로부터 신규법인을 설립하는데 대표이사의 명의만을 잠시 빌려주면 설립 후 바로 다른 사람으로 교체할 것이라고 해서 대표이사의 명의를 빌려주었고 대표이사의 등재에 필요한 인감증명 등의 필요한 서류를 건네주었다. 그런데 처음의 약속과 달리 대표이사를 교체하지 않고 차일피일 미루더니 얼마 지나지 않아 해당 법인을 폐업하였다. 그래서 별일이 없겠거니 하고 지내던 중에 몇 년이 지나 관할 세무서로부터 소득세와 부가가치세를 추징하겠다는 과세예고통지서를 받았다. 그래서 관할 세무서에 물어보니 신규법인 설립 후에 실거래가 없이 매출세금계산서를 임의로 발행하고 동시에 매입세금계산서를 수령한 사실이 있다고 하여 추징하려고 한다는 것이었다. 그래서 자초지종을 말했는데도 불구하고 대표이사로서 대주주로 등재되어 있어 추징고지서가 나오게 되었다. 이에 이의신청과 심사청구를 거쳤음에도 불구하고 구제받지 못하다가 행정소송에서 승소하였으나 국세청의 불복으로 고등법원까지 가서야 겨우 구제를 받게 되었다. 그동안의 소송비용과 심적인 고통이 이루 말할 수 없이 컸음은 물론이다.

**과점주주에 대한 취득세의 부과사례**

**1. 설립 시 과점주주인 자의 지분율이 늘어난 경우**
설립 시 60%의 지분을 가진 주주가 증자 또는 다른 주주로부터 취득하여 70%의 지분을 갖게 되었다면, 이 시점에서 회사가 보유하고 있는 취득세 과세대상의 10%(증가된 비율만큼)를 과점주주가 취득한 것으로 보아 취득세를 부과한다.

**2. 설립 시 과점주주가 아닌 자의 지분율이 늘어나서 과점주주가 된 경우**
설립 시 45%의 지분을 가진 주주가 증자 또는 다른 주주로부터 취득하여 60%의 지분을 갖게 되었다면, 이 시점에서 회사가 보유하고 있는 취득세 과세대상의 60%를 과점주주가 취득한 것으로 보아 취득세를 부과한다.

# 3. 사업폐업과 절세

**폐업 시에도 적절한 세무절차를 취해야 불이익이 없다.**

사업을 하다 보면 부득이한 사유로 폐업하는 경우도 발생하게 된다. 불경기로 인하여 폐업하는 경우, 부도로 인하여 폐업하는 경우, 경영자의 사망으로 폐업하는 경우, 사업양도로 폐업하는 경우, 합병으로 폐업하는 경우 등 갖가지 사유가 있을 수 있다. 이러한 여러 가지 사유 중에서 특히 불경기, 부도, 사망 등으로 폐업하는 경우는 경황이 없어 적절한 세무처리를 하지 못해 몇 년이 지난 후에 세금을 추징당하는 불이익이 발생할 수도 있으므로 주의하여야 한다.

**Point ❶** **개인사업자는 폐업 시 부가가치세와 소득세에 유의하여야 한다.**

개인사업자가 폐업 시에는 부가가치세와 사업소득세가 발생할 수 있으므로 주의하여 불이익이 없도록 하여야 한다.

### ≫ 개인사업자 폐업 시의 부가가치세

폐업 시 보유하고 있는 재고자산, 고정자산에 대하여는 부가가치세가 부과된다. 즉, 폐업 시 보유하고 있는 상품 등의 재고자산에 대하여 재화의 공급으로 보아 시가를 기준으로 하여 부가가치세가 과세된다. 또한, 건물 또는 구축물은 취득가액에서 취득 후 6개월 경과 시마다 10%를 감가한 금액을 기준으로 부가가치세가 과세되고, 기타의 고정자산은 취득가액에서 취득 후 6개월 경과 시마다 25%를 감가한 금액을 기준으로 부가가치세가 과세된다.

따라서 이를 고려하지 아니하고 폐업하면 부가가치세가 추징되므로 반드시 폐업 전에 재고자산, 고정자산에 대한 처분 여부를 결정하여야 한다. 예를 들면, 폐업신고 전에 재고자산 등을 처분하면 매출부가가치세를 거래징수하여 납부할 수 있으므로 폐업하는 사업자는 불이익이 없다. 또한, 고정자산을 보유하고 있는 경우에는 폐업시기를 늦추면 기간 경과에 따른 감가가 이루어져 부가가치세를 줄일 수 있다. 그러나 폐업신고 후에 재고자산 등을 처분하면 매출부가가치세를 거래징수할 수 없으므로 폐업 시 부과되는 부가가치세는 결국 폐업자의 추가적인 부담이 된다.

한편, 사업의 포괄양도로 인하여 폐업하는 경우에는 부가가치세가 과세되지 않는다. 즉, 폐업 전에 사업과 관련된 모든 자산과 부채를 일괄하여 양도하는 경우에는 세금계산서를 발행할 필요가 없으므로 부가가치세가 과세되지 않는다.

### 개인사업자 폐업 시의 사업소득세

사업자는 폐업 시에도 일정한 사업소득세를 납부하여야 하므로 기장관리를 잘하여야 한다. 폐업한 경우에는 사업소득세는 원칙적으로 다음 연도 5월 중에 확정신고 납부해야 한다. 다만, 사망한 경우에는 사망 후 6개월 내에 신고·납부하여야 한다. 그런데 폐업 시 기장관리를 하지 않았을 경우에 세무서에서 확정신고 때까지 기다리지 않고 종합소득세를 수시 부과할 수도 있으며, 이 경우에는 실질적으로 소득이 없음에도 불구하고 세금이 과다하게 부과될 수가 있으므로 주의하여야 한다. 일반적으로 폐업하는 사업자는 적자기업인 경우이므로 이를 반영하여 기장관리를 하여야 불이익을 받지 않는다.

### Point ❷ 법인사업자는 폐업 시 2차 납세의무 등의 추가적인 부담에 유의하여야 한다.

법인사업자의 폐업 시 부가가치세, 법인세, 부당행위 부인, 청산소득 법인세, 특정한 토지나 건물 등의 양도에 대한 추가적인 법인세를 납부하여야 한다. 또한, 과점주주의 경우에는 2차 납세의무가 발생할 수 있으므로 주의하여야 불이익이 없다.

### 법인사업자 폐업 시 부가가치세

법인사업자의 폐업 시에도 개인사업자의 폐업과 마찬가지로 재고자산 등에 대하여 부가가치세가 과세되므로 개인사업자와 동일한 주의를 하여야 한다.

### 법인사업자 폐업 시 기간소득에 대한 법인세

법인사업자의 폐업 시에도 법인세를 납부하여야 하며, 법인세는 매 사업연도 종료 후 늦어도 3개월 이내에 법인세를 신고하고 납부하여야 한다. 따라서 해산등기한 법인은 해산일로부터 3개월 이내에 법인세신고를 하여야 하며, 해산등기를 하지 아니한 경우에는 폐업신고일과는 관계없이 과세기간종료일(보통은 12월 31일)로부터 3개월 이내에 법인세신고를 하여야 한다. 그러나 세무서에서는 폐업한 법인에 대하여는 신고가 들어올 때까지 기다리지 않고 수시 부과할 수 있으므로 기장관리를 하지 않으면 불이익을 볼 수 있다. 그러므로 적자 등으로 폐업하는 법인은 경황이 없더라도 적자내용을 잘 반영하여 기장관리를 해두어야 불이익을 받지 않는다.

## ❯❯ 부당행위계산부인

법인을 폐업하는 경우에는 상법에 따라 해산등기와 청산등기를 하는 것이 원칙이지만, 통상적으로 폐업하면 별도의 등기를 하지 않고 방치하는 경우가 많다. 그러나 부채보다 자산이 많은 법인은 폐업 시에는 해산등기를 하고 청산절차를 거치는 것이 필요하다.

법인은 세법상의 절차인 폐업신고를 했다고 해서 법인의 수명이 다한 것은 아니다. 법인을 완전하게 정리하려면 상법상의 절차인 해산등기를 하고 청산절차를 거쳐야 한다. 그러나 실무상 부도 등으로 폐업하는 경우에 이러한 절차를 밟는 사업자는 거의 없다. 이러한 절차 없이 자산으로 부채를 상환하고 남은 자산을 주주들에게 나누어 주면 부당행위로 인하여 세금을 추징받게 된다. 즉, 폐업 시에는 잔여재산과 관련한 세금, 예를 들면 청산소득에 대한 법인세와 배당소득세를 납부하여야 세법상 문제가 없게 된다.

## ❯❯ 청산소득에 대한 법인세

법인이 청산하는 경우에는 청산소득에 대한 법인세가 과세됨에 유의하여야 한다. 청산소득이란 청산일 현재의 잔여순재산가액(시가)에서 해산등기일 현재의 세법상의 자기자본을 차감한 금액을 말한다. 이러한 청산소득은 법인이 존속하는 동안 부과되지 아니한 법인의 순자산증가액에 대한 과세로서 법인세율(2억 원까지 11%, 2억 원 초과분 22%)을 적용하여 산출한 세금을 잔여재산가액 확정일로부터 3개월 이내에 신고, 납부하여야 한다.

**폐업자의 장부보관의무**

거래상대방이 매출누락을 하고 추후에 세무서로부터 소명요구를 받은 경우에 장부가 없어서 매입사실을 입증하지 못하여 법인세와 소득세를 추징하겠다고 사전통지가 오는 경우가 종종 있다. 이러한 경우에는 관련 장부를 잘 보관하고 있어야만 소명할 수가 있다. 만약 관련 자료가 없다면 최대한 기억을 살려서 거래처 은행거래사실 등의 객관적 사실을 입증하지 못하면 꼼짝없이 세금을 추징당할 수밖에 없으므로 주의하여야 한다.

# 4. 중소기업의 절세

**제조업과 특정업종에 대한 중소기업 세제지원을 파악하라.**

대부분의 사업자들은 제조업에 대해서만 세제혜택이 주어지는 것으로 알고 있다. 그러나 이러한 혜택은 제조업뿐만 아니라, 정책상의 필요에 따라 기타의 업종에 대하여도 혜택을 부여하고 있다. 여기서 업종이란 업태와 종목을 말한다. 예를 들면, 사무기기 제조를 하는 경우 업태는 제조이고, 종목은 사무기기이며, 일반적으로 사무기기제조업이라고 부른다. 또한 소프트웨어 개발을 하는 경우 업태는 서비스이고, 종목은 소프트웨어 개발이며, 일반적으로 소프트웨어 개발업이라고 부른다.

특정 기업이 영위하는 업종이 무엇인지는 그 기업이 지금까지 영위해 온 사업내용을 보면 알 수 있다. 그 기업의 사업내용은 대개의 경우 대차대조표와 손익계산서 같은 결산서에 잘 나타나 있다. 또한, 부수적으로 사업자등록증을 보면 짐작할 수 있다.

업종을 파악할 때 알아야 할 것은 제조업이라고 해서 반드시 공장이 있어야 한다거나, 공장등록증이 있어야 하는 것은 아니다. 따라서 위탁가공하여 판매하는 업자도 제조업자가 될 수 있다. 따라서 위탁가공업자인 경우에는 제조업에 해당하기 위한 조건을 충족하면 이하에서 설명하는 제조업에 대한 세제지원 혜택을 받을 수 있다.

### ① 소득세법상 위탁제조업의 경우 제조업의 요건

자기가 제품을 직접 제조하지 아니하고 제조업체에 의뢰하여 제조하는 경우로서 다음 각 목의 요건을 충족하는 경우에는 제조업으로 본다.

1. 생산할 제품을 직접 기획(고안 및 디자인, 견본제작 등을 포함한다)할 것
2. 그 제품을 자기명의로 제조할 것
3. 그 제품을 인수하여 자기 책임하에서 직접 판매할 것

### Point ① 중소기업에 대한 투자세액공제를 활용하자.

일정한 조건을 갖춘 중소기업을 영위하는 거주자 또는 내국법인이 사업용 자산을 새로이 취득하여 투자(중고품 제외)한 경우에는 당해 투자금액의 3%를 소득세 또는 법인세에서 공제한다.

세액공제를 받을 수 있는 중소기업은 제조업, 도매업, 소매업, 소프트웨어개발업, 의료기관 등과 같이 정책지원이 필요에 의해 조세특례제한법에서 열거하고 있는 업종을 영위하면서 중소기업기본법 시행령 [별표 1]에서 종업원 수, 자본금 또는 매출액을 기준으로 하여 정하고 있는 중소기업기준에 해당되어야 하므로, 본인의 사업이 세제지원이 되는 중소기업에 해당되는 지의 여부는 필요시마다 확인하여야 한다.

여기서 주의할 점은 제조업 등과 같은 지원대상 업종이 사업자등록에 표시되어 있어도 실제로 해당 업종의 매출이 없는 경우에는 아무런 혜택이 없다는 점이다. 만약 지원 업종과 기타 업종을 겸업하고 있으면 해당 업종에 대하여만 지원을 받을 수 있다.

### Point ❷ 중소기업에 대한 특별세액감면을 적용 받자.

앞에서 설명한 중소기업 중 다음 제1호의 감면업종을 영위하는 기업에 대하여는 해당 사업장에서 발생한 소득에 대한 소득세 또는 법인세를 유형별로 10%에서 30%까지 감면하는데, 반드시 감면신청을 하여야만 감면된다는 점을 유의하여야 한다.

### 1. 감면업종

① 작물재배업

② 축산업

③ 어업

④ 광업

⑤ 제조업

⑥ 하수·폐기물 처리(재활용을 포함한다), 원료재생 및 환경복원업

⑦ 건설업

⑧ 도매 및 소매업

⑨ 운수업 중 여객운송업

⑩ 출판업

⑪ 영화·비디오물 및 방송프로그램 제작업, 영화·비디오물 및 방송프로그램 제작 관련 서비스업, 영화·비디오물 및 방송프로그램 배급업, 오디오물 출판 및 원판녹음업

⑫ 방송업

⑬ 전기통신업

⑭ 컴퓨터프로그래밍, 시스템 통합 및 관리업

⑮ 정보서비스업

⑯ 연구개발업

⑰ 광고업

⑱ 그 밖의 과학기술서비스업

⑲ 포장 및 충전업

⑳ 전문디자인업

㉑ 창작 및 예술관련 서비스업(자영예술가는 제외한다)

㉒ 대통령령으로 정하는 주문자 상표 부착방식에 따른 수탁생산업

㉓ 엔지니어링사업

㉔ 물류산업

㉕ 학원의 설립·운영 및 과외교습에 관한 법률에 따른 직업기술 분야를 교습하는 학원을 영위하는 사업

㉖ 대통령령으로 정하는 자동차정비공장을 운영하는 사업

㉗ 해운법에 따른 선박관리업

㉘ 의료법에 따른 의료기관을 운영하는 사업(의원·치과의원 및 한의원은 제외
한다)

㉙ 관광진흥법에 따른 관광사업(카지노, 관광유흥음식점 및 외국인전용 유흥음
식점업은 제외한다)

㉚ 노인복지법에 따른 노인복지시설을 운영하는 사업

㉛ 전시산업발전법에 따른 전시산업


## 2. 감면비율

① 대통령령으로 정하는 소기업 즉, 매출액이 100억 원 미만인 중소기업 중
에서 상시 사용하는 종업원 수가 (1) 제조업을 주된 사업으로 영위하는 경
우에는 100명 미만이거나, (2) 축산업·광업·건설업·출판업·물류산업
또는 운수업 중 여객운송업을 주된 사업으로 영위하는 경우에는 50명 이
만이거나, (3) 기타의 사업을 주된 사업으로 영위하는 경우에는 10명 미만
인 기업(이하 "소기업"이라 한다)이 도매 및 소매업, 의료업, 자동차정비업
및 관광사업(이하 "도매업 등"이라 한다)을 영위하는 사업장 : 100분의 10

② 소기업이 수도권 안에서 제1호의 규정에 의한 감면업종 중 도매업 등을
제외한 업종을 영위하는 사업장 : 100분의 20

③ 소기업이 수도권 외의 지역에서 제1호의 규정에 의한 감면업종 중 도매
업 등을 제외한 업종을 영위하는 사업장 : 100분의 30

④ 소기업을 제외한 중소기업(이하 "중기업"이라 한다)이 수도권 외의 지역에
서 도매업 등을 영위하는 사업장 : 100분의 5

⑤ 중기업의 사업장으로서 수도권 안에서 대통령령이 정하는 지식기반산업
을 영위하는 사업장 : 100분의 10

⑥ 중기업이 수도권 외의 지역에서 제1호의 규정에 의한 감면업종 중 도매
업 등을 제외한 업종을 영위하는 사업장 : 100분의 15

**Point ❸ 창업중소기업 적용을 받아 세액감면을 활용하자.**

특정 중소기업(농어촌지역에서 창업하는 중소기업, 수도권 중 일부지역 이외에서
창업한 기술집약형 중소기업, 벤처기업 전용단지 또는 벤처기업 집적시설에서 창업하
는 중소기업 중 연구개발비가 매출액의 5% 이상인 벤처기업)을 창업하는 거주자 또
는 내국법인에 대하여는 당해 사업에서 최초로 소득이 발생한 날이 속하는 과
세연도와 그 후 3년간의 과세연도의 소득에 대한 소득세 또는 법인세의 50%를
감면한다. 또한, 창업중소기업에 대한 세액감면되는 업종은 앞에서 설명한 제
조업 등의 지원업종에 대해서만 취득세, 등록세, 재산세, 농어촌특별세도 감면
된다. 창업중소기업에 대한 세제지원은 뒤에서 추가로 설명하기로 한다.

**Point ❹ 중소기업에 대한 기타의 세제지원을 활용하자.**

이상의 가장 대표적인 세제지원 이외에도 접대비의 손금한도 계산 시 1,800
만 원(일반기업은 1,200만 원임)을 기본적으로 인정하고 있으며, 법인세의 분납
기한도 2개월(일반기업은 1개월)간 인정하고 있다. 이외에도 중소사업자의 경영
안정지원을 위한 양도소득세 등의 감면, 중소기업 간 통합에 대한 양도소득세
의 이월과세, 개인기업의 법인전환에 대한 양도소득세의 이월과세 등의 세제
지원도 있다.

# 5. 창업기업의 절세



창업을 한다는 것은 창업자가 위험을 감수하고 새로운 일에 도전하는 것으로서 고용창출 등의 효과가 있기 때문에 정책적으로 창업을 지원하고 있다. 그러나 모든 창업기업을 지원하는 것이 아니라 창업중소기업과 창업벤처기업에 대하여 지원하고 있다.

## Point ❶ 수도권지역 외에서는 창업중소기업에 해당되도록 하라.

수도권과밀억제권역 외의 지역에서 창업한 중소기업과 중소기업창업 지원법 제6조 제1항의 규정에 의하여 창업보육센터사업자로 지정받은 내국인에 대하여는 당해 사업에서 최초로 소득이 발생한 과세연도(사업개시일부터 5년이 되는 날이 속하는 과세연도까지 당해 사업에서 소득이 발생하지 아니하는 경우에는 5년이 되는 날이 속하는 과세연도)와 그 다음 과세연도의 개시일부터 3년 이내에 종료하는 과세연도까지 당해 사업에서 발생한 소득에 대한 소득세 또는 법인세의 100분의 50에 상당하는 세액을 감면한다.

## Point ❷ 수도권지역 내에서는 창업벤처기업에 해당되도록 하라.

벤처기업육성에 관한 특별조치법 제2조 제1항의 규정에 따른 벤처기업 중에서 일정한 요건을 갖춘 벤처기업으로서 창업 후 3년 이내에 동법의 규정에 의하여 벤처기업으로 확인받은 창업벤처중소기업의 경우에는 그 확인받은 날 이후 최초로 소득이 발생한 과세연도(벤처기업으로 확인받은 날부터 5년이 되는 날이 속하는 과세연도까지 당해 사업에서 소득이 발생하지 아니하는 경우에는 5년이 되는 날이 속하는 과세연도)와 그 다음 과세연도의 개시일부터 3년 이내에 종료하는 과세연도까지 당해 사업에서 발생한 소득에 대한 소득세 또는 법인세의 100분의 50에 상당하는 세액을 감면한다.

이상의 세액의 감면을 받기 위해서는 반드시 감면신청을 하여야 하며, 창업중소기업에 대한 감면을 적용받는 경우를 제외하며, 감면기간 중 벤처기업의 확인이 취소된 경우에는 취소일이 속하는 과세연도부터 감면을 적용하지 아니한다.

여기서 주의할 점은 창업중소기업 또는 창업벤처중소기업에 대한 세제지원대상이 되는 중소기업의 업종은 앞에서 말한 중소기업에 대한 세제지원대상이 되는 중소기업의 업종과는 다르다는 점이다.

### ≫ 창업중소기업과 창업벤처중소기업의 범위

1. 광업
2. 제조업
3. 건설업
4. 음식점업
5. 출판업
6. 영상·오디오 기록물 제작 및 배급업(비디오물 감상실 운영업은 제외한다)
7. 방송업
8. 전기통신업
9. 컴퓨터 프로그래밍, 시스템통합 및 관리업
10. 정보서비스업(뉴스제공업은 제외한다)

11. 연구개발업

12. 광고업

13. 그 밖의 과학기술서비스업

14. 전문디자인업

15. 전시 및 행사대행업

16. 창작 및 예술관련 서비스업(자영예술가는 제외한다)

17. 특정한 엔지니어링사업

18. 특정한 물류산업

19. 학원의 설립ㆍ운영 및 과외교습에 관한 법률에 따른 직업기술 분야를 교습하는 학원을 영위하는 사업

20. 관광진흥법에 따른 관광숙박업, 국제회의업, 유원시설업 및 대통령령으로 정하는 관광객이용시설업

21. 노인복지법에 따른 노인복지시설을 운영하는 사업

22. 전시산업발전법에 따른 전시산업

## ≫ 세제지원이 되는 창업으로 보지 않는 경우

1. 합병ㆍ분할ㆍ현물출자 또는 사업의 양수를 통하여 종전의 사업을 승계하거나 종전의 사업에 사용되던 자산을 인수 또는 매입하여 동종의 사업을 영위하는 경우. 다만, 종전의 사업에 사용되던 자산을 인수 또는 매입하여 동종의 사업을 영위하는 경우에 당해 자산가액의 합이 사업개시 당시 토지ㆍ건물 및 기계장치 등 대통령령이 정하는 사업용 자산의 총가액에서 차지하는 비율이 100분의 50 미만으로서 대통령령이 정하는 비율 이하인 경우를 제외한다.

2. 거주자가 영위하던 사업을 법인으로 전환하여 새로운 법인을 설립하는 경우

3. 폐업 후 사업을 다시 개시하여 폐업 전의 사업과 동종의 사업을 영위하는
경우

4. 사업을 확장하거나 다른 업종을 추가하는 경우 등 새로운 사업을 최초로
개시하는 것으로 보기 곤란한 경우

## ≫ 세제지원이 가능한 벤처기업의 요건

1. 다음 중 어느 하나에 해당되는 중소기업기본법 상의 중소기업

1) 중소기업창업투자회사, 중소기업창업투자조합, 신기술사업금융업자, 신기
술사업 투자조합, 한국벤처투자조합, 벤처기업투자 전담회사, 개인투자조
합, 한국산업은행, 한국정책금융공사, 중소기업은행, 은행법에 따른 금융기
관, 사모투자전문 회사에 해당하는 자의 투자금액의 합계, 기업의 자본금
중 투자금액의 합계가 차지하는 비율 및 그 비율을 유지하는 기간이 각각
다음의 기준 이상인 기업

① 해당 기업의 주식이나 출자지분을 인수하는 금액이 5천만 원 이상이
고, 그 기업의 자본금의 100분의 10(해당 기업이 문화산업진흥 기본법 제2
조 제9호에 따른 제작자 중 법인이면 자본금의 100분의 7) 이상일 것

② ①에 따른 기준을 벤처기업에 해당하는지에 관하여 확인을 요청한 날
부터 직전 6개월 이상 계속하여 유지하였을 것

2) 다음 각각의 요건을 모두 갖춘 기업(창업하는 기업을 포함한다)

① 기술신용보증기금이 보증을 하거나, 중소기업진흥공단, 한국산업기술
진흥원, 지정된 기술평가기관, 정보통신산업진흥원 등이 개발기술의
사업화나 창업을 촉진하기 위하여 무담보로 자금을 대출할 것

② 보증 또는 대출금액이 8천만 원 이상이고, 기업의 총자산에 대한 보증
또는 대출금액의 비율이 100분의 5 이상일 것(단, 창업 후 1년 이내의 기업

은 보증 또는 대출금액이 4천만 원 이상이면 충족되며, 보증 또는 대출금액이 10억 원 이상인 경우에는 100분의 5의 비율은 적용하지 아니함)

③ ①의 보증 또는 대출기관으로부터 기술성이 우수한 것으로 평가받을 것

2. 연구 및 인력개발을 위하여 지출하는 비용 중 연구개발비 세액공제가 적용되는 연구개발비가 당해 과세연도의 수입금액의 100분의 5 이상인 중소기업. 단, 벤처기업 해당 여부의 확인을 받은 날이 속하는 과세연도부터 연구개발비의 비율을 계속 유지하는 경우에 한하여 적용한다.

## Point ❸ 등록세, 취득세, 재산세를 감면받자.

1. 다음 각 호의 어느 하나에 해당하는 등기에 대하여는 등록세를 면제한다. 다만, 제1호의 경우 등기일부터 2년 이내에 해당 재산을 정당한 사유 없이 해당 사업에 직접 사용하지 아니하거나 다른 목적으로 사용 · 처분(임대를 포함)하는 경우 또는 정당한 사유 없이 최초 사용일부터 2년간 해당 사업에 직접 사용하지 아니하고 다른 목적으로 사용하거나 처분하는 경우에는 면제받은 세액을 추징한다.

  1) 창업중소기업 및 창업벤처중소기업이 해당 사업을 영위하기 위하여 창업일(창업벤처중소기업의 경우에는 벤처기업으로 확인받은 날을 말한다. 이하 같다)부터 4년 이내에 취득하는 사업용 재산에 관한 등기

  2) 창업중소기업의 법인설립의 등기(창업일부터 4년 이내에 자본 또는 출자액을 증가하는 경우를 포함한다)

  3) 창업중소기업이 창업일부터 4년 이내에 법인의 주소 또는 대표이사의 주소변경으로 인한 등기

4) 벤처기업육성에 관한 특별조치법의 규정에 의하여 창업 중에 벤처기업으로 확인받은 중소기업이 그 확인을 받은 날부터 6개월 이내에 행하는 법인설립의 등기

2. 창업중소기업 및 창업벤처중소기업이 당해 사업을 영위하기 위하여 창업일부터 4년 이내에 취득하는 사업용 재산에 대하여는 취득세를 면제한다. 다만, 취득일부터 2년 이내에 당해 재산을 정당한 사유 없이 당해 사업에 직접 사용하지 아니하거나 다른 목적으로 사용·처분(임대를 포함)하는 경우 또는 정당한 사유 없이 최초 사용일부터 2년간 당해 사업에 직접 사용하지 아니하고 다른 목적으로 사용하거나 처분하는 경우에는 면제받은 세액을 추징한다.

3. 창업중소기업 및 창업벤처중소기업이 당해 사업에 직접 사용하는 사업용 재산(건축물 부속토지의 경우에는 대통령령이 정하는 공장입지 기준면적 이내 또는 대통령령이 정하는 용도지역별 적용배율 이내의 부분에 한한다)에 대하여는 창업일부터 5년간 재산세의 100분의 50에 상당하는 세액을 감면한다.


**Point ❹ 벤처기업전용단지 또는 벤처기업집적시설에서 창업하라.**

중소기업 창업지원법에 의하여 지정된 창업보육센터에 입주하는 자 및 벤처기업육성에 관한 특별조치법에 의하여 지정된 벤처기업집적시설 또는 산업기술단지 지원에 관한 특례법에 의하여 조성된 산업기술단지에 입주하는 자(벤처기업집적시설에 입주하는 자 중 벤처기업에 해당되지 아니하는 자를 제외한다)에 대하여는 수도권 내의 과밀억제권역 내에서 취득하는 본점용 부동산과 공장용 과세물건에 대하여 취득세와 등록세 및 재산세의 중과세를 적용하지 아니한다.

연구개발비의 사용과 관련된 세제 혜택은 다음과 같다.

1. 중소기업이 연구개발용 시설장치를 구매(중고는 제외) 시에는 투자액의 10%를 법인세 또는 소득세에서 세액공제한다.

2. 기업부설연구소용에 직접 사용하기 위하여 취득하는 부동산(부속토지는 건축물 바닥면적의 7배 이내의 것에 한하며, 토지 또는 건축물을 취득한 후 4년 이내에 기술개발촉진법 제7조 제1항 제2호의 규정에 의한 기준을 갖춘 연구소로서 교육과학기술부장관의 인정을 받은 것에 한한다)에 대하여는 취득세 및 등록세를 면제하고, 과세기준일 현재 기업부설연구소용에 직접 사용하는 부동산에 대하여는 재산세를 면제한다. 다만, 연구소 설치 후 4년 이내에 정당한 사유 없이 연구소를 폐쇄하거나 다른 용도로 사용하는 경우 그 해당 부분에 대하여는 면제된 취득세와 등록세를 추징한다.

3. 중소기업이 연구개발비를 지출하는 경우에는 원칙적으로 지출액의 25%와 4년간의 연구개발비 평균지출액을 초과하여 지출한 금액의 50% 중 선택하여 법인세 또는 소득세에서 세액공제한다. 당해 연도에 공제받지 못하면 향후 5년간 이월공제할 수 있다. 이때 연구개발비는 무조건 인정하는 것이 아니라 연구개발 전담부서에서 발생한 인건비 등 특정한 지출만 인정한다.

| 구 분 | 비 용 |
| --- | --- |
| 연구개발 | **1. 자체연구개발**<br>① 연구개발 또는 문화산업 진흥 등을 위한 기획재정부령으로 정하는 전담부서(이하 "전담부서"라 한다)에서 근무하는 직원으로서 기획재정부령이 정하는 자의 인건비<br>② 전담부서에서 연구용으로 사용하는 견본품·부품·원재료와 시약류 구입비(시범제작에 소요되는 외주가공비를 포함한다)<br>③ 전담부서에서 직접 사용하기 위한 연구·시험용 시설(제10조 제1항의 규정에 의한 시설을 말한다. 이하 같다)의 임차 또는 나목 ①에 규정된 기관의 연구·시험용 시설의 이용에 필요한 비용<br><br>**2. 위탁 및 공동연구개발**<br>① 다음의 기관에게 연구개발용역 등을 위탁함에 따른 비용 및 이들 기관과의 공동연구개발을 수행함에 따른 비용<br>　㉮ 고등교육법에 의한 대학 또는 전문대학<br>　㉯ 국·공립연구기관<br>　㉰ 정부출연연구기관<br>　㉱ 과학기술 분야를 연구하는 국내외의 비영리법인(비영리법인에 부설된 연구기관을 포함한다)<br>　㉲ 국내외 기업의 연구기관(과학기술분야를 연구하는 경우에 한한다) 또는 전담부서<br>　㉳ 산업기술연구조합 육성법에 의한 산업기술연구조합<br>　㉴ 산업디자인진흥법에 의한 한국디자인진흥원<br>　㉵ 국가과학기술 경쟁력강화를 위한 이공계지원특별법에 의한 연구개발서비스업을 영위하는 기업<br>　㉶ 산업교육진흥 및 산학협력촉진에 관한 법률에 의한 산학협력단<br>　㉷ 한국표준산업분류표상 기술시험·검사 및 분석업을 영위하는 기업<br>② 고등교육법에 의한 대학 또는 전문대학에 소속된 개인(조교수 이상에 한한다)에게 연구개발용역을 위탁함에 따른 비용<br><br>**3. 〈삭제〉**<br><br>**4.** 당해 기업이 그 종업원 또는 종업원 외의 자에게 직무발명 보상금으로 지출한 금액<br><br>**5.** 기술개발촉진법 시행령에 의한 기술정보비(기술자문비를 포함한다) 또는 도입기술의 소화개량비로서 기획재정부령이 정하는 것<br><br>**6.** 중소기업이 과학기술분야 정부출연 연구기관 등의 설립·운영 및 육성에 관한 법률에 의하여 설립된 한국생산기술연구원과 산업기술혁신 촉진법에 따라 설립된 전문생산 기술연구소의 기술지도 또는 중소기업진흥 및 제품구매촉진에 관한 법률에 의한 기술지도를 받고 지출한 비용<br><br>**7.** 고유디자인의 개발을 위한 비용<br><br>**8.** 중소기업에 대한 공업 및 상품디자인 개발지도를 위하여 지출한 비용<br><br>**9.** 과학기술 관련 도서 및 간행물 구입비 |

| 구 분 | 비 용 |
|---|---|
| 인력개발 | 1. 위탁훈련비<br>　① 국내외의 전문연구기관 또는 대학에의 위탁교육훈련비<br>　② 근로자직업능력개발법에 따른 직업훈련기관에의 위탁훈련비<br>　③ 근로자직업능력개발법에 따라 노동부장관의 승인을 얻어 위탁훈련하는 경우의 위탁훈련비<br>　④ 중소기업진흥 및 제품구매촉진에 관한 법률에 의한 기술연수를 받기 위하여 중소기업이 지출한 비용<br>　⑤ 기타 자체기술능력향상을 목적으로 한 국내외 위탁훈련비로서 기획재정부령이 정하는 것<br>2. 근로자직업능력개발법 또는 고용보험법에 의한 사내직업능력개발훈련 실시 및 직업능력개발훈련 관련사업 실시에 소요되는 비용으로서 기획재정부령이 정하는 것<br>3. 국가기술자격법에 의한 국가기술자격 검정응시 경비<br>4. 중소기업에 대한 인력개발 및 기술지도를 위하여 지출하는 비용으로서 기획재정부령이 정하는 것<br>5. 생산성 향상을 위한 인력개발비로서 기획재정부령이 정하는 비용<br>6. 기획재정부령이 정하는 사내기술대학(대학원을 포함한다) 및 사내대학의 운영에 필요한 비용으로서 기획재정부령이 정하는 것 |

# 6. 법인사업자의 절세

**법인사업자는 개인사업자보다 더 큰 책임이 부여된다.**

　사업자는 법인사업자와 개인사업자로 구분할 수 있으며 법인사업자의 소득에 대하여 부과되는 세금이 법인세이다. 이러한 법인세의 세액계산구조를 이해하면 법인세 부담을 최소한으로 줄일 수 있다. 법인세와 소득세는 일부 다른 부분이 있는데, 예를 들면, 법인세의 세율은 소득세와 다르며, 손금불산입되는 경우에도 소득세와 다르다. 즉, 소득세의 경우에는 단순히 손금으로 인정되지 않지만, 법인세의 경우에는 손금으로 인정되지 않을 뿐만 아니라 동시에 대표자의 상여로 간주하는 경우도 있다.

**표** 법인세의 계산구조 및 절세방법

| 계산구조 | 계산방법 | 포인트 |
|---|---|---|
| 익금 | 회계결산 후 수익 + 익금산입 − 익금불산입 | 1, 2 |
| (−)손금 | 회계결산 후 비용 + 손금산입 − 손금불산입 | |
| 소득금액 | 즉, 회계결산 후 당기순이익 ( = 수익 − 비용)<br>+ 익금산입(손금불산입) − 익금불산입(손금산입) | |
| (−)비과세소득<br>소득공제 | 비과세 소득공제, 각종 소득공제 | 3 |
| 과세표준 | 이월결손금을 공제함 | 4 |
| (×)세율 | 2억 원까지 11%, 2억 원 초과분 22% | |
| 산출세액 | | |
| (−)세액공제·감면 | 기술개발세액공제, 중소기업세액감면 등 | 5 |
| 결정세액 | 각종 의무불이행에 대한 가산세가 포함됨 | 6 |
| (−)기납부세액 | 원천징수세액, 중간예납세액, 수시부과세액 | |
| 납부할 세액 | 결정세액보다 기납부한 세액이 많은 경우에는 환급받음 | 7 |

## Point ① 매출누락이 발생하지 않도록 한다.

법인사업자의 경우에 매출누락이 과세당국에 적발되면 매출누락으로 인한 법인세뿐만 아니라 매출누락을 대표자의 소득으로 보아 소득세도 추징된다. 이는 개인사업자의 경우와 다른 점으로서 특히 주의하여야 한다.

## Point ② 세법에서 규제하고 있는 비용지출을 최대한 억제하자.

세법에서 규제하고 있는 특정 지출, 업무 무관 지출, 부당한 지출을 억제해야만 당기순이익에 적절한 규모의 세금을 부담하게 된다. 즉, 세법상 비용으로 인정이 되지 않는 비용의 지출이 많으면 당기순이익은 적은 데도 불구하고 세금은 많이 부담하는 경우가 발생하게 된다.

## ⟫ 특정지출의 억제

세법에서는 정책적인 목적으로 접대비, 기부금 등의 지출에 대하여 지출한 도를 두고 초과액은 비용으로 인정하지 않는다. 따라서 비용으로 지출하여 이익이 감소했음에도 불구하고 법인세는 감소하지 않는다. 그러므로 이러한 비용은 손금한도 내에서 지출하는 것이 유리하다.

## ⟫ 업무 무관지출의 억제

법인세법에서는 법인의 업무와 무관한 지출에 대하여는 법인의 비용으로 계상하더라도 이를 비용으로 인정하지 않는다. 동시에 인정하지 않은 금액을 혜택을 본 자의 소득으로 보아 소득세를 추징한다. 따라서 법인에서는 이중으로 세금이 부담되므로 주의하여야 한다.

업무 무관한 지출의 사례로는 업무 무관한 자산을 취득하고 관리하는데 발생한 비용, 주주인 임원 또는 그 친족이 사용하는 사택 유지비 등의 비용 등이 있다.

## ⟫ 부당한 행위로 인한 지출의 억제

특수관계자와의 거래로 인하여 조세부담을 부당히 감소시킨 경우에는 이를 인정하지 않고 법인세를 추징하므로 특수관계자와의 거래 시에는 부당행위에 해당되지 않도록 객관적인 근거에 의하여 거래를 하여야 한다.

## Point ❸ 소득공제, 비과세소득의 공제를 놓치지 말자.

법인세법에서 정한 소득공제, 비과세소득이 있는지 여부를 확인하여 공제하도록 한다.

소득공제란 특정한 요건을 갖춘 경우에 소득에서 차감해 주는 제도이다. 예전에는 증자소득공제 등의 소득공제가 있었으나 대부분 삭제되었으며, 현재는 법인세법에서 특별한 목적을 가진 법인의 소득에 대하여 소득공제가 적용되는 경우가 있으며, 조세특례제한법에서는 고용유지 중소기업 등에 대한 소득공제, 국민주택 임대소득에 대한 소득공제 등의 소득공제제도가 있다.

비과세소득은 국가에서 과세권을 포기한 소득으로서 법인의 소득을 구성하지 않는다. 비과세소득은 주로 조세특례제한법에서 규정하고 있으며, 현재 비과세소득의 예로는 중소기업창업투자회사 등이 벤처기업의 주식을 취득하여 양도하여 발생하는 소득, 배당받은 소득 등이 비과세되고 있다.

### Point ④ 이월결손금의 공제 또는 결손금소급세액공제를 적용받자.

법인세법에서는 결손금(손금 - 익금)이 발생하면 이를 다음 연도부터 10년 이내에 발생한 소득에서 공제해 주고 있다. 따라서 결손금이 발생한 지 10년이 지나면 공제되지 않으므로 이를 고려하여 반드시 공제받도록 하면 그만큼 법인세를 절감할 수 있다. 종전에는 5년 이내에 발생한 결손금만 공제되었으나, 10년 이내에 발생한 결손금도 공제되는 것으로 세법이 최근에 개정되었다.

또한, 조세특례제한법 제2조에서 정하는 중소기업을 영위하는 거주자가 당해 중소기업의 사업소득금액을 계산함에 있어서 당해 과세기간의 이월결손금이 발생한 경우에는 직전 과세기간의 당해 중소기업의 사업소득에 부과된 소득세액을 한도로 하여 계산한 금액을 결손금소급세액공제를 신청하여 환급받을 수 있다.

세법은 생산적인 기업, 기술개발적인 기업, 중소기업에 대해서는 많은 혜택을 주고 있다. 대표적인 혜택이 바로 세액공제와 세액감면이다. 이러한 세액공제 등은 당해 연도에 공제받지 못하면 다음 연도로 이월해서 공제받을 수 있는 것도 있으므로 이를 적절히 활용하면 절세에 큰 도움이 된다. 대표적인 예로는 중소기업 특별세액공제, 연구 및 인력개발비 세액공제 등이 있다.



모든 세법에서는 납세자에게 각종 의무를 부여하고 있다. 법인세법에서도 역시 각종 의무를 부여하고 있으므로 이러한 의무를 잘 지켜야 불필요하게 가산세를 부담하지 않는다.

**표** 법인세법상 대표적인 가산세

| 가산세 종류 | 가산세 내용 |
| --- | --- |
| 무기장 가산세 | 산출세액의 20%와 수입금액의 0.07% 중 큰 금액 |
| 원천징수납부 불성실 가산세 | 과소납부 금액에 대하여 일 3/10,000(10% 한도)와 과소납부 금액의 5% 중 큰 금액 |
| 증빙불비 가산세 | 미수취액의 2% |
| 지급명세서 제출 불성실 가산세 | 미제출 금액의 2% |
| 주식변동상황 명세서 미제출 가산세 | 미제출 금액의 2% |
| 신용카드 매출전표 불성실 가산세 | 미발급 금액의 5% |
| 현금영수증 미교부 가산세 | 미교부 금액의 5% |

 **분납과 납부기한연장을 활용하자.**

법인세법에서는 납부할 세액이 10,000만 원을 초과하면 납부세액의 50%(최소한 1,000만 원)를 납부기한까지 납부하고 나머지는 납부기한 종료 후 1개월 이내 (중소기업은 2개월 이내)에 납부할 수 있도록 분납규정을 두고 있다. 또한, 특별한 사유가 있으면 납기를 연장신청을 하여 승인받으면 납기를 연장할 수도 있다.


# 7. 개인사업자의 절세

> **사업소득세는 납세자가 자진신고하고 납부하여야 한다.**

개인사업자는 사업소득세가 어떻게 계산되는 가에 대하여 관심이 없으면 잘 알 수가 없다. 다만, 경험적으로 얼마의 매출이 발생했으니까 대충 얼마의 세금이 나올 것이라고 생각한다. 즉, 사업소득세는 대략적으로 매출액의 일정 비율 만큼이 고정적으로 부과되는 것으로 생각하고 있다. 따라서 매출액의 증가에 만 관심을 갖고, 사업소득세의 절세에는 별로 신경을 쓰지 않는다. 그러나 사업 소득세도 세액계산구조를 이해하면 충분히 절세가 가능하다는 것을 알게 된 다. 소득세는 납세자가 자진하여 신고하고 납부하여야 하는 세금으로서 납세 자에게 자율과 책임을 부여하고 있기 때문에 납세자는 기본적인 세액계산구조 정도는 알고 있어야 한다.

| 계산구조 | 계산방법 | | 포인트 |
|---|---|---|---|
| 총수입금액 | (−)필요경비 사업과 관련된 각종 비용 지출액 | | 1 |
| 사업소득금액 | | | |
| (−)소득공제 | 기본공제 | 본인, 배우자, 부양가족공제 | 2 |
| | 추가공제 | 경로자, 장애자, 부녀자공제 | |
| | 소수공제자 | ① 70세 이상 150만 원, 65세 이상 100만 원 추가공제 | |
| | 추가공제 | ② 장애인 200만 원, 부녀자 50만 원, 양육비 1인당 100만 원 | |
| | 특별공제 | 표준공제 100만원 | |
| | 기타 공제 | 개인연금저축 | |
| 과세표준 | 결손금과 이월결손금을 공제함 | | 3 |
| (×)세율 | 1. 1,200만 원까지 : 7%(2010년 6%)<br>2. 1,200만 원 초과 ~ 4,600만 원까지 : 16%(2010년 15%)<br>3. 4,600만 원 초과 ~ 8,800만 원까지 : 25%(2010년 24%)<br>4. 8,800만 원 초과분 : 35%(2010년 33%) | | |
| 산출세액 | | | |
| (−)세액공제 · 감면 | 외국납부세액공제, 중소기업 등에 대한 특별세액감면 등 | | 4 |
| 결정세액 | 각종 의무불이행에 대한 가산세는 결정세액에 가산됨 | | 5 |
| (−)기납부 세액 | 원천징수세액, 중간예납세액, 수시부과세액 | | |
| 납부할 세액 | 결정세액보다 기납부한 세액이 많은 경우에는 환급받음 | | 6 |

## Point ❶ 필요경비를 칠저히 활용하자.

　사업소득세를 절감하기 위한 핵심적인 사항은 바로 필요경비를 활용하는 것이다. 필요경비란 총수입금액을 얻기 위하여 지출된 모든 비용을 말한다. 그러나 모든 필요경비가 비용으로 인정되는 것이 아니므로 주의해야 한다.

### 1. 필요경비로 인정받기 위해서는 증빙에 의해 장부를 작성하여야 한다.

사업자가 장부를 작성하지 아니한 경우에는 총수입금액에 정부에서 정한 업종별 표준소득률을 곱하여 산출된 금액을 사업소득금액으로 간주한다. 그러므로 필요경비가 많아 사업소득금액이 거의 발생하지 않는 경우에 장부가 없다면, 업종별 표준소득률에 의하여 소득금액을 계산하게 되고, 이는 실제의 소득금액보다 많아 결과적으로 소득세 부담이 늘어난다. 또한, 총수입금액이 일정금액 이상인 사업자가 장부를 작성하지 아니하면, 업종별 표준소득률도 20% 높게 적용하고, 산출세액에도 20%의 가산세를 가산하여 적용하는 불이익을 받게 된다.

### 2. 필요경비는 반드시 사업과 관련된 비용만이 인정된다.

사업과 관련된 비용이라면 원칙적으로 모두 필요경비로 인정된다. 예를 들면, 부도일로부터 6개월이 경과된 어음금액은 필요경비로 인정되며, 사업운영자금으로 사용하고 있는 차입금에 대한 지급이자도 필요경비로 인정되나, 채권자를 알 수 없는 지급이자는 필요경비로 인정되지 않는다. 그리고 사업과 관계없는 가사 관련 비용, 벌금, 과료, 과태료, 가산세, 가산금 등은 필요경비로 인정되지 않는다. 또한, 업무와 관련하여 고의 또는 중대한 과실로 다른 사람의 권리를 침해함으로써 지급하는 손해배상금도 필요경비로 인정되지 않는다.

### 3. 사업과 관련된 비용 중에서도 일정 한도만큼만 인정되는 비용의 지출은 주의한다.

세법에서는 사업과 관련된 비용이라 하더라도 일정 한도 범위 내에서만 인정하는 접대비, 기밀비, 지정기부금, 감가상각비 등의 항목이 있다. 예를 들어, 식대로 지출한 비용이라 하더라도 직원회식비는 복리후생비로서 전액 비용으로 인정되지만, 거래처식대는 접대비로서 일정 한도만큼만 비용으로 인정된다.

따라서 지출된 비용이 무조건 비용으로 인정되는 것이 아니므로 한도를 고려하여 지출하여야 한다.

## Point ② 소득공제를 철저히 활용하자.

소득세법에서는 기본공제, 추가공제, 특별공제로 구분되는 소득공제제도가 있다. 이를 활용하면 절세가 가능하다. 특히, 이러한 소득공제는 납세자에게 적용되는 세율이 높을수록 절세효과가 크다는 점에 유의하여야 한다.

### 》 소득공제의 종류

#### 1. 기본공제와 추가공제

배우자의 존재 여부, 부양가족의 존재 여부 등에 대하여 원칙적으로 매년 말 현재의 상황에 따라 파악하여 공제하는 것이므로 매년 말 현재의 상황에 유의하여야 한다.

#### 2. 특별공제

근로소득자의 경우에는 의료비, 보험료, 교육비, 주택자금, 기부금공제 등이 가능하지만, 사업소득자의 경우에는 표준공제로 60만 원을 공제해 쥰다. 따라서 사업소득자의 경우에는 의료비, 보험료 등의 지출이 아무리 많더라도 60만 원(성실사업자 100만 원)이 공제된다. 그리고 개인연금저축공제는 저축불입액의 40%(연 72만 원 한도)를 공제해 준다.

#### 3. 조세특례제한법상의 소득공제

현행 조세특례제한법에서는 정책상 필요에 의하여 각종 소득공제제도를 도입하고 있다. 대부분의 소득공제는 거주자인 개인에 대하여 적용하고 있지만,

사업자에게만 적용되는 소득공제, 근로자에게만 적용되는 소득공제가 있음에 유의하여야 한다. 사업자에게 적용되는 소득공제의 예를 들면, 고용유지 중소기업 등에 대한 소득공제가 있다.

## Point ❸ 결손금과 이월결손금의 공제 또는 결손금소급 세액공제를 활용하자.

### ≫ 사업소득자의 결손금 공제

사업소득이 있는 거주자가 비치·기장한 장부에 의하여 당해 연도의 사업소득금액을 계산함에 있어서 발생하는 결손금(당해 연도에 속하는 필요경비가 당해 연도에 속하는 총수입금액을 초과하는 경우에 그 초과하는 금액을 말한다.)은 당해 연도의 종합소득과세표준의 계산에 있어서 부동산임대소득금액·근로소득금액·연금소득금액·기타 소득금액·이자소득금액·배당소득금액에서 순차로 공제한다.

### ≫ 부동산임대 소득자와 사업소득자의 이월결손금 공제

부동산임대소득이 있는 거주자가 비치·기장한 장부에 의하여 당해 연도의 소득금액을 계산함에 있어 발생하는 결손금과 사업소득금액을 계산함에 있어서 발생하는 결손금으로서 제1항의 규정에 따라 당해 연도의 종합소득과세표준의 계산에 있어서 공제하고 남은 결손금 즉, 이월결손금은 당해 이월결손금이 발생한 연도의 종료일부터 10년 이내에 종료하는 과세기간의 소득금액을 계산함에 있어서 먼저 발생한 연도의 이월결손금부터 순차로 당해 소득별로 이를 공제한다.

이월결손금 공제 시에는 당해 연도의 소득금액에 대하여 추계신고 즉, 비치·기장한 장부와 증빙서류에 의하지 아니한 신고를 하거나 추계조사 결정하는 경우에는 이월결손금공제를 적용하지 아니한다는 점에 유의하여야 한다. 다만, 천재지변 기타 불가항력으로 장부 기타 증빙서류가 멸실되어 추계신고 및 추계조사 결정하는 경우에는 이월결손금공제를 적용할 수 있다.

## 》 배당소득과 이자소득

또한, 결손금 및 이월결손금의 공제에 있어서 종합과세 되는 배당소득 또는 이자소득이 있는 때에는 그 배당소득 또는 이자소득 중 원천징수세율을 적용받는 부분은 결손금 또는 이월결손금의 공제대상에서 이를 제외한다는 것도 유의하여야 한다.

## 》 결손금소급 공제에 의한 소득세 환급

조세특례제한법 제2조에서 정하는 중소기업을 영위하는 거주자가 당해 중소기업의 사업소득금액을 계산함에 있어서 당해 과세기간의 이월결손금이 발생한 경우에는 직전 과세기간의 당해 중소기업의 사업소득에 부과된 소득세액을 한도로 하여 계산한 금액을 결손금소급 세액공제를 신청하여 환급받을 수 있다.

## Point ④ 각종 세액공제·세액감면제도를 활용하자.

세법에서 사업자에 대하여 규정한 각종 세액공제·감면규정을 활용하여 절세할 수가 있다. 즉, 현행 세법에서는 특정 사업의 지원을 목적으로 각종 세액공제·감면제도를 두고 있다. 예를 들면, 중소기업 투자세액공제, 중소제조업 등의 특별세액공제, 기술 및 인력개발비에 대한 세액공제 등 많은 세액공제·감면 규정이 있다. 이러한 각종 세액공제·감면을 최대한 활용하기 위하여 항상 세무전문가와 상의하여야 한다.

 **세법상 각종 의무규정을 준수하여 가산세의 부담을 피한다.**

세법에서는 납세자에게 각종 의무를 부과하고 있는데, 납세자가 이를 이행하지 않는 경우에는 가산세를 부과하고 있다. 그러므로 납세자는 세법상의 각종 의무를 이행하여 가산세라는 불이익을 받지 않도록 하여야 한다.

**표** 소득세법상 대표적인 가산세

| 가산세 종류 | 가산세 내용 |
| --- | --- |
| 보고불성실 가산세 | 지급명세서, 세금계산서 합계표 등의 미제출 금액의 1~2% |
| 증빙불비 가산세 | 증빙불비 금액의 2% |
| 영수증 수취명세서 미제출 가산세 | 미제출한 금액의 1% |
| 무기장 가산세 | 산출세액의 20% |
| 사업용 계좌 미사용 가산세 | 미사용 금액의 0.2% |
| 신용카드 거부 가산세 | 거부금액의 5% |
| 현금영수증 미발급 가산세 | 미발급 금액의 5% |

**Point ⑥** **소득세 분납제도를 활용한다.**

납부할 세액이 2,000만 원 이하일 때에는 1,000만 원을 초과하는 금액을, 2,000만 원을 초과하는 때에는 납부할 세액의 50% 이내의 금액을 납부기한 경과 후 2달 이내 이내에 납부할 수 있으므로, 이를 활용하면 절세가 가능하다.

이상에서 본 바와 같이 자진신고 납부제도하에서 사업소득자는 약간의 관심을 기울여 사업소득세의 산출방법을 이해하고, 전문가의 협조를 받는다면, 상당한 절세가 가능하다.

# 8. 공동사업과 연대납세의무



개인사업자에게 가장 빈번하게 발생하는 세금은 종합소득세와 부가가치세이다. 그 중에서 종합소득세는 소득에 대하여 다단계 초과 누진세율을 적용하는 세금이다. 따라서 소득이 증가하면 세금은 더욱더 많이 증가하게 된다. 초과 누진세율에 대하여 예를 들어, 소득이 1,000만 원인 경우에 세금이 100만 원(세율 10%)이었다면 소득이 2,000만 원인 경우에는 세금이 200만 원(세율 20%)이 아니라, 그보다 더 많은 300만 원(소득 1,000만 원은 10% 적용하고 나머지 1,000만 원은 20% 적용)이 되는 것을 말한다.

**Point ❶ 공동사업자는 공동사업자등록을 해야 절세할 수 있다.**

초과 누진세율에 의한 종합소득세 부담은 동업을 하는 사업자의 경우에 공동사업자로 사업자등록을 하면 어느 정도 줄일 수 있다. 그 이유는 누진세율 체제하에서는 동일한 소득이 1인에게 발생한 경우보다 2인 이상으로 분배되어 발생한 경우가 낮은 세율적용으로 인하여 세 부담이 줄기 때문이다. 또한 각 사업자별로 기본공제 및 추가공제가 가능하니 동업으로 사업을 하는 경우에는 공동사업자로 등록하면 소득세 부담을 어느 정도 줄일 수 있다.

**Point ❷ 연대납세의무가 있으므로 상대방의 세금납부에 관심을 가져야 한다.**

공동사업자에게는 원칙적으로 연대납세의무가 부가되어 부담스러운 측면도 있다. 즉, 공동사업에서 발생한 세금은 사업자 모두가 공동으로 연대하여 이를 납부해야 한다. 그러므로 공동사업을 하고자 하는 자는 소득세 절감효과와 연대납세의무에 따른 위험부담을 비교하여 공동사업 여부를 결정하여야 한다. 이러한 연대납세의무는 공동사업의 경우에만 있는 것이 아니라 다양한 경우가 있음에 주의하여야 한다.

### 》 세법상 각종 연대납세의무

국세기본법에서는 공유물, 공동사업 또는 공동사업에 속하는 재산에 관계되는 국세·가산금과 체납처분비는 그 공유자 또는 공동사업자가 연대하여 납부할 의무를 지도록 규정하고 있다. 다만, 예외적으로 개별세법에서 정하는 바에 따라 연대납세의무가 적용되지 않는 경우도 있으며, 또 다른 연대납세의무가 적용되는 경우도 있다. 세법상의 연대납세의무를 요약하면 다음의 <표>와 같다.

<표>에서 보는 바와 같이 공동사업자는 원칙적으로 연대납세의무를 부담하되, 관련 세법의 규정에 따라 연대납세의무가 배제되는 경우와 추가되는 경우가 있다. 공동사업자의 경우 종합소득세는 연대납세의무를 부담하지 아니하지만, 부가가치세 또는 사업자의 원천징수의무 등에 대하여는 연대납세의무를 부담한다. 예를 들어, 공동사업자간에 일정한 지분비율을 정하여 발생하는 모든 세금을 지분비율로 부담하여 납부하기로 서로 약정하고 공동사업을 할 때 공동사업과 관련된 세금을 납부하지 못하면 원칙적으로 공동사업자 모두가 연대하여 납세의무를 부담하는 것이다.

이상과 같이 개인사업자가 공동사업을 하고자 하는 경우에는 공동사업으로 인하여 얻게 되는 종합소득세절감부분과 연대납세의무로 인한 위험부담을 미리 예상하고 공동사업 여부를 결정하는 것이 현명하다고 생각한다.

**표** 세법상 각종 연대납세의무의 내용

| 관련세법 | 연대납세의무의 내용 | 비고 |
|---|---|---|
| 국세<br>기본법 | 공유물, 공동사업 또는 공동사업에 속하는 재산에 관계되는 국세·가산금과 체납처분비는 그 공유자 또는 공동사업자가 연대하여 납부할 의무를 진다. | 개별세법에 특례규정이 없는 한 국세기본법에 따른다. |
| 소득세법 | 공동소유자산 또는 공동사업에 관한 소득금액을 계산하는 때에는 손익분배비율에 따라 당해 거주자별로 납세의무를 진다. | 국세기본법의 예외적인 규정으로서 연대납세의무가 적용되지 않는다. |
| | 〈공동사업자의 연대납세의무〉<br>거주자 또는 그 배우자가 이자소득, 배당소득 또는 부동산임대소득이 있는 경우에는 둘 중 주된 소득자에게 소득이 있는 것으로 보고 주된 소득자의 소득과 합산하여 과세하며, 이때에는 주된 소득자와 그 배우자가 연대하여 납세할 의무를 진다. | 국세기본법의 추가적인 규정으로서 연대납세의무가 적용된다. |
| 법인세법 | 법인이 해산한 경우에 각 사업연도의 소득에 대한 법인세 또는 청산소득에 대한 법인세를 납부하지 아니하고 잔여재산을 분배한 때에는 청산인과 잔여재산을 분배받은 자는 연대하여 납세할 의무를 진다. 다만, 잔여재산의 분배를 받은 자는 그 받은 재산가액의 한도내에서 그 책임을 진다. | 국세기본법의 추가적인 규정으로서 국세기본법과 법인세법이 모두 적용된다. |
| 상속세법 | 상속인 또는 수유자는 각자가 받았거나 받을 재산을 한도로 하여 상속세를 연대하여 납부할 의무를 진다. | 국세기본법의 추가적인 규정임 |
| 증여세법 | 증여자는 다음과 같은 경우에 증여를 받은 자가 납부할 증여세에 대하여 연대하여 납부할 의무를 진다.<br>1. 비거주자이거나 주소 또는 거소가 분명하지 아니한 경우로서 조세채권의 확보가 곤란한 경우<br>2. 증여세를 납부할 능력이 없다고 인정되는 경우로서 체납으로 인하여 체납처분을 하여도 조세채권이 확보가 곤란한 경우 | 국세기본법의 추가적인 규정임 |
| 인지세법 | 하나의 과세문서를 2인 이상이 공동으로 작성한 경우에는 그 작성자는 작성한 과세문서에 연대하여 인지세를 납부할 의무가 있다. | 국세기본법의 추가적인 규정임 |
| 전화세법 | 전화가입자가 2인 이상이거나 전화가입자와 사용자가 다른 경우에는 연대하여 전화세를 납부할 의무가 있다. | 국세기본법의 추가적인 규정임 |

| 관련세법 | 연대납세의무의 내용 | 비고 |
| --- | --- | --- |
| 기타 | 부가가치세나 원천징수의무 등과 같이 연대납세의무에 대하여 별도의 규정이 없는 경우는 국세기본법에 따라 연대납세의무를 진다. | 국세기본법의 추가적인 규정임 |
| 지방세법 | 공유물(공동주택의 경우는 제외), 공동사용물, 공동사업 또는 이로 인하여 생긴 재산에 대한 지방자치단체의 징수금은 공유자, 공동사용자 또는 공동사업자가 연대하여 납부할 의무를 진다. 또한 공유물, 공동사용물 또는 공동사업에 관계되어 특별징수의무를 지는 경우에는 공유자, 공동사용자 또는 공동사업자가 연대하여 납입할 의무를 진다. | 국세기본법은 국세에만 적용되는 법률이며, 지방세는 지방세법의 규정에 따른다. |

### 부부간 공동사업자로 등록한 경우

부부가 실지로 방배동에서 공동사업을 하고 있었으나, 남편이 사업자로 등록되어 있다가, 추후에 공동사업자로 등록하여 소득세를 절세하였다. 부동산임대사업의 경우에는 원칙적으로 보유지분을 기준으로 하여 공동사업자로 하여야 하지만, 합당한 사유가 있다면 소득분배비율을 정하여 공동사업자로 등록할 수도 있다.

3장
사업과 세금
줄이는 방법

#  사업과 세금 줄이는 방법

## 1. 장부기록과 절세



세법에서는 법인사업자이건 개인사업자이건 모든 사업자는 장부를 기록하게 하고 있으며, 장부기록의무를 이행하지 아니하면 각종 세제상의 불이익을 받게 된다. 그러므로 장부를 기록해야 불이익이 없으며 더 나아가 절세도 할 수 있다. 그 이유는 장부무기록으로 인한 가산세를 물지 않아도 되며, 실제 소득이 적은 경우나 적자가 난 경우에는 실제대로 신고하여 세금을 적게 납부할 수가 있기 때문이다. 또한, 장부를 기록하지 않는 사업자에 대하여는 적극적인 세무조사를 실시하고 있기 때문에 가능한 장부를 기록하는 것이 유리하다.

**Point ①  장부를 기록하여 절세하자.**

개인사업자는 장부를 기록하고 그 장부에 근거하여 세금을 납부하는 것이 유리하며, 그 이유는 다음과 같다.

1. 모든 사업자(소규모 사업자 제외)는 장부무기장 시 20%의 무기장가산세가

적용된다. 이때 복식부기의무자가 무신고하거나 추계신고하는 경우에는 무신고가산세를 적용한다. 무신고가산세는 산출세액의 20%와 수입금액의 0.07% 중 큰 금액이 적용되며, 부당하게 무신고한 경우에는 산출세액의 40%와 수입금액의 0.14% 중 큰 금액이 적용된다.

2. 간편장부 대상자가 장부를 기록하여 신고하면 10%의 기장세액공제(100만 원 한도)를 받을 수 있다.

3. 사업소득에서 결손금(적자)이 발생한 경우에는 적자로 신고할 수 있으며, 다른 소득이 있는 경우에는 다른 소득에서 차감할 수 있다(단, 부동산 임대소득에서 결손금이 발생한 경우에는 다른 소득에서 공제할 수 없다).

4. 중소기업을 영위하는 자가 당해 연도에 사업소득에서 결손금(적자)이 발생한 경우에는 직전연도의 사업소득에 대하여 납부한 세금이 있으면 결손금 소급공제세액에 대한 규정에 따라 환급받을 수도 있다.

5. 당기 이전에 발생한 이월결손금은 향후 10년 이내(2009년 이전에 발생한 결손금은 향후 5년 이내)에 발생한 당해 소득에서 공제할 수 있다. 즉, 사업소득에서 발생한 이월결손금은 이후의 사업소득에서 공제하고, 부동산 임대소득에서 발생한 이월결손금은 이후의 부동산 임대소득에서 공제할 수 있다.

## ≫ 소규모 사업자 요건

1. 해당 과세기간에 신규로 사업을 개시한 사업자

2. 직전 과세기간의 부동산 임대소득 및 사업소득의 수입금액 합계액이 4,800만 원에 미달하는 사업자

3. 보험모집인과 방문판매원으로서 연말정산되는 사업소득(직전연도 7,500만 원 이하인 경우)만 있는 자

## 》 기장이란 무엇인가?

소득세법에 의하면 모든 사업자는 장부를 비치하고 기장하도록 되어 있으며, 업종이나 규모를 고려하여 복식부기 사업자와 간편장부 사업자로 구분하고 있다. 즉, 모든 사업자는 소득금액을 계산할 수 있도록 증빙서류 등을 비치하고 그 사업에 관한 모든 거래사실이 객관적으로 파악될 수 있도록 사업의 재산상태와 그 손익거래내용의 변동을 빠짐없이 이중으로 기록하여 계산하는 복식부기 형식으로 장부에 기록·관리하여야 한다. 그러나 업종별 일정규모 미만의 사업자는 간편장부를 비치하고 그 사업에 관한 거래사실을 성실히 기재한 경우에는 장부를 비치·기장한 것으로 본다.

**표** 국세청장이 정한 간편장부 양식

| 일자 | 거래내용 | 거래처 | 수입(매출) | | 비용(원가관련 매입 포함) | | 고정자산 증감(매매) | | 비고 |
|---|---|---|---|---|---|---|---|---|---|
| | | | 금액 | 부가세 | 금액 | 부가세 | 금액 | 부가세 | |
| | | | | | | | | | |
| | | | | | | | | | |

**표** 복식부기 의무자

| 업 종 | 직전연도 개인별 수입금액 | |
|---|---|---|
| | 복식부기 의무자 | |
| | 자기조정가능 | 외부조정의무 |
| 부동산임대업, 사업서비스업, 교육서비스업, 보건 및 사회복지사업, 오락·문화 및 운송관련 서비스업, 기타 공공·수리 및 개인서비스업, 가사서비스업 | 7,500만 원 이상 | 1억 5,000만 원 이상 |
| 제조업, 숙박 및 음식점업, 전기·가스 및 수도사업, 건설업, 소비자용품수리업, 운수·창고 및 통신업, 금융 및 보험업 | 1억 5,000만 원 이상 | 3억 원 이상 |
| 농업, 수렵업, 임업, 어업, 광업, 도·소매업, 부동산매매업, 기타사업 | 3억 원 이상 | 6억 원 이상 |

※ 1. 상기의 수입금액 미만인 사업자는 간편장부를 작성할 수 있다.
　 2. 변호사, 의사 등의 전문직 사업자는 수입금액에 상관없이 복식부기 의무자이다.

 **무기장 시에도 필요한 증빙은 확보하라.**

앞에서 말한 소규모 사업자가 아닌 모든 사업자는 간편장부 또는 복식부기에 의한 장부를 기장하여야 한다. 그러나 불가피하게 기장을 못하더라도 최소한의 증빙은 확보해야 한다. 즉, 사업자가 장부를 기록하지 아니하는 경우에는 수입금액을 기준으로 소득금액을 계산하는데, 이때 업종별로 일정규모 이상인 기준경비율 적용대상 사업자의 경우에는 수입금액에서 매입비용, 임차료, 인건비 등의 기본적인 경비에 대하여는 증빙으로 확인된 경우에만 주요경비로서 공제할 수 있으며, 나머지 경비는 기준경비율을 적용하여 공제하므로 주요경비에 대한 증빙을 확보해야만 소득세를 절감할 수 있다.

### ⟫ 기준경비율에 의한 소득금액의 계산

소득금액 = 수입금액 − 주요경비 − (수입금액×업종별 기준경비율)

주요경비 = 매입비용, 임차료, 인건비

### ⟫ 단순경비율에 의한 소득금액의 계산

소득금액 = 수입금액 − (수입금액×업종별 단순경비율)

### 표 무기장 시 기준경비율이 적용되는 사업자

| 업 종 | 직전연도 개인별 수입금액 |
| --- | --- |
| | 기준경비율 대상자 |
| 부동산임대업, 사업서비스업, 교육서비스업, 보건 및 사회복지사업, 오락·문화 및 운송관련 서비스업, 기타 공공·수리 및 개인서비스업, 가사서비스업 | 2,400만 원 이상 |
| 제조업, 숙박 및 음식점업, 전기·가스 및 수도사업, 건설업, 소비자용품수리업, 운수·창고 및 통신업, 금융 및 보험업 | 3,600만 원 이상 |
| 농업, 수렵업, 임업, 어업, 광업, 도·소매업, 부동산매매업, 기타사업 | 6,000만 원 이상 |

※ 상기 수입금액 미만인 사업자는 무기장 시에 단순경비율이 적용된다.

## 장부기록과 무기장 시의 세금차이 비교

최근 명예퇴직한 김 부장은 작년에 3억 원을 투자해 체인 음식점을 시작하였다. 작년도의 매출액이 1억 6,000만 원(부가가치세 10% 불포함)이어서 금년도에는 복식부기 의무자에 해당되며, 금년도의 예상 월간 수지내역은 다음과 같을 때에 장부를 기장한 경우와 기장하지 아니한 경우의 사업소득세를 계산한 결과는 〈표〉와 같다.

– 금년도 예상 총수입 : 1억 9,800만 원(부가가치세 10% 포함)
– 연간 총비용 : 1억 5,300만 원(부가가치세 제외)
– 적용업종 : 프랜차이즈 음식점
– 단순경비율 : 76.8%
– 기준경비율 : 10.0%
– 주요경비 : 매입비용 5,400만 원, 임대료 3,600만 원, 인건비 2,400만 원, 합계 1억 1,400만 원
– 가족상황 : 본인, 배우자, 자녀 2

**표** 사업소득세의 계산내역 비교

| 계산구조 | 계산근거 | 무기장 시 | 장부작성 시 |
|---|---|---|---|
| 총수입금액 | 총수입 – 부가가치세 | 180,000,000 | 180,000,000 |
| (–)필요경비 | 1. 무기장 시 : 주요경비+기준경비<br>2. 기장 시 : 실제발생한 경비 | 132,000,000 | 153,000,000 |
| 사업소득금액 | | 48,000,000 | 27,000,000 |
| (–)소득공제 | 1. 기본공제 : 1인당 150만 원×4인<br>2. 추가공제 : 60만 원(표준공제적용) | 6,600,000 | 6,600,000 |
| 과세표준 | | 41,400,000 | 20,400,000 |
| (×)세율 | 6~35% 초과누진세율<br>1,200만 원까지 : 6%<br>4,600만 원까지 : 16% | 6~16% | 6~16% |
| 산출세액 | | 5,424,000 | 2,064,000 |
| (–)세액공제 등 | 기장세액공제 : 해당 사항 없음 | – | 206,400 |
| (+)가산세 | 무기장가산세 : 산출세액의 20%와<br>수입금액의 7/10,000 중 큰 금액 | 1,084,800 | – |
| 결정세액 | | 6,508,800 | 1,857,600 |
| (–)기납부세액 | 원천징수, 중간예납 : 해당 사항 없음 | – | – |
| 납부할세액 | | 6,508,800 | 1,857,600 |
| 주민세 | 소득세결정세액×10% | 650,880 | 185,760 |
| 총부담세액 | | 7,159,680 | 2,043,360 |
| 세금 차액 | 무기장 시 세금 – 장부작성 시 세금 | | 5,116,320 |

# 2. 경비 지급과 절세

## ❶ 경비 지급과 원천징수

> **원천징수 불이행 시 원천징수 의무자가 책임져야 한다.**

사업을 하게 되면 급여, 임대료, 접대비, 지급수수료, 외주용역비 등의 여러 가지 비용이 발생하게 된다. 세법에서는 이러한 비용 중 특정 비용을 지급할 때에는 반드시 세금을 차감하고 지급하도록 하고 있다. 예를 들면, 급여를 지급할 때에는 근로소득세를 원천징수하고 남은 차감액만을 지급한다. 또한, 은행에서 이자를 지급할 때에도 이자소득세를 차감하고 남은 차감액만을 지급한다. 이와 같이 특정 소득을 지급할 때에 지급자가 세금을 징수하여 정부에 납부하는 것을 원천징수라고 한다. 원천징수제도는 소득을 지급할 때에 세금을 미리 징수를 함으로써 국고수입이 수입시기별로 평균화되고, 징수하기 쉬운 위치에 있는 지급자가 미리 징수하여 국가에 납부하므로 조세징수비용을 절약할 수 있다는 장점이 있다.

이러한 원천징수대상소득을 지급하는 자는 세법에서 정한 원천징수의무를 이행하지 아니하면 각종 불이익이 있으므로 주의하여야 한다.

원천징수대상소득을 개인에게 지급할 때에 원천징수할 세액은 다음의 <표>와 같으며, 법인에게 지급하는 경우는 이자소득과 증권투자신탁분배금에 대하여만 원천징수한다.

**표** 원천징수대상소득과 원천징수액(개인에게 지급하는 경우)

| 원천징수<br>대상소득 | | 원천징수할 세액 | 비　고 |
|---|---|---|---|
| 이자소득<br>배당소득 | | 지급액×14% | 비영업대금의 이익(일명 사채이자)은 25%, 실제명의가 확인되지 않는 경우에는 35% 적용 |
| 인적용역<br>사업소득 | | 지급액×3% | 특정 사업소득은 국가 · 법인 또는 개인사업자가 부가가치세 면세 대상인 의료보건용역과 인적용역에 대한 대가를 지급하는 경우에 원천징수한다. |
| 근로<br>소득 | 월급직 | 지급액에 해당하는 간이세액 | 매월 징수하여 다음달 10일까지 납부하며, 10인 이하 사업자로서 세무서의 승인을 받으면 반기단위로 납부가능하다. |
| | 일용직 | (지급액 − 일당 10만 원) × 8% × (1 − 55%) | 원칙적으로 3개월 이상 계속 고용하면 월급직으로 원천징수해야 한다. |
| 기타 소득 | | (지급액 − 필요경비)×20% | 강연료, 원고료, 상금 등은 80%의 필요경비를 공제한다. |
| 봉사료 | | 지급액×5% | 봉사료를 사업자의 수입금액에 포함하지 않고 지급하면서 봉사료가 공급가액의 20%를 초과하는 경우에 원천징수한다. |
| 퇴직소득<br>연금소득 | | 지급액×퇴직소득세율 | 외국기관 또는 국외에 있는 외국인 또는 외국법인으로부터 받는 퇴직소득자는 제외한다. |
| 소득세 | | 원천징수소득세×10% | 소득세를 원천징수하는 경우에 주민세도 원천징수하여 납부한다(소득세할 주민세 원천징수). |

**Point ❶ 원천징수 시 주민세에 대해서도 함께 징수한다.**

모든 소득에는 원칙적으로 소득세가 뒤따르며, 이 소득세에는 주민세가 부가된다. 따라서 원천징수한 세액의 10%에 상당하는 주민세를 동시에 원천징수한다.

**Point ❷ 원천징수의무 불이행 시에는 원천징수 의무자가 부담해야 한다.**

원천징수의무를 이행하지 아니하면 세무서에서는 원천징수 의무자에게 원천징수세액에 가산세를 추가해 징수한다. 따라서 각종 비용을 지급하기 전에는 해당 비용의 지급에 대하여 원천징수해야 하는가에 대하여 전문가의 자문을 받아 지급할 필요가 있다.

**Point ❸ 비과세 소득에 대해서는 원천징수 의무가 없다.**

특정의 비과세, 면제 소득에 대해서는 원천징수할 필요가 없다. 원천징수할 필요가 없는 비과세 소득의 예를 들면 다음과 같다.

**》 비과세 소득의 예**
1. 장기주택마련저축, 노인·장애인 등의 생계형 저축이자
2. 사업소득 중 일정한 농가부업소득과 전통주의 제조에서 발생하는 소득
3. 산업재해보상법에 의한 요양급여 등
4. 근로기준법에 의한 요양보상금 등
5. 고용보험법에 의한 실업급여 등
6. 국민연금법에 의한 사망일시금 등

7. 실비변상적인 성질의 급여 식사대(근로자가 사내급식 또는 이와 유사한 방법
   으로 제공받는 식사, 기타 음식물 또는 식사, 기타 음식물을 제공받지 아니하는
   근로자가 받는 월 10만 원 이하의 식사대)

8. 초·중·고·대학교의 학자금(당해 근로자가 종사하는 사업체의 업무와 관련
   있는 교육·훈련을 위하여 받는 것이어야 하며, 당해 근로자가 종사하는 사업체
   의 규칙 등에 의하여 정하여진 지급기준에 따라 받는 것이어야 하며, 교육·훈련
   기간이 6월 이상인 경우 교육·훈련 후 당해 교육기간을 초과하여 근무하지 아니
   하는 때에는 지급받은 금액을 반납할 것을 조건으로 하여 받는 것이어야 함)

9. 월정액급여가 100만 원 이하인 생산직 근로자가 받는 연 240만 원 이내의
   연장근로 수당

10. 근로자 또는 그 배우자의 출산이나 6세 이하의 자녀의 보육과 관련하여
    사용자로부터 지급받는 급여로서 월 10만 원 이내의 금액

11. 종업원이 발명진흥법 제15조에 따라 사용자로부터 받는 보상금

12. 기타 소득 중 국가유공자가 받는 보상금·학자금, 북한이탈주민의 정착
    금, 국가보안법과 상훈법에 의한 상금과 부상, 발명진흥법에 의한 종업원
    의 우수발명으로 인해 받는 보상금

**Point ④ 원천징수한 세액은 다음달 10일까지 관할 세무서에 납부해야
한다.**

　징수하지 않았거나, 징수한 세액을 납부하지 않았거나, 미달하게 납부한 경
우 원천징수세액 뿐만 아니라 원천징수의무 불이행 가산세까지도 원천징수 의
무자에게 부과된다. 원천징수납부불성실 가산세는 징수하여야 할 세액의 10%
를 한도로 하여 5%와 미납부 1일당 3/10,000의 금액 중 큰 금액으로 하고 있다.

**Point ⑤** **특히 외국에 송금하는 경우에는 주의하여야 한다.**

외국에서 용역을 제공받고 지급하는 경우에는 반드시 원천징수 여부를 확인하여야 한다. 예를 들어, 미국의 사업자에게 기술사용료를 지급하는 경우에는 20%의 소득세를 원천징수하여 납부해야 한다. 이와 같이 외국과의 거래에서는 그 국가와 조세협약이 체결되어 있는 지를 검토하고, 국내세법과 해당 국가와 체결된 조세협약의 내용을 비교하여 원천징수하여야 하므로 반드시 전문가와 상의하여 지급하도록 한다.

## ❷ 접대비 등 지급과 절세

### 소비성 경비는 지출 시에 세금효과를 고려해야 한다.

소비성 경비란 법률상의 용어가 아니며, 일반적으로 사업자가 수익을 발생시키기 위하여 직접적으로 발생하는 비용이 아닌, 간접적으로 발생하는 비용으로서 주로 먹고 마시고 즐기는 데 사용하는 비용을 말하며, 대표적으로 접대비를 말한다. 이와 유사한 지출로는 광고선전비, 판매촉진비, 복리후생비, 기부금 등이 있다.

기업활동을 하는데 있어 수익을 발생시키기 위하여 비용을 지출하는 것은 기업경영자의 자유지만, 정부에서는 산업구조를 건전하게 하고, 자본축적을 유도하기 위하여 정책적으로 소비성 경비에 대하여 세제상으로 불이익을 주고 있다. 즉, 세제상으로 접대비 등의 각종 지출에 지출한도를 두고 이를 초과하는 지출은 비용으로 인정하지 않고 있다.

소비성 경비의 지출 시에 실무상으로 볼 때 어떠한 지출이 발생했을 때 그 지출이 과연 어디에 속하는 비용인지를 실무상 구분하기는 쉽지 않다. 회계상으로는 모두 다 같은 비용과목으로서 금액이 중요하지 않다면 어떤 비용과목으로 해도 큰 문제가 되지 않는다. 그러나 세무상으로 볼 때는 당해 지출이 어떤 비용과목이냐에 따라 세금문제가 다르게 발생하기 때문에 실무상 정확하게 판단해야 절세에 도움이 될 수 있으므로, 사업자는 소비성 경비의 성격을 이해하고 이와 관련된 규제사항을 잘 이해하고 있다면 세제상 불이익을 최소화할 수 있을 것이다.

소비성 경비와 유사 경비 각 항목에 대한 비교를 하면 <표>와 같다.

**표** 소비성 경비 등의 과목별 비교

| 과 목 | 내 용 | 비 고 |
|---|---|---|
| 접대비 | 사업과 관련하여 특정인에게 금품 등을 제공하는데 발생한 비용으로서 사용한 영수증이 필요하다(경조금 20만 원, 기타 1만 원 이상의 접대비는 신용카드, 현금영수증, 세금계산서, 원천징수영수증을 수령하지 아니하면 비용인정이 되지 않는다). | 사업자의 규모에 따라 일정한도 내에서 세법상 비용으로 인정된다(50만 원 이상 지출 시에는 접대자의 인적사항을 기재하라는 규정은 2009년부터 삭제되었음). |
| 광고선전비 | 사업과 관련하여 불특정 다수인에게 금품 등을 제공하는데 발생한 비용을 말한다. | 원칙적으로 전액 비용으로 인정되나, 특정인에게 지출 시에는 접대비로 인정된다. |
| 판매장려금 | 사업과 관련하여 거래처와 사전약정에 따라 지급하는 금품을 말한다. | 전액 비용으로 인정되며, 판매장려금을 수령하는 자는 이를 수익으로 계상하여야 한다. |
| 복리후생비 | 사업과 관련하여 임직원의 복리와 후생을 위하여 지출하는 모든 비용을 말한다. 의료보험료, 산재보험료, 고용보험료, 경조비, 직장연예비, 야근식대비 등이 있다. | 원칙적으로 전액 비용으로 인정되나, 사회통념을 넘어서는 금액은 세법상 비용으로 인정되지 아니한다. |
| 기부금 | 사업과 관련 없이 특정인에게 무상으로 지급하는 금품 등을 제공하는 것을 말한다. | 일정한도 내에서만 세법상 비용으로 인정된다. |

**Point ❶ 접대비는 사업과 관련하여 한도 내에서만 인정된다.**

첫째, 접대비는 사업과 관련되어야만 인정된다. 즉, 사업과 관련되지 아니하고 지출한 금액은 비용으로 인정되지 않을 뿐만 아니라, 지출로 인하여 혜택을 받은 자의 소득으로 본다. 예를 들면, 대표자가 개인적으로 사용한 비용은 대표자의 상여금으로 보아 소득세를 징수해야 한다.

둘째, 일정한 한도 내에서만 비용으로 인정된다. 즉, 접대비는 일정한 한도를 두고 있으며, 한도를 초과하여 지출한 비용은 비용으로 인정되지 않는다. 접대비 한도는 현재 기본 1,200만 원(중소기업 1,800만 원)에 매출액의 일정률을 가산한 금액으로 한다. 특히, 2010년부터는 건당 10,000원 이상의 접대비는 반드시 신용카드를 사용해야 하며, 미사용 시는 지출증빙미수취가산세로서 미사용 금액의 2%가 부과된다.

## ≫ 접대비의 가산한도

| 수입금액 | 적용률 | 특수관계자 거래 |
|---|---|---|
| 100억 원 이하 | 1만분의 20 | |
| 100억 원 초과~500억 원 이하 | 2,000만 원+100억 원 초과금액의 1만분의 10 | 산출금액의 20% |
| 500억 원 초과 | 6,000만 원+500억 원 초과금액의 1만분의 3 | |

**Point ❷ 광고선전비는 불특정 다수인에게 제공되어야 불이익이 없다.**

첫째, 사업과 관련되어 불특정 다수인에게 제공되어야 한다. 그러므로 사업과 관련되어 특정인에게 제공되는 경우에는 접대비로 보아 접대비 한도 내에서만 비용으로 인정된다.

둘째, 광고선전비의 혜택을 제공받는 자의 소득으로 보아 과세될 수 있다. 예를 들어, 백화점 측으로부터 경품을 제공받는 경우에는 제공받는 자의 기타 소득에 해당되며, 물품을 무상으로 제공받으면 이는 제공받는 자의 자산수증이익이 되어 과세된다.

## Point 3  판매장려금은 사전약정이 있어야 한다.

첫째, 사업과 관련되고, 거래처와 사전약정이 있어야 된다. 그러나 특수관계자에게 지급되는 판매장려금은 사전약정이 없이 임의로 지급되는 경우에 접대비로 본다.

둘째, 판매장려금은 제공받는 거래처의 수입이 된다. 판매장려금을 지급받는 거래처 즉, 판매업자는 판매장려금을 반드시 수입으로 계상하여야 한다. 이를 누락시키면 세금을 추징당한다.

## Point 4  복리후생비는 직원의 소득이 되지 않도록 주의한다.

복리후생비는 원칙적으로 모두 비용으로 인정된다. 그러나 제공받는 임직원에 대하여는 근로소득, 기타 소득, 증여 등으로 보아 과세될 수 있으므로 주의하여야 한다. 즉, 복리후생비로 지급된 금액이 세법의 규정에 따라 근로소득, 기타 소득, 증여 등에 해당하면 과세된다.

### ≫ 근로소득에 해당되는 사례

1. 주택을 제공받음으로써 얻는 이익. 다만, 주주 또는 출자자가 아닌 임원(주권상장 법인의 주주 중 소액주주인 임원을 포함한다)과 임원이 아닌 종업원(비

영리법인 또는 개인의 종업원을 포함한다) 및 국가 · 지방자치단체로부터 근로소득을 지급받는 자가 다음과 같은 사택을 제공받는 경우를 제외한다.

  1) 사용자가 소유하고 있는 주택을 같은 단서에 따른 종업원 및 임원에게 무상 또는 저가로 제공하거나, 사용자가 직접 임차하여 종업원 등에게 무상으로 제공하는 주택을 말한다.

  2) 사용자가 임차주택을 사택으로 제공하는 경우 임대차 기간 중에 종업원 등이 전근 · 퇴직 또는 이사하는 때에는 다른 종업원 등이 당해 주택에 입주하는 경우에 한하여 이를 사택으로 본다. 또한, 입주한 종업원 등이 전근 · 퇴직 또는 이사한 후 당해 사업장의 종업원 등 중에서 입주희망자가 없는 경우 또는 당해 임차주택의 계약 잔여기간이 1년 이하인 경우로서 주택임대인이 주택임대차계약의 갱신을 거부하는 경우에도 사택으로 본다.

2. 종업원이 주택(주택에 부수된 토지를 포함한다)의 구입 · 임차에 소요되는 자금을 저리 또는 무상으로 대여 받음으로써 얻는 이익


### Point ⑤ 기부금은 사업과 관계없어야 하며, 한도가 있다.

첫째, 사업과 관계없이 제공되어야 한다. 만약, 사업과 관계있는 자에게 제공되는 기부금은 접대비로 보아 처리한다.

둘째, 사업자 본인의 재화를 무상으로 제공할 경우에는 부가가치세가 과세될 수 있다. 즉, 부가가치세법에 따라 자기의 재화를 사업과 관계없이 사업자 본인, 사용인, 고객이나 불특정 다수인 등에게 무상으로 제공하는 것은 원칙적으로 부가가치세가 과세되므로 주의하여야 한다.

셋째, 기부금 종류에 따라 비용으로 인정되는 한도가 다르다. 즉, 세법상의 소

득(이월결손금 차감 후) 범위 내에서 전액 인정되는 기부금(국가, 지방자치단체, 국방헌금, 구호금품 등), 소득의 10% 범위 내에서만 인정되는 기부금(대부분의 공익목적 기부금), 기부액 전액이 기부금으로 인정되지 않는 기부금(기타의 기부금)으로 구분된다. 한편, 전액 인정되지 않는 기부금은 받는 자의 사업수입, 증여 등으로 보아 과세된다.

## ❸ 이자 지급과 절세

> **지급이자가 모두 비용으로 인정되는 것이 아니다.**

사업자가 사업자금을 차입하고 이자를 지급하는 경우에는 원칙적으로 이를 손금(비용)으로 인정한다. 따라서 세전이익이 감소하게 되어 세금도 감소하게 된다. 그러나 세법에서는 조세목적상 특정 지급이자에 대하여는 비용으로 인정하지 않는 경우가 있으며, 이를 세법에서는 지급이자의 손금불산입이라고 한다.

이러한 지급이자의 손금불산입에 대하여 손금불산입 종류별로 손금불산입하는 취지와 세금효과를 보면 다음의 <표>와 같다.

| 구 분 | 취 지 | 손금불산입으로 인한 세금효과 |
| --- | --- | --- |
| 업무무관 자산 및 가지급금 등의 취득, 보유와 관련된 지급이자 | 재무구조의 개선 | 이자비용으로 인정되지 않는 만큼의 법인소득이 높아져 법인세 부담이 증가한다. 또한, 법인이 가지급금에 대한 대여금이자를 받지 않은 경우에는 이자상당액을 이익으로 간주하므로 법인세가 증가하게 되며, 동시에 이자상당액은 가지급금 수령인의 소득으로 보아 소득세를 징수한다. |
| 채권자가 불분명한 사채이자 | 변칙거래 규제 | 이자비용으로 인정되지 않는 만큼의 법인소득이 높아져 법인세부담이 증가한다. 동시에 이자상당액은 대표자의 소득으로 보아 소득세를 징수한다. |
| 국가, 지방자치단체, 내국법인, 외국법인이 발행한 채권 또는 증권의 이자수령자가 불분명한 사채이자 | 변칙거래 규제 | 채권이나 증권의 발행법인이 직접 지급하는 경우 그 지급사실이 객관적으로 인정되지 아니하는 이자·할인액 또는 차익을 말하며, 이자비용으로 인정되지 않는 만큼의 법인소득이 높아져 법인세부담이 증가한다. |
| 건설자금이자 | 자산의 취득가액 | 비용부인액 만큼 법인소득이 높아져 법인세 부담이 증가한다(추후에 자산처분 시 또는 감가상각 시 비용이 증가하고 법인소득이 감소해 법인세 부담이 감소함). |

## Point 1  개인사업자의 지급이자 인정범위를 이해하자.

개인사업자의 경우는 법인사업자의 경우와 달리 지급이자의 인정범위가 다르다. 즉, 개인사업자는 개인과 사업자의 구분이 불분명하기 때문에 법인의 경우와는 약간의 차이가 있다. 그렇지만 개인사업자의 경우에도 기본적으로 업무와 관련이 없다고 판단되는 지급이자는 비용으로 인정하지 않는 점은 법인사업자와 동일하다. 즉, 채권자불분명 사채이자, 건설자금의 이자, 가사 관련 지급이자, 부채가 자산을 초과하는 경우에 자산을 초과하는 차입금에 대한 지급이자, 업무무관 자산에 대한 지급이자 등은 손금으로 인정되지 않는다.

**Point ❷ 가지급금 등 업무무관 자산을 보유할 때에는 법인세 손실과 소득세 부담을 감수하여야 한다.**

법인사업자가 업무무관한 가지급금이나 대여금, 업무무관 자산 등을 보유하고 있으면서 차입금에 대한 이자를 지출하는 경우에는 업무무관 자산에 상당하는 차입금에 대한 지급이자를 비용으로 인정하지 않는다. 이 경우에 만약 법인이 업무무관한 가지급금이나 대여금에 대한 이자를 받지 아니한 경우에는 이자상당금액을 대여금을 받은 자의 소득으로 보아 소득세도 부과한다.

### 》 업무무관 자산의 종류(예시)

1. 업무에 직접 사용하지 않는 부동산
2. 서화 및 골동품. 다만, 장식·환경미화 등의 목적으로 사무실·복도 등 여러 사람이 볼 수 있는 공간에 상시 비치하는 것을 제외한다.
3. 업무에 직접 사용되지 아니하는 자동차·선박 및 항공기
4. 업무무관 가지급금

### 》 업무무관 가지급금으로 보지 않는 것

1. 미지급소득(배당소득, 상여금)에 대한 소득세 대납액, 소득할 주민세와 미지급소득으로 인한 중간예납세액 상낭액을 포함하며, 당해 소득을 실지로 지급할 때까지의 기간에 상당하는 금액에 한한다.
2. 내국법인이 국외투자법인에 종사하거나 종사할 사에게 여비, 급료, 기타 비용을 가지급한 금액
3. 우리사주조합 또는 그 조합원에게 당해 법인의 주식취득에 소요되는 자금을 가지급한 금액
4. 사외로 유출된 금액의 귀속이 불분명하여 대표자에게 상여처분한 금액에

대한 소득세를 법인이 납부하고 가지급금으로 계상한 금액

5. 사용인에 대한 월정급여액의 범위 내에서의 일시적인 급료 가불금

6. 사용인에 대한 경조사비 또는 학자금(자녀 포함)의 대여액


### Point ❸ 비업무용 부동산을 보유하면 법인세 손실을 감수해야 한다.

부동산을 취득한 후 업무에 사용하기까지 주어지는 유예기간이 경과할 때까지 당해 법인의 업무에 직접 사용하지 않는 부동산, 부동산매매업을 주업이 아닌 법인이 유예기간 중에 당해 법인의 업무에 직접 사용하지 아니하고 양도하는 부동산은 비업무용 부동산으로 보아 관련된 차입금이자는 비용으로 인정하지 않는다. 따라서 법인세 부담이 증가하게 된다.


### Point ❹ 건설자금이자도 비용으로 인정되지 않는다.

법인이 본사 사옥이나 공장을 건설하는 경우 일반적으로 설계 · 건축허가 · 착공 · 준공검사 등의 절차를 거쳐 의도된 용도에 사용하기까지 장기간이 소요된다. 법인세법은 사업용 고정자산의 취득기간 동안 그 자산의 취득에 사용된 차입금에 대한 지급이자를 해당 자산의 취득원가로 본다. 따라서 법인비용은 감소하고 법인세는 증가한다는 점을 알고 있어야 한다.


### Point ❺ 채권자가 불분명한 사채이자 지급 시에는 법인세 손실과 소득세 부담을 감수하여야 한다.

사채(私債)업자를 통한 자금조달을 하는 경우 거래의 은밀성 때문에 사채업자가 획득한 이익을 과세관청에서 포착하기 어렵다. 따라서 차입을 하는 기업

에 불이익을 가중시켜 사채업자와의 거래를 밝히게 하고, 이로 인해 사채시장의 양성화와 과세누락의 방지하고자 하는 규정이다. 채권자가 불분명한 경우란 채권자의 주소 또는 성명을 확인할 수 없는 차입금, 채권자의 능력 및 자산상태로 보아 금전을 대여한 것으로 인정할 수 없는 차입금, 또는 채권자와의 금전거래사실 및 거래내용이 불분명한 차입금을 말한다. 따라서 자금을 차입하는 경우에는 금전소비대차약정서를 작성하여 위의 요건에 해당하지 않게 해야 한다.

또한, 비실명 채권·증권의 이자와 할인액에 대하여도 비용으로 인정하지 않는다. 즉, 비실명 채권·증권의 이자와 할인액이란 국가, 지방자치단체, 내국법인, 외국법인이 발행한 채권 또는 증권의 이자·할인액 또는 차익을 당해 채권 또는 증권의 발행법인이 직접 지급하는 경우 그 지급사실이 객관적으로 인정되지 아니하는 이자·할인액 또는 차익을 말한다. 따라서 발행법인이 직접 지급하지 않고 증권사 등을 통하여 채권을 발행하고 이자를 지급해야 불이익이 없다.

## ❹ 성과급 지급과 절세

> **성과급 지급 시 세금은 적게 이익은 크게 할 수 있다.**

최근의 기업경영환경은 임직원에 대한 보상이 철저하게 성과위주로 바뀌어가는 추세이다. 벤처기업의 경영에서 특히 그러하다. 예를 들면, 기업경영결과 목표이익을 초과달성하면 주주총회의 결의에 의하여 초과이익의 일정부분을 임원 또는 종업원에게 성과급으로 현금, 전환사채, 자기주식, 주식매입선택권 등을 지급하기도 한다.

이러한 성과급의 지급 시 지급액에 대하여 당해 법인의 비용으로 처리하거나 이익처분으로 처리할 수 있다. 비용으로 처리하는 방법은 회사의 이익을 감소시키지만 법인세를 절감하는 효과가 있다. 반면에 이익처분으로 처리하는 방법은 회사의 이익을 감소시키지는 않지만 법인세를 부담해야 하는 문제가 있다.

현행 세법에서는 특정한 조건을 갖춘 성과급 지급은 비용으로 계상하지 아니하고 이익잉여금의 처분에 의하더라도 세법상 비용으로 인정해 주고 있으므로 이를 활용한다면 경영자 또는 관리자의 입장에서는 '이익은 많게, 세금은 적게'라는 두 마리 토끼를 잡을 수 있다.

## Point ① 잉여금의 처분으로 성과급을 지급하더라도 세법상 비용으로 인정된다.

법인세법에서는 잉여금의 처분을 결산을 확정할 때 손비로 계상하는 것은 세법상 비용으로 인정되지 아니하는 것이 원칙이다. 그러나 특정한 성과급은 잉여금의 처분에 의하여 지급하더라도 세법상 비용으로 인정되는 경우가 있으므로 이를 잘 활용할 필요가 있다.

### ≫ 잉여금의 처분에 의하더라도 손금인정되는 성과급의 범위

1. 자본시장과 금융투자업에 관한 법률에 따라 취득한 자기주식으로 지급하는 성과급으로서 우리사주조합을 통하여 지급하는 것. 이 경우 자본시장과 금융투자업에 관한 법률에 따른 유가증권시장에서 해당 법인의 주식을 취득하여 조합원에게 분배한 우리사주조합에 해당 법인이 성과급으로 그 대금을 지급하는 것을 포함한다.

2. 다음 각 목의 주식매수선택권(해당 법인의 발행주식총수의 100분의 10의 범위에서 주식매수선택권을 부여한 경우에 한정한다)을 부여받은 자에게 약정된

주식매수시기에 약정된 주식의 매수가액과 시가의 차액을 현금 또는 해당
법인의 주식으로 지급하는 경우 해당 금액

  1) 중소기업창업 지원법에 따른 창업자, 기술신용보증기금법에 따른 신기
     술사업자 및 주권상장법인이 상법에 따라 부여한 주식매수선택권

  2) 벤처기업육성에 관한 특별조치법에 따른 벤처기업이 법에 따라 부여한
     주식매수선택권

  3) 부품·소재전문기업 등의 육성에 관한 특별조치법에 따른 부품·소재
     전문기업이 법에 따라 부여한 주식매수선택권

3. 내국법인이 근로자(다음 각목의 어느 하나의 직무에 종사하는 임원은 제외함)
   와 성과산정지표 및 그 목표, 성과의 측정 및 배분방법 등에 대하여 사전에
   서면으로 약정하고 이에 따라 그 근로자에게 지급하는 성과배분상여금

  1) 법인의 회장, 사장, 부사장, 이사장, 대표이사, 전무이사 및 상무이사 등
     이사회의 구성원 전원과 청산인

  2) 합명회사, 합자회사 및 유한회사의 업무집행사원 또는 이사

  3) 감사

  4) 그 밖에 1)부터 3)까지의 규정에 준하는 직무에 종사하는 자


## ❺ 연구비 지급과 질세

**벤처기업은 연구용역비에 대한 과세에 주의하여야 한다.**

  일반적으로 벤처기업이라 하면 신기술을 가지고 많은 위험은 있으나 고수익
을 얻고자 하는 기업을 의미한다. 벤처기업육성에 관한 특별조치법상으로도
매출액대비 연구개발비 비율이 5% 이상인 기업을 벤처기업으로 분류하고 있

다. 이러한 벤처기업은 외부기관으로부터 많은 연구비를 지원받아 인건비, 연구용기자재 구입비, 기타의 비용 등의 항목으로 지출하고 있다.

　연구개발비와 관련하여 지급받는 자는 지급받는 소득과 관련된 세금을 납부하여야 하며, 지급하는 자는 지급과 관련된 원천징수의무 등을 이행하여야 한다. 따라서 연구개발용역에 대한 세금문제를 이해하여 구체적인 사례가 발생하는 경우에 충분한 검토를 거쳐 연구개발과 관련하여 예상하지 못한 세금이 부과되는 일은 없도록 하여야 한다.

## **Point ①** 연구용역비와 관련된 과세문제를 정확히 인식하자.

　연구용역비와 관련된 과세문제는 먼저, 연구용역비의 수령자와 관련된 과세문제가 있다. 즉, 연구용역을 수행하기 위해서 연구용역비를 수령하는 자는 수령하는 상황에 따라 사업소득세나 법인세, 근로소득세, 기타 소득세, 부가가치세와 같은 세금에 대한 과세문제가 발생한다.

　다음으로 연구용역비를 지급하는 자는 지급하는 금액에 대하여 부가가치세를 부담해야 하는지, 소득에 대한 원천징수를 해야 하는 지의 여부를 정확히 알아야 세법상 불이익을 받지 않게 된다.

**표** 연구개발비와 관련된 과세문제 요약

| 구분 | 과세문제 | 주요 내용 |
|---|---|---|
| 연구개발비 수령자 | 사업소득세(법인세) 근로소득세 기타 소득세 | 수령하는 연구개발비의 유형에 따라 사업소득, 근로소득, 기타 소득으로 구분된다. |
| | 부가가치세 납부 | 연구개발비의 수령인의 연구개발행위가 과세사업으로 분류되면 부가가치세를 징수하여 납부해야 한다. |
| 연구개발비 지급자 | 소득세 원천징수 | 지급하는 연구개발비의 유형에 따라 소득세를 원천징수해야 한다. |
| | 부가가치세 지급 | 연구개발비의 수령인의 연구개발행위가 과세사업으로 분류되면 부가가치세도 지급하여야 한다. |

**Point ❷ 개인이 연구용역비를 제공받는 경우에는 유형에 따라 근로소득세, 기타 소득세 또는 사업소득세가 부과될 수 있으므로 가능한 세무상 유리하게 계약하라.**

### 》 종속되어 근로의 대가로 연구개발비를 받는 경우 : 근로소득세 과세

연구개발자가 연구개발의뢰자(예:대학)에게 종속된 개인으로서 근로의 대가로 연구비를 받으면 근로소득세가 과세되는 것이 원칙이다. 그러나 특정한 일부의 연구활동비에 대해서는 근로소득세가 비과세된다. 따라서 과세되는 연구활동비를 지급하는 자가 근로소득세 원천징수를 하고 이를 세무서에 납부하여야 한다.

### 》 근로소득세가 비과세되는 연구보조비의 범위

1. 학교의 교원이 받는 월 20만 원 이내의 연구보조비
2. 특정연구기관육성법의 적용을 받는 연구기관 또는 특별법에 의하여 설립된 정부출연연구기관에서 연구활동에 직접 종사하는 자가 받는 월 20만 원 이내의 연구보조비

3. 중소기업 또는 벤처기업의 부설연구소에서 연구활동에 종사하는 자가 받는 월 20만 원 이내의 연구보조비

### ≫ 종속된 개인이 일시적으로 받는 연구개발비 : 기타 소득세 과세

연구개발자(예:대학교수)가 연구개발의뢰자(예:기업)로부터 연구주체(예:대학)를 통하여 연구비를 수령하는 경우 기타 소득으로 본다.

한편, 연구개발비를 지급하는 대학은 지급액의 80%를 필요경비로 공제한 후의 기타 소득금액의 3%를 원천징수하여, 이를 세무서에 납부하여야 한다. 기타 소득이 연간 300만 원(수입금액으로 환산하면 1,200만 원) 이상이면 종합소득에 포함되므로 주의하여야 한다.

### ≫ 독립된 개인이 사업적으로 받는 연구개발비 : 사업소득세 과세

연구개발자가 연구개발의뢰자(예:기업)로부터 독립된 개인의 자격으로 당해 연구개발이 계약 등에 의하여 그 대가를 받고 연구 및 개발용역을 제공하는 사업이면 사업소득세가 과세된다. 사업소득세는 원칙적으로 수익에서 비용을 차감하여 계산된 이익에 대하여 과세한다. 따라서 연구원은 비용의 지출에 대한 증빙을 철저히 확보할 필요가 있다.

또한, 독립되지만 일시적으로서 사업적이지 아니하다면 기타 소득세로 볼 수도 있다. 그러나 실무상 대부분은 사업소득에 해당된다고 할 수 있다.

한편, 개인에게 연구개발비를 지급하는 자는 사업소득세 또는 기타 소득세를 원천징수하여 이를 납부하여야 한다.

**Point ③ 법인이 받는 연구개발비 : 법인세 과세**

연구개발자가 영리법인인 경우에는 무조건 법인세가 과세되며, 비영리법인인 경우에도 당해 연구개발이 계약 등에 의하여 그 대가를 받고 연구 및 개발용역을 제공하는 사업에 대하여는 법인세가 과세된다. 법인세는 원칙적으로 수익에서 비용을 차감하여 계산된 이익에 대하여 과세한다.

한편, 법인에게 연구활동비를 지급하는 자는 개인의 경우와는 달리 법인세를 원천징수를 하지 아니한다.

**Point ④ 연구용역의 경우 부가가치세의 면세와 과세를 명확히 구분하여야 한다.**

부가가치세는 영리목적의 유무에 관계없이 사업상 독립적으로 재화나 용역을 제공하는 자에게 납세의무를 부과하고 있으며, 일부 특정한 재화나 용역을 제공하는 경우에 한하여 부가가치세를 면세하고 있다. 이는 연구개발용역의 경우에도 동일하다.

연구개발용역 중에서 새로운 학술 또는 기술을 개발하기 위하여 행하는 새로운 이론 · 방법 · 공법 또는 공식 등에 관한 연구용역을 수행하면 부가가치세가 면세된나. 또한, 비영리법인이 고유복적의 수행상 실비 또는 무상으로 수행하는 연구개발용역도 부가가치세가 면세된다. 그러나 학술 · 기술의 연구결과를 단순히 응용 또는 이용하여 공급하는 용역에 대하여는 부가가치세가 과세된다.

**》 연구개발과 관련된 면세**

1. 개인이 독립된 사업으로 제공하는 학술용역

2. 개인, 법인 또는 단체가 독립된 자격으로 제공하는 학술연구용역과 기술연

구용역

3. 주무관청에 등록된 종교 · 자선 · 학술 · 구호 기타 공익을 목적으로 하는 단체가 일시적으로 공급하거나 실비 또는 무상으로 공급하는 재화 및 용역

4. 학술연구단체 또는 기술연구단체가 연구와 관련하여 공급하는 재화 및 용역

**표** 연구용역비 수령자의 소득구분 요약

| 연구개발비 수령자 | | 연구용역비 유형 | 소득분류 | 부가가치세 |
|---|---|---|---|---|
| 개인 | 종속된 개인 | 1. 연구용역비 | 근로소득 | 해당 사항 없음 |
| | | 2. 비과세 연구용역비 | 비과세소득 | |
| | | 3. 일시적인 연구용역비 | 기타 소득 | |
| | 독립된 개인 | 4. 비사업적 연구용역비 | 기타 소득 | |
| | | 5. 사업적인 연구용역비 | 사업소득 | 학술연구용역 및 기술연구용역은 면제 (나머지는 과세) |
| 법인 | 영리법인 | 6. 연구용역비 | 법인소득 | |
| | 비영리법인 | 7. 사업적 연구용역비 | 법인소득 | |
| | | 8. 고유목적 연구용역비 | 법인소득 | 고유목적으로 실비 또는 무상으로 하는 용역은 면세(나머지는 과세) |

※ 1) 종속된 개인이 전문가의 자격으로 일시적으로 수행하고 받은 연구활동비는 기타 소득으로 보아 과세한다.

2) 부가가치세가 면세되는 학술연구용역과 기술연구용역이란 새로운 학술 또는 기술을 개발하기 위하여 행하는 새로운 이론 · 방법 · 공법 또는 공식 등에 관한 연구용역을 말한다. 그러나 학술 · 기술의 연구결과를 단순히 응용 또는 이용하여 공급하는 용역에 대하여는 부가가치세가 과세된다.

## 교수 등이 지급받는 연구용역대가의 소득 구분

교수 등이 받는 연구용역비는 다음과 같이 과세되는 것입니다(국세청 질의회신, 소득세 서면인터넷방문상담1팀 – 978, 2005. 08. 17).

### 1. 종속되어 근로의 대가로 받는 연구용역비

연구목적으로 고용된 교수 등이 고용관계에 따른 근로제공과 관련하여 연구용역을 제공하고 지급받는 대가는 소득세법 제20조의 근로소득에 해당하는 것이다.

### 2. 종속된 기관으로부터 받더라도 근로와 관계없이 일시적으로 받는 연구용역비

또한, 대학이 연구주체가 되어 외부로부터 연구개발용역을 위탁받아 연구비를 직접 관리하는 경우로서, 고용관계에 따른 근로제공과 관련 없이 교수가 연구활동의 대가로 지급받는 금액은 연구활동비 · 연구수당 등 그 명칭 여하에 불구하고 기타 소득에 해당하는 것이다.

### 3. 종속되지 않은 기관으로부터 일시적으로 받는 연구용역비

교수 등이 연구용역 제공의 대가로 연구시설확충 등 목적으로 설립된 학술진흥재단으로부터 고용관계에 따른 근로제공과 관련 없이 지급받는 금액은 그 명칭 여하에 불구하고 소득세법에 따라 전문가의 자격으로 일시적으로 수행하고 받는 기타 소득(소득세법 제21조 제1항 제19호에 해당)에 해당하는 것이다.

# 3. 거래처 부도와 절세

## 대손세액공제와 대손금을 활용하여 절세하라.

사업을 하다 보면 불가피하게 외상채권이 발생하거나 어음이나 수표를 수취하게 마련이다. 이러한 외상채권이나 어음 또는 수표는 거래처의 부도 등의 사유로 회수할 수 없게 되는 경우도 있다. 이와 같이 이미 회수할 수 없게 된 외상채권이나 어음 또는 수표 등을 대손금이라고 하며, 이러한 대손금은 어쩔 수 없이 포기해야 하지만, 대손과 관련된 세법의 규정을 알고 있다면 절세를 통하여 대손으로 인한 손해액이 줄어든다고 할 수 있다. 즉, 사업자에게 대손이 발생한 경우에 부가가치세법에서는 부가가치세매출세액에 대하여 대손세액공제를 인정해 주고 있으며, 소득세법과 법인세법에서는 대손금을 비용으로 인정하고 있으므로 이를 잘 활용한다면 절세를 통해 대손으로 인한 손해를 어느 정도 줄일 수 있다.

### Point ① 부가가치세 대손세액공제를 받자.

부가가치세법에 의하면 사업자가 재화 또는 용역을 공급한 후에 공급받는 자가 부도가 발생하여 공급받는 자로부터 매출부가가치세를 받지 못했음에도 불구하고 매출부가가치세를 세무서에 납부하여야 하기 때문에 공급자의 입장에서는 손해가 가중된다. 이러한 경우에 공급받는 자로부터 받지 못한 매출부가가치세를 부가가치세매출세액에서 공제해 주는 것이 바로 대손세액공제규정이다.

#### ≫ 대손세액공제의 사유

1. 파산법에 의한 파산선고를 받은 경우(강제화의를 포함)
2. 민사소송법에 의한 강제집행을 받은 경우
3. 사망·실종선고를 받은 경우
4. 회사정리법에 의한 회사정리계획인가 또는 화의인가결정을 받은 경우
5. 상법상의 소멸시효가 완성된 경우(상법상의 소멸시효는 채권의 종류에 따라 1년에서 5년까지 다양함)

6. 수표 또는 어음의 부도발생일로부터 6개월이 경과한 경우(단, 당해 사업자
   가 채무자의 재산에 대하여 저당권을 설정하고 있는 경우를 제외함. 그러나 부도
   액 중 채권최고액을 초과하는 금액은 대손세액공제를 적용받을 수 있음)
7. 10만 원 이하의 소액채권은 6개월이 경과한 후 대손세액공제 가능

## ≫ 대손세액공제 대상금액

재화 또는 용역을 공급한 후 공급받은 자에게 대손세액공제사유가 발생하여
공급자가 당해 재화 또는 용역의 공급에 대한 매출채권(부가가치세매출세액을
포함한다)의 전부 또는 일부를 회수할 수 없는 경우에는 회수할 수 없는 금액의
10/110을 매출세액에서 공제하고 납부한다. 다만, 대손세액공제를 받은 후에 대
손금액의 전부 또는 일부를 회수한 경우에는 회수한 금액과 관련된 대손세액
을 회수한 날의 과세기간의 매출세액에 가산한다.

## ≫ 대손세액공제시기

대손이 확정된 날이 속하는 과세기간(부가가치세법상 과세기간은 제1기가 1월
부터 6월까지이고, 제2기가 7월부터 12월까지이다)의 다음 과세기간의 확정신고 시
에 부가가치세 매출세액에서 차감한다(예:2009년 5월10일에 부도가 발생하였다면
2009년 2기 확정신고기한인 2010년 1월 1일부터 25일까지 신고하여 공제할 수 있다).

이러한 대손세액공제는 사업자가 부가가치세가 과세되는 재화 또는 용역을
공급한 후 공급일로부터 5년이 경과된 날이 속하는 과세기간에 대한 확정신고
기한(부가가치세법상 확정신고기한은 제1기가 7월 25일까지이고, 제2기가 다음연도 1
월 25일까지이다)까지 확정되는 대손에 대하여 적용한다.

제시기간 내 또는 제시기간 경과 후에 금융기관이 당해 어음이나 수표에 부도확인한 날을 말한다.

» 대손세액공제를 적용하지 아니한 경우

공제해야 할 시기에 공제신청하지 못한 경우에는 신고기한 경과 후 1년 이내에는 경정신청에 의하여 공제받을 수 있다.

» 대손세액공제 신청서류

1. 부도 : 부도어음 또는 수표사본과 세금계산서 사본

2. 파산 또는 강제집행 : 채권배분계산서와 세금계산서 사본

3. 사망 또는 실종선고 : 가정법원판결문, 채권배분계산서와 세금계산서 사본

4. 회사정리계획인가결정 : 회사정리인가안과 세금계산서 사본

## Point ❷ 대손금을 비용으로 계상하자.

소득세법과 법인세법에 의하면 대손금을 비용으로 인정하고 있다. 소득세와 법인세는 기본적으로 매출수익에서 사업과 관련된 비용을 차감하여 계산된 세전이익에 대하여 해당 세율을 적용하여 산출한다. 그러므로 대손금을 비용으로 계상하면 비용금액이 증가하고, 세전이익은 감소한다. 따라서 세전이익에 해당 세율을 적용하여 산출한 소득세 또는 법인세가 감소하게 된다.

» 비용으로 인정되는 대손금

아래의 대손금은 비용으로 인정된다. 단, 대손세액공제를 받은 부가가치세

매출세액 미수금은 대손금으로 인정하지 않는다.

1. 파산법에 의한 파산 법원의 파산선고를 받은 경우에 한하며, 일반적인 사업실패로 인한 파산은 해당되지 않음
2. 민사소송법에 의한 강제집행
3. 사망, 실종선고, 폐업 등으로 실제 회수할 수 없는 채권
4. 회사정리법에 의한 회사정리계획인가의 결정
5. 상법상 소멸시효가 완성된 경우(소멸시효는 경우에 따라 1년에서 5년까지이다)
6. 수표 또는 어음의 부도발생일부터 6개월이 경과한 경우, 다만. 당해 사업자가 채무자의 재산에 대하여 저당권을 설정하고 있는 경우를 제외하며, 중소기업의 경우 어음 부도발생일 이전에 발생된 외상매출금을 같이 포함한다.
7. 은행법, 증권거래법, 중소기업창업지원법 등에 발생된 채권으로서 감독기관의 대손 승인을 얻은 채권
8. 국세징수법 제86조 제1항의 규정에 의하여 세무서장으로부터 국세결손처분을 받은 채무자에 대한 채권. 단, 저당권이 설정되어 있는 채권을 제외한다.
9. 회수기일이 6개월 이상 경과한 채권 중 회수비용이 채권가액을 초과하여 회수실익이 없다고 인정되는 10만 원 이하의 채권

# 4. 부당행위와 절세



기업활동을 함에 있어서 경제적 의사결정은 원칙적으로 기업의 자유의사에 달려 있다. 그러나 이러한 사적자치의 원칙도 공정하고 자유로운 경쟁을 촉진하기 위하여 법률로 제한하는 경우도 있다. 마찬가지로 세법에서도 공평한 과세를 실현하기 위하여 특수관계자 간에 부당한 행위를 한 결과 세금부담을 감소시키는 경우에는 이를 인정하지 않고 정상적인 거래를 기준으로 세금계산을 하고 있다.

**Point ①** 특수관계자 간에 거래 시에는 객관성을 확보해야 불이익이 없다.

세법에서는 특수관계자 간에 부당행위를 하는 경우에는 이를 부인하여 세금을 계산한다. 이때 부인된 금액은 당해 법인의 손금으로 인정하지 않는다. 그 결과 법인의 소득이 늘어나고 법인세 부담도 늘어난다. 또한, 손금부인액은 거래 상대방인 이익을 얻은 자의 배당소득, 근로소득 등으로 보아 소득세가 과세된다. 따라서 정상적인 거래를 하였다면 손금으로 인정될 부분도 부당행위계산부인에 의하면 손금으로도 인정되지 않을 뿐만 아니라, 소득세도 추징되므로 조세부담이 이중으로 발생한다. 그러므로 사업자는 특수관계자와의 거래에 있어서는 부당행위계산부인이 되지 않도록 객관성을 확보하여 거래하여야 한다.

**Point 2** **부당행위계산부인에 해당되는 지의 여부를 확인하라.**

법인의 행위 또는 소득금액의 계산이 그 법인과 특수관계에 있는 자와의 거래에 있어서 그 법인의 소득에 대한 조세의 부담을 부당히 감소시킨 것으로 인정되는 경우에는 그 법인의 행위 또는 소득금액의 계산에 관계없이 그 법인의 각 사업연도의 소득금액을 계산하며, 이를 부당행위계산부인이라고 한다.

**표** **부당행위계산부인의 조건**

| 적용요건 | 내　용 |
|---|---|
| 1. 부당행위의 존재 | 부당행위란 건전한 사회통념 및 상관행과 특수관계자가 아닌 자 간에 정상적인 거래에서 적용될 것으로 판단되는 가격을 기준으로 하여 이와 다르게 이루어진 것을 말한다. |
| 2. 특수관계자 간의 거래 | 세법상 특수관계자의 범위는 매우 광범위하다.<br>1. 임원의 임면권의 행사, 사업방침의 결정 등 당해 법인의 경영에 대하여 사실상 영향력을 행사하고 있다고 인정되는 자와 그 친족<br>2. 주주 등(소액주주 제외)과 그 친족<br>3. 법인의 임원, 사용인 또는 주주 등의 사용인이나 사용인 외의 자로서 법인 또는 주주 등의 금전 등에 의하여 생계를 유지하는 자와 이들과 생계를 함께 하는 친족<br>4. 상기의 자가 30% 이상을 출자하고 있는 다른 법인<br>5. 기타 세법에 정한 특정한 관계에 있는 법인이나 개인 |
| 3. 조세의 부담을 부낭히 감소시킴 | 조세의 부담을 부당히 감소시킨 대표적인 사례<br>1. 자산을 시가보다 높게 매입하는 경우<br>2. 자산을 시가보다 낮게 양도하는 경우<br>3. 무수이자산을 매입한 경우<br>4. 금전을 무상 또는 낮은 이율로 대여한 경우<br>5. 금전을 높은 이율로 차입한 경우<br>6. 기타 부당한 행위 |

# 5. 부가가치세의 절세

## ❶ 부가가치세의 계산구조와 절세

**부가가치세의 계산구조를 파악하면 절세에 도움이 된다.**

부가가치세는 부가가치세법에서 정한 재화 또는 용역을 공급하는 자가 공급받는 자로부터 공급가액과 함께 징수하여 세무서에 납부하는 세금으로서 공급하는 자가 부담하는 세금이 아니라, 공급받는 자가 부담하는 세금이다. 따라서 매출자가 세금을 납부하기는 하지만 실질적으로 세금을 부담하는 자는 매입자이다.

그런데 실제 거래에서는 매출자가 매출 시에 부가가치세를 매입자로부터 징수하여 납부하는 데 많은 애로점이 있는 것이 현실이다. 그 원인은 여러 가지가 있을 수 있다. 예를 들면, 매입자가 최종소비자인 경우에 소비자가 부가가치세에 대하여 정확히 인식하지 못하기 때문에 부가가치세를 부담하려고 하지 않는 경우도 있으며, 매입자가 면세사업자인 경우에도 매입자가 매입세액을 공제받지 못한다는 이유로 면세사업자가 부가가치세를 부담하려고 하지 않는 경우도 있기 때문이다. 또한, 매입자가 일반사업자인 경우에도 매입에 상당하는 매출을 누락시켜 소득세 또는 법인세의 부담을 피하기 위하여 매입세금계산서를 수령하지 않으려 하기 때문이다. 그러나 이러한 비정상적인 거래를 하다가 과세당국에 적발되면 회사의 경영에 치명적인 손실을 가져올 수가 있다는 점을 인식해야 한다.

이상과 같이 부가가치세는 매입자로부터 징수하여 납부하는 세금임에도 불구하고 여러 가지 문제가 발생하고 있다. 진정한 경쟁력을 가진 매출자라면 부가가치세의 계산구조를 이해하고 그에 따른 절세대책에 따라 절세하면서 정상적인 거래를 하는 것이 현명한 방법일 것이다.

## Point ❶ 부가가치세의 계산구조(일반사업자)를 이해하자.

부가가치세의 계산구조를 일반과세자를 중심으로 설명하면 <표>와 같으며, 과세특례자와 간이과세자의 계산구조도 원칙적으로 동일하다. 다만, 매출세액의 계산방식과 매입세액공제방식이 약간 다르다. 이에 대하여는 다음 장의 개인사업자의 부가가치세의 절세대책에서 설명하기로 한다.

**표** 부가가치세의 계산구조(일반과세자)

| 구　분 | 계산방법 | 포인트 |
| --- | --- | --- |
| 매출세액 | - 공급가액의 10%(영세율은 0%)<br>- 대손세액은 차감함 | 1, 2 |
| (-) 매입세액 | - 공급가액의 10%(영세율은 0%)<br>- 불공제 매입세액은 제외함 | 3, 4 |
| 납부세액(환급세액) | | |
| (-) 경감 및 공제세액 | 세법에 따른 각종 공제세액 | 5 |
| (+) 가산세액 | 세법상 의무 불이행 시 발생함 | 6 |
| 납부할 세액<br>(환급받을 세액) | | 7, 8 |

## Point ❷ 매출세금계산서를 정확히 발행하자.

다음은 세금계산서에 반드시 포함되어야 할 내용인데, 이를 잘못 기재하여 교부하면 매출계산서 합계표를 잘못 작성하게 된다. 이러한 경우에는 잘못 기재된 부분에 대하여 공급가액의 1%(법인은 2%)의 가산세가 부과된다. 다만, 이런 부실기재나 누락이 예정신고기간에 있었고 같은 과세기간의 확정신고 시에 제출하는 경우에는 지연제출가산세 0.5%(법인은 1%)가 부과된다. 단, 부실기재 분이 착오에 의한 경우로서 세금계산서에 의해 확인되는 경우에는 가산세의 적용을 받지 않는다. 그러므로 반드시 사업자등록증을 확인하여 정확하게 기재하여야 한다.

### ≫ 세금계산서 필수적 기재사항

1. 공급하는 사업자의 사업자등록번호와 성명 또는 명칭
2. 공급받는 자의 등록번호
3. 공급가액과 부가가치세액
4. 작성연월일

### Point ❸ 부도 등으로 회수가 곤란한 매출채권에 대하여는 대손세액공제를 받자.

재화나 용역을 매출한 후에 매출채권을 회수하기 전에 매출거래처에 부도가 발생하는 등의 사유가 발생하면 매출부가가치세를 매출세액에서 공제받을 수 있다. 공제받을 수 있는 사유와 자세한 내용은 앞에서 설명한 거래처의 부도와 절세를 참조하기 바란다.

### Point ❹ 매입세금계산서를 정확히 수취하자.

매입세금계산서에 의하여 매입세금계산서 합계표를 작성하며, 유의사항은 매출처별 세금계산서 합계표의 경우와 동일하다. 다만, 매입처별 세금계산서 합계표의 경우 과소기재에 대해서는 매입세액이 공제되지 않는 불이익이 있으

며, 과다기재하여 납부세액을 부당하게 감소시킨 경우에는 가산세 1%(법인은 2%)가 부과된다.

 **매입세액 불공제 사유를 정확히 알고 대처하자.**

부가가치세 납부세액은 매출세액에서 매입세액을 공제하고 납부하게 되는데 특정한 경우에는 매입세액으로 공제해 주지 않는다. 다음에 해당하는 경우 매입세액이 공제되지 않으므로 이에 유의하여 불이익이 없도록 해야 한다.

### 》 매입세액 불공제 대상

1. 매입세금 계산서를 수취하지 않은 경우
2. 매입세금 계산서의 필요적 기재사항이 기재되지 않았거나 사실과 다른 경우
3. 매입처별 세금계산서 합계표를 제출하지 않은 경우
4. 사업과 직접 관련 없는 지출을 한 경우
5. 비영업용 소형승용차의 구입·유지와 관련된 경우(비영업용이란 택시회사 등과 같이 영업용이 아닌 통상 말하는 자가용을 말한다.)
6. 접대비와 관련된 지출에 대한 매입세액
7. 사업자등록 전의 매입세액(단, 사업자등록 신청일 이전 20일 이내에 대표자 주민등록번호 기재분으로 교부받은 경우 매입세액 공제가능함)
8. 부가가치세가 면제되는 재화 또는 용역을 공급하는 사업에 관련된 매입세액(투자에 관련된 매입세액을 포함)과 대통령이 정하는 토지관련 매입세액(토지정리 토목공사)

 **경감 및 공제세액을 활용하자.**

부가가치세법에서는 여러 가지 정책적인 목적으로 각종의 세액공제제도를 두고 있으므로 이를 활용하면 절세에 도움이 된다. 그중에 가장 대표적인 세액공제항목을 설명하면 다음과 같다.

### 》 매입세금계산서 제출 세액공제

간이과세자가 다른 사업자로부터 교부받은 세금계산서 · 매입처별 세금계산서 합계표 및 부가가치세액이 별도로 기재된 신용카드 매출전표(직불카드 영수증, 기명식 선불카드 영수증, 현금영수증 포함)를 당해 확정신고와 함께 제출하거나 경정에 있어서 경정기관의 확인을 거쳐 제출하는 경우에는 세금계산서 등에 기재된 매입세액에 업종별로 다음의 부가가치율을 적용하여 납부세액에서 공제하되, 2009년 12월 31일까지는 소매업의 경우에는 15%, 음식숙박업의 경우에는 30%를 적용한다.

  1. 제조업, 전기 · 가스 및 수도업, 소매업, 재생용재료수집 및 판매업 : 20%

  2. 농업, 수렵업, 임업 및 어업, 건설업, 부동산임대업, 기타 서비스업 : 30%

  3. 음식업, 숙박업, 운수 및 통신업 : 40%

### 》 신용카드 등의 사용에 따른 세액공제

일반과세사업자 중 영수증교부대상자(단, 법인은 제외)와 간이과세사업자가 신용카드 매출전표(직불카드 영수증, 기명식 선불카드 영수증, 현금영수증 포함)를 발행하거나 전자화폐로 대금결제를 받는 경우에는 다음과 같이 연간 500만원 한도(단, 2010년까지는 연간 700만원 한도) 내에서 신용카드 매출전표 발행 세액공제를 받을 수 있다.

1. 일반 업종 : 발행금액 또는 결제금액의 1.3%(2011년부터는 1%)

2. 간이과세자인 음식·숙박업 : 발행금액 또는 결제금액의 2.6%(2011년부터는 2%)

## Point ❼ 부가가치세법상의 제 의무를 이행하여 가산세를 물지 말자.

앞에서 언급한 매출계산서 합계표와 매입계산서 합계표에 관련된 가산세 이외에도 다음과 같은 가산세가 있으므로 주의하여야 한다.

### » 사업자 미등록 가산세

사업개시일로부터 20일 이내에 사업자등록 신청을 하지 아니한 경우에는 미등록 가산세를 부과한다. 미등록가산세는 사업개시일로부터 등록을 신청한 예정신고기간(예정신고기간 경과 시 과세기간)까지의 공급가액에 개인은 1%, 법인은 2%를 가산세로 부과한다. 사업자 등록 신청을 사업개시 후 20일 이내에 하지 않으면, 신청 전 20일 이전의 매입세금계산서상의 매입세액에 대해 공제를 인정하지 않으므로 불이익이 가중된다.

### » 영세율 과세표준 신고불성실 가산세

영세율이 적용되는 과세표준을 신고하지 아니하거나, 신고하여야 할 금액에 미달하게 신고한 경우 또는 영세율 첨부서류를 제출하지 않은 경우에는 무신고·미달신고·첨부서류 미제출한 과세표준의 1%를 영세율과세표준 신고불성실 가산세로 부과한다.

부가가치세는 매분기 종료 후 25일 내에 관할세무서장에게 신고 · 납부하여야 한다. 신고일이 공휴일인 경우에는 다음날까지 신고하면 된다.

신고기한을 준수하지 않은 경우 신고하여야 할 세액의 10%를 가산세로 부담해야 하며, 납부기한을 준수하지 않은 경우 납부하여야 할 세액의 0.05%에 납부한 날까지의 일수를 곱한 금액을 가산세로 부담해야 한다.

## 》 부가가치세 신고납부기한

| 구 분 | 1기 | | 2기 | |
|---|---|---|---|---|
| | 예정신고<br>(1~3월분) | 확정신고<br>(4~6월분) | 예정신고<br>(7~9월분) | 확정신고<br>(10~12월분) |
| 신고납부기한 | 4월 25일 | 7월 25일 | 10월 25일 | 익년 1월 25일 |

## Point ⑨  불가피한 경우에는 납기연장 또는 징수유예 신청을 활용하자.

천재 · 지변, 기타 기한연장 사유에 해당하는 경우 사업자가 신청을 하여 관할 세무서장의 승인을 얻으면 납부기한 연장 또는 징수유예가 가능하다. 즉, 신청, 청구, 기타 서류제출 등의 기한 연장은 3개월 이내로 하되, 1개월의 범위 안에서 재연장할 수 있다. 신고 및 납부의 기한 연장은 9개월의 범위 내에서 관할 세무서장이 연장, 재연장할 수 있다.

## 》 납부기한 연장

납부해야 할 세금이 자진신고 납부분인 경우에는 [납부기한연장 승인신청서]

를 기한 만료일 3일 전까지 제출하여야 한다.



## ≫ 징수유예

납부해야 할 세금이 납세고지서에 의한 고지분인 경우에는 납부기한 3일 전까지 관할 세무서장에게 [징수유예신청서]를 제출하여야 한다.

## ≫ 국세기본법에 의한 기한연장 사유

1. 납세자가 화재 · 전화 기타 재해를 입거나 도난을 당한 때
2. 납세자 또는 그 동거가족이 질병으로 위중하거나 사망하여 상(喪)중인 때
3. 납세자가 그 사업에 심한 손해를 입거나, 그 사업이 중대한 위기에 처한 때
4. 권한 있는 기관에 장부 · 서류가 압수 또는 영치된 때
5. 정전, 프로그램의 오류 기타 부득이한 사유로 한국은행(그 대리점을 포함) 및 체신관서의 정보통신망의 정상적인 가동이 불가능한 때
6. 금융기관 또는 체신관서의 휴무 또는 그 밖의 부득이한 사유로 인하여 정상적인 세금납부가 곤란하다고 국세청장이 인정하는 때
7. 납세자의 형편, 경제적 사정 등을 고려하여 기한의 연장이 필요하다고 인정되는 경우로서 국세청장이 정하는 기준에 해당하는 때(납부에 한함)

## ❷ 과세사업자의 절세

> **납세의무자의 유형에 따라 세 부담에 차이가 발생한다.**

개인사업자의 경우에 부가가치세의 납세의무자의 유형은 일반과세자와 간이과세자로 구분되며, 세액계산방법과 납부세액이 각각 다르다. 따라서 개인사

업자는 자신에게 가장 유리한 형태의 납세유형을 선택하여 부가가치세를 절세할 수 있다. 간이과세자의 요건에 맞는 규모의 매출이 있는 사업자가 자신의 매입세액이 세법에서 간이과세자에게 인정하여 공제되는 평균적인 매입세액보다 많다면 일반과세자가 유리하고, 평균적인 매입세액보다 적다면 간이과세자가 유리하다고 할 수 있다.

**표** 간이과세자의 세액계산 구조

| 구분 | 간이과세자 |
| --- | --- |
| 업종 | 광업, 제조업(특정제조업 제외), 도매업, 부동산매매업에 해당되지 않는 사업자로서 연간매출액이 4,800만 원 미만인 개인사업자 |
| 세액계산 | 매출액(부가세 포함)×업종별 부가가치율×10%(영세율 적용 시 0%) |
| 업종별 부가가치율 | 1. 제조업, 전기·가스 및 수도사업, 소매업, 재생용 재료수집 및 판매업 : 100분의 20. 다만, 소매업의 경우 2009년 12월 31일이 속하는 과세기간까지는 100분의 15로 한다.<br>2. 농업·수렵업·임업 및 어업, 건설업, 부동산임대업, 기타 서비스업 : 100분의 30<br>3. 음식점업, 숙박업, 운수 및 통신업 : 100분의 40. 다만, 음식점업 및 숙박업의 경우 2009년 12월 31일이 속하는 과세기간까지는 100분의 30으로 한다. |
| 세액공제 | 1. 신용카드매출전표 발행 세액공제 :<br>신용카드 매출전표(직불카드 영수증, 기명식 선불카드 영수증, 현금영수증 포함)를 발행하거나 전자화폐로 대금결제를 받는 경우에는 연간 500만원 한도(단, 2010년까지는 연간 700만원 한도)내에서 신용카드 매출전표 발행세액공제를 적용받을 수 있다.<br>　가. 일반 업종 : 발행금액 또는 결제금액의 1.3%(2011년부터는 1%)<br>　나. 간이과세자인 음식·숙박업 : 발행금액 또는 결제금액의 2.6%(2011년부터는 2%)<br>2. 세금계산서, 신용카드 매출전표 등 수취 세액공제 :<br>매입세액에 상기의 부가가치율을 적용하여 계산한 금액 |

 **매입세액이 많은 개인사업자는 일반과세자가 유리하다.**

개인사업자는 업종별 매출액에 따라 일반과세자와 간이과세자로 구분되며, 납부세액계산구조도 다르다. 간이과세자는 매입세액과 관계없이 매출액의 일정액을 납부할 세액으로 계산하기 때문에 매입세액이 아무리 많다 하더라도 납부할 세액에서 공제되지 않는다. 따라서 매입세액이 많은 사업자는 일반사업자로 전환하는 것이 유리하다.

 **개인사업자가 영세율이 적용되는 사업을 하면 일반과세자가 유리하다.**

영세율이란 수출 등의 외화획득사업에 대하여 매출액에 '0'의 세율을 적용하는 것을 말한다. 따라서 간이과세자는 매입세액이 있어도 환급받지 못하므로 일반사업자로 전환하는 것이 유리하다.

### 건물구입 시의 절세 사례

건물구입 시 이외에는 매입세액이 거의 없는 부동산임대사업자의 예를 들어 설명하기로 한다. 건물구입가액이 3억 원(부가가치세 3,000만 원 별도)인 건물을 구입하고, 이를 보증금 6,000만 원에 월세 300만 원(부가세 별도)에 임대한다고 하자. 이때 일반과세자와 간이과세자의 부가가치세의 부담액을 비교하면 〈표〉와 같다. 여기에서는 현금흐름의 현재가치는 일반과세자와 간이과세자의 비교결과에 영향을 미치지 아니하므로 무시하였다.

〈표〉의 내용에 대하여 간단히 설명하면 다음과 같다. 1차 연도에 임대보증금 6,000만 원에 대하여 간주임대료는 2009년 8월 24일 현재 국세청장이 고시한 임대보증금에 대하여 정기예금이자율인 3.4%을 적용하여 계산한다. 즉, 간주임대료란 임대보증금에 대하여 정기예금이자 상당액만큼을 월세로 받은 것으로 본다는 것이다.

다음으로, 일반과세자는 월세에 대하여 임차인에게 세금계산서를 발행하고 부가가치세 30만 원을 합한 330만 원을 수령하였다. 그러나 간이과세자는 세금계산서를 발행하지 못하기 때문에 임차인에게 부가세를 받을 수 없으므로 300만 원을 수령하는 경우를 가정하였다.

그리고 10년간을 비교한 이유는 건물매입세액이 있기 때문이다. 즉, 사업자가 일반과세자로 등록한 후에 매출액이 간이과세자기준에 해당되면 자동적으로 간이과세자로 바뀌게 된다. 이와 같이 간이과세자로 전환될 때에는 일반과세자일 때 구입한 사업용 고정자산(예를 들면, 건물, 비품)에 대하여 공제받은 매입세액의 일정부분을 추징당한다. 추징시 건물은 10년 이내에 공제받은 부분의 일정액을 추징당하고, 기타의 경우에는 2년 이내에 공제받은 부분의 일정액을 추징당한다. 따라서 일반과세자로 등록하여 건물에 대한 매입세액을 공제받는 경우에는 10년간은 일반사업자로 남아 있어야 추징당하지 않기 때문에 10년간을 비교한 것이다.

한편, 일반과세자가 매출액이 4,800만 원 미만이 되면 간이과세자로 전환되어 매입부가세를 추징당하게 되므로, 일반과세자를 유지하여 매입부가세를 추징당하지 않으려면 반드시 과세유형이 전환되는 과세기간의 개시일 전까지 간이과세포기신고서를 제출해야 한다. 간이과세포기신고서를 제출한 경우에는 향후 3년간 간이과세를 적용받을 수 없다. 따라서 일반과세를 계속 적용받기 위해서는 3년마다 간이과세포기신고를 하여야 한다.

**표**  임대사업자의 유형별 부가가치체 부담액의 비교

| 구분 | 일반과세자 | 간이과세자 |
|---|---|---|
| 사업개시 | 3,000만 원 환급 | 환급 없음 |
| 1차 연도 부가가치세 | [ (300만 원×12개월) + (6,000만 원×3.4%) ]×10%(세율) = 3,804,000원 납부 | [ (300만 원×12개월) + (6,000만 원×3.4%) ] × 30%(부가가치율)×10%(세율) = 1,141,200원 납부 |
| 2차 연도~ 10차 연도 | 1차 년도와 동일함 | 1차 년도와 동일함 |
| 10년간 합계 | 1. 납부세액 = 3,804,000원 납부×10년<br>2. 환급세액 = 3,000만 원(매입 시)<br>3. 순납부세액 = 8,040,000원 | 1. 납부세액 = 1,141,200원×10년<br>  = 11,412,000원<br>2. 환급세액 = 0<br>3. 순납부세액 = 11,412,000원 |
| 결 론 | 일반과세자의 납부세액이 간이과세자의 납부세액보다 3,372,000원 적게 되므로, 이상의 경우에는 일반과세자가 절세측면에서 유리하다. | |

## ❸ 면세사업자의 절세

면세는 영세율과는 달리 부분면세제도임을 알아야 한다.

사업을 개시하려는 자가 세무서에 사업자 등록신청을 하면 사업의 내용에 따라 과세사업을 하는 경우에는 과세사업자용 사업자등록증(일반과세자 또는 간이과세자 사업자등록증)을 교부해 주며, 면세사업을 하는 경우에는 면세사업자용 사업자등록증을 교부해 준다. 과세사업과 면세사업을 겸업하는 경우에는 과세사업자용 사업자등록증을 교부해 준다. 만약, 면세사업자가 공급하는 재화나 용역이 영세율 적용대상인 경우에는 납세자의 선택에 따라서 과세사업자용 사업자등록증을 교부받을 수 있다.

면세사업자는 매출세액에서 매입세액이 공제되지 아니한다는 점을 알아야 한다. 따라서 면세사업자는 완전면세의 효과가 있는 영세율과는 달리 부분면세의 효과밖에는 없다는 것을 알아야 한다. 그러므로 모든 사업자들은 자신이 제공하고자 하는 재화와 용역이 과세사업에 해당되는지, 면세사업에 해당되는지 또는 영세율이 적용되는지를 정확하게 이해하여 세제상 불이익을 받지 않도록 하여야 한다.

**표** 사업자의 유형과 세율 적용

| 구 분 | 과세사업 | | 면세사업 |
|---|---|---|---|
| 과세대상 | 재화 또는 용역의 공급과 재화의 수입 | | 면세대상인 재화 또는 용역의 공급 |
| 사업자등록증 | 일반과세사업자 | 간이과세사업자 | 면세사업자 |
| 과세방법 | 일반과세 | 간이과세 | 부가세 면세 |
| 세율 적용 | 일반세율(또는 영세율) | | 면세 |
| 매입세액공제 | 공제됨 | 공제 없음 | 공제 없음 |

※ 1. 과세사업과 면세사업을 겸업하는 경우에는 과세사업자로 등록한다.
　 2. 면세사업자가 영세율이 적용되는 사업을 수행하는 경우에는 면세포기신청을 할 수 있다.

면세대상과 과세대상의 구분은 정책적으로 결정되는데 농산물, 의료용역 등과 같이 기초생활필수품 등과 특정 인적용역 등의 재화 · 용역의 공급에 대하여는 면세를 적용하고 나머지는 과세를 하고 있다. 과세의 경우에는 원칙적으로 일반세율이 적용되지만 수출 등과 같이 외화획득과 관련된 재화 · 용역의 공급에 대하여는 영세율을 적용하고 있다.

이와 같이 면세와 과세가 명확하게 세법에 구분되어 있음에도 불구하고 과세매출을 면세매출로 잘못 처리하게 되면 세무서에서는 매출자로부터 매출부가가치세를 추징한다. 이러한 경우 매출자가 매입자로부터 매출부가가치세를 추후에 거래징수하기가 거의 불가능하기 때문에 매출자는 추징액만큼 손해를 보게 된다.

그러므로 매출자는 본인의 매출이 과세매출인지 면세매출인지를 전문가와 상의해서 분명하게 과세 또는 면세를 적용하여야 한다.


**Point ②** **면세사업자가 영세율이 적용되는 사업 등을 수행할 때에는 면세를 포기할 수 있다.**

면세사업자는 부가가치세가 면세되는 사업을 영위하는 경우에 면세를 적용하며, 면세사업자가 면세되는 재화나 용역을 공급하기 위하여 제공받은 재화나 용역에 대하여 납부한 매입부가가치세는 과세사업자와는 달리 공제되지 않기 때문에 사업자 본인이 부담하게 된다. 따라서 면세사업자가 부가가치세가 면세되는 재화 또는 용역의 공급으로서 영세율적용의 대상이 되는 재화 또는 용역의 공급에 대하여 사업자의 신청에 의하여 부가가치세의 면세를 포기할 수 있으므로 면세포기를 하게 되면 매입세액을 공제받을 수 있어 절세할 수 있게 된다.

면세포기를 하고자 하는 사업자는 관할 세무서에 면세포기신청서를 제출하여 사업자등록증을 재교부 받아야 한다. 면세포기가 된 경우에는 향후 3년간은 다시 면세적용을 받을 수 없으며, 3년이 지난 후에는 면세적용신청서를 제출하여 면세적용을 받지 아니하면 계속해서 면세를 포기한 것으로 본다.


### Point ❸ 면세사업자는 매입세액이 공제되지 아니하므로 적절한 판매가격을 설정할 수 있어야 한다.

과세사업자는 과세재화·용역의 공급에 대하여 일반세율인 10% 또는 영세율(0%)을 적용하며, 면세사업자는 면세재화·용역의 공급에 대하여 부가가치세를 면제한다. 여기서 영세율과 면세는 매출부가가치세가 없다는 점에서 동일한 것처럼 보인다. 그러나 영세율 적용이 되는 과세사업자의 경우에는 매출부가가치세를 납부할 때에 매입세액을 공제받지만, 면세사업자는 매입세액을 공제받지 못한다는 차이가 있다.

따라서 면세사업자는 매입세액을 공제받지 못하므로 판매가격을 결정할 때에 일반과세자의 부가가치세를 포함하지 아니한 판매가격과 동일하게 판매가격을 결정하면 일반과세자보다 매출이익이 줄어들게 된다. 그러므로 일반과세자의 부가가치세를 포함한 판매가격보다는 높게 결정하되, 부가가치세를 포함한 판매가격보다는 낮게 결정하여야 한다. 예를 들면, 어떤 물건을 110(매출부가가치세 10포함)에 판매하려고 하다가, 동 물건이 면세대상재화로 확인되어 매출부가가치세 10을 면제하고 100에 판매하게 되면 매입세액을 공제받지 못하는 면세사업자는 과세사업자보다 매출이익이 줄어들게 된다. 따라서 면세사업자의 판매가격은 [영세율판매가액(공급가액) < 면세판매가액(공급가액+α) < 일반세율판매가액(공급가액+부가가치세)]와 같이 결정하여야 한다. 이에 대하여는 다음의 구체적인 계산 사례를 참조하기 바란다.

### 면세사업자와 과세사업자의 이익 비교

다음의 〈표〉에서 공급가액이 1,000으로 동일한 경우 일반세율의 과세사업자는 40의 납부세액이 발생하고, 영세율이 적용되는 과세사업자는 60의 환급세액이 발생하며, 면세사업자는 매입세액이 불공제되므로 납부세액이 없다. 그 결과 영세율과 일반세율의 이익은 400으로 동일하지만, 면세는 매입세액공제를 받지 못하므로 불공제액 60만큼 이익이 적게 된다. 여기서 매입되는 재화는 과세사업이라고 가정하였다. 이와 같이 면세사업자는 과세되는 재화나 용역을 공급받을 때에 매입세액 60을 부담하지 않고 600에 매입하려고 하지만, 상대공급자는 과세되는 재화·용역의 공급으로서 부가세를 납부하여야 하기 때문에 660에 공급하게 된다. 그러므로 면세사업자는 판매가격을 1,000보다 좀 더 높여야 할 것이다.

**표** 면세의 공급가액이 과세와 동일할 경우의 이익 비교

| 구분 | 일반과세자(일반세율) | | | 일반과세자(영세율) | | | 면세 | | |
|---|---|---|---|---|---|---|---|---|---|
| | 공급가액 | 부가세 | 합계액 | 공급가액 | 부가세 | 합계액 | 공급가액 | 부가세 | 합계액 |
| 1. 매 출 | 1,000 | 100 | 1,100 | 1,000 | 0 | 1,000 | 1,000 | 면세 | 1,000 |
| 2. 매 입 | 600 | 60 | 660 | 600 | 60 | 660 | 600 | 60 | 660 |
| 3. 차 액 (1 - 2) | 400 | 40 | 440 | 400 | (60) | 340 | 400 | 60 | 340 |
| 4. 납부세액 (환급세액) | – | 40 | 40 | – | (60) | (60) | – | – | 없음 |
| 5. 이익(손실) (3 - 4) | 400 | – | 400 | 400 | – | 400 | 400 | (60) | 340 |

## ❹ 수출업자의 절세



부가가치세법에서는 재화를 수출하는 경우 및 기타의 외화획득사업의 경우에 영의 세율을 적용한다. 그 이유는 국가 간의 재화 또는 용역이 이동할 때 수출하는 국가에서는 부가가치세를 거래징수하지 않고 소비지에서 과세하기 위한 것이다. 또한, 국가 간의 거래를 원활하게 하고, 수출을 장려하고 촉진하는 효과도 얻을 수 있다. 이러한 이유로 시행되는 영세율을 적용받기 위해서는 몇 가지 주의하여야 할 사항이 있다.

### Point ❶ 과세표준을 정확히 신고한다.

수출 등의 영세율이 적용되는 경우에는 세금계산서를 발행하지 않는 것이 일반적이다. 이 때문에 수출사업자가 부가가치세의 신고 시에 매출 즉, 부가가치세의 과세표준을 일부 누락하고 신고하는 경우가 종종 있다. 부가가치세의 과세표준을 누락하고 신고하는 경우에는 공급가액의 1%가 가산세로 부과되므로 주의하여야 한다.

### Point ❷ 매입매출의 공급시기에 정확하게 신고한다.

영세율이 적용되는 사업자는 일반적으로 매출세액이 거의 없고 매입세액만이 발생하므로 환급세액이 발생한다. 과세당국에서는 환급세액이 발생하는 경우에 환급세액이 정당한지에 대하여 조사를 하는 것이 원칙이다. 따라서 매입이 있는 경우에 공급받은 시기 또는 공급가액을 사실과 다르게 기재한 세금계

산서를 교부받으면 이는 사실과 다른 세금계산서로 보아 매입세액을 공제해
주지 않는다.

따라서 재화나 용역을 공급받은 시기에 거래사실과 동일한 세금계산서를 수
취하여야 한다. 다만, 재화 또는 용역의 공급시기가 도래하기 전에 재화 또는
용역에 대한 대가의 전부 또는 일부를 받고, 이와 동시에 그 받은 대가에 대하
여 세금계산서를 교부하는 때에는 이를 인정한다.

### 》 재화나 용역의 일반적인 공급시기

1. 재화의 이동이 필요한 경우에는 재화가 인도되는 때
2. 재화의 이동이 필요하지 아니한 경우에는 재화가 이용가능하게 되는 때
3. 제1호와 제2호의 규정을 적용할 수 없는 경우에는 재화의 공급이 확정되는 때
4. 용역이 공급되는 시기는 역무가 제공되거나 재화 · 시설물 또는 권리가 사
   용되는 때

### Point ❸ 부가가치세 신고 시 반드시 영세율 첨부서류를 함께 제출한다.

부가가치세의 영세율을 적용받기 위해서는 영세율 적용대상임을 입증할 수
있는 서류를 과세관청에 제출하여야 한다. 미제출 시에는 신고하지 않은 것으
로 보아 신고하지 아니한 공급가액의 1%가 가산세로 부과된다.

영세율 첨부서류는 다음의 <표>와 같으며, 부가가치세법 시행령상의 서류는
국세청장 지정서류로 갈음할 수 있다. 즉, 부가세법 시행령상의 서류를 준비하
지 못한 경우 국세청장이 지정한 서류를 준비함으로써 영의 세율을 적용받을
수 있다.

 **부가가치세 영세율 첨부서류**

| 구분 | | 부가가치세법 시행령 서류 | 국세청장 지정서류 |
|---|---|---|---|
| 수출 | | 수출대금입금증명서 또는 수출신고필증, 소포수출의 경우 소포수령증 | – 대행수출 : 수출대행계약서 사본과 수출신고필증<br>– 내국L/C수출 : 내국신용장 사본 또는 구매승인서 사본 |
| 국외 제공 용역 | | 외화입금증명서 또는 용역공급계약서 | |
| 선박 또는 항공기의 외국항행용역 | | 외화입금증명서 또는 공급가액확정명세서(항공기) | 선박에 의한 운송용역 공급가액 일람표<br>화물운송계약대행 등 : 공급자와 공급받는자간의 송장집계표 |
| 기타 외화 획득 | 비거주자에게 공급할 때 | 외화입금증명서 또는 수출신고필증 | 용역공급계약서 사본 |
| | 수출재화 임가공용역 | 임가공계약서 사본과 납품사실 증명서 또는 수출대금입금증명서 | |
| | 외항선박, 항공기, 원양어선에의 공급 | 선(기)적 완료증명서 | – 재화 : 물품·선(기)용품 적재 허가서<br>– 하역용역 : 수(출)입 품목적재(하선)에 관한 작업신고 및 교통허가서 또는 작업보고필증이나 선박회사 대금 청구서<br>– 기타 용역 : 승선허가증 사본<br>– 원양어선에 공급하는 재화용역 : 입출항 신고필증 사본, 선장확인서<br>– 위 사항 불가능시 : 용역공급계약서 사본 |
| | 외국정부기관 등에 공급하는 재화용역 | 수출(군납)대금입금증명서, 군납완료증명서 또는 납품증명서(단, 공급단위구획불가능한 경우에는 재화공급기록표) | – 용역 : 외화임금증명서 |
| | 관광사업자 / 관광기념품판매업자 | 외국인물품판매기록표 | |
| | 관광사업자 / 일반여행업자 | 외화입금증명서 | |
| | 미국군 주둔지역 지정사업자 | 외화입금증명서 또는 외화매입증명서 | |
| | 주한외교관 판매 | 외교관 면세판매기록표 | |
| | 차관자금에 의한 공급 | 외화입금증명서 또는 차관사업증명서 | |

| 구 분 | | 부가가치세법 시행령 서류 | 국세청장 지정서류 |
|---|---|---|---|
| | 외신기자클럽 | 재화 또는 용역공급기록표 | |
| | 해외취업근로자 | 외화면세판매품 인도보고서와 외화입금증명서 | |
| 장기공급으로 외화입금증명서 또는 수출신고필증을 발급받을 수 없을 때 | | | 제조 · 가공 · 역무 제공계약서 사본 |

# 6. 매출누락 · 가공거래와 절세

## ❶ 매출누락 · 위장매출과 절세

> **고의적인 매출누락 시 추징세액은 기업경영에 치명적이다.**

매출누락의 경우에 매출누락사실이 적발되어 세금을 추징당하게 되면 많게는 매출누락금액의 100%에 상당하는 금액을 세금으로 추징당하고 경우에 따라서는 조세범처벌법에 따라 징역 또는 벌금의 처벌을 받게 된다. 또한 특정거래처에 매출거래를 한 사실이 없음에도 불구하고 그 거래처에 매출한 것처럼 세금계산서를 교부하는 위장매출의 경우도 가산세를 추징당하고 조세범처벌법의 처벌도 받을 수 있다. 따라서 사업자가 매출누락이나 위장매출을 통해서 얻게 되는 이익보다 매출누락이 적발되어 추징당하는 손실이 월등히 크다고 할 수 있으므로 매출을 누락하거나 위장자료를 발행하는 것이 과연 현명한 것인지를 생각하여야 한다.

## » 매출누락 또는 위장매출의 대표적 이유

1. 매출누락을 통하여 세금을 줄이고 비자금을 조성하는 것이다.
2. 매출의 상대방인 매입자가 자신의 매출을 누락시키기 위하여 매입세금계산서를 수취하지 않기 때문이다. 이때 매출누락사업자는 실제 매입자가 아닌 가공의 매입자에게 위장의 매출세금계산서를 발행하기도 한다.


## » 매출누락 또는 위장매출 시의 불이익

1. 탈루세액을 추징당한다.
2. 매출누락자와 거래 상대방인 매입누락자는 세무조사를 받을 수 있다.
3. 다음과 같이 조세범처벌법에 의하여 처벌을 받을 수 있다.
1) 세금계산서를 교부하지 아니하거나 허위기재하여 교부한 경우
2) 매출처별 세금계산서 합계표를 허위기재하여 제출한 경우
3) 세금계산서를 교부받아야 할 자가 통정 등으로 세금계산서를 교부받지 아니하거나 허위기재한 세금계산서를 교부받은 때
4) 실거래 없이 세금계산서를 교부하거나 교부받은 경우
5) 매출처별 또는 매입처별 세금계산서 합계표를 허위기재하여 정부에 제출하는 경우


**Point ❶ 매출누락이 있는 법인사업자의 세금추징은 더욱 가혹하다.**

개인사업자가 실제 매출이 있었으나 매출을 계상하지 아니한 경우 당해 개인사업자는 매출누락에 따른 매출부가가치세를 추징당한다. 또한, 매출누락으로 과소계상한 사업소득에 대하여 산출된 사업소득세를 추징당한다.

법인사업자가 실제 매출이 있었으나 매출을 계상하지 아니한 경우 당해 법

인사업자는 매출누락에 따른 매출부가가치세를 추징당한다. 또한, 매출누락으로 과소계상한 법인소득에 대하여 산출된 법인세를 추징당한다. 동시에 매출누락에 대한 판매대금을 대표자의 상여금으로 보아 대표자에 대하여 근로소득세를 추징한다.

## Point ❷ 위장매출이 있는 사업자도 추징당한다.

개인사업자 또는 법인사업자가 실제 매출이 있으면서 이를 매입한 사업자가 아닌 다른 사업자에게 매출세금계산서를 교부하는 경우로서 매출부가가치세를 추징당한다. 이때 다른 사업자에게 위장의 매출세금계산서를 교부한 사실을 증명한다면 가산세만 추징당한다. 한편, 위장의 매출세금계산서를 교부받은 자는 가공매입으로서 각종 세금을 추징받는다.

만약, 다른 사업자에게 세금계산서를 교부한 사실을 증명하지 못하면 매출누락으로 보아 개인사업자인지 법인사업자인지에 따라 각종 세금을 추징당한다.

### 매출누락과 위장매출 시의 추징세액

사업자가 매출 10,000원(매출부가세 1,000원)을 누락한 경우에 추징세액을 계산하면 〈표〉와 같다. 단, 법인세율이 22%이고, 소득세율이 35%라고 가정한다. 가산세는 국세기본법에 의한 과세표준의 부당과소신고가산세는 산출세액의 40%, 과소납부가산세는 10%, 부가가치세법에 의한 세금계산서불성실가산세는 공급가액의 2%를 가정하여 적용한다.
본 사례에서 매출누락한 경우인 (A)와 (B)는 매출부가가치세, 소득세 또는 법인세와 가산세를 추징당하며, 거래의 상대방인 매입누락자도 세무조사를 통하여 각종의 세금을 추징당한다. 또한, 위장매출의 경우인 (a)와 (b)는 매출누락과 동시에 사실과 다르게 다른 사업자 앞으로 위장의 매출세금계산서를 발행한 경우로서 가산세를 추징당한다. 한편, 사실과 다른 매입세금계산서를 수취한 가공매입사업자도 가공매입에 대하여 각종의 세금을 추징받게 되며, 실제 거래의 상대방인 매입누락자는 세무조사를 통하여 각종의 세금을 추징당한다는 점에 유의하여야 한다. 가공매입과 위장매입에 대하여는 다음에서 설명하기로 한다.

**표** 매출누락 유형별 세금부담액의 비교

| 구 분 | | 매출누락인 경우 | | 위장매출의 경우 | |
|---|---|---|---|---|---|
| | | 개인사업자<br>(A) | 법인사업자<br>(B) | 개인사업자<br>(a) | 법인사업자<br>(b) |
| 매출누락액 또는 위장매출액 | | 10,000 | 10,000 | 10,000 | 10,000 |
| 1. 납부했어야 할 세액(매출누락 전) | ① 부가가치세 | 1,000 | 1,000 | 1,000 | 1,000 |
| | ② 소득세 또는 법인세 | 3,500 | 2,200 | 3,500 | 2,200 |
| | ③ 합계 | 4,500 | 3,200 | 4,500 | 3,200 |
| 2. 실제로 납부한 세액(매출누락 후) | ① 부가가치세 | 0 | 0 | 1,000 | 1,000 |
| | ② 소득세 또는 법인세 | 0 | 0 | 3,500 | 2,200 |
| | ③ 합계 | 0 | 0 | 4,500 | 3,200 |
| 3. 추징될 세액 | ① 과소납부액 추징(1−2) | 4,500 | 3,200 | 0 | 0 |
| | ② 상여처분소득세 | − | 3,500 | − | − |
| | ③ 각종 가산세<br>1) 부당과소신고<br>2) 과소납부<br>3) 세금계산서불성실 | 1,800<br>450<br>200 | 2,680<br>670<br>200 | −<br>−<br>200 | −<br>−<br>200 |
| | ④ 합계 | 7,150 | 10,250 | 400 | 400 |
| 4. 실질적인 추가부담세액 | 상기 3의 ②+③ | 2,650 | 7,050 | 400 | 400 |

# ② 가공매입 · 위장매입과 절세

**가공매입도 매출누락과 같이 기업경영에 치명적이다.**

사업자가 사업을 하다 보면 자의반 타의반으로 가공의 매입세금계산서 또는 가공의 경비영수증에 의하여 비용을 과대계상하는 경우가 있을 수 있다. 이를 가공매입과 위장매입이라고 하는데 가공매입이란 실제거래가 없이 매입세금계산서를 수령해 비용처리하는 것을 말하며, 위장매입이란 실제거래업자가 아닌 다른 사업자로부터 매입세금계산서를 수령해 비용처리하는 것을 말한다.

사업자가 가공의 매입세금계산서나 경비영수증에 의하여 비용을 과대계상하게 되면 이는 이익을 과소계상하는 것이며 결과적으로 세금을 탈세하게 되는 것이다. 가공의 매입계산서를 수취하여 비용을 과대계상하는 것이 과연 사업자에게 득이 되는 것인지 아니면 실이 되는 것인지를 비교해 보고 현명하게 판단하여야 한다. 만약, 가공매입한 후에 적발되어 추징될 확률이 50%라고 가정할 경우에 세금만 고려한다면 위험중립형과 위험회피형 사업자는 가공매입을 하면 손해다. 반면에 위험선호형 사업자는 위험선호도에 따라 가공매입을 할 수도 있을 것이다. 그러나 세금 이외에 조세범처벌법에 의하여 처벌과 세무조사를 받는 것을 고려한다면 가공매입을 하는 것이 기업경영에 치명적일 수 있다는 것을 경영자는 명심하여야 한다.

**》 사업자가 가공 매입세금계산서를 수취하는 대표적 이유**

1. 실제로 매입하지 않고 비용을 과대계상하고 부가가치세납부액을 줄일 목적
2. 실제로 매입하지 않고 비용을 과대계상하여 비자금을 조성할 목적
3. 실제로 매입하였으나 당해 거래의 상대방으로부터 매입세금계산서를 수취하지 못하여 다른 사업자로부터 가공의 매입세금계산서를 수취하는 경우

**Point 1 가공매입의 추징세액은 법인사업자의 경우에 더욱 가혹하다.**

개인사업자가 실제 매입이 없이 가공의 매입세금계산서에 의하여 비용을 과대계상한 경우에 당해 개인사업자는 가공의 매입자료에 의해 공제받은 매입부가가치세를 추징당한다. 또한, 가공의 매입자료에 의해 비용으로 계상하여 이익을 과소계상한 결과 과소납부한 사업소득세도 추징당하게 된다.

법인사업자가 실제 매입이 없이 가공의 매입세금계산서에 의하여 비용을 과대계상한 경우에는 매입부가가치세를 추징당한다. 또한, 비용과소계상으로 인한 법인세가 추징되며, 개인사업자의 경우와는 달리 가공의 매입자료에 의하여 지출된 것으로 처리한 금액만큼이 대표자의 상여금으로 처리되어 근로소득세도 추징당하게 되어 개인사업자보다 더욱 가혹하다는 것을 알아야 한다.

### Point 2 위장매입이 있는 사업자도 부가가치세가 추징된다.

개인사업자나 법인사업자가 실제매입이 있었다 할지라도 다른 사업자로부터 사실과 다른 매입세금계산서에 의하여 비용을 계상한 경우에는 허위세금계산서에 의하여 매입부가가치세액을 공제받았기 때문에 매입부가가치세를 추징당한다.

또한, 위장매입의 경우에 실제로 매입한 자와의 거래를 입증하는 경우에는 매입비용을 과대계상한 것으로 볼 수 없기 때문에 소득세나 법인세를 추징당하지 않겠지만, 이를 입증하지 못하면 실제매입이 없는 가공매입으로 보아 소득세와 법인세도 추징당한다. 한편, 위장매출의 세금계산서를 발행한 자는 매출누락이 있었다면 앞에서 설명한 매출누락에 따른 부가가치세, 사업소득세, 근로소득세(법인의 경우 대표자 상여처분 시)를 추징당한다.

## 가공매입과 위장매입의 추징세액

사업자가 매입 10,000원(매입부가세 1,000원)을 가공으로 매입처리한 사실이 적발될 경우에 추징세액을 계산하면 〈표〉와 같다. 단, 법인세율이 22%이고, 소득세율이 35%라고 가정한다. 가산세는 국세기본법에 의한 과세표준의 부당과소신고가산세는 산출세액의 40%, 과소납부가산세는 10%, 부가가치세법에 의한 세금계산서불성실가산세는 공급가액의 2%, 소득세와 법인세법에 의한 증빙불비가산세는 공급가액의 2%를 가정하여 적용한다.

본 사례에서 가공매입한 경우인 (A)와 (B)는 매입부가가치세, 소득세 또는 법인세와 가산세를 추징당하며, 거래의 상대방인 위장매출자도 세무조사를 통하여 각종의 세금을 추징당한다. 또한, 위장매입의 경우인 (a)와 (b)는 실제 매입사실의 입증을 통하여 매입부가가치세와 가산세를 추징당하며, 만약 실제매입 사실을 입증하지 못하면 가공매입으로 보아 세금을 추징당한다. 한편, 거래의 상대방인 위장매출자는 세무조사를 통하여 각종의 세금을 추징당한다.

**표** 가공매입 사업자 유형별 세금부담액의 비교

| 구 분 | | 가공매입 | | 위장매입<br>(실제 거래의 입증 시) | |
|---|---|---|---|---|---|
| | | 개인사업자<br>(A) | 법인사업자<br>(B) | 개인사업자<br>(a) | 법인사업자<br>(b) |
| 가공매입액 또는 위장매입액 | | 10,000 | 10,000 | 10,000 | 10,000 |
| 1. 납부했어야 할 세액(가공매입 전) | ① 부가가치세 | 1,000 | 1,000 | 1,000 | 1,000 |
| | ② 소득세 또는 법인세 | 3,500 | 2,200 | 0 | 0 |
| | ③ 합계 | 4,500 | 3,200 | 1,000 | 1,000 |
| 2. 실제로 납부한 세액 (가공매입 후) | ① 부가가치세 | 0(불인정) | 0(불인정) | 0(불인정) | 0(불인정) |
| | ② 소득세 또는 법인세 | 0 | 0 | 0 | 0 |
| | ③ 합계 | 0 | 0 | 0 | 0 |
| 3. 추징될 세액 | ① 과소납부액 추징(1-2) | 4,500 | 3,200 | 1,000 | 1,000 |
| | ② 상여처분소득세 | – | 3,500 | – | – |
| | ③ 각종 가산세 | | | | |
| | 1) 부당과소신고 | 1,800 | 2,680 | – | – |
| | 2) 과소납부 | 450 | 670 | – | – |
| | 3) 세금계산서불성실 | 200 | 200 | 200 | 200 |
| | 4) 증빙불비 | 0 | 0 | 200 | 200 |
| | ④ 합계 | 6,950 | 10,250 | 400 | 400 |
| 4. 추가부담하게 되는 세액 | 상기 3의 ②+③ | 2,450 | 7,050 | 400 | 400 |

4장
제소득과 세금
줄이는 방법

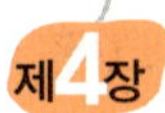

# 제소득과 세금 줄이는 방법

## 1. 세금을 고려한 예산수립

**기업뿐만 아니라 개인도 경영마인드가 필요하다.**

기업과 마찬가지로 개인도 연말이나 연초가 되면 새해에는 금연을 하겠다든지, 어학이나 컴퓨터를 배운다든지, 자동차나 주택을 구입한다든지 하는 계획을 세우곤 한다. 그러나 요즘같이 소비중심적인 사회분위기 속에서 웬만큼 계획성이 있는 사람을 제외하고는 가계예산을 수립하는 사람은 거의 없다. 가계예산을 수립하더라도 보통 은행이나 잡지사에서 제공하는 가계부를 기록하는 정도이다.

최근에 세계경제의 금융위기와 경제의 거품이 꺼지는 상황에서 가계경제를 운영하는 것은 쉽지 않은 일이나. 하지만 주어진 소선하에서 할 수 있는 최선을 다하는 것은 필요하다. 그 중에 하나가 철저한 가계예산을 수립하는 것이며, 이때 예산상의 수입과 지출에 수반하는 세금을 이해하고 이를 고려하여야 한다. 예산수립과 이에 따른 수입지출의 관리는 번거로운 일이긴 하지만 반드시 필요한 일임을 명심하여야 한다.

**Point 1** 모든 경영에는 계획과 그에 따른 예산을 세워야 절세가 가능하다.

경영이라고 하는 것에는 반드시 계획을 수반하며, 계획과정에 필수적인 사항이 바로 수입·지출에 대한 예산이다. 예산편성 시에는 수입과 지출에 대한 계획이 있어야 하며, 수입과 지출에 항상 따라 다니는 세금을 고려하여 예산을 편성하여야 계획에 차질이 생기지 않는다. 그러나 세금이란 것이 복잡해서 세금을 고려해 예산을 세운다는 것이 일반인에게는 매우 어렵다고 볼 수 있다. 그러나 최소한 정기적으로 발생하는 세금항목과 예산항목별로 절세포인트를 알고 대책을 마련해 둘 필요는 있다.

**Point 2** 모든 수입과 지출은 관련 세금을 가감한 후의 금액으로 파악하라.

대부분의 수입과 지출에는 거의 예외가 없을 정도로 세금문제가 수반된다. 따라서 세금을 고려하지 않고 예산을 수립하였다가는 낭패를 볼 수 있다. 예를 들면, 부동산을 양도하여 양도대금을 사용하려고 할 때 양도소득세가 발생하는 경우, 재산을 증여받은 후 증여세가 발생하는 경우 등 예산에 차질이 발생할 수 있다.

## 세금을 고려한 가계예산편성표 작성 사례

세금을 고려한 합리적인 예산을 편성하는데 도움이 되는 수입과 지출에 수반하는 세금의 종류와 내용을 간략하게 설명하기 위하여 〈표〉를 예시적으로 작성하였다.

이 예산표에는 연간 예산과 관련하여 발생하는 세금의 종류별 납부기준 및 절세포인트를 간략하게 설명하였으며, 예산표상에 예상되는 세금의 납부내용과 절세계획을 설명하기 위하여 연간 금액으로 표시하도록 되어 있다. 연간소득이 투자지출과 차입금상환 및 소멸성 지출보다 부족하면 부족자금을 조달하거나, 예산을 재작성하여야 한다. 반대로 남는 경우에는 여유자금을 예비비로 남겨두거나, 예산을 재작성하여야 한다. 이러한 예산표와 전년도의 세금자료를 이용하여 수입지출과 관련하여 발생되는 세금에 대한 윤곽을 파악하여 예산을 편성하되, 정확한 세금에 대하여는 세무전문가의 협조를 받는다면 누구나 절세의 전문가가 될 수 있다.

**표** 세금을 고려한 가계예산편성표 작성 사례

| 구분 | 종류 | 연간 금액 | 세금 금액 | 가감 후 금액 | 세금납부 내용 및 절세계획 |
|---|---|---|---|---|---|
| 1. 소득 | 급여·연금 | | (근로소득세)<br>(연금소득세) | | 1. 급여 또는 연금의 지급 시에 원천징수하고 연말정산하며, 타 소득이 있는 경우에 이를 합산하여 누진세율로 다음 연도 5월 중에 종합소득세를 신고한다.<br>2. 회사와 협의하여 비과세소득을 활용한다.<br>3. 소득공제와 세액공제를 활용한다. |
| | 이자·배당 | | (이자소득세)<br>(배당소득세) | | 1. 이자 또는 배당의 지급 시에 원천징수하고, 세전이자나 배당이 4천만 원 초과 시에는 종합과세한다. 단, 비영업대금의 이익(예 : 사채이자)은 종합과세한다.<br>2. 비과세저축이나 세액공제나 소득공제가 되는 저축에 가입한다. |
| | 사업·부동산임대 | | (사업소득세)<br>(임대소득세) | | 1. 수입금액에서 필요경비를 공제하여 소득을 계산한다.<br>2. 필요경비를 누락하지 않도록 한다. |
| | 합계 | | | | |
| 2. 투자 지출 | 예금 | | | | 비과세저축이나 세액공제나 소득공제가 되는 저축에 가입한다. |
| | 주식 | | | | 상장주식의 경우 소액주주가 아니면 양도 시에 양도소득세 과세대상이다. |
| | 채권 | | | | |

| 구분 | 종류 | 연간 금액 | 세금 금액 | 가감 후 금액 | 세금납부 내용 및 절세계획 |
|---|---|---|---|---|---|
| 2. 투자 지출 | 부동산 | | (취득세) (등록세) | | 취득세와 등록세는 과세표준의 1%와 2%로서, 취득 시에 납부한다. |
| | | | (재산세) | | 1. 매년 6월 1일 현재 토지와 건물 등을 사실상 보유한 자에 대하여 재산세가 부과된다. 2. 취득 시에는 중과세되는 별장 등의 사치성 재산 여부를 확인한다. |
| | | | (종합 부동산세) | | 1. 매년 6월 1일 현재 주택과 토지의 소유자에게 12월 1일~12월 15일까지 결정·고지한다. |
| | 합계 | | | | |
| 3. 차입 금 상환 | 주택자금 대출 | | | | 일정 요건을 갖춘 근로자의 경우 주택임차 또는 주택구입용 차입금의 원리금상환 시에 세액공제 된다. |
| | 자동차 할부금 | | (자동차세) | | 자동차 소유자에게 배기량 등의 기준에 따라 매년 6월과 12월에 과세된다. |
| | 합계 | | | | |
| 4. 소멸 성 지출 | 보험료 | | | | 1. 영수증을 챙겨 연말정산 시 근로소득공제를 받는다. |
| | 의료비 | | | | |
| | 교육비 | | | | 2. 근로소득공제 되는 퇴직연금, 연금저축, 주택 마련저축을 활용한다. |
| | 기부금 | | | | |
| | 세금과 공과 | | | | 세금납부 영수증은 최소한 5년간 보관하여 세금과 관련된 분쟁 등에 증거로 활용한다. |
| | 합계 | | | | |
| 5. 부족 자금 조 달 계획 ( 5 = 1 −2 −3 −4) | 예금인출 | | | | 예금해약 시 세금이 추징되는 경우에는 예금담보대출을 활용한다. |
| | 주식처분 | | (증권거래세) | | 양도가액의 일정액을 양도일이 속하는 분기의 말일로부터 2월 이내 납부한다. |
| | | | (양도소득세) | | 1. 주식양도소득세는 양도일이 속하는 분기의 말일부터 2월 내에 자진납부한다. 2. 상장주식의 소액주주의 양도차익은 비과세 된다. |
| | 채권회수 | | | | |
| | 부동산 처분 | | (양도소득세) | | 1. 부동산양도소득세는 양도일 말일부터 2월 내에 자진 신고납부한다. 2. 1세대 1주택 등의 비과세요건을 충족하여 양도한다. |
| | 차입 | | | | 사업자의 경우에는 지급이자를 비용으로 인정받는다. |
| | 증여 | | (증여세) | | 1. 증여공제액을 고려하여 증여한다. 2. 증여일의 말일부터 3월 내에 신고납부하여 세액공제를 받는다. |
| | 합계 | | | | |

# 2. 근로소득·연금소득의 절세



> **사전계획에 따라 근로소득세와 연금소득세를 절세한다.**

월급생활자만큼 세금을 잘 내는 사람은 없지 않을까 생각한다. 왜냐하면 급여를 받을 때 철저하게 근로소득세를 원천징수당하기 때문이다. 이러한 이유로 근로소득자는 다른 사업소득자보다 상대적으로 세 부담이 많다고 느끼는 것이다. 따라서 일부 사업체의 근로자들은 어떻게든 세금을 적게 부담하려고 부당한 소득공제와 세액공제를 이용하여 세금을 탈세하는 경우도 있는 것으로 알려졌다. 이에 따라 매년 국세청에서는 부당한 공제를 받은 혐의가 있다고 판단되는 국가·지방자치단체·학교 등의 공공기관, 비영리법인, 병원, 학원 등에 근무하는 근로소득자의 연말정산에 대하여 표본조사를 실시하여 부당한 경우에는 세금을 추징하고 있다.

이러한 상황에서 합리적으로 근로소득세나 연금소득세를 절감하는 방법은 세법에서 허용하고 있는 각종 절세가능한 제도를 이해하고, 이를 활용하여 사전에 세무계획을 세워 절세하는 방법 외에는 없다. 근로소득세란 근로소득에 대하여 부과되는 세금이며, 연금소득세란 연금소득에 대하여 부과되는 세금이다. 따라서 근로소득자의 경우에도 근로소득세의 산출방법을 이해하고, 본인이 관심과 노력을 기울여, 이를 활용하면 의외로 많은 근로소득세를 절감할 수가 있다. 특히, 월급이 많아 높은 세율을 적용받는 경우에는 동일한 소득공제를 받더라도 그 절세효과가 크다는 점에 유의하여야 한다. 연금소득에 대한 연금소득세의 계산은 근로소득세의 계산구조와 동일하므로 이를 참조하면 된다.

## 》 근로소득의 종류

1. 갑종 근로소득

1) 근로의 제공으로 인하여 받는 봉급, 급료, 보수, 세비, 임금, 상여, 수당과 이와 유사한 성질의 급여

2) 법인의 주주총회·사원총회 또는 이에 준하는 의결기관의 결의에 의하여 상여로 받는 소득

3) 법인세법에 의하여 상여로 처분된 금액

4) 퇴직으로 인하여 받는 소득으로서 퇴직소득에 속하지 아니하는 소득

2. 을종 근로소득

1) 외국기관 또는 우리나라에 주둔하는 국제연합군(미국군을 제외한다)으로 부터 받는 급여

2) 국외에 있는 비거주자 또는 외국법인(국내 지점 또는 국내 영업소를 제외한 다)으로부터 받는 급여. 다만, 비거주자의 국내 사업장과 외국법인의 국내 사업장의 국내 원천소득금액을 계산함에 있어서 필요경비 또는 손금으로 계상되는 것을 제외한다.


## 》 연금소득의 종류

1. 국민연금법에 의하여 지급받는 각종 연금

2. 공무원연금법·군인연금법·사립학교교직원연금법 또는 별정우체국법에 의하여 지급받는 각종 연금

3. 근로자퇴직급여 보장법에 의하여 받는 퇴직보험의 보험금을 연금형태로 지 급받는 경우 당해 연금 또는 이와 유사한 것으로서 퇴직자가 지급받는 연금

4. 조세특례제한법의 규정에 의한 연금저축에 가입하고 연금형태로 지급받는 소득

5. 근로자퇴직급여 보장법 또는 과학기술인공제회법에 따라 지급받는 연금

| 계산구조 | 계산방법 및 절세대책 | | 포인트 |
|---|---|---|---|
| 근로소득 | 상여금 포함, 비과세소득과 근로소득으로 보지 않는 소득 제외 | | 1 |
| (−)근로소득공제 | 월 급여자는 5백만 원까지 80%, 초과분 구간별 일정률을 적용한다.<br>일용근로자는 일 10만 원을 공제한다. | | 2 |
| 근로소득금액 | | | |
| (−)소득공제 | 기본공제 | 본인, 배우자, 부양가족공제 1인당 150만 원 | 2 |
| | 추가공제 | 1. 경로우대자 : 70세 이상 1인당 150만 원<br>2. 장애인 : 기본공제대상자 중 장애인 1인당 200만 원<br>3. 부녀자 : 50만 원<br>4. 자녀양육비 공제 : 1인당 100만 원 공제 | |
| | 다자녀<br>추가공제 | 자녀가 2인이면 50만 원, 초과 시 1인당 100만 원 | |
| | 특별공제 | 아래의 ①과 ②중에 선택해서 적용 가능함<br>① 보험료, 의료비, 교육비, 주택자금, 기부금공제<br>② 표준공제 100만 원 | |
| | 기타공제 | 개인연금저축, 현장기술인력 소득공제 등 | |
| 과세표준 | | | |
| (×)세율 | 4단계 초과누진세율(1,200만 원 이하 6% ~ 8,800만 원 초과분은<br>35% 단, 2010년부터는 6% ~ 33%) | | |
| 산출세액 | | | |
| (−)세액공제 | 근로소득, 기부정치자금, 주택자금이자, 외국납부세액공제 | | 3 |
| 결정세액 | | | |
| (−)원천징수세액 | 매월 급여지급 시 원천징수한 세액 | | 4 |
| 납부할 세액 | 결정세액보다 원천징수한 세액이 많은 경우에는 환급받음 | | |

## Point ① 비과세소득과 근로소득에 포함되지 않는 소득을 활용하라.

근로소득자는 비과세소득과 근로소득으로 보지 않는 소득의 내용을 파악하고, 이를 사업주와 협의하여 월급지급방법을 개선하여 근로소득세를 절감할 수가 있다. 이 방법은 사업주가 동일한 금액을 지급하더라도 월 급여로 지급하는 것보다 비과세소득이나 근로소득으로 보지 않는 소득의 형태로 지급하는 것이 근로자에게는 세금부담이 없어 유리하기 때문이다. 구체적으로 활용 가능한 비과세소득과 근로소득으로 보지 않는 소득의 내용을 대표적으로 예시하면 다음과 같다.

### ≫ 비과세 근로소득의 예시

1. 업무와 관련된 여비를 지급하는 대신에 지급규정에 의하여 지급하는 월 20만 원 이내의 자가운전보조금은 비과세된다.

2. 현물 또는 식권으로 제공되는 식사는 비과세되며, 현금으로 지급되는 식대 중 월 10만 원까지도 비과세된다.

3. 국외근로소득 중 월 100만 원(특정소득은 월 150만 원)까지는 비과세된다.

4. 공장·광산·어선에서 근무하는 월정급여액(상여금 등 부정기적인 급여를 제외한 금액)이 100만 원 이하인 생산직 근로자가 받는 연장근로·야간근로·휴일근로수당은 연간 240만 원 한도 내에서 비과세 된다. 그러므로 상여금이 적고 월 급여가 많아 비과세규정을 적용받지 못하는 업체는 상여금을 늘리고 월 급여를 낮추어 비과세규정을 적용할 수 있다.

5. 업무와 관련되는 교육으로서 교육기간 이상 근무하지 않는 경우에 반환하는 조건으로 지급규정에 의하여 지급되는 근로자의 학자금은 비과세된다.

6. 종업원이 출퇴근을 위하여 차량을 제공받는 경우에 운임상당액은 근로소득에 포함하지 않는다.

7. 근로자가 특정 벽지에 근무함으로 인하여 받는 월 20만 원 이내의 벽지수당

8. 근로자가 천재지변 기타 재해로 인하여 받는 급여

## 》 비과세 연금소득과 연금소득에 포함하지 아니하는 연금

1. 국민연금법에 의하여 지급받는 유족연금 · 장애연금

2. 공무원연금법 · 군인연금법 · 사립학교교직원연금법 또는 별정우체국법에 의하여 지급받는 유족연금 · 장해연금 · 상이연금

3. 산업재해보상보험법에 의하여 지급받는 각종 연금

4. 국군포로의 송환 및 대우 등에 관한 법률에 따른 국군포로가 지급받는 연금

5. 2002년 1월 1일 이후에 불입된 연금기여금 및 사용자부담금(국가 또는 지방자치단체의 부담금을 포함)을 기초로 하거나 2002년 1월 1일 이후 근로의 제공을 기초로 하여 지급받는 연금과 근로자퇴직급여 보장법 또는 과학기술인공제회법에 따라 근로자가 부담하는 부담금으로서 연금보험료공제를 적용받은 것을 기초로 하여 지급되는 연금을 연금소득으로 하므로, 그 이전에 불입한 것과 근로자본인이 부담하지 않은 것에 기초하여 받는 연금은 연금소득에서 제외된다.


### Point ② 소득공제를 철저히 활용하라.

근로소득자에 대한 각종 소득공제를 이해하고 근로자 스스로가 이를 활용하여 근로소득세를 절감할 수 있으므로, 다음에 나오는 내용을 이해하기 바란다.


### 》 근로소득공제

월 급여자는 다음의 표에 의하고, 일용근로자는 일 10만 원을 공제한다.

| 총급여액 | 공 제 액 |
| --- | --- |
| 500만 원 이하 | 총급여액의 100분의 80 |
| 500만 원 초과~1,500만 원 이하 | 400만 원 + 500만 원을 초과하는 금액의 100분의 50 |
| 1,500만 원 초과~3,000만 원 이하 | 900만 원 + 1,500만 원을 초과하는 금액의 100분의 15 |
| 3,000만 원 초과~4,500만 원 이하 | 1,125만 원 + 3,000만 원을 초과하는 금액의 100분의 10 |
| 4,500만 원 초과 | 1,275만 원 + 4,500만 원을 초과하는 금액의 100분의 5 |

## » 연금소득공제

연금소득공제는 다음 표에 의하여 공제하며, 900만 원을 한도로 한다.

| 총연금액 | 공 제 액 |
| --- | --- |
| 350만 원 이하 | 총연금액 |
| 350만 원 초과~700만 원 이하 | 350만 원＋350만 원을 초과하는 금액의 100분의 40 |
| 700만 원 초과~1,400만 원 이하 | 490만 원＋700만 원을 초과하는 금액의 100분의 20 |
| 1,400만 원 초과 | 630만 원＋1,400만 원을 초과하는 금액의 100분의 10 |

## » 종합소득공제

### 1. 기본공제와 추가공제(종합소득이 있는 자)

기본공제와 추가공제는 근로소득자를 포함한 종합소득이 있는 거주자는 모두 적용되며, 본인공제, 배우자공제, 부양가족공제를 1인당 150만 원씩 공제받을 수 있다. 또한, 자녀가 2인인 경우에는 50만 원을 공제하며, 2인을 초과하면 초과 1인당 100만 원을 다자녀추가공제로 적용받는다. 이러한 공제는 원칙적으로 매년 말 현재의 상황에 따라 파악하여 공제하는 것이므로 매년 말 현재의 상황에 유의하여야 한다.

## 2. 연금보험료공제(종합소득이 있는 자)

종합소득이 있는 거주자로서 다음 각 호의 어느 하나에 해당하는 보험료 등을 납부한 경우에는 당해 연도의 종합소득금액에서 당해 연도에 납부한 보험료 등을 공제한다. 단, 아래의 3)과 4)를 합하여 연 300만 원 한도로 한다.

1) 국민연금법에 의하여 부담하는 연금보험료(사용자부담금을 제외한다)
2) 공무원연금법 · 군인연금법 · 사립학교교직원연금법 또는 별정우체국법에 의하여 근로자가 부담하는 기여금 또는 부담금
3) 근로자퇴직급여 보장법 또는 과학기술인공제회법에 따라 근로자가 부담하는 부담금
4) 거주자가 불입하는 연금저축

## 3. 주택담보노후연금이자비용공제(연금소득이 있는 자)

연금소득이 있는 거주자가 주택담보노후연금을 지급받은 경우에는 그 지급받은 연금에 대하여 해당 연도에 발생한 이자상당액을 해당 연도 연금소득금액에서 공제한다. 이 경우 공제할 이자상당액이 200만 원을 초과하는 경우에는 200만 원을 공제하고, 연금소득금액을 초과하는 경우 그 초과금액은 없는 것으로 한다. 또한, 주택담보노후연금 이자비용공제는 해당거주자가 신청한 경우에 적용한다.

## 4. 특별공제(근로소득이 있는 자)

1) 특별공제는 근로소득자에 대하여 과세기간 동안의 필요경비적 성격의 지출액을 근거로 하여 일정액을 공제해주는 것이므로 보험료, 교육비, 주택자금, 기부금공제에 대하여는 연초에 사전예산을 세워서 지출하고 지출증빙을 수시로 확보할 필요가 있다.
2) 의료비 공제 : 지출금액이 소액인 경우가 많아 영수증 챙기기를 소홀히 하는 경향이 있다. 국세청에서 일괄적으로 1년 사용한 영수증발급이 가능하

므로 활용한다. 일부 성형이나 미용수술비용도 가능하며 치료요양 의약품 (한약 포함)과 시력보정용 안경, 콘택트렌즈 구입비용까지 가능하므로, 의료비도 지출 시마다 영수증을 챙겨두어야 연말에 이를 활용할 수가 있다. 의료비 공제는 연간 급여액의 3%를 초과하는 의료비로서 연 700만 원까지 공제된다. 이때 경로자나 장애인에 대한 의료비는 추가로 공제된다.

3) 보험료 공제 : 건강보험, 고용보험, 노인장기요양 보험료는 전액, 생명보험. 상해보험, 손해보험 등의 보장성 보험료는 연 100만 원 한도, 장애인전용 보장성보험의 보험료는 연 100만 원 한도로 공제된다.

4) 교육비 공제 : 근로자 본인의 초·중·고·대학의 입학금과 수업료, 근로자의 배우자, 직계비속, 동거입양자, 형제자매의 유치원 또는 영유아 보육비, 초·중·고(300만 원 한도)·대학(1인당 연 700만 원 한도)의 입학금, 수업료를 공제해 준다.

5) 주택자금 공제 : 배우자나 부양가족이 있는 무주택 세대주가 특정의 주택을 취득하거나 임차한 경우에 주택마련저축의 원금 또는 원리금상환 시에 단계별 별도의 한도액에 따라 공제해 준다.

6) 장애인 특수교육비 : 장애인의 재활교육비는 100% 공제된다.

7) 기부금 공제 : 국가·지방자치단체에의 기부금, 국방헌금, 위문금품, 수재의연금은 전액을 공제해 주고, 학교·장학단체·종교단체에의 기부금, 불우이웃돕기성금, 기타의 특정한 비영리단체에 기부한 기부금은 소득금액의 10% 범위 내에서 이를 공제해 준다.

8) 개인연금저축 공제 : 저축불입액의 40%(연 72만 원 한도)를 공제해 준다.

9) 연금저축 공제 : 근로자가 2001년 1월 1일 이후에 연금저축에 가입한 것에 대하여 해당 연도에 저축으로 불입한 금액이 있는 경우 그 저축불입액과 300만 원 중 적은 금액을 공제한다.

10) 소기업, 소상공인 공제부금 공제 : 근로자가 소기업 소상공인 공제부금을

가입하고 납부하는 경우 납부액과 300만 원 중 적은 금액을 공제한다.

11) 투자조합출자 공제 : 근로자가 다음 각 호의 어느 하나에 해당하는 출자 또는 투자를 하는 경우에는 출자 또는 투자한 금액의 100분의 10에 상당하는 금액과  해당 과세기간의 근로소득금액의 10분의 50 중 적은 금액을 그 출자일 또는 투자일이 속하는 과세기간부터 출자일 또는 투자일 후 2년이 되는 날이 속하는 과세기간까지 근로자가 선택하는 1과세기간의 근로소득에서 공제한다. 이 경우 타인의 출자지분이나 투자지분 또는 수익증권을 양수하는 방법으로 출자하거나 투자하는 경우는 출자 또는 투자로 보지 아니하며(조세특례제한법 제16조), 벤처기업의 종업원과 출자자 및 그 친족 등과 같은 벤처기업과 특수관계에 있는 자들이 당해 벤처기업에 출자한 경우에도 소득공제를 할 수 있다.

① 중소기업창업투자조합, 한국벤처투자조합, 신기술사업투자조합 또는 부품 · 소재전문투자조합에 출자하는 경우

② 벤처기업투자신탁의 수익증권에 투자하는 경우

③ 중소기업청장에게 등록한 개인투자조합이 근로자를 비롯한 거주자로부터 출자받은 금액을 당해 출자일이 속하는 과세기간의 다음 과세기간 종료일까지 벤처기업에 투자하는 경우

④ 벤처기업육성에 관한 특별조치법에 의하여 벤처기업에 투자하는 경우

12) 우리사주조합출자 공제 : 우리사주조합원이 자사주를 취득하기 위하여 우리사주조합에 출연하는 경우에는 해당 연도의 출연금액을 400만 원 범위 내에서 근로소득금액에서 공제한다.

13) 신용카드 공제 : 근로자가 법인 또는 개인사업자로부터 2009년 12월 31일까지 재화나 용역을 제공받고 그 대가를 다음 각 호의 방법으로 지급하거나 납부한 경우 그 연간 합계액이 해당 과세기간의 총급여액의 100분의 20을 초과하는 경우 초과하는 금액의 100분의 20에 해당하는 금액(단,

연간 500만 원 및 총급여의 100분의 20에 해당하는 금액 중 적은 금액을 한도로 한다)을 해당 과세기간의 근로소득에서 공제한다(향후 고소득자는 신용카드 소득공제 축소예정임. 세법개정안 참조).

## Point ❸ 세액공제와 관련된 저축 등을 활용하라.

세액공제는 소득공제와 달리 산출세액에서 직접 공제해 주므로 효과가 크기 때문에 세액공제의 규정을 활용하여 절세할 수가 있다.

### ≫ 외국납부 세액공제

거주자의 종합소득금액 또는 퇴직소득금액에 국외 원천소득이 합산되어 있는 경우에는 그 국외 원천소득에 대하여 외국에서 외국소득세액을 납부하였거나 납부할 것이 있는 때에는 외국납부 세액공제를 받을 수 있다.

### ≫ 근로소득 세액공제

근로소득이 있는 거주자에 대하여는 당해 근로소득에 대한 종합소득 산출세액에서 다음의 금액을 공제한다. 다만, 공제세액이 50만 원을 초과하는 경우에는 그 초과하는 금액은 이를 없는 것으로 한다. 또한, 일용근로자의 근로소득에 대하여 원천징수를 하는 경우에는 당해 근로소득에 대한 산출세액의 100분의 55에 상당하는 금액을 그 산출세액에서 공제한다(향후 고소득 근로자에 대한 소득세 감면 축소예정임. 세법개정안 참조).

| 근로소득에 대한 종합소득산출세액 | 공제액 |
| --- | --- |
| 50만 원 이하 | 산출세액의 100분의 55 |
| 50만 원 초과 | 275,000원+50만 원을 초과하는 금액의 100분의 30 |

## ≫ 정치자금 세액공제

거주자인 근로자가 해당 연도에 정치자금법에 따라 정당, 후원회 또는 선거관리위원회에 기부한 정치자금이 10만 원 이하인 때에는 그 기부한 금액의 110분의 100을, 그리고 10만 원을 초과하는 때에는 10만 원의 110분의 100을 산출세액에서 공제한다. 이 경우 10만 원 초과금액은 기부금 공제대상이다. 이와 같이 세액공제는 소득세에서 직접공제해 주기 때문에 절세효과가 크므로 세액공제제도에 관심을 가진다면 절세가 가능하다.

## Point ④ 분리과세 연금소득을 활용하라.

원칙적으로 모든 연금소득은 종합소득으로 합산되어 종합소득세율에 의하여 종합소득세를 납부하는 것이 원칙이다. 그러나 일정금액 이하의 연금소득 또는 정책적인 고려에 의하여 종합소득으로 합산하지 않고 소득세를 원천징수하는 것으로 납세의무를 완료하는 경우가 있는데 이를 분리과세 연금소득이라고 한다. 따라서 소득자는 이러한 사항을 이해하면서 연금소득이 일정금액 이하가 되도록 한다면 원천징수에 의하여 납세의무를 종결할 수 있게 된다. 그러므로 타 소득이 있는 경우에는 원천징수로서 납세의무가 종결되는 분리과세를 활용한다면 종합소득에 대한 초과누진세율이 적용되지 않아 어느 정도의 절세가 가능해진다.

## ≫ 분리과세 연금소득의 종류와 원천징수 세율

연금소득으로서 총 연금액이 연 600만 원 이하인 경우 당해 연금소득(단, 본인이 종합소득과세표준의 계산에 있어서 이를 합산하고자 하는 경우를 제외함)

1. 국민연금법에 의하여 지급받는 각종 연금(종합소득세 기본세율로 원천징수)

2. 공무원연금법·군인연금법·사립학교교직원연금법 또는 별정우체국법에
   의하여 지급받는 각종 연금(종합소득세의 기본세율로 원천징수)

3. 퇴직보험의 보험금을 연금형태로 지급받는 경우 당해 연금 또는 이와 유
   사한 것으로서 퇴직자가 지급받는 연금(100분의 5를 원천징수)

4. 조세특례제한법의 규정에 의한 연금저축에 가입하고 연금형태로 지급받
   는 소득(100분의 5를 원천징수)

5. 근로자퇴직급여 보장법 또는 과학기술인공제회법에 따라 지급받는 연금
   (100분의 5를 원천징수)

# 3. 기타 소득의 절세

## 당첨금 등의 기타 소득도 소득세 납세의무가 있다.

신문광고 등에서 종종 경품지급 행사에 대한 광고를 볼 수 있다. 이러한 광
고를 잘 보면 대개 경품지급 시에 제세공과금은 본인부담이라는 문구가 표시
되어 있다. 이때 제세공과금은 경품지급에 대한 소득세가 대부분이다. 이와 같
이 개인의 일상생활에서 세금은 거의 모든 경우에 관련이 있다. 그 중에서도
우리가 잘 모르는 세금이 바로 기타 소득에 대한 세금이다. 기타 소득이란 다
른 소득(이자소득, 배당소득, 부동산임대소득, 사업소득, 근로소득, 연금소득, 퇴직소득,
양도소득, 산림소득)에 속하지 않는 소득으로서 세법에 규정하고 있는 소득을 말
한다.

이러한 기타 소득에 대하여도 소득세가 과세되므로 지급자 또는 수령자는

세금효과를 고려하여 의사결정을 하여야 한다. 즉, 소득의 지급자는 관련 소득에 대한 원천징수의무는 없는지 확인하여야 하고, 세후소득을 고려하여 지급액을 결정하여야 한다. 또한, 소득의 수령자는 본인이 부담할 세금이 얼마인지를 고려하여 수령액을 검토하여야 한다. 또한, 원천징수된 기타 소득이라 할 지라도 종합소득에 포함하여 종합소득세를 신고해야 하는지도 확인하여야 한다. 다음의 <표>에서는 기타 소득의 종류와 필요경비에 대하여 간략히 설명하고 있다.

**표** 기타 소득의 종류와 필요경비

| | 구 분 | 필요경비 | 비 고 |
|---|---|---|---|
| 1. 상 금 등 | ① 공익법인이 주무관청의 승인을 얻어 시상하는 상금과 부상 | 80% | ②의 포상금 등을 회사에서 근로자가 받는 경우에는 원칙적으로 근로소득에 포함됨 |
| | ② 전호 이외의 상금, 현상금, 포상금, 보로금 등 | – | |
| | ③ 복권, 경품권 기타 추첨권에 의하여 받는 당첨금품 | – | |
| | ④ 사행행위 등 규제 및 처벌특별법에 규정하는 행위에 참가하여 얻은 재산상의 이익 | – | |
| | ⑤ 한국마사회법에 의한 승마투표권 및 경륜·경정법 등에 의하여 구매자가 받는 환급금 | 투표권 구입액 | |
| | ⑥ 주택입주 지체상금 | 80% | |
| | ⑦ 계약의 위약 또는 해약으로 인하여 받는 위약금과 배상금 | – | |
| | ⑧ 유실물의 습득 또는 매장물의 발견으로 인하여 받는 보상금 또는 새로 소유권을 취득하는 경우 그 자산 | – | |
| | ⑨ 임자없는 물건의 점유로 소유권을 취득하는 자산 | – | |
| | ⑩ 슬롯머신 등의 당첨금품 | 슬롯머신 투입금액 | |
| | ⑪ 뇌물, 알선수재금품, 배임수재금품 | | |
| 2. 저 작 권 등 | ① 저작권 또는 저작인접권을 타인에게 양도하거나 사용하게 하고 받는 금품 | – | 사업적으로 제공하고 받는 경우에는 사업소득으로 구분됨 |
| | ② 영화필름, 라디오·텔레비전방송용 테이프 또는 필름, 권리를 양도·대여 또는 사용의 대가로 받는 금품 | – | |
| | ③ 광업권·어업권·산업재산권·산업정보, 산업상 비밀, 상표권·영업권(특정 점포임차권 포함), 토사석의 채취허가에 따른 권리, 지하수의 개발·이용권 기타 이와 유사한 자산이나 권리를 양도하거나 대여하고 받는 금품 | 80% | |

| 구 분 | | 필요경비 | 비 고 |
|---|---|---|---|
| | ④ 물품 또는 장소를 일시적으로 대여하고 받는 사용료 | – | |
| | ⑤ 지역권·지상권(지하 또는 공중에 설정된 권리 포함)을 설정 또는 대여하고 받는 금품 | 80% | |
| 3.<br>강<br>연<br>료<br>등 | ① 재산권에 관한 알선수수료 | – | 사업적으로 하는 경우에는 사업소득으로 구분됨 (예를 들어, 연예인, 직업운동선수 등이 사업과 관련해서 받는 전속계약금은 사업소득) |
| | ② 사례금 | – | |
| | ③ 고용관계 없는 자가 다수인에게 강연하고 받는 강연료 등 | 80% | |
| | ④ 라디오·텔레비전방송 등을 통하여 해설·계몽 또는 연기의 심사 등을 하고 받는 보수 등 | 80% | |
| | ⑤ 원고료, 저작권사용료, 인세, 미술품 등의 창작품대가 등 | 80% | |
| | ⑥ 변호사, 회계사 등의 전문적인 지식이나 기능을 가진 자가 일시적으로 제공하고 받는 용역 | 80% | |
| 4.<br>부<br>당<br>행<br>위<br>·<br>기<br>타 | ① 거주자·비거주자 또는 법인과 특수관계에 있는 자가 그 특수관계로 인하여 당해 거주자·비거주자 또는 법인으로부터 받는 경제적 이익으로서 급여·배당 또는 증여로 보지 아니하는 금품 | – | 고용관계 있는 자가 퇴직 전에 행사하여 얻는 이익은 근로소득에 해당함 |
| | ② 소득공제 받은 개인연금저축, 소기업 소상공인공제부금의 해지일시금 | – | |
| | ③ 주식매수선택권을 퇴직 후 행사하여 얻는 이익과 고용관계 없이 받은 주식매수선택권을 행사하여 얻는 이익 | – | |
| | ④ 특정한 서화, 골동품의 양도(2011. 1. 1부터 과세) | 80%(90%) 또는 취득가액 | |

### Point ❶ 비과세 기타 소득을 활용하라.

기타 소득이라 할지라도 특정소득에 대하여는 비과세되므로 비과세가 적용될 수 있도록 관련 법규에 맞추어 기타 소득을 지급한다면 소득세를 부담할 필요가 없어 효과가 극대화될 수 있다. 예를 들면, 특별법에 의한 체육단체가 지급하는 상금이라 할지라도 국민체육진흥법에 의한 체육상의 수상자가 받는 상금과 부상은 비과세되며, 특별법에 의하여 설립된 법인이 관계중앙행정기관의 장의 승인을 얻어 수여하는 상의 수상자가 받는 상금과 부상도 비과세된다. 그러나 관계중앙행정기관의 장의 승인을 얻지 않고 지급하는 포상금은 기타 소득으로 과세하여야 한다.

## ≫ 비과세되는 기타 소득

1. 국가유공자 등 예우 및 지원에 관한 법률에 의하여 받는 보훈급여금·학자금 및 북한이탈주민의 보호 및 정착지원에 관한 법률에 의하여 받는 정착금·보로금 및 기타 금품

2. 국가보안법에 의하여 받는 상금과 보로금

3. 상훈법에 의한 훈장과 관련하여 받는 부상 기타 다음의 상금과 부상

   1) 대한민국학술원법에 의한 학술원상 또는 대한민국예술원법에 의한 예술원상의 수상자가 받는 상금과 부상

   2) 노벨상 또는 외국정부·국제기관·국제단체 기타 외국의 단체나 기금으로부터 받는 상의 수상자가 받는 상금과 부상

   3) 문화예술진흥법에 의한 대한민국 문화예술상과 동법에 의한 문화예술진흥기금으로 한국문화예술진흥원이 수여하는 각종 상의 수상자가 받는 상금과 부상

   4) 대한민국 미술전람회의 수상작품에 대하여 수상자가 받는 상금과 부상

   5) 국민체육진흥법에 의한 체육상의 수상자가 받는 상금과 부상

   6) 교육과학기술부가 개최하는 과학전람회의 수상작품에 대하여 수상자가 받는 상금과 부상

   7) 특별법에 의하여 설립된 법인이 관계중앙행정기관의 장의 승인을 얻어 수여하는 상의 수상자가 받는 상금과 부상

   8) 품질경영 및 공산품안전관리법에 의하여 품질명장으로 선정된 자(분임

을 포함한다)가 받는 상금과 부상

9) 직장새마을운동 · 산업재해예방운동 등 정부시책의 추진실적에 따라 중앙행정기관장 이상의 표창을 받은 종업원이나 관계중앙행정기관의 장이 인정하는 국내외 기능경기대회에 입상한 종업원이 그 표창 또는 입상과 관련하여 사용자로부터 받는 상금 중 1인당 15만 원 이내의 금액

10) 제1호 내지 제9호 외에 국가 또는 지방자치단체로부터 받는 상금과 부상

4. 종업원의 직무와 관련된 우수발명으로서 발명진흥법에 따른 직무발명에 대하여 지급되는 다음의 보상금

1) 종업원이 발명진흥법에 따라 사용자로부터 받는 보상금

2) 대학의 교직원이 소속 대학에 설치된 산업교육진흥 및 산학협력촉진에 관한 법률에 따른 산학협력단으로부터 같은 법에 따라 받는 보상금

5. 국군포로의 송환 및 대우 등에 관한 법률에 따라 국군포로가 지급받는 정착금 또는 그 밖의 금품

6. 문화재보호법에 따라 국가지정문화재로 지정된 서화 · 골동품의 양도로 발생하는 소득과 서화 · 골동품을 박물관 또는 미술관에 양도함으로써 발생하는 소득(2011년 1월 1일부터는 적용됨. 그 이전에는 과세되지 아니한다.)

**Point ❷ 기타 소득의 지급자는 원천징수의무를 이행하여야 한다.**

기타 소득을 지급하는 자는 원천징수하여야 하며, 원천징수세율은 총수입에서 앞의 <표>에서 설명한 필요경비를 공제한 기타 소득금액의 20%(소득세의 10%에 상당하는 주민세 별도)를 원천징수하여 다음달 10일까지 납부하여야 한다. 단, 봉사료금액의 경우에는 총수입액의 20%를 초과하는 경우 봉사료수입액의 5%를 원천징수한다.

원천징수납부하지 않은 경우에는 미납부세액의 5%와 미납부세액의 1일당 3/10,000 중 큰 금액을 추징하므로 반드시 원천징수하고 이를 납부하여야 한다.

### ≫ 원천징수의무가 없는 기타 소득

1. 세금계산서 등에 공급가액과 구분하여 기재하는 봉사료의 경우(봉사료를 자기의 수입금액으로 계상하지 아니한 경우에 한한다)로서 그 구분기재한 봉사료 금액이 공급가액의 100분의 20% 내의 봉사료
2. 계약의 위약 또는 해약으로 인하여 받는 위약금과 배상금(계약금이 위약금 · 배상금으로 대체되는 경우만 해당한다)
3. 뇌물이나 알선수재 및 배임수재에 의하여 받는 금품

### ≫ 과세최저한의 기타 소득

기타 소득이 다음 각 호의 어느 하나에 해당하는 경우에는 당해 소득에 대한 소득세를 과세하지 아니하므로 원천징수의무도 발생하지 아니한다.

1. 매건 마다 승마투표권 · 승자투표권 · 소싸움경기투표권 · 체육진흥투표권 의 권면에 표시된 금액의 합계액이 10만 원 이하이고, 단위투표금액당 환급금이 단위투표금액의 100배 이하인 환급금
2. 슬롯머신 당첨금품 등이 매건 마다 500만 원 미만인 때
3. 기타 소득금액이 매건 마다 5만 원 이하인 때

### Point ③ 기타 소득의 지급자는 지급조서제출의무를 이행하여야 한다.

기타 소득의 지급조서란 기타 소득의 지급 시에 원천징수하고 작성하는 원천징수영수증을 말한다. 이러한 지급조서는 지급일이 속하는 분기종료일의 다

음 달 말일까지 관할 세무서에 제출하여야 한다. 지급조서를 제출하지 아니하는 경우에는 지급금액의 2/100를 가산세로 부과한다.

## Point ❹ 기타 소득금액이 일정금액 이상이면 종합소득신고를 하여야 한다.

기타 소득금액 즉, 기타 소득수입금액에서 필요경비를 공제한 후의 금액이 연 300만 원 이하인 경우에는 원천징수로 납세의무를 종료할 수 있다. 그러나 기타 소득금액이 연 300만 원 이상인 경우에는 반드시 타 종합소득과 합산(단, 주택복권당첨소득은 합산하지 아니함)하여 종합소득세 신고를 하여야 한다. 예를 들어, 연간 원고료가 1,800만 원을 초과하면 필요경비 80%를 공제한 소득금액이 300만 원을 초과하게 되므로 종합소득세 신고를 하여야 한다. 즉, 근로소득 등의 다른 소득이 있으면 그 소득과 합산하여 신고하고, 다른 소득이 없으면 기타 소득만 신고하여야 한다. 그러나 다음의 기타 소득은 금액에 관계없이 합산하여야 한다.

1. 뇌물
2. 알선수재 및 배임수재에 의하여 받는 금품
3. 다음 각 호의 어느 하나에 해당하는 것으로서 개당·점당 또는 조(2개 이상이 함께 사용되는 물품으로서 통상 짝을 이루어 거래되는 것을 말한다)당 양도가액이 6,000만 원 이상인 서화·골동품의 양도로 발생하는 소득(2011년부터 과세됨. 단, 양도일 현재 생존해 있는 국내 원작자의 작품은 제외한다.)
    1) 서화·골동품 중 다음 각 목의 어느 하나에 해당하는 것
        ① 회화, 데생, 파스텔(손으로 그린 것에 한정하며, 도안과 장식한 가공품은 제외한다) 및 콜라주와 이와 유사한 장식판
        ② 오리지널 판화·인쇄화 및 석판화

③ 골동품(제작 후 100년을 넘은 것에 한정한다)

2) 제1호의 서화 · 골동품 외에 역사상 · 예술상 가치가 있는 서화 · 골동품으로서 기획재정부장관이 문화체육관광부장관과 협의하여 기획재정부령으로 정하는 것

## Point ⑤ 기타 소득자는 필요경비의 공제 여부를 확인하여야 한다.

기타 소득금액은 총수입금액에서 필요경비를 차감하여 계산된다. 기타 소득의 필요경비는 앞의 <표>에 있는 바와 같이 기타 소득수입금액의 80%나 복권구입비 등을 필요경비로 인정하고 있다. 그러나 이 경우 이외의 기타 소득수입의 항목에 대하여는 당해 연도의 총수입금액에 대응하는 비용의 합계액을 필요경비로 할 수 있다. 따라서 당해 연도의 총수입금액에 대응하는 비용이 있으면 이를 필요경비로 인정할 수 있는지에 대하여 확인이 필요하므로 반드시 전문가의 조언을 받을 필요가 있다.

## Point ⑥ 특정 기타 소득은 사업소득 또는 양도소득과 구분하여야 한다.

특정한 소득은 기타 소득인지, 사업소득인지, 양도소득인지의 구분이 어려운 경우가 있다. 사업소득과 기타 소득 및 양도소득은 필요경비의 인정에 차이가 있기 때문에 가능한 한 유리한 쪽을 적용받는 것이 필요하다. 그러므로 이러한 구분은 세법에 규정하고 있지만, 구분이 애매한 경우에는 독립적 · 계속적 · 반복적인 행위인 경우에는 사업소득이고, 일시적인 경우에는 기타 소득으로 구분하면 무방하다. 이러한 소득의 구분은 전문가의 조언을 받아 판단하는 것이 안전하다.

예를 들면, 봉사료를 지급받는 자의 소득구분은 일시적인 용역으로 지급받았다면 기타 소득이 되고, 사업상 독립적이고 반복적으로 받았다면 사업소득이 된다. 만약 사업소득으로 분류될 때에는 접대부나 댄서 등의 개인이 물적시설 없이 근로자를 고용하지 아니하고 독립된 자격으로 공급하는 용역에 해당되어 부가가치세가 면세된다. 여기서 기타 소득과 사업소득의 차이점은 기타 소득은 기타 소득금액(즉, 수입금액에서 필요경비를 공제한 후의 금액)이 연 300만 원까지는 원천징수로 납세의무를 종결할 수 있지만, 사업소득은 원칙적으로 종합소득세 신고를 하여야 한다.

### Point 7 특정 수입이 부가가치세의 과세대상에 해당되는지에 유의하라.

기타 소득이란 사업소득이나 양도소득, 어떠한 소득에도 속하지 않는 소득으로서 세법에서 정하고 있는 것을 대상으로 한다. 그러므로 기타 소득은 사업적으로 발생하는 사업소득에 해당되지 않는다. 그렇지만 현행 부가가치세법에서는 영리목적의 유무에 관계없이 사업상 독립적으로 재화 또는 용역을 공급하는 자를 사업자로 규정하고 사업자가 공급하는 재화 또는 용역은 부가가치세를 과세하고 있기 때문에 특정소득이나 수입이 기타 소득에 해당된다고 하더라도 동 수입이 사업과 관련된 것이라면 부가가치세의 과세대상이 될 수 있음에 유의하여야 한다.

예를 들면, 영업권의 양도는 그 유형에 따라 기타 소득, 양도소득, 사업소득 중의 하나에 속할 수 있다. 그렇다 할지라도 사업자가 특정 영업권의 양도는 부가가치세의 과세대상이 된다. 그러므로 사업자가 영업권의 양도대가와 부가가치세의 구분 없이 일정액을 수령한 경우에는 수령액 중에서 부가가치세 상당액을 납부하여야 하므로 주의하여야 한다. 그러나 사업장별로 사업에 관한 영업권을 포함한 모든 권리와 의무를 포괄적으로 양도하는 경우에는 사업의 포괄양수도에 해당되어 부가가치세 과세대상이 되지 않는다.

## 일시적인 인적용역의 대가에 대한 필요경비 공제여부

1. 변호사, 공인회계사, 세무사, 건축사, 측량사, 변리사, 기타 전문적 지식 또는 특별한 기능을 가진 자가 당해 지식 또는 기능을 활용하여 일시적으로 제공하고 지급받는 보수 또는 기타 대가 또는 인적용역을 고용관계 없이 일시적으로 제공하고 지급받는 수당 또는 이와 유사한 성질의 대가
: 기타소득으로서 총수입금액에서 80%의 필요경비(다만, 실제 소요된 필요경비가 100분의 80에 상당하는 금액을 초과하면 그 초과하는 금액도 필요경비에 산입한다)를 공제한 후의 기타소득금액을 기준으로 20%의 소득세를 원천징수하고 동시에 소득세의 10%를 소득할 주민세로 원천징수한다. 예를 들면, 공인회계사나 변호사가 파산관재인으로서 일시적인 용역을 제공하고 지급받는 대가, 대학교수가 연구용역의 심사에 참여하고 받는 대가, 대학교수가 법률사무소에 사안에 따라 자문용역을 제공하고 받는 대가 등 본인의 업무나 직업과 관계없이 일시적으로 받는 대가는 여기에 해당된다.

2. 재산권에 관한 알선수수료 또는 사례금
: 기타소득으로서 필요경비를 인정하지 아니하므로 총수입금액을 기준으로 20%의 소득세와 소득세의 10%를 주민세로 원천징수한다. 예를 들면, 부동산중개업자가 아닌 자가 일시적으로 부동산을 소개하고 받는 사례금이 여기에 해당된다.

3. 사업적으로 제공하는 인적용역
: 사업소득으로서 사업과 관련하여 실제로 발생한 필요경비를 공제한 사업소득금액을 기준으로 사업소득세를 산출하여 납부하여야 한다. 이때 부가가치세 과세대상이면 부가가치세를 납부할 의무도 있다. 전문가가 제공하는 대부분의 소득은 사업소득으로 보아도 무방하다.

4. 사업소득 해당여부 판단기준에 대한 대법원 판례(대법91누6559, 1991. 11. 26)
: 소득세법상의 사업소득에 해당하는 지의 여부는 그 사업의 수익목적 유무와 사업의 규모, 횟수, 태양 등에 비추어 사업활동으로 볼 수 있을 정도의 계속성과 반복성이 있는 지의 여부 등을 고려하여 사회통념에 따라 가려져야 할 것이고 단지 사업자등록을 마치지 아니하였거나 사업소득세를 납부한 일이 없다는 것만으로 사업소득이 아니라고 단정할 것이 아니다.

## 서화 · 골동품의 양도 시 비과세 적용

기타 소득으로 과세되는 서화 · 골동품의 양도는 2011년 1월 1일부터 기타 소득으로 과세되므로, 그 이전에 양도하면 비과세를 적용받을 수 있다. 2011년 1월 1일부터 서화 · 골동품의 양도에 대하여 적용되는 내용은 다음과 같다.

### 1. 과세대상

과세대상이 되는 서화 · 골동품은 다음 각 호의 어느 하나에 해당하는 것으로서 개당 · 점당 또는 조(2개 이상이 함께 사용되는 물품으로서 통상 짝을 이루어 거래되는 것을 말한다)당 양도가액이 6,000만 원 이상인 것을 말한다. 다만, 양도일 현재 생존해 있는 국내 원작자의 작품은 제외한다.

1) 서화 · 골동품 중 다음 각 목의 어느 하나에 해당하는 것
 ① 회화, 데생, 파스텔(손으로 그린 것에 한정하며, 도안과 장식한 가공품은 제외한다) 및 콜라주와 이와 유사한 장식판
 ② 오리지널 판화 · 인쇄화 및 석판화
 ③ 골동품(제작 후 100년을 넘은 것에 한정한다)
2) 제1호의 서화 · 골동품 외에 역사상 · 예술상 가치가 있는 서화 · 골동품으로서 기획재정부장관이 문화체육관광부장관과 협의하여 기획재정부령으로 정하는 것

### 2. 필요경비

이와 같이 과세대상이 되는 서화 · 골동품에 대한 필요경비는 거주자가 받은 금액의 100분의 80(서화 · 골동품의 보유기간이 10년 이상인 경우에는 100분의 90)에 상당하는 금액으로 한다. 다만, 실제 소요된 필요경비가 100분의 80(서화 · 골동품의 보유기간이 10년 이상인 경우에는 100분의 90)에 상당하는 금액을 초과하면 그 초과하는 금액도 필요경비에 포함한다.

### 3. 비과세 기타 소득

1) 문화재보호법에 따라 국가지정문화재로 지정된 서화 · 골동품의 양도로 발생하는 소득
2) 서화 · 골동품을 박물관 또는 미술관에 양도함으로써 발생하는 소득

### 특정 협회에서 지급하는 상금의 절세

특별법에 의하여 설립된 협회에 있는 여유자금으로 우수한 성적을 얻은 선수에게 표창장과 함께 포상금을 지급하고 원천징수하지 아니하였다가 추후에 세금을 추징당한 사례가 있다. 이는 특정한 요건을 갖춘 기타 소득은 비과세되는데도 불구하고 요건을 갖추지 않고 지급하여 비과세가 적용되지 않은 것이다.

즉, 특별법에 의한 체육단체가 지급하는 상금이라 할지라도 국민체육진흥법에 의한 체육상의 수상자가 받는 상금과 부상은 비과세되며, 특별법에 의하여 설립된 법인이 관계중앙행정기관의 장의 승인을 얻어 수여하는 상의 수상자가 받는 상금과 부상도 비과세된다. 그러나 관계중앙행정기관의 장의 승인을 얻지 않고 지급하는 포상금은 기타 소득으로 과세하여야 한다.

그러므로 관련 법규에 맞추어 기타 소득을 지급한다면 소득세를 부담할 필요가 없어 포상금의 지급효과를 극대화될 수 있다.

### 부동산 매매계약 해약금의 지급과 절세

부동산 매매계약을 체결한 후에 불가피하게 매매계약에 대한 해약금을 부담하고 해지하였다. 그 후 당해 부동산을 매매하였을 때에 종전에 지급한 매매계약해약금은 양도소득세의 계산 시 필요경비로 인정되지 아니한다.

예를 들어, 10억 원에 팔기로 하고 계약금을 1억 워 수령했다가 해지하여 2어 원을 돌려주어 1억 원의 손실이 발생하였다. 그 후에 당해 부동산을 11억 원을 받고 양도하게 되면 양도가액이 1억 원 증가하여 종전의 손실을 보충할 수 있게 된다. 그러나 종전의 해지손실이 필요경비에 해당되지 아니하기 때문에 양도소득세가 증가하게 되어 결과적으로 10억 원을 받고 파는 것보다 양도소득세의 증가분만큼의 손해가 발생하게 된다. 즉, 양도소득세의 증가액이 4,000만 원이라면 세금만큼 결과적으로 6,000만 원 손해를 보게 되는 것이다.

한편, 매매계약의 해지로 얻게 된 상대방은 기타 소득에 해당되어 종합소득세를 납부하여야 한다. 따라서 매매계약의 당사자는 해지하는 것보다는 서로 절충하여 계약내용을 변경하는 것이 더 유리할 수가 있으므로 매매계약의 해지는 신중하게 하여야 한다.

## 영업권의 양도와 절세

영업권의 양도는 그 유형에 따라 기타 소득, 양도소득, 사업소득으로 분류하여야 한다. 이러한 분류에 따라 필요경비와 소득세율이 다르게 적용되기 때문에 정확히 구분하여야 불이익을 받지 않게 된다. 또한, 어떻게 분류하는 것이 절세에 유리한 것인지는 구체적인 상황에 따라 계산해 보아야 알 수 있지만, 일반적으로는 기타 소득세보다는 양도소득세나 사업소득세가 유리할 수 있다.

### 1. 기타 소득으로 보는 영업권의 양도

1) 광업권·어업권·산업재산권·산업정보, 산업상 비밀, 토사석의 채취허가에 따른 권리, 지하수의 개발·이용권 기타 이와 유사한 자산이나 권리의 양도로 인하여 발생하는 소득은 기타 소득으로 한다.

2) 상표권은 상표법에 의한 상표·서비스표·단체표장 및 업무표장에 관한 권리를 말하며, 상표권의 양도로 인하여 발생하는 소득은 기타 소득으로 한다.

3) 영업권의 양도로 인하여 발생하는 소득은 기타 소득으로 한다.

① 영업권에는 행정관청으로부터 인가·허가·면허 등을 받음으로써 얻는 경제적 이익을 포함한다.

② 사업용 고정자산과 함께 양도하는 영업권은 포함되지 아니하는 것으로 한다(즉, 양도소득으로 분류한다).

③ 거주자가 사업소득(아래의 사업소득은 포함하지 아니한다)이 발생하는 점포를 임차하여 점포임차인으로서의 지위를 양도함으로써 얻는 경제적 이익(점포임차권과 함께 양도하는 다른 영업권을 포함한다)은 영업권에 포함한다(즉, 아래의 사업소득이 발생하는 점포의 임차인으로서의 지위를 양도하는 경우에는 양도소득 또는 사업소득으로 분류한다).

　가) 한국표준산업분류상의 사업서비스업 중 연구 및 개발업, 기타 전문·과학 및 기술서비스업, 사업지원서비스업

　나) 한국표준산업분류상의 교육서비스업 중 유아교육법에 따른 유치원, 초·중등교육법 및 고등교육법에 의한 학교와 근로자직업능력개발법에 의하여 사업주가 근로자의 직업능력의 개발·향상을 위하여 설치·운영하는 직업능력개발훈련시설, 한국표준산업분류상의 달리 분류되지 않은 기타 교육기관 중 노인 학교

　다) 한국표준산업분류상의 보건 및 사회복지사업 중 사회복지사업법에 의한 사회복지사업

　라) 한국표준산업분류상의 오락, 문화 및 운동 관련 서비스업(자영예술가 및 기타 경기전문종사업 중 자영경기업에 한한다)

　마) 한국표준산업분류상의 기타 공공, 수리 및 개인서비스업 중 회원단체, 기타 서비스업(세탁업, 이용 및 미용업, 장의사 및 묘지관리업, 예식장업, 욕탕업을 제외한다)

바) 한국표준산업분류상의 운수업 중 여행알선 및 운수 관련 서비스업(수상운송지
        원서비스업에 한한다)
   사) 독립된 자격으로 보험가입자의 모집·증권매매의 권유·저축의 권장 또는 집금
        등을 행하거나 이와 유사한 용역을 제공하고 그 실적에 따라 모집수당·권장수
        당·집금수당 등을 받는 직업
4) 토지 등과 함께 양도하는 토사석의 채취허가에 따른 권리와 지하수개발·이용권은 기
   타 소득으로 한다.

## 2. 양도소득으로 보는 영업권의 양도

1) 다음의 부동산에 관한 권리의 양도로 인하여 발생하는 소득은 양도소득으로 한다.
   ① 지상권·전세권과 등기된 부동산임차권
   ② 부동산을 취득할 수 있는 권리(건물이 완성되는 때에 그 건물과 이에 부수되는 토
      지를 취득할 수 있는 권리를 포함한다)
2) 사업용 고정자산(토지, 건물 및 상기의 부동산에 관한 권리를 말한다)과 함께 양도하는
   영업권(영업권을 별도로 평가하지 아니하였으나 사회통념상 영업권이 포함되어 양도된
   것으로 인정되는 것과 행정관청으로부터 인가·허가·면허 등을 받음으로써 얻는 경
   제적 이익을 포함한다)은 양도소득으로 한다.

## 3. 사업소득에 해당되는 영업권의 양도

상기의 기타 소득이나 양도소득에 해당되지 않는 영업권의 양도는 사업소득으로 한다.

### 영업권의 양도와 부가가치세의 과세

모 회사는 의료기기를 수입하여 판매하고 있는 사업자가 십수 년 동안 국내 총판매권을
갖고 있던 외국법인이 국내에 직접 진출하여 판매하기 위해 국내에 현지법인을 설립하였
다. 이에 동 사업자는 상호합의하에 지역대리점을 맡게 되고 그 외의 모든 지역에 대한
판매망 및 거래처정보(판매관련정보일체)를 외국법인의 국내 현지법인에게 양도하기로 하
고 일정액을 5년 동안 연불조건으로 받기로 하였다.
이와 같이 자기의 영업(판매)권 및 판매망과 거래처에 관한 제반 판매관련정보일체를 양
도하고 그 대가를 5년 동안 연불조건으로 받는 경우 당해 대가에 대하여는 부가가치세가
과세되는 것으로서 부가가치세를 거래징수하여 납부하여야 한다. 영업권의 양도대가를
일시에 받는 경우에도 부가가치세가 과세된다고 본다. 한편, 상기의 영업권의 양도대가는
동사의 사업소득에 해당되므로 소득세를 신고·납부하여야 한다.

# 4. 이자소득의 절세



일반인들이 '나는 이자소득과는 무관하다'라고 생각하는 경우가 많이 있다. 분명히 은행에 예금을 하고 있고, 이에 대해 이자가 발생한다는 사실을 알면서 왜 이런 생각을 할까? 이는 은행의 예·적금에서 발생하는 이자소득에 대해서는 은행이 원천징수를 하고, 이것으로 납부의무가 종결되기 때문이다. 이렇게 원천징수를 함으로써 신고납부의무가 종결되는 것을 완납적 원천징수라고 한다.

그럼 모든 이자소득이 완납적 원천징수에 속하는가? 그렇지는 않다. 특정한 이자소득은 원천징수를 당한 후 종합소득에 합산하여 소득세를 재계산한다. 발생한 부족액은 추가로 납부하여야 한다. 이를 예납적 원천징수라고 한다.

**Point ❶ 비영업대금(사채)의 이익은 종합과세되므로 세금효과를 고려하여야 한다.**

비영업대금이란 자금대여를 영업적으로 하지 않는 것을 일컫는다. 즉, 은행이나 금융사의 경우 자금대여를 영업적으로 하므로 이는 영업대금이다. 그러나 개인은 은행의 지위에 있을 수 없고, 다만, 대금업으로 사업자등록을 하여 자금대여업을 영위할 수 있다. 따라서 일반인이 자금대여업으로 등록하지 않고, 타인에게 자금을 대여한 경우에 받는 이자는 모두 비영업대금의 이익이라고 할 수 있다.

비영업대금이자는 지급하는 자가 지급액의 25%를 원천징수한 후에 지급하여야 한다. 수령인은 받아야 할 이자 전액을 종합소득에 포함하여 신고하여야 한다. 여기서 주의할 점은 소득세법에서 이자소득에 대하여는 필요경비를 인정하지 않는다는 점이다.

**≫ 비영업대금(사채)의 이익과 금융업의 소득구분**

1. 대금업을 하는 거주자임을 대외적으로 표방하고 불특정다수인을 상대로 금전을 대여하는 사업을 하는 경우에는 사업소득에 해당하는 금융업으로 본다. 다만, 대외적으로 대금업을 표방하지 아니한 거주자의 금전대여는 이자소득에 해당하는 비영업대금의 이익으로 본다.

2. 일시적으로 사용하는 전화번호만을 신문지상에 공개하는 것은 대금업의 대외적인 표방으로 보지 아니한다.


**Point ❷ 국외로부터의 이자는 종합과세 되므로 주의하여야 한다.**

거주자가 국외에서 받는 이자수익은 종합소득에 합산하여 소득세를 부과한다. 따라서, 해외에서 발생한 이자수익이 있을 때 원천징수되지 아니한 이자소득이면 종합소득에 합산하여 신고하여야 한다. 이때 외국에서 납부한 세금이 있으면 외국납부세액으로 공제된다. 만약, 종합소득 신고 시 포함하지 않아 세금이 추징되는 경우에는 신고불성실 가산세(과소신고소득세액의 20%)와 납부불성실 가산세(미달세액×미납부일수×0.03%)를 추가로 부담해야 한다.


**Point ❸ 비과세 금융상품을 우선적으로 활용하라.**

이자소득에서 가장 꼼꼼히 챙겨야 하는 부분은 '어떠한 예·적금에서 발생한 이자소득이 비과세가 되는가?'이다. 따라서 비과세되는 금융상품을 선택하는 것이 세금을 절약할 수 있게 해 준다. 비과세되는 금융상품의 종류는 가까운 은행, 증권사, 신협, 새마을금고 등의 금융기관을 통하여 확인하면 된다. 일반적으로 비과세되는 금융상품은 서민을 대상으로 하거나 경제정책상의 목적으로 시행하는 소액저축이 대부분이다. 그러나 이를 종류별로 최대한 활용한다면 절세에 도움이 될 수 있다.

## Point ④ 분리과세 이자소득을 활용하자.

원칙적으로 모든 이자소득은 종합소득으로 합산되어 종합소득세율에 의하여 종합소득세를 납부하는 것이 원칙이다. 그러나 일정금액 이하의 이자소득이나 정책적인 고려에 의한 이자소득은 종합소득으로 합산하지 않고 소득세를 원천징수하는 것으로 납세의무를 완료하는 경우가 있는데 이를 분리과세 이자소득이라고 한다.

따라서 소득자는 이러한 사항을 이해하면서 이자소득이 일정금액 이하가 되도록 한다면 원천징수에 의하여 납세의무를 종결할 수 있게 된다. 그러므로 타소득이 있는 경우에는 원천징수로서 납세의무가 종결되는 분리과세를 활용한다면 종합소득에 대한 초과누진세율이 적용되지 않아 어느 정도의 절세가 가능해진다.

또한, 예금이자에 대한 소득세원천징수는 원칙적으로 지급액의 14%(주민세 1.4% 별도)이다. 그러나 특정예금 등에 대한 소득세를 저율로 원천징수(주민세는 원천징수 안함)하는 경우가 있다. 이러한 예금에 대한 정보를 금융기관으로부터 입수하여 우선적으로 활용한다면 세금을 최소화할 수 있다.

## 분리과세 이자소득의 종류와 원천징수

1. 장기채권(당해 채권 등의 발행일부터 원금 전부를 일시에 상환하기로 약정한 날까지의 기간이 10년 이상인 채권 등을 말하며, 동 기간이 경과하기 전에 주식으로 전환·교환하거나 중도상환을 할 수 있는 조건부 채권을 제외)의 이자와 할인액으로서 당해 장기채권을 보유한 거주자가 분리과세를 신청한 경우의 그 이자와 할인액 : 100분의 30을 원천징수

2. 민사집행법에 의하여 법원에 납부한 보증금 및 경락대금에서 발생하는 이자소득 : 100분의 14를 원천징수

3. 실지명의가 확인되지 아니하는 이자소득 : 100분의 35를 원천징수. 다만, 금융실명거래 및 비밀보장에 관한 법률의 규정에 의하여 비실명 거래의 경우에는 100분의 90

4. 직장공제회 초과반환금 : 100분의 14를 원천징수

5. 법인으로 보는 단체 외의 단체 중 수익을 구성원에게 배분하지 아니하는 단체로서 단체명을 표기하여 금융거래를 하는 단체가 금융기관으로부터 받는 이자소득 및 배당소득 : 100분의 14를 원천징수

6. 조세특례제한법에 의하여 분리과세되는 이자소득 : 100분의 14를 원천징수

7. 상기의 각 호 이외의 이자소득의 합계금액이 4,000만 원 이하인 경우 원천징수되는 이자소득 : 100분의 14를 원천징수

8. 세금우대종합저축에서 발생하는 이자소득 : 1,000분의 95. 단, 2009년 12월 31일까지 발생하는 분에 대하여는 100분의 9

**기업뿐만 아니라 개인도 경영마인드가 필요하다.**

- 모든 경영에는 계획과 그에 따른 예산을 세워야 절세가 가능하다.
- 모든 수입과 지출은 관련 세금을 가감한 후의 금액으로 파악하라.

**사전계획에 따라 근로소득세와 연금소득세를 절세한다.**

- 비과세소득과 근로소득에 포함되지 않는 소득을 활용하라.
- 소득공제를 철저히 활용하라.
- 세액공제와 관련된 저축 등을 활용하라.
- 분리과세 연금소득을 활용하라.

5장
부동산과 세금
줄이는 방법

# 부동산과 세금 줄이는 방법

## 1. 부동산 취득과 절세



취득세와 등록세는 지방세법에 따라 부동산구입 등과 같은 취득과 법인설립 등과 같은 등록에 대하여 부과되는 지방세이다. 예를 들면, 주택을 취득하는 사람들은 부동산 구입가액뿐만 아니라 취득세와 등록세 및 이에 부수되는 공과금으로 취득가액의 6% 정도의 예산을 추가로 편성해야 한다. 따라서 취득세와 등록세의 절세포인트를 검토하여 절세할 필요가 있다.

| 구분 | 취득세 | 등록세 |
|---|---|---|
| 납세의무자 | 과세물건의 취득자 | 공부에 등기 · 등록을 받는 자 |
| 과세물건 | • 부동산<br>• 선박<br>• 차량<br>• 기계장비<br>• 항공기<br>• 입목<br>• 광업권 · 어업권<br>• 골프회원권 · 콘도미니엄회원권 · 종합 체육시설이용회원권 | • 부동산<br>• 선박<br>• 자동차<br>• 건설기계<br>• 항공기<br>• 공장 및 광업재단<br>• 상호 · 광업권 · 어업권 · 저작권 · 특허권 · 상표 · 서비스표 · 건설업면허<br>• 법인등기 |
| 과세표준 | 취득자가 신고한 가액(신고가 없거나 지방세 시가표준액에 미달할 때에는 시가표준액) | 취득자가 신고한 가액(신고가 없거나 지방 세시가표준액에 미달할 때에는 시가표준액) |
| 세율 | • 원칙적으로 취득가액의 2%<br>• 사치성 재산(별장, 골프장, 고급주택, 고급 오락장, 고급선박) 5배 중과세<br>• 과밀억제권역 내 취득 시 3배 중과세 | • 원칙적으로 취득가액의 2%<br>• 기타 종류별로 다양한 세율 적용됨<br>• 과밀억제권역 내 등기 시 3배 중과세 |
| 비고 | • 상속취득 시 일반취득과 세율이 동일<br>• 합병, 공유물의 분할 시 취득세 비과세<br>• 과점주주에 대한 취득세 부과 | • 상속등기 시 일반등기보다 세율이 낮음<br>• 합병, 공유물의 분할 시 등록세 과세됨 |

## Point ❶  취득세와 등록세의 비과세 규정을 활용하라.

비과세란 과세대상에 포함하지 않는 것을 말한다. 예를 들면, 상속으로 인한 1가구 1주택을 취득하는 경우에는 취득세의 비과세 대상이므로 취득세를 과세하지 아니한다.

### ≫ 취득세와 등록세의 비과세 사례

1. 국가 등이 취득하는 경우(취득세 · 등록세 비과세)

2. 종교, 자선, 학술 등의 공익목적으로 비영리사업자가 취득하는 경우(취득세 · 등록세 비과세)

3. 마을회 등 주민공동체의 주민공동소유를 위한 부동산 및 선박의 취득(취득
세 · 등록세 비과세)

4. 임시흥행장, 공사현장사무소 등 존속기간이 1년을 초과하지 아니하는 임
시용 건축물의 취득. 다만, 존속기간이 1년을 초과하는 경우에는 취득세를
부과한다(취득세만 비과세).

5. 천재 등으로 멸실된 자산을 대체취득하는 경우(취득세 · 등록세 비과세)

6. 신탁 등과 같이 형식적인 소유권 취득의 경우(취득세 · 등록세 비과세. 단, 일
부는 취득세만 비과세)

  1) 신탁(신탁법에 의한 신탁으로서 신탁등기가 병행되는 것에 한한다)으로 인
  한 신탁재산의 취득으로서 다음 각 목의 1에 해당하는 취득. 다만, 신탁
  재산의 취득 중 주택조합 등과 조합원 간의 부동산 취득 및 주택조합
  등의 비조합원용 부동산 취득은 제외한다.

    ① 위탁자로부터 수탁자에게 신탁재산을 이전하는 경우의 취득

    ② 신탁의 종료 또는 해지로 인하여 수탁자로부터 위탁자에게 신탁재
      산을 이전하는 경우의 취득

    ③ 수탁자의 경질로 인하여 신수탁자에게 신탁재산을 이전하는 경우
      의 취득

  2) 환매권의 행사 등으로 인한 취득으로서 다음 가 목의 1에 해당하는 취득

    ① 환매등기를 병행하는 부동산의 매매로서 환매기간 내에 매도자가
      환매한 경우의 그 매도자와 매수자의 취득(취득세만 비과세됨)

    ② 공익사업을 위한 토지 등의 취득 및 보상에 관한 법률의 규정에 의
      한 환매권의 행사로 매수하는 부동산의 취득

    ③ 징발재산정리에 관한 특별조치법 또는 국가보위에 관한 특별조치
      법 폐지법률 부칙 제2항의 규정에 의한 동원대상지역 내의 토지의

수용·사용에 관한 환매권의 행사로 매수하는 부동산의 취득

3) 상속으로 인한 취득 중 다음 각 목의 1에 해당하는 취득(취득세만 비과세)

　① 1가구 1주택 및 그 부속토지의 취득(세대주의 배우자와 미혼인 30세 미만의 직계비속은 동일한 세대별 주민등록표에 기재되어 있지 아니하더라도 동일한 가구에 속한 것으로 보며, 지방세법상 취득세가 중과세되는 고급주택을 제외한다)

　② 자경농민의 농지 등에 대하여 취득세와 등록세의 감면대상이 되는 농지의 취득

4) 법인의 합병 또는 공유권의 분할로 인한 취득. 다만, 법인의 합병으로 인하여 취득한 과세물건이 합병 후에 취득세가 중과세되는 별장, 고급주택, 대도시 내 본점용 부동산, 대도시 내 공장 등에 해당하는 경우에는 그러하지 아니하다(취득세만 비과세).

5) 건축물의 이전으로 인한 취득. 다만, 이전한 건축물의 가액이 종전의 건축물의 가액을 초과하는 경우에 그 초과하는 가액에 대하여는 그러하지 아니하다(취득세만 비과세).

6) 민법에 따라 이혼 시에 재산분할로 인한 취득(취득세만 비과세)

7. 토지수용 등으로 인한 대체취득(취득세만 비과세)

1) 공익사업을 위한 토지 등의 취득 및 보상에 관한 법률·국토의 계획 및 이용에 관한 법률·도시개발법 등 관계법령의 규정에 의하여 토지 등을 수용할 수 있는 사업인정을 받은 자(관광진흥법의 규정에 의한 조성계획의 승인을 얻은 자 및 농어촌정비법에 따른 농어촌정비사업시행자를 포함한다)에게 부동산(선박·어업권 및 광업권을 포함한다)이 매수 또는 수용되거나 철거된 자(공익사업을 위한 토지 등의 취득 및 보상에 관한 법률이 적용되는 공공사업에 필요한 부동산 등을 당해 공공사업의 시행자에게 매도

한 자 및 동법의 규정에 의한 이주대책의 대상이 되는 자를 포함한다)가 계약일 또는 당해 사업인정 고시일(관광진흥법에 의한 조성계획 고시일 및 농어촌정비법에 의한 개발계획 고시일을 포함한다) 이후에 대체취득할 부동산 등의 계약을 체결하거나 건축허가를 받고 그 보상금을 마지막으로 받은 날(사업인정을 받은 자의 사정으로 대체취득이 불가능한 경우에는 취득이 가능한 날을, 공익사업을 위한 토지 등의 취득 및 보상에 관한 법률에 따라 토지로 보상을 받는 경우에는 해당 토지에 대한 취득이 가능한 날을, 같은 법에 따라 보상금을 채권으로 지급받는 경우에는 채권상환기간 만료일을 말한다)부터 1년 이내에 이에 대체할 다음 각 호의 구분에 따른 지역에서 부동산 등을 취득한 때(건축 중인 주거용 부동산을 분양받는 경우에는 분양계약을 체결한 때를 말한다)에는 그 취득에 대한 취득세를 부과하지 아니한다. 다만, 새로 취득한 부동산 등의 가액의 합계액이 종전의 부동산 등의 가액의 합계액을 초과하는 경우에 그 초과액에 대하여는 취득세를 부과한다(취득세만 비과세).

① 농지 외의 부동산 등

  가) 매수·수용·철거된 부동산 등이 소재하는 특별시·광역시·도 내의 지역

  나) 가목 외의 지역으로서 매수·수용·철거된 부동산 등이 소재하는 시·군·구와 연접한 시·군·구 내의 지역

  다) 매수·수용·철거된 부동산 등이 소재하는 특별시·광역시·도와 연접한 특별시·광역시·도 내의 지역. 다만, 소득세법의 규정에 따른 지정 지역(즉, 기획재정부장관은 당해 지역의 부동산 가격상승률이 전국 소비자물가 상승률보다 높은 지역으로서 전국 부동산 가격상승률 등을 감안하여 당해 지역의 부동산가격이 급등하였거나 급등할

우려가 있는 경우에 지정하는 지역)은 제외한다.

② 농지(지방세법에 따른 자경농민이 농지경작을 위하여 총보상금액의 100
분의 50 미만의 가액으로 취득하는 주택을 포함한다)

가) 제1호의 규정에 따른 지역

나) 가목 외의 지역으로서 소득세법의 규정에 따른 지정 지역(즉,
기획재정부장관은 당해 지역의 부동산 가격상승률이 전국 소비자물
가 상승률보다 높은 지역으로서 전국 부동산 가격상승률 등을 감안
하여 당해 지역의 부동산가격이 급등하였거나 급등할 우려가 있는
경우에 지정하는 지역)을 제외한 지역

2) 제1항의 규정에 불구하고 취득세가 중과세되는 부동산(즉, 별장, 고급주
택, 대도시 내 본점용 부동산, 대도시 내 공장 등)에 해당하게 되는 경우와 대
통령령이 정하는 부재부동산 소유자(즉, 공익사업을 위한 토지 등의 취득
및 보상에 관한 법률 등 관계법령의 규정에 의한 사업고시 지구 내에 매수ㆍ수
용 또는 철거되는 부동산 등을 소유하는 자로서 일정 거리 이내의 지역에 계약
일 또는 사업인정고시일 현재 1년 전부터 계속하여 주민등록 또는 사업자등록
을 하지 아니하거나 1년 전부터 계속하여 주민등록 또는 사업자등록을 한 경우
에도 사실상 거주 또는 사업을 하고 있지 아니한 거주자 또는 사업자(법인을
포함한다)를 말한다. 이 경우 상속으로 부동산 등을 취득하는 때에는 상속인과
피상속인의 거주기간을 합한 것을 상속인의 거주기간으로 본다)가 부동산을
대체취득하는 경우에는 취득세를 부과한다.

3) 도시개발법에 의한 도시개발사업과 도시 및 주거환경정비법에 의한 정
비사업(주택재개발사업 및 도시환경정비사업에 한한다)의 시행으로 인하여
당해 사업의 대상이 되는 부동산의 소유자(상속인을 포함한다)가 환지계
획 및 토지상환채권에 의하여 취득하는 토지, 관리처분계획에 의하여

취득하는 토지 및 건축물과 사업시행자가 취득하는 체비지 또는 보류지에 대하여는 취득세를 부과하지 아니한다. 다만, 다음 각 호의 어느 하나에 해당하는 부동산에 대하여는 취득세를 부과한다.

① 환지계획 등에 의한 취득부동산의 가액의 합계액이 종전의 부동산 가액의 합계액을 초과하여 도시 및 주거환경정비법 등 관계 법령에 의하여 청산금을 부담하는 경우 그 청산금에 상당하는 부동산

② 환지계획 등에 의한 취득부동산의 가액의 합계액이 종전의 부동산가액의 합계액을 초과하는 경우 그 초과액에 상당하는 부동산. 이 경우 사업시행인가(승계취득일 현재 취득 부동산 소재지가 소득세법 제104조의2 제1항에 따른 지정 지역으로 지정된 경우에는 도시개발구역지정 또는 정비구역지정) 이후 환지 이전에 부동산을 승계취득한 자에 한한다.

## ≫ 지방세법상 취득세가 중과세되는 고급주택이란?

다음 각 호의 어느 하나에 해당하는 것을 말한다. 다만, 제1호·제2호 및 제4호에 따른 주택은 지방세법에 따른 취득 당시의 시가표준액이 6억 원을 초과하는 경우로 한정한다.

1. 1구의 건물의 연면적(주차장 면적을 제외한다)이 331제곱미터를 초과하는 것으로서 그 건물의 가액이 9,000만 원을 초과하는 주거용 건물과 그 부속토지

2. 1구의 건물의 대지면적이 662제곱미터를 초과하는 것으로서 그 건물의 가액이 9,000만 원을 초과하는 주거용 건물과 그 부속토지

3. 1구의 건물에 엘리베이터(적재하중 200킬로그램 이하의 소형엘리베이터를 제외한다)·에스컬레이터 또는 67제곱미터 이상의 풀장 중 1개 이상의 시설이 설치된 주거용 건물(공동주택을 제외한다)과 그 부속토지

4. 1구의 공동주택(여러 가구가 한 건물에 거주할 수 있도록 건축된 다가구용 주택

을 포함하되, 이 경우 한 가구가 독립하여 거주할 수 있도록 구획된 부분을 각각 1구의 건물로 본다)의 연면적(공용면적을 제외한다)이 245제곱미터(복층형의 경우에는 274제곱미터로 하되, 1개 층의 면적이 245제곱미터를 초과하는 것을 제외한다)를 초과하는 공동주택과 그 부속토지

## Point ② 취득세와 등록세의 감면 · 면제규정을 활용하라.

세금의 감면이나 면제란 당초부터 과세관청에 과세권이 없는 비과세와는 달리, 일정 조건을 충족한 경우에 원칙적으로 납세자의 신청에 의하여 세금을 감해주는 규정을 말한다. 감면규정은 다음과 같이 지방세법에 정해진 것 이외에도 해당 지역의 지방자치단체의 조례에 의해 시행되는 감면규정도 있으므로 이를 잘 파악하여 활용하면 절세에 도움이 된다. 일반적으로 감면이나 면제규정은 정책적인 목적에 의한 것이므로 관련 법규가 수시로 개정되므로 그 적용에 있어서 주의하여야 한다.

### 》 주택의 유상취득에 대한 취득세 · 등록세의 한시적 감면

유상 거래를 원인으로 취득하는 주택에 대한 취득세와 등록세는 각각 50% 감면하므로 취득세 1%(취득세의 10%인 농어촌특별세 별도), 등록세도 1%(등록세의 20%인 지방교육세 별도)만 부담하면 된다. 단, 별도의 세법개정이 없는 한 2009년 12월 31일까지 취득분에 대하여만 적용되므로 주의하여야 한다.

### 》 취득세와 등록세의 감면 · 면제 사례

1. 농어민 지원을 위한 감면 사례

　　1) 2년 이상 자경한 농민의 농지취득에 대한 취득세와 등록세의 50% 감면

2) 자영어민이 취득하는 어업권과 어선에 대한 취득세와 등록세의 50% 감면

2. 사회복지 및 국민생활안정을 위한 감면 사례

1) 유상의 주택거래에 대한 취득세와 등록세의 50% 감면

2) 대한주택공사가 공급하는 소규모 임대주택 등에 대한 감면

3. 지역균형개발 등을 위한 감면

1) 법인의 지방이전에 대한 취득세와 등록세의 면제

2) 기업부설연구소용 부동산에 대한 취득세와 등록세의 면제


## Point ❸ 과점주주에 대한 취득세 적용을 피하라.

현행 지방세법에서는 과세대상물건을 보유하고 있는 법인의 지분을 취득하여 50% 초과하여 보유하게 되면 그 주주가 법인의 과세대상물건을 취득한 것으로 보아 그 주주에게 취득세를 부과하고 있다. 따라서 주식을 취득할 때에는 이 점을 고려해서 50%를 초과하여 지분을 가질 것인지 아니면 지분을 분산하여 보유할 것인지를 결정하여야 한다.


### ▶ 과점주주에 대한 취득세 과세 사례

1. 법인설립 시 발행하는 주식을 취득하여 과점주주가 된 경우에는 적용하지 아니한다(예 : 최초 설립 시 60%→ 취득세 부과대상이 아님).

2. 설립 시에는 과점주주가 아닌 주주가 추가로 주식을 취득하여 과점주주가 되면 보유비율전체에 대하여 취득세를 부과한다(예 : 최초 설립 시 20%→ 추가취득 40%→ 60%에 대하여 취득세 부과).

3. 현재 과점주주인 주주가 추가로 주식을 취득하여 지분이 증가하면 증가분에 대하여 취득세를 부과한다(예 : 최초 설립 시 60%→ 추가취득 20%→ 20%에 대하여 취득세 부과).

4. 과점주주이었던 자가 지분이 감소하였다가 다시 지분이 증가하여 과점주주가 된 경우에는 과거 5년 이내에 최고 지분율 이상으로 증가한 경우에 한하여 증가한 부분에 대하여 취득세를 부과한다(예 : 70% → 지분감소로 60% → 지분증가로 80%가 되면 증가된 10%에 대하여 과세).

## Point ④ 취득세와 등록세가 중과세되지 않도록 하라.

부동산 취득 시에는 원칙적으로 취득세가 2%, 등록세가 2%가 부과된다. 그러나 특정한 경우에는 3배에서 5배까지 중과세되므로 최대한 이를 피하여야 한다.

### ≫ 취득세와 등록세의 중과세 적용 사례

1. 취득세 5배 중과세
   1) 별장, 골프장, 고급오락장, 고급주택, 고급선박, 법인의 비업무용 토지 등의 취득
   2) 취득 후 5년 이내에 별장 등에 해당되면 취득세를 5배를 중과하여 추징한다.
   3) 임차인이 고급오락장으로 사용해도 취득세를 5배 중과하여 추징한다.

2. 취득세 3배 중과세
   1) 과밀억제권역 안에서 법인의 본점용 또는 주사무소용 부동산의 취득
   2) 과밀억제권역(산업집적활성화 및 공장설립에 관한 법률의 적용을 받는 산업단지 · 유치지역 및 국토의 계획 및 이용에 관한 법률의 적용을 받는 공업지역 제외) 안에서 공장의 신설 또는 증설용 부동산의 취득
   3) 부동산의 취득 후 5년 이내에 법인의 본점용 또는 주사무소용 부동산, 공장의 신설 또는 증설용 부동산이 되는 경우에는 취득세를 3배 중과하여 추징한다.

4) 소유자가 아닌 자가 공장을 신설 또는 증설한 경우에도 소유자에게 중과한다.

## 3. 등록세 3배 중과세

1) 과밀억제권역(산업집적활성화 및 공장설립에 관한 법률의 적용을 받는 산업단지 제외. 이하 '대도시'라 함) 안에서 법인의 설립과 지점 또는 분사무소의 설치에 따른 등기

2) 대도시의 법인이 대도시 내로 본점 또는 주사무소의 전입에 따른 등기

3) 대도시에서 법인의 설립과 지점 또는 분사무소의 설치에 따른 부동산등기와 과밀억제권역 외의 법인이 대도시 내로 본점·주사무소·지점 또는 분사무소의 전입에 따른 부동산등기(본점·주사무소·지점 또는 분사무소에 직접 사용하기 위한 부동산을 말하며, 채권을 보전하거나 행사할 목적으로 하는 부동산등기를 제외한다)

4) 대도시(산업집적활성화 및 공장설립에 관한 법률의 적용을 받는 유치지역 및 국토의 계획 및 이용에 관한 법률의 적용을 받는 공업지역 제외) 안에서 공장의 신설·증설에 따른 부동산등기

5) 법인 또는 지점·사무소·사업장의 설립·설치·전입 이후 5년 이내에 취득하는 업무용·비업무용 또는 사업용·비사업용을 불문한 일체의 부동산등기(공장의 신설·증설, 공장의 승계취득, 당해 대도시 내에서의 공장의 이전 및 공장의 업종변경에 따르는 부동산취득등기를 포함한다)

## 》 취득세와 등록세가 중과세되지 않는 공장

1. 산업집적 활성화 및 공장설립에 관한 법률의 규정에 의한 도시형 공장
2. 건축물의 연면적(옥외에 기계장치 또는 저장시설이 있는 경우에는 그 시설물의 수평투영면적을 포함한다)이 500제곱미터 미만인 공장

3. 기존공장의 기계설비 및 동력장치를 포함한 모든 생산설비를 포괄적으로
   승계취득하는 경우

4. 당해 과밀억제권역 안에 있는 기존공장을 폐쇄하고 당해 과밀억제권역 안
   의 다른 장소로 이전한 후 당해 사업을 계속 영위하는 경우. 다만, 타인 소
   유의 공장을 임차하여 경영하던 자가 그 공장을 신설한 날부터 2년 이내에
   이전하는 경우 및 서울특별시 외의 지역에서 서울특별시 안으로 이전하는
   경우에는 그러하지 아니하다.

5. 기존공장(승계취득한 공장을 포함한다)의 업종을 변경하는 경우

6. 기존공장을 철거한 후 1년 이내에 동일 규모로 재건축(건축공사에 착공한
   경우를 포함한다)하는 경우

7. 행정구역변경 등으로 인하여 새로 과밀억제권역으로 편입되는 지역에 있
   어서는 편입되기 전에 이미 산업집적 활성화 및 공장설립에 관한 법률 제
   13조의 규정에 의한 공장설립의 승인이 있거나 건축허가를 받은 경우

8. 부동산을 취득한 날부터 5년 이상이 경과한 후 공장을 신설하거나 증설하
   는 경우

9. 차량 또는 기계장비를 노후 등의 사유로 대체취득하는 경우. 다만, 기존의
   차량 또는 기계장비를 매각하거나 폐기처분하는 날을 기준으로 그 전·후
   30일 이내에 취득하는 경우에 한한다.

### ≫ 대도시지역에 대한 등록세가 중과세되지 않는 업종

다음의 업종에 사용하기 위한 부동산은 등록세가 중과되지 아니한다. 단, 당
해 업종에 사용하기 위하여 취득한 재산을 그 등기 또는 등록일로부터 정당한
사유 없이 1년(다음의 3호의 규정에 의한 주택건설사업의 경우는 3년)이 경과할 때
까지 당해 업종에 직접 사용하지 아니하거나 다른 업종에 사용 또는 겸용하는

경우와 2년 이상 당해 업종에 직접 사용하지 아니하고 매각하거나 다른 업종
에 사용 또는 겸용하는 경우에 그 해당 부분에 대하여는 중과세를 적용한다.
또한, 다음의 4호의 규정에 의한 전기통신사업자가 전기통신사업법 제34조의 3
의 규정에 의하여 전기통신설비 또는 시설을 다른 전기통신사업자와 공동으로
사용하기 위하여 임대하는 부동산에 대하여는 그러하지 아니한다.

1. 사회기반시설에 대한 민간투자법의 규정에 의한 사회기반시설사업(부대사
   업을 포함한다)

2. 한국은행법 및 한국수출입은행법에 의한 은행업

3. 해외건설촉진법의 규정에 따라 신고된 해외건설업(당해 연도에 해외건설실
   적이 있는 경우 해외건설에 직접 사용하는 사무실용 부동산에 한한다) 및 주택법
   의 규정에 의하여 국토해양부에 등록된 주택건설사업(주택건설용으로 취득
   · 등기하는 부동산에 한하며, 부동산을 취득한 후 3년 이내에 주택건설에 착공하
   는 경우에 한한다)

4. 전기통신사업법의 규정에 의한 전기통신사업

5. 산업발전법에 의하여 지식경제부장관이 고시하는 첨단기술산업과 산업집
   적활성화 및 공장설립에 관한 법률에 의한 첨단업종

6. 유통산업발전법에 의한 유통산업, 농수산물유통 및 가격안정에 관한 법률
   에 의한 농수산물도매시장 · 농수산물공판장 · 농수산물종합유통센터 · 유
   통자회사 및 축산법에 의한 가축시장. 이 경우 유통산업발전법 등 관계법
   령에 의하여 임대가 허용되는 매장 등의 전부 또는 일부를 임대하는 경우
   에는 임대하는 부분도 당해 업종에 직접 사용하는 것으로 본다.

7. 여객자동차 운수사업법에 의한 여객자동차운송사업 및 화물자동차 운수
   사업법에 의한 화물자동차운송사업과 화물유통촉진법에 의한 화물터미널
   사업 및 창고업

8. 정부출자법인(국가 또는 지방자치단체가 납입자본금의 100분의 20 이상을 직접 출자한 법인에 한한다)이 영위하는 사업

9. 의료법의 규정에 의한 의료업

10. 개인이 영위하던 제조업(소득세법상 사업소득의 대상이 되는 제조업을 말한다). 다만, 행정안전부령이 정하는 바에 의하여 법인으로 전환하는 기업에 한하되 법인전환에 따라 취득한 부동산의 가액(지방세법상 시가표준액을 말한다)이 법인전환 전의 부동산가액을 초과하는 경우에 그 초과부분과 법인으로 전환한 날 이후에 취득한 부동산에 대하여는 그러하지 아니하다.

11. 산업집적활성화 및 공장설립에 관한 법률 시행령 별표 1 제3호 가목의 규정에 의한 자원재활용업종(즉, 자원의 절약과 재활용 촉진에 관한 법률에 따른 자원재활용업종)

12. 소프트웨어산업 진흥법의 규정에 의한 소프트웨어사업 및 동법의 규정에 의하여 설립된 소프트웨어공제조합이 소프트웨어산업을 위하여 수행하는 사업

13. 공연법에 의한 공연장 등 문화예술시설 운영사업

14. 방송법의 규정에 의한 방송사업·중계유선방송사업·음악유선방송사업·전광판방송사업 및 전송망사업

15. 과학관육성법에 의한 과학관시설 운영사업

16. 중소기업진흥 및 제품구매촉진에 관한 법률에 의한 협동화사업으로서 산업집적활성화 및 공장설립에 관한 법률 시행령의 규정에 의한 도시형 공장을 영위하는 사업

17. 중소기업 창업지원법의 규정에 의하여 등록한 중소기업 창업투자회사가 중소기업창업지원을 위하여 영위하는 사업. 다만, 법인설립 후 1월 이내에 등록하는 경우에 한한다.

18. 광산피해의 방지 및 복구에 관한 법률에 따라 설립된 한국광해관리공단
    이 석탄산업합리화를 위하여 수행하는 사업

19. 소비자기본법에 따라 설립된 한국소비자원이 소비자 보호를 위하여 수행
    하는 사업

20. 건설산업기본법의 규정에 의하여 설립된 전문건설공제조합 및 업종별 공
    제조합이 건설업을 위하여 수행하는 사업

21. 엔지니어링기술 진흥법의 규정에 의하여 설립된 엔지니어링공제조합이
    그 설립목적을 위하여 수행하는 사업

22. 주택법의 규정에 의하여 설립된 대한주택보증주식회사가 주택건설업을
    위하여 수행하는 사업

23. 여신전문금융업법의 규정에 의한 할부금융업

24. 통계법에 의하여 통계청장이 고시하는 한국표준산업분류에 의한 실내경
    기장 운영업 · 운동장 운영업 및 야구장 운영업

25. 산업발전법에 따라 등록된 기업구조조정 전문회사가 그 설립목적을 위하
    여 영위하는 사업. 다만, 법인설립 후 1월 이내에 동법에 의하여 등록하는
    경우에 한한다.

26. 지방세법 제288조 제2항의 규정에 의한 학술연구단체 · 장학단체 · 기술
    진흥단체 · 문화예술단체 · 체육진흥단체 · 청소년단체가 그 설립목적을
    위하여 수행하는 사업

27. 중소기업진흥 및 제품구매촉진에 관한 법률에 따라 설립된 회사가 영위
    하는 사업

28. 도시 및 주거환경정비법의 규정에 의하여 설립된 조합이 시행하는 정비사업

29. 방문판매 등에 관한 법률의 규정에 의하여 설립된 공제조합이 영위하는
    보상금지급책임의 보험사업 등 동법의 규정에 의한 공제사업

30. 한국주택금융공사법에 의하여 설립된 한국주택금융공사가 동법의 규정
에 의하여 영위하는 사업

31. 임대주택법의 규정에 의하여 등록을 한 임대사업자가 영위하는 주택임대
사업. 다만, 주택법의 규정에 의한 주택거래신고지역에서 매입임대주택사
업을 영위하기 위하여 취득·등기하는 임대주택을 제외한다.

32. 전기공사공제조합법의 규정에 의하여 설립된 전기공사공제조합이 전기
공사업을 위하여 수행하는 사업

33. 소방산업의 진흥에 관한 법률에 따른 소방산업공제조합이 소방산업을 위
하여 수행하는 사업

## Point ❺ 취득세는 자진신고·납부하여야 한다.

취득세는 취득일(일반적으로 잔금지급일과 등기일 중 빠른 날)로부터 30일 이내
(상속으로 취득 시에는 6월 이내)에 자진신고·납부해야 한다. 실무상 등록세는
등기할 때 납부하므로 문제가 없으나, 취득세는 일정기간 후에 자진납부하여
야 하므로 납부를 누락할 수가 있으므로 주의하여야 한다.

만약, 무신고 또는 과소신고한 경우에는 20%의 가산세를 부담해야 하며, 무
납부 또는 과소납부한 경우에는 1일당 0.03%의 가산세를 부담하여야 한다.

또한, 취득 후에 취득세를 신고 및 납부하지 아니하고 2년 내에 매각하는 때
에는 80%의 가산세를 부담해야 한다. 단, 다음의 경우는 제외한다.

1. 취득일로부터 2년 이내에 등기·등록 또는 취득신고를 한 후 매각한 과
세물건

2. 취득세 과세물건 중 등기 또는 등록을 필요로 하지 아니하는 과세물건(골프
회원권·승마회원권·콘도미니엄회원권 및 종합체육시설이용회원권을 제외한다)

3. 지목변경 · 차량 · 건설기계 또는 선박의 종류변경 · 주식취득 등 취득으로
   간주되는 과세물건

### 부부공동명의로 취득 시 절세

현행 세법과 민법에서는 원칙적으로 부부간에 별산제도를 도입하고 있다. 따라서 부부가
취득하는 부동산을 부부 한편의 명의로 하는 것보다는 부부간의 공동명의로 하는 것이
다음과 같은 이유로 절세에 유리할 수가 있다.

#### 1. 취득자금에 대한 증여세 절세
부부 한쪽의 소득이나 재산으로 취득하는 부동산을 부부공동의 명의로 취득등기하는 경
우에는 배우자간의 증여에 해당되어 증여세가 과세될 수 있으나, 배우자간의 증여 시에는
6억 원까지 배우자공제가 적용되므로 증여세의 부담 없이 공동명의로 할 수 있다.

#### 2. 종합부동산세의 절세
종합부동산세는 개인별로 과세하므로 부부간의 공동명의로 취득하는 부동산의 경우에도
종합부동산세를 각각의 개인에 대하여 부과하므로 누진세율의 적용을 일부 피할 수 있어
절세할 수 있다.

#### 3. 임대소득세의 절세
부부간의 공동명의로 취득한 부동산을 임대하는 경우에는 임대소득세를 납부하여야 한
다. 이때 부부간의 공동사업자로 등록하여 공동으로 임대를 한다면 소득을 부부간의 지분
비율대로 안분하여 소득을 계산하므로 부부 각각에 대하여 각종 소득공제를 적용받을 수
있을 뿐만 아니라, 긱각의 소득에 대히여 소득세율을 적용하게 되어 누진세율의 적용을
일부 피할 수 있어 소득세의 절감이 가능하게 된다.

#### 4. 재산분할 시 증여세 비과세
배우자 간에 공동으로 소유하고 있는 재산을 이혼의 사유로 재산분할하는 경우에는 증여
세의 대상이 되지 아니하며, 취득세도 비과세된다.

### 법인설립 후 5년 이상 경과한 후 부동산 취득 시 절세

현행 지방세법에 의하면 대도시에서 법인 설립 후 5년 이내에 취득하는 부동산은 등록세가 3배 중과세된다. 그러므로 법인설립 후 5년이 경과한 법인이 취득하는 부동산은 등록세가 중과세가 적용되지 않는다. 따라서 부동산을 취득하여 법인으로 사업을 하고자 하는 자가 설립 후 5년이 경과한 다른 법인의 주식을 인수하여 그 법인의 명의로 부동산을 취득하여 등록세의 중과를 피할 수 있다.

이에 대하여 최근에는 법원에서 휴면상태의 법인을 인수하여 부동산을 취득하는 경우에 등록세를 중과하여야 한다는 판결을 한 사례가 있었으며, 그 판결을 뒤집은 판결의 사례도 있었다. 현재까지는 관련 세법의 규정에 따르면 중과세하지 않는 것이 맞는다고 보지만 대법원의 판례가 어떻게 나올지에 따라 그 적용도 달라질 것이다. 또한, 그 이전이라도 관련 지방세법의 규정이 개정된다면 지금까지와 같은 방법에 의한 등록세의 절세는 불가능하게 될 것이다.

### 신규법인이 공장취득 시 절세

새로 법인을 설립하여 제조업을 하고자 하는 경우에 공장을 설립하여야 한다면 중과세가 배제되는 업종이나 지역을 선택하는 것이 필요하다. 불가피하게 대도시 내에서 설립하여야 하거나 중과세되는 업종을 선택해야 한다면 가능한 범위 내에서라도 중과세가 배제되는 공장의 규모나 업종을 최대한 활용하여야 한다.

예를 들면, 일정규모 이하의 공장을 우선 설립한 다음에 추후에 증설한다거나, 여러 가지 업종을 동시에 등기하는 것보다는 중과세가 배제되는 업종을 우선 등록하여 사업을 영위하다가 추후에 업종을 추가하는 방식을 활용하는 것이 필요하다. 또한, 중과세가 배제되는 업종이라 할지라도 관련 법규의 조건을 충족해야만 중과세가 배제되는 경우가 있으므로 가능한 한 관련 조건을 충족하여 중과세를 배제하는 것이 유리하다.

# 2. 부동산 보유와 절세



취득세와 등록세는 재산을 취득할 때 납부하는 지방세로서 취득 시에 한 번만 납부하면 되는 세금이지만, 재산세와 종합부동산세는 재산을 보유하고 있는 동안 납부하는 세금으로서 매년 납부해야 하는 세금이다.

재산세는 토지, 건축물, 주택, 선박, 항공기에 대하여 부과되는 지방세이다. 토지에 대하여는 종합합산과세대상, 별도합산과세대상, 분리과세대상으로 구분하여 각각 별도의 세율로 과세된다.

종합부동산세는 토지의 과다보유에 대하여 전국의 토지를 합산하여 과세하는 국세로서 재산세의 과세대상 중에서 종합합산과세대상과 별도합산과세대상이 되는 토지와 주택에 대하여 부과된다. 토지에 대하여는 재산세가 부과되면서 동시에 종합부동산세가 부과되기 때문에 종합부동산세의 계산 시에 토지분 재산세를 공제하여 계산한다.

**표** 재산세와 종합부동산의 세액계산

| 구분 | | | 재산세 | 종합부동산세 |
|---|---|---|---|---|
| 과세<br>대상 | 토지 | 종합<br>합산 | 별도합산토지와 분리과세토지를 제외한 나머지 토지 | 공시가격이 5억 원 초과분 토지 |
| | | 별도<br>합산 | 1. 시지역 내의 공장용 토지<br>2. 건축물의 부속토지<br>3. 터미널 등의 특정 사업 목적의 토지 | 공시가격이 80억 원 초과분 토지 |
| | | 분리<br>과세 | 1. 골프장, 고급오락장용 토지<br>2. 공장용지<br>3. 전·답·과수원·목장·임야 등 | (과세대상이 아님) |
| | 건축물 | | 일반 건축물 | (과세대상이 아님) |
| | 주택 | | 주택(부속토지를 포함) | 공시가격이 6억 원 초과하는 주택 |
| | 선박·항공기 | | 선박, 고급선박, 항공기 | (과세대상이 아님) |

| 구분 | | | 재산세 | 종합부동산세 |
|---|---|---|---|---|
| 과세<br>표준 | | 토지 · 건축물 | 지방세시가표준액×공정시장가액비율<br>(현재 70%) | (공시가액−5억 원(별도합산은 80억 원)×<br>공정시장가액비율(현재 80%, 단, 별도<br>합산토지는 2010년은 75%) |
| | | 주택 | 지방세시가표준액×공정시장가액비율<br>(현재 60%) | (공시가액−6억 원−1세대 1주택자 3억<br>원 추가공제)×공정시장가액비율(현재<br>80%) |
| | | 선박 · 항공기 | 지방세시가표준액 | (과세대상이 아님) |
| 세율 | 토지 | 종합<br>합산 | 1. 5,000만 원까지 : 2/1,000<br>2. 1억 원까지 : 3/1,000<br>3. 1억 원 초과분 : 5/1,000 | 1. 15억 원까지 : 7.5/1,000<br>2. 45억 원까지 : 15/1,000<br>3. 45억 원 초과 : 20/1,000 |
| | | 별도<br>합산 | 1. 2억 원까지 : 2/1,000<br>2. 10억 원까지 : 3/1,000<br>3. 10억 원 초과 : 4/1,000 | 1. 200억 원까지 : 5/1,000<br>2. 400억 원까지 : 6/1,000<br>3. 400억 원 초과 : 7/1,000 |
| | | 분리<br>과세 | 1. 골프장, 고급오락장 : 40/1,000<br>2. 전답 등 : 0.7/1,000<br>3. 공장 등 : 2/1,000 | (해당 사항 없음) |
| | 건축물 | | 1. 골프장 등 : 40/1,000<br>2. 주거지역 건축물 등 : 5/1,000<br>3. 기타 건축물 : 2.5/1,000 | (해당 사항 없음) |
| | 주택 | | 1. 6,000만 원까지 : 1/1,000<br>2. 1억 5,000만 원까지 : 1.5/1,000<br>3. 3억 원까지 : 2.5/1,000<br>4. 3억 원 초과 : 4/1,000<br>5. 별장 : 40/1,000 | 1. 6억 원까지 : 5/1,000<br>2. 12억 원까지 : 7.5/1,000<br>3. 50억 원까지 : 10/1,000<br>4. 94억 원까지 : 15/1,000<br>5. 94억 원 초과 : 20/1,000<br>6. 별장은 제외 |
| | 선박 · 항공기 | | 1. 고급선박 : 40/1,000<br>2. 기타 선박, 항공기 : 3/1,000 | (해당 사항 없음) |
| 세액공제 | | | (해당 사항 없음) | 1. 토지분 재산세는 공제됨<br>2. 주택분 재산세는 공제됨<br>3. 주택장기보유자의 세액공제<br>　가. 5년 이상 : 20%<br>　나. 10년 이상 : 40%<br>4. 노인주택보유자의 세액공제<br>　가. 60세 이상 : 10%<br>　나. 65세 이상 : 15%<br>　다. 70세 이상 : 20% |
| 과세기준일 | | | 매년 6월 1일 | 매년 6월 1일 |
| 납기 | 토지 | | 9. 16～9. 30 | 12. 1～12. 15 |
| | 건축물 | | 7. 16～7. 31 | (해당 사항 없음) |
| | 주택 | | 1. 2분의 1 : 7. 16～7. 31<br>2. 나머지 : 9. 16～9. 30 | 12. 1～12. 15 |

재산세나 종합부동산세의 납세의무자는 원칙적으로 사실상의 소유자에게 있다. 그러나 공부상의 소유자가 매매 등의 사유로 소유권에 변동이 있었음에도 이를 신고하지 아니하여 사실상의 소유자를 알 수 없는 때에는 공부상의 소유자를 납세의무자로 보아 과세한다. 재산세와 종합부동산세는 과세기준일인 매년 6월 1일 현재의 소유자에게 납세의무가 있으므로 매매계약서에 납세의무에 대한 별도의 표시가 없다면 6월 1일 현재의 소유권이 있는 자가 실질적인 납세의무가 있다고 할 수 있다. 그러나 과세관청에서는 실질적인 소유자를 알 수 없다면 공부상의 소유자를 기준으로 하기 때문에 매매당사자는 이를 분명히 해 둘 필요가 있다. 그러므로 매매계약 등의 사유로 소유권변동이 생긴 경우에는 계약서에 납세의무에 관하여 명확하게 해 두는 것이 분쟁을 방지하는 길이 된다.

Point ② 과세표준의 기초가 되는 공시지가와 주택공시가액의 변동에 유의하라.

재산세와 종합부동산세는 주택공시가액이나 공시지가를 기초로 하여 세금을 산출하기 때문에 공시지가가 높아지면 세 부담도 증가하게 된다. 그러므로 주택공시가액이나 공시지가가 특별한 사유도 없이 전년도에 비해 많이 높아진 경우라면 이의신청을 통해 공시지가를 감액 조정하여 세 부담을 줄일 수 있다. 이러한 경우에는 토지수용이나 매매거래 시에 참고가 되는 공시가액 등을 너무 낮추게 되면 토지수용이나 매매 시에 불이익을 받을 수도 있다는 것을 주의하여야 한다.

재산세의 경우에도 취득세 및 등록세와 같이 골프장, 고급오락장, 별장, 고급주택의 경우에는 매년 4%의 높은 세율이 적용되므로 주의하여야 한다. 특히 고가주택의 경우에는 종합부동산세가 부과될 수 있으며, 1가구 2주택자가 1개의 주택을 임대하지 않고 가끔 휴양목적으로 사용한다면 이는 별장으로 보아 재산세가 중과세된다는 점을 유의하여야 한다. 또한, 부동산의 소유주가 아닌 임차인이 고급오락장으로 사용해도 중과세되므로 임대인은 이를 알고 임대하여야 한다.

### 》 지방세법상 높은 세율의 재산세가 부과되는 별장의 기준

지방세법상 별장은 주거용 건축물로서 상시 주거용으로 사용하지 아니하고 휴양·피서·위락 등의 용도로 사용하는 건축물과 그 부속토지(지방자치법의 규정에 의한 읍 또는 면에 소재하고 대통령령이 정하는 범위와 기준에 해당하는 농어촌주택과 그 부속토지를 제외한다)로서 다음의 것을 말한다.

1. 개인이 소유하는 별장은 본인 또는 그 가족 등이 사용하는 것을, 법인 또는 단체가 소유하는 별장은 그 임직원 등이 사용하는 것을 말하며, 주거와 주거 외의 용도로 겸용할 수 있도록 건축된 오피스텔 또는 이와 유사한 건축물로서 사업자등록증 등에 의하여 사업장으로 사용하고 있음이 확인되지 아니하는 것은 이를 별장으로 본다.

2. 별장으로 보지 아니하는 농어촌주택과 그 부속토지라 함은 다음 각 호의 요건을 갖춘 농어촌주택과 그 부속토지를 말한다.

   1) 대지면적이 660제곱미터 이내이고 건물의 연면적이 150제곱미터 이내일 것

   2) 건물의 가액이 6,500만 원 이내일 것

   3) 다음 각 목의 1에 해당하는 지역에 소재하지 아니할 것

   ① 광역시에 소속된 군지역 및 수도권정비계획법의 규정에 의한 수도권지역. 다만, 접경지역지원법의 규정에 의한 접경지역과 수도권정

비계획법의 규정에 의한 자연보전권역 중 행정안전부령이 정하는 지역을 제외한다.

② 국토의 계획 및 이용에 관한 법률의 규정에 의한 도시지역 및 허가구역

③ 소득세법의 규정에 의하여 부동산가격이 급등하였거나 급등할 우려가 있는 경우에 기획재정부장관이 지정하는 지역

④ 조세특례제한법의 규정에 의하여 농어촌주택에 해당되기 위하여 관광단지 등 부동산가격안정이 필요하다고 인정되어 대통령령으로 정하는 지역



### 종합부동산세 과세기준일 전에 매매하여 절세

공무원 김 계장은 아버지로부터 상속받은 재산으로 상가건물 1동을 박 사장으로부터 취득하였다. 매매계약서상의 잔금지급약정일은 5월 31일이었으며, 이날 잔금을 지급하였다. 동시에 소유권이전등기에 필요한 서류를 넘겨받아 6월 4일자로 소유권이전등기를 완료하였다. 그 후에 매도인인 박 사장이 찾아와 박 사장 앞으로 재산세가 고지되었는데 이를 김 계장에게 납부하라고 하는 것이다. 이에 김 계장은 본인에게 고지된 세금이 아니므로 납부할 수 없다고 하였다. 이러한 경우에 누구에게 납세의무가 있는가?

토지의 소유자에게 부과되는 재산세와 종합부동산세는 매년 6월 1일 현재 토지를 사실상으로 소유하고 있는 자에게 부과하되, 공부상의 소유자가 매매 등의 사유로 소유권에 변동이 있었음에도 이를 신고하지 아니하여 사실상의 소유자를 알 수 없는 때에는 공부상의 소유자에게 부과한다. 그러므로 과세기준일인 6월 1일 이전에 토지의 잔금을 지급하여 소유권 변동이 되었으나, 6월 1일 현재 소유권이전등기가 되어 있지 아니한 경우에는 6월 1일부터 10일 이내에 토지소재지의 구청장 또는 시장·군수에게 '재산세 납세의무자 변동신고서'에 의해 신고해야만 새로운 토지소유자에게 재산세가 부과된다. 그러나 현실적으로는 신고하는 경우가 없어, 과거의 토지소유자 즉, 매도인에게 재산세와 종합부동산세가 부과된다. 일반적으로 매매계약서에는 부동산의 잔금지급일 이후에 발생하는 제세공과금은 매수인이 부담하기로 한다는 조항이 들어 있다. 따라서 매매계약서를 확인해 보아 이러한 조항이 있다면, 6월 1일 이전에 잔금을 지급한 김 계장은 박 사장이 납부한 재산세나 종합부동산세를 박 사장에게 돌려주어야 할 것이다. 만약, 김 계장이 이를 돌려주지 않는다면 박 사장과 다툼이 생길 수 있다.

# 3. 부동산 임대와 절세



부동산을 임대하는 경우에는 일정액의 임대보증금에 일정액의 월세를 받는 것이 일반적이며, 임대보증금을 늘리면 월세가 감소하고, 월세를 늘리면 임대보증금이 감소한다. 통상적으로 임대보증금을 월세로 대체하여 받으면 시중정기예금금리를 고려해서 월세를 받는다. 최근에는 금리하락으로 인하여 월 1부 미만의 월세계약도 볼 수 있다. 예를 들면, 임대보증금 1,000만 원을 월 1부의 월세로 받는다면 월 10만 원의 월세를 받게 된다.

이와 같이 임대료를 월세로 받는 경우에는 소득세 등의 세금이 많이 나올 것을 염려해 보증금으로 받으려 하는 경우도 있다. 보증금과 월세의 세금효과와 절세대책을 알아보기로 한다.

## Point ❶ 세금을 고려해도 순수입면에서 일반적으로 월세가 유리하다.

월세를 받는 경우가 임대보증금을 받는 경우보다 비교적 많은 세금을 납부하지만, 투자의 궁극적인 목표인 세금을 차감한 순수입은 월세를 받는 경우가 더 크다. 그러므로 은행차입금으로 건물을 취득한 경우에도 월세로 받아 차입금이자를 상환하는 것이 세금효과를 고려하더라도 일반적으로 유리하다.

월세가 보증금보다 유리한 이유는 통상적으로 보증금을 월세로 전환하는 전환율이 대출금리나 예금금리보다 높기 때문이다.

따라서 임대보증금을 받아서 사용해야 하는 경우 또는 임대관리를 편하게 할 목적이 아니라면 월세로 받는 것이 유리하다.

**Point 2  임대보증금에 대한 간주임대료수입을 공제받아라.**

소득세법에는 임대사업자가 받은 임대보증금에 대하여 정기예금금리를 고려하여 국세청이 정하는 이자상당액을 임대수입으로 간주하는 간주임대료제도가 있다. 이러한 간주임대료를 계산할 때 임대보증금 중에서 건물의 취득가액에 상당하는 임대보증금은 간주임대료의 계산대상에서 제외하고 있으므로 이를 적용받는 것이 필요하다.

또한, 임대사업자가 받은 예금이자가 있을 경우에 이 예금이자가 임대보증금에서 발생한 것이 장부기록에 의하여 명확히 확인되는 경우에는 간주임대료의 계산 대상에서 제외하고 있으므로 이를 활용하면 절세가 가능하다.

**Point 3  가능한 장부를 기록하라.**

모든 사업자는 원칙적으로 장부를 기록하여야 한다. 특히, 임대수입이 연간 2,400만 원 이상인 임대사업자가 장부를 기록하지 아니하면 소득금액의 계산 시에 기준경비율을 적용하여 소득금액을 계산하므로 기준경비율보다 높은 단순경비율을 적용하여 소득금액을 계산하는 경우보다 소득금액이 높게 계산될 수가 있다. 또한, 임대수입이 연간 4,800만 원 이상인 임대사업자의 경우에는 장부를 기록하지 아니하면 산출세액의 20%를 무기장가산세로 추가 부담하여야 한다. 따라서 특별한 사유가 없는 한 가능한 장부를 기록하는 것이 절세에 도움이 될 수 있다.

### 》 무기장 시 소득금액의 계산방법

**1. 기준경비율에 의한 소득금액의 계산**

1) 소득금액 = 수입금액 – 주요경비 – (수입금액 × 업종별 기준경비율)

2) 주요경비 = 매입비용, 임차료, 인건비

## 2. 단순경비율에 의한 소득금액의 계산

소득금액 = 수입금액 - (수입금액×업종별 단순경비율)

### 다세대 주택임대와 다가구 주택임대의 절세효과

현행 건축법에 의하면 다가구주택은 1동의 주택이 660㎡ 이하이고 3층 이하의 주택으로서 전체 세대수가 19세대 이하인 단독주택을 말하며 세대별로 구분등기되지 아니하는 주택을 말한다. 반면, 다세대주택은 1동의 주택이 660㎡ 이하이고 4층 이하의 주택으로서 공동주택으로 분류하며 가구별로 구분등기할 수 있다.

이러한 다가구주택과 다세대주택은 양도할 때에 양도소득세가 달라질 수 있으므로 유의하여야 한다. 즉, 1세대가 1동의 다가구주택을 보유하다 양도할 때 소득세법상 1세대 1주택의 요건을 충족하면 비과세를 적용받을 수 있다. 또한 1세대 1주택의 요건을 충족하지 못하여서 비과세가 적용되지 않더라도 장기보유특별공제를 적용받을 수 있다.

그러나 1세대가 1동의 다세대주택을 보유하는 경우에는 1세대 다주택으로 분류되어 다주택자로 분류된다. 따라서 1세대가 보유한 다세대주택 1동 전체를 양도한다면 1세대 1주택에 대한 비과세를 적용받을 수가 없다. 다만, 다세대주택을 1동 보유한 경우에 세법에서 정한 조건을 충족하는 주택을 5호 이상을 임대주택법에 의한 임대사업자로 관할 구청 등에 등록하고 사업자등록을 하여 10년 이상 장기임대한 후에 양도하면 다주택자에 대한 양도소득세의 중과는 피할 수 있으며, 장기보유특별공제도 적용받을 수 있다.

# 4. 부동산 양도와 절세

## ❶ 부동산 양도와 절세



절세는 사후적인 성격보다 사전적인 성격이 강하다. 즉, 절세는 이미 발생한 상황에 대한 절세방안을 찾는 것보다는 앞으로 발생할 상황에 대하여 절세방안을 찾는 것이 보다 중요하다는 것이다. 예를 들어, 양도소득세의 경우 부동산을 양도한 다음에는 납부해야 할 세금이 결정되기 때문에 절세방안이 거의 없다고 할 수 있다. 그러므로 양도소득세를 절세하기 위해서는 부동산을 양도하기 전에는 충분히 검토하여야 한다. 즉, 양도소득세는 부동산의 양도시기, 양도방식 등에 따라 다르게 결정될 수 있으므로 부동산의 양도 전에 양도시기, 양도방식 등을 조정하면 절세방안을 찾을 수 있다. 따라서 부동산을 양도하기 전에 양도상황에 따른 양도소득세를 검토한 후에 가장 최선의 방안을 선택해 양도한다면 절세할 수 있다.

일반적으로 대부분의 납세자들은 세무서로부터 양도소득세 납세고지서를 받아 들고 난 후에 자신이 생각했던 것보다 너무 많은 세금이 고지되었는데 잘못된 것이 아니냐고 상담하곤 한다. 그러나 납세자가 잘못 알고 있는 경우가 거의 대부분이다. 그러므로 양도소득세의 경우 세금이 계산되는 구조를 이해하고, 이를 고려해 사전에 공인회계사 등의 전문가와 상담을 거친 후 양도한다면 충분히 절세가 가능하다.

 양도소득세의 계산구조 및 절세대책

| 계산구조 | 계산방법 | 포인트 |
|---|---|---|
| 양도가액 | | 1 |
| (−) 필요경비 | 양도자산의 취득가액과 기타의 필요경비 | |
| 양도차익 | 실지거래가액 또는 기준시가에 의해 결정한 금액 | 2 |
| (−) 장기보유특별공제 | 3년 이상 양도차익의 10%, 5년 이상 15%, 10년 이상 30% (단, 1세대 1주택 장기보유는 연 8%에서 최대 80%까지 공제된다) | 2 |
| 양도소득금액 | | |
| (−) 양도소득기본공제 | 거주자의 경우만 1년에 250만 원 공제, 주식양도에 대해서는 별도로 250만 원 공제 | |
| 과세표준 | | |
| (×) 양도소득세율 | 1. 일반적 : 6～35%까지 4단계 누진세율(단, 2010년부터는 6～33%까지 4단계 누진세율)<br>2. 예외적 : 양도자산별, 보유기간별로 10～70%까지 | 2 |
| 산출세액 | | |
| (−) 세액감면 · 공제 | 1. 예정신고납부세액공제(단, 2010년부터 폐지 예정)<br>2. 각종의 세액감면 | 3 |
| (−) 기납부 세액 | 이미 신고한 양도차익예정신고 산출세액 | |
| 자진납부할 세액 | 결정세액보다 기 납부한 세액이 많은 경우에는 환급받음 | 4 |

**Point ❶ 양도차익은 실지거래가액에 의하여 계산하며, 예외적으로 매매사례가액, 감정가액, 기준시가 등을 적용한다.**

양도차익의 결정방식은 실지거래가액에 의하는 방식이 원칙이며, 실지거래가액을 인정 또는 확인할 수 없는 경우에는 매매사례가액, 감정가액, 환산가액, 기준시가 등을 적용하여 계산한다. 실지거래가액방식은 실지양도가액에서 실지취득가액과 기타의 필요경비를 차감하여 계산하는 방식이다.

**》 실지거래가액을 알 수 없는 경우의 양도가액 또는 취득가액의 결정**

실지거래가액을 알 수 없는 경우에는 다음 각 호의 방법을 순차로 적용하여 산정한 가액에 의한다. 다만, 제1호에 따른 매매사례가액 또는 제2호에 따른 감정가액이 특수관계 있는 자와의 거래에 따른 가액 등으로서 객관적으로 부당하다고 인정되는 경우에는 이를 적용하지 아니한다.

1. 양도일 또는 취득일 전후 각 3월 이내에 해당 자산(주권상장법인의 주식 등은 제외한다)과 동일성 또는 유사성이 있는 자산의 매매사례가 있는 경우 그 가액

2. 양도일 또는 취득일 전후 각 3월 이내에 당해 자산(주식 등을 제외한다)에 대하여 2곳 이상의 감정평가법인이 평가한 것으로서 신빙성이 있는 것으로 인정되는 감정가액(감정평가기준일이 양도일 또는 취득일 전후 각 3월 이내인 것에 한한다)이 있는 경우에는 그 감정가액의 평균액

3. 양도 당시와 취득 당시의 기준시가에 비례하여 환산한 취득가액

4. 기준시가


## Point ❷ 양도시기를 조절하자.

양도자산의 양도시기를 조절하면 절세에 유리한 경우가 발생할 수 있다. 그 이유는 보유기간에 따라 양도소득세율이 다르게 적용되고, 장기보유특별공제의 적용률도 다르며, 1세대 1주택 비과세기 적용될 수도 있기 때문이다.

### ≫ 3년 이상 보유한 후에 양도하면 유리한 점과 주의할 점

1. 토지 또는 건물의 양도 시에는 최소한 3년 이상 보유한 경우에 한하여 보유기간에 따라 양도차익의 10%에서 30%를 장기보유특별공제로 적용받을 수 있으며, 1세대가 보유한 1주택을 양도할 경우에도 3년 이상인 경우 24%에서 추가보유기간 1년 단위로 8%씩 공제되어 10년 이상인 경우에는 80%까지 장기보유특별공제를 적용받을 수 있다.

2. 또한, 1세대가 1주택을 3년 이상 보유하면서 보유기간 중에 2년 이상 거주한 주택을 양도할 경우에 양도가액이 9억 원까지는 양도소득세를 과세하지 아니한다.

3. 여기서 보유기간의 계산은 취득 후 양도 시까지의 기간을 말하며 단 하루라도 부족하면 공제되지 않으므로 정확한 계산방식에 의해 해야 한다.

4. 취득 또는 양도시기는 원칙적으로 대금을 청산한 날을 말한다. 다만, 잔금청산일이 분명하지 아니한 경우에는 매매계약서에 기재된 잔금지급약정일로 한다. 이 경우 잔금지급약정일로부터 등기접수일까지의 기간이 1월을 초과하는 경우와 잔금지급약정일이 확인되지 않는 경우에는 등기접수일로 한다.

5. 취득 후 3년 이내에 양도하는 경우에도 해외이주, 취학, 질병의 요양, 근무상 또는 사업상의 형편 등의 법에서 정하고 있는 불가피한 사유가 있다면 1세대 1주택의 비과세 규정을 적용받을 수 있다.

## 》 2년 이상 보유한 후에 양도하면 유리한 이유

토지, 건물, 부동산에 관한 권리를 양도할 경우에는 가능하면 2년 이상 보유한 후에 양도하는 것이 유리하다. 현행 양도소득세율은 이러한 자산의 경우에 1년 미만 보유한 경우에는 양도소득세율로 50%를 적용하며, 1년 이상 2년 미만 보유한 경우에는 양도소득세율로 40%를 적용한다. 그러나 2년 이상 보유한 경우에는 양도차익에 따라 6%에서 35%(단, 2010년 1월 1일 이후 소득분부터는 6~33%)의 세율을 적용하기 때문이다.

## 》 1년에 한 번만 양도하면 유리한 경우와 동시에 양도하는 것이 유리한 경우

거주자의 경우에는 1년에 250만 원의 양도소득기본공제를 받을 수 있기 때문에 1년에 한 번씩 공제를 받으면 절세상 유리하다. 또한, 양도소득세는 원칙적으로 누진세율제도이므로 누진세율의 적용을 피하기 위해서는 1년에 한 번씩 양도하는 것이 절세상 유리하다.

그러나 1년에 한 번만 양도하는 것이 절세상 항상 유리한 것은 아니다. 즉, 첫 번째에 양도한 부동산은 양도차손이 발생하여 세금을 납부할 필요가 없었다면, 두 번째 양도하는 부동산에서 양도차익이 기대된다면 동일한 연도에 양도하여 첫 번째 양도할 때 발생한 양도차손을 공제받아 양도소득세의 절세가 가능하기 때문이다.

### Point ❸ 세액공제 · 세액감면을 활용하자.

양도소득세의 경우에 양도일이 속하는 달의 말일부터 2월 이내에 자산양도차익 예정신고 및 자진납부를 하는 경우에는 납부할 세액의 10%를 산출세액에서 공제해 준다(단, 2010년부터는 폐지예정임). 그러므로 양도소득세를 자진납부하면 양도한 다음 연도의 5월 말일까지 확정신고 자진납부하는 경우보다 세액공제로 인하여 11%(주민세 1% 포함)의 세금을 절감할 수 있다. 따라서 이를 고려하여 예정신고 자진납부 여부를 결정하여야 한다.

또한, 양도부동산의 사용용도 등에 따라 납세자의 신청에 의해 양도소득세가 감면되는 경우가 많이 있으므로 양도 시에는 반드시 전문가와 상의하여 이러한 감면에 해당되는 지를 검토하여야 한다.

### Point ❹ 소득세 분납제도와 물납제도를 활용한다.

양도소득세의 납부할 세액이 2,000만 원 이하일 때에는 1,000만 원을 초과하는 금액을, 2,000만 원을 초과하는 때에는 납부할 세액의 50% 이내의 금액을 예정신고 자진납부기한 또는 확정신고 자진납부기한의 경과 후 2월 이내에 납부할 수 있으므로, 이를 활용하면 절세가 가능하다. 예정신고 자진납부의 경우에 분납하는 부분에 대하여도 자산양도소득 예정신고 납부세액공제가 가능하다.

### 양도차손과 양도차익의 통산에 의한 절세

김 사장은 금년도에 부동산을 처분하였는데 양도가액이 취득가액보다 낮아 5억 원의 손실이 발생하여 동 부동산을 담보로 차입한 은행차입금을 상환하고 나니 남는 여유자금이 별로 없게 되었다. 이러한 손실을 보충하기 위하여 다른 부동산을 처분하려고 하는데 이 부동산에서는 오히려 양도차익이 5억 원이 발생할 것으로 예상되어 양도소득세의 납부가 걱정이 되었다.

그런데 알고 보니 앞서 양도한 부동산에서 발생한 양도차손을 공제받을 수 있다는 말을 듣고 안심을 하고서 매매계약을 체결하였다. 그런데 문제는 잔금수령일이었다. 즉, 잔금수령일을 내년도의 2월 말에 수령하기로 계약을 체결한 것이었다. 이러한 경우에는 양도일이 내년도가 되기 때문에 전년도에 발생한 양도차손은 공제받을 수 없게 되어 양도소득세를 부담하여야 한다. 뒤늦게 이를 안 김 사장은 잔금수령일을 금년도에 할 수 있도록 계약을 변경하여 양도차손을 공제받아 절세를 할 수 있게 되었다.

### 주택신축판매업자의 절세

박 사장은 토지를 매입하여 주택을 신축하여 판매하고자 하는데 이러한 경우의 절세방안을 고민하고 있었다. 즉, 주택을 신축하여 판매하면 부동산의 단기양도에 해당되어 높은 세율의 양도소득세를 납부하고 나면 남는 것이 없을 것 같아서 이 사업을 해야 할지 아니면 하지 말아야 할지가 고민이었다.

그러나 이와 같이 주택을 신축하여 판매하는 사업은 소득세법상 양도소득세의 대상이 아니라 사업소득세의 대상이 되므로 걱정할 필요가 없다. 즉, 소득세법상 주택의 신축판매업은 건설업으로 분류하여 사업소득세를 납부하면 되므로 사업소득세율을 적용하여 납부하면 된다. 현행 양도소득세는 1년 미만 보유분은 60%, 2년 미만 보유분은 50%의 세율을 적용하지만, 사업소득세는 소득의 크기에 따라 6%에서 35%의 누진세율에 의하여 납부하면 되기 때문에 단기보유자의 경우에는 사업소득세가 유리하다고 할 수 있다.

## 소득세법상 건설업과 부동산매매업의 차이

1. 주택신축판매업은 건설업으로서 사업소득으로 과세한다.

2. 일반건물신축판매업은 부동산매매업으로서 사업소득으로 과세한다. 단, 높은 세율이 적용되는 주택 등의 매매에서 발생한 주택매매차익에 대하여는 양도소득세와 비교하여 높은 것으로 과세한다.

3. 건설수주용역은 건설업으로서 사업소득으로 과세한다.

4. 부동산임대업은 부동산임대소득으로 과세한다.

5. 부동산매매업자는 토지 등의 매매차익에 대한 양도소득에 대하여 예정신고납부를 하여야 하고, 단기양도의 경우에는 높은 양도소득세율이 적용된다. 그러나 주택신축판매업자는 예정신고납부를 할 필요가 없으며, 단기양도의 경우에도 일반세율의 종합소득세율을 적용하면 된다.


## 부가가치세법상 부동산매매업에 해당되는 경우

1. 건설업은 원칙적으로 용역의 공급하는 사업이다.

2. 부동산의 매매(주거용 또는 비거주용 및 기타 건축물을 자영건설하여 분양·판매하는 경우를 포함한다) 또는 그 중개를 사업목적으로 나타내어 부동산을 판매하거나, 사업상의 목적으로 1과세기간 중에 1회 이상 부동산을 취득하고 2회 이상 판매하는 사업은 재화를 공급하는 사업으로 본다.

3. 부동산의 매매가 재화를 공급하는 사업자에 해당된다면 부가가치세의 납부의무가 있으므로 유의하여야 한다. 예를 들면, 국민주택규모의 주택의 공급은 면세가 적용되지만, 그 이상의 주택은 과세되는 재화의 공급으로서 부가가치세를 납부하여야 한다.

## ❷ 고가양도 · 저가양도와 절세



양도소득세란 부동산 등을 양도할 때 발생하는 양도차익에 대하여 부과되는 세금이다. 정상적인 거래에서는 시가를 참작하여 매도자와 매수자 간에 계약에 의하여 양도하는 것이 일반적이다. 그러나 특수관계자 간의 거래, 예를 들면 부자지간의 매매 등과 같은 경우에는 양도소득세의 부담을 회피하기 위하여 거래가격을 적당히 조정하여 양도하는 경우도 발생한다.

이와 같은 경우 세법에서는 이러한 거래를 인정하지 않고 정상적인 가액을 기준으로 하여 양도소득세를 재계산하여 과소납부된 세금을 추징한다. 이를 부당행위계산부인이라고 한다. 이러한 부당행위계산부인 규정은 법인에도 적용된다.

### Point ❶ 부당행위계산부인의 규정을 알아야 한다.

양도소득이 있는 경우에 특수관계자와의 부당한 거래로 인하여 당해 소득에 대한 조세가 부당하게 감소되는 경우에는 그 거래가액을 부인하여 공정한 가액으로 계산하기 때문에 이를 유념하여 거래하여야 한다. 특히, 배우자나 직계존비속 간에는 더욱 그러하며, 증여 후에 5년 이내에 양도하는 경우에는 증여세와 양도소득세를 이중으로 부담해야 하는 경우도 발생할 수 있다.

#### ≫ 양도소득의 부당행위계산부인의 조건

1. 거주자가 특수관계자와의 거래로 인하여
2. 당해 소득에 대한 조세의 부담을 부당하게 감소시킨 경우

3. 조세회피 의사가 있었는지의 여부와 관계없이 당해 거래가액을 부인하고
   재계산함

## 》 부당행위계산부인의 대표적 사례

1. 양도소득에 대한 소득세를 부당하게 감소시키기 위하여 특수관계자에게
   자산을 증여(다음의 2호의 규정을 적용받는 배우자 및 직계존비속의 경우를 제
   외한다)한 후 그 자산을 증여받은 자가 그 증여일부터 5년 이내에 다시 이
   를 타인에게 양도한 경우에는 증여자가 그 자산을 직접 양도한 것으로 본
   다. 이 경우 당초 증여받은 자산에 대하여는 상속세 및 증여세법의 규정에
   불구하고 증여세를 부과하지 아니한다.

2. 거주자가 양도일부터 소급하여 5년 이내에 그 배우자(양도 당시 혼인관계가
   소멸된 경우를 포함한다) 또는 직계존비속으로부터 증여받은 토지, 건물, 시
   설물이용권의 양도차익을 계산함에 있어서 양도가액에서 공제할 취득가
   액은 각각 그 배우자 또는 직계존비속의 취득 당시의 취득가액을 공제하
   여 계산한다. 이 경우 거주자가 증여받은 자산에 대하여 납부하였거나 납
   부할 증여세 상당액이 있는 경우에는 필요경비에 산입한다.

3. 다음 각 호의 어느 하나에 해당하는 때에는 시가와 거래가액의 차액이 3억
   원 이상이거나 시가의 100분의 5에 상당하는 금액 이상인 경우에는 조세
   의 부담을 부당하게 감소시킨 것으로 인정하여 그 취득가액 또는 양도가
   액을 시가에 의하여 계산한다. 여기서 시가는 상속세 및 증여세법의 규정
   을 준용하여 양도일 또는 취득일 전후 각 3월의 기간 중에 매매ㆍ감정ㆍ수
   용ㆍ경매 또는 공매 등의 사유로 확인되는 가액으로 평가한 가액으로 하
   되, 3월 전후의 기간 중에 매매 등의 사유로 확인되는 가액이 있는 경우에
   가격변동의 특별한 사정이 없다고 인정되는 경우에는 그 가액에 의할 수
   있다.

1) 특수관계가 있는 자로부터 시가보다 높은 가격으로 자산을 매입하거나 특수관계 있는 자에게 시가보다 낮은 가격으로 자산을 양도한 때

2) 그 밖에 특수관계 있는 자와의 거래로 해당 연도의 양도가액 또는 필요경비의 계산 시 조세의 부담을 부당하게 감소시킨 것으로 인정되는 때

3) 개인과 법인 간에 재산을 양수 또는 양도하는 경우로서 그 대가가 법인세법의 규정에 따라 인정되어 법인세법상의 부당행위계산부인의 규정이 적용되지 아니하는 경우(예를 들어, 해당 거래와 유사한 상황에서 해당 법인이 특수관계자 외의 불특정 다수인과 계속적으로 거래한 가격 또는 특수관계자가 아닌 제3자 간에 일반적으로 거래된 가격이 있는 경우의 가격으로 거래한 경우 또는 감정평가한 가액 또는 상속세법에 의하여 평가한 가액)에는 소득세법상의 양도소득세에 대한 부당행위계산부인의 규정을 적용하지 아니한다. 다만, 거짓 그 밖의 부정한 방법으로 양도소득세를 감소시킨 것으로 인정되는 경우에는 그러하지 아니한다.

#### ≫ 양도소득 이외의 소득에 있어서의 부당행위계산부인

배당소득·부동산임대소득·사업소득 또는 기타 소득이 있는 거주자의 행위 또는 계산이 그 거주자와 특수관계가 있는 자와의 거래로 인하여 당해 소득에 대한 조세의 부담을 부당하게 감소시킨 것으로 인정되는 때에는 그 거주자의 행위 또는 계산에 관계없이 당해 연도의 소득금액을 계산할 수 있다. 조세의 부담을 부당하게 감소시킨 것으로 인정되는 때라 함은 다음 각 호의 어느하나에 해당하는 때를 말한다. 다만, 제1호 내지 제3호 및 제5호(제1호 내지 제3호에 준하는 행위에 한한다)는 시가와 거래가액의 차액이 3억 원 이상이거나 시가의 100분의 5에 상당하는 금액 이상인 경우에 한한다.

1. 특수관계가 있는 자로부터 시가보다 높은 가격으로 자산을 매입하거나 특

수관계 있는 자에게 시가보다 낮은 가격으로 자산을 양도한 때

2. 특수관계가 있는 자에게 금전 기타 자산 또는 용역을 무상 또는 낮은 이율 등으로 대부하거나 제공한 때. 다만, 직계존비속에게 주택을 무상으로 사용하게 하고 직계존비속이 당해 주택에 실제 거주하는 경우를 제외한다.

3. 특수관계가 있는 자로부터 금전 기타 자산 또는 용역을 높은 이율 등으로 차용하거나 제공받는 때

4. 특수관계가 있는 자로부터 무수익자산을 매입하여 그 자산에 대한 비용을 부담하는 때

5. 기타 특수관계가 있는 자와의 거래로 인하여 당해 연도의 총수입금액 또는 필요경비의 계산에 있어서 조세의 부담을 부당하게 감소시킨 것으로 인정되는 때


## 》 소득세법상 부당행위계산부인이 적용되는 특수관계가 있는 자의 범위

1. 당해 거주자의 친족

2. 당해 거주자의 종업원 또는 그 종업원과 생계를 같이하는 친족

3. 당해 거주자의 종업원외의 자로서 당해 거주자의 금전 기타 자산에 의하여 생계를 유지하는 자와 이들과 생계를 같이하는 친족

4. 당해 거주자 및 그와 제1호 내지 제3호에 규정하는 자가 소유한 주식 또는 출자지분의 합계가 총발행주식 수 또는 총출자지분의 100분의 30 이상이거나 당해 거주자가 대표자인 법인

5. 당해 거주자와 제1호 내지 제3호에 규정하는 자가 이사의 과반수이거나 출연금(설립을 위한 출연금에 한한다)의 100분의 50 이상을 출연하고 그 중 1인이 설립자로 되어 있는 비영리법인

6. 제4호 또는 제5호에 해당하는 법인이 총발행주식 수 또는 총출자지분의 100분의 50 이상을 출자하고 있는 법인

시가를 무시하고 특수관계자 간에 거래를 하면 그 거래 자체가 무효가 되는 것은 아니다. 그러나 세법상으로 이러한 거래의 결과 양도소득세가 부당하게 감소되었다면 거래가액을 공정한 가액으로 재계산하고 양도소득세도 재계산하여 감소한 세금을 추징한다.

한편, 증여세의 경우에는 특수관계자 간에 저가 또는 고가 양도하는 경우에 증여로 보고, 이때 시가보다 30% 이상 차이가 발생하거나 차이금액이 3억 원 이상인 경우에는 모두 증여로 간주한다. 단, 특수관계자가 아닌 자와의 거래에서 시가와 30% 이상 차이가 날 때에는 그 차액에서 3억 원을 공제한 후의 가액을 증여받을 것으로 추정한다.

그러나 양도소득세의 경우에는 특수관계자와의 거래에서 시가와 5% 이상의 차이가 발생하거나 3억 원 이상의 차이가 발생하면 모두 부당행위부인 규정이 적용된다는 점이 증여세의 경우와 다르다는 것을 주의하여야 한다.

그러므로 특수관계자와의 거래에서는 양도소득세의 부당행위계산부인과 증여세법상의 증여의제의 규정을 잘 확인하여야 하며, 특수관계자와의 거래가 아닌 경우에도 증여세법상의 증여추정의 규정에 해당될 수 있다는 것을 유의하여야 한다.

#### ▶▶ 특수관계자에게 저가양도한 경우 세금부과 내용

| 구분 | 세금추징 내용 |
| --- | --- |
| 저가양도한 자 | 양도소득세법상의 부당행위계산부인 규정에 따라 5% 이상 차이가 나거나 3억 원 이상 차이가 나는 경우에는 당해 거래가액을 부인하고 정상적인 가액을 양도가액으로 하여 양도소득세를 추징한다. |
| 저가양수한 자 | 증여세법상의 증여의제 규정에 따라 30% 이상 차이가 나거나 3억 원 이상 차이가 나는 경우에는 그 차액을 증여받은 것으로 보아 증여세를 추징한다. |

| 구 분 | 세금추징 내용 |
|---|---|
| 고가양도한 자 | 증여세법상의 증여의제규정에 따라 30% 이상 차이가 나거나 3억 원 이상 차이가 나는 경우에는 그 가액을 증여받은 것으로 보아 증여세를 추징한다(단, 소득세법의 규정에 따라 양도소득세가 부과되었다면 증여세는 추징하지 아니한다). |
| 고가양수한 자 | 양도소득세법상의 부당행위계산부인 규정에 따라 5% 이상 차이가 나거나 3억 원 이상 차이가 나는 경우에는 당해 거래가액을 부인하므로 추후에 양도할 때 고가의 취득가액을 부인하고 정상적인 취득가액을 적용받게 되어 양도소득세의 부담이 증가하게 된다. |

## Point ❸ 특수관계자 간에 증여하면 가능한 5년이 지난 후에 양도하라.

실무를 하다 보면 남편이 오래 전에 취득한 재산을 양도하려고 보니 양도소득세가 너무 많이 나올 것으로 계산되는 경우에 당해 부동산을 양도하느니 차라리 부인이나 자녀에게 증여하는 경우가 종종 있다. 그런데 증여한 후에 불가피하게 당해 자산을 양도하게 되는 경우가 있는데 양도한 후에 양도소득세가 추징되는 경우가 발생한다.

이는 소득세법에 직계존비속이나 배우자에게 증여한 후 5년 이내에 양도하여 양도소득세가 감소되는 상황 즉, 증여 시에 납부한 증여세와 증여받아 양도 시에 납부한 양도세의 합계액이 증여하지 않고 직접 양도하였다면 납부할 양도세보다 적은 상황이 발생하면 증여자가 직접 양도한 것으로 보아 양도세를 납부하여야 한다고 규정되어 있기 때문이다. 여기서 주의할 점은 증여 당시에 기 납부한 증여세는 환급해 주지 않으며, 양도차익 계산 시 필요경비로 인정되므로 양도소득세의 부담은 조금 감소하지만, 양소소득세와 증여세를 합한 금액은 더 커질 수 있다는 것이다. 따라서 증여 후에 양도하려면 반드시 관련 세금을 검토한 후에 양도 여부를 결정하여야 한다.

### ❸ 1세대 1주택의 양도와 절세



> **1세대 1주택의 정확한 비과세 요건은 전문가에 문의하라.**

일반적으로 중산층 이하의 보통가정은 1세대에 1주택을 소유하는 것이 일반적이다. 그런데 이 1세대 1주택을 여러 가지 사유로 인하여 양도할 때 주위에서 들은 말을 믿고 양도소득세가 비과세되는 줄로 알고 처분했다가 나중에 양도소득세가 부과되는 경우가 흔히 있다. 원칙적으로 부동산의 양도 시에는 양도차익이 발생하면 양도소득세를 부과하는 것이지만, 세법에서는 일정한 요건을 갖춘 1세대 1주택의 양도차익에 대하여 양도소득세를 비과세하고 있다. 이러한 1세대 1주택에 대한 비과세요건은 조세전문가도 면밀하게 확인해야 할 정도로 주의해야 할 사항이다.

**Point ❶ 1세대 1주택 비과세요건에 대하여는 현행세법을 정확히 확인하여야 한다.**

1세대 1주택 비과세요건은 전문적인 지식을 필요로 하므로 반드시 주택을 양도하기 전에 조세전문가와 상의하여 양도하면 절세가 되리라고 생각한다. 왜냐하면 1세대 1주택에 대하여 양도소득세를 비과세하는 규정은 조세정책과 경제사회적인 정책에 따라서 수시로 변하기 때문에 과거의 상식으로 판단하면 큰 실수를 할 수 있기 때문이다.

현행 세법에서 양도소득세가 비과세되는 1세대 1주택이라 함은 다음의 〈표〉에서와 같이 3가지 요건을 갖춘 주택의 양도를 말한다. 이때 주택에 부수되는 토지로서 도시지역 내에서는 5배, 기타 지역에서는 10배를 초과하는 토지의 양도는 과세되며, 양도가액이 9억 원을 초과하는 고가주택의 경우에는 초과부분에 대하여 과세된다.

 **1세대 1주택의 양도소득세 비과세요건**

| 요 건 | 내 용 |
| --- | --- |
| 1. 1세대를 구성할 것 | 거주자 및 그 배우자가 그들과 동일한 주소 또는 거소에서 생계를 같이 하는 가족과 함께 구성하는 1세대일 것 |
| 2. 1주택을 보유할 것 | 양도일 현재 국내에 1주택을 보유하고 있을 것(단, 1주택과 조합원입주권을 보유하고 있다가 1주택을 양도하는 경우에는 원칙적으로 비과세에 해당되지 아니한다) |
| 3. 3년 이상 보유할 것 | 당해 주택의 보유기간이 3년 이상일 것(단, 서울특별시, 과천시 및 분당 · 일산 · 평촌 · 산본 · 중동 신도시지역에 소재하는 주택의 경우에는 당해 주택의 보유기간이 3년 이상이고 그 보유기간 중 거주기간이 2년 이상일 것) |

## Point ❷ 별장에 해당되는지를 확인하자.

소득세법상 비사업용 토지로 분류되는 별장은 주택으로 보지 아니한다. 소득세법과 지방세법에 의하면 별장은 주거용 건축물로서 상시주거용으로 사용하지 아니하는 것으로 규정하고 있다. 관련 판례에 의하면 별장이 되기 위해서는 상시거주용으로 사용하지 아니한 사실이 가장 중요하며, 그 사실 여부를 확인하기 위하여 지방세법의 규정에 의하여 별장으로 보아 재산세가 중과세되었는지도 중요한 판단자료가 되고 있다. 또한, 개인 또는 그 가족, 법인인 경우에는 그 임직원이 휴양 · 피서 또는 위락 등의 용도로 사용하여야 하는 것이지만, 개인사업자의 직원이 사용해도 해당되며, 건물을 임대한 경우에 임차인이 별장용으로 사용해도 별장의 요건에 해당된다(대법원 판례 19877누932, 1988. 4. 12 참조). 또 한 가지 주의할 점은 일반적으로 휴양지에 있는 것만 별장으로 생각하기 쉬우나, 지방세법상 별장이란 휴양지뿐만 아니라 어디에 있더라도 휴양의 용도로 사용하면 별장에 해당된다.

따라서 별장과 1주택을 가지고 있는 거주자가 당해 별장을 먼저 양도한다면 양도소득세율이 60% 적용된다. 반면에, 다른 1세대 1주택을 먼저 양도한다면 그 주택이 1세대 1주택에 대한 비과세요건을 갖추었다면 비과세를 적용받을 수 있다. 즉, 별장이 되면 1세대 1주택에 대한 비과세측면에서는 유리하지만 별장의 양도 시에는 세율 면에서 불리하므로 별장에 해당되는지에 대하여 면밀한 검토가 필요하다.

### ≫ 소득세법상 주택에 해당하지 아니하는 별장

소득세법상 별장은 주거용 건축물로서 상시주거용으로 사용하지 아니하고 휴양·피서·위락 등의 용도로 사용하는 건축물과 그 부속토지를 말하며 주택으로 보지 아니한다. 이때 별장에 부속된 토지의 경계가 명확하지 아니한 때에는 그 건축물 바닥면적의 10배에 해당하는 토지를 부속토지로 본다.

다만, 지방자치법의 규정에 의한 읍 또는 면에 소재하는 다음의 범위와 기준 모두를 충족하는 농어촌주택과 그 부속토지는 별장에서 제외한다.

1. 건물의 연면적이 150제곱미터 이내이고 그 건물의 부속토지의 면적이 660 제곱미터 이내일 것
2. 건물과 그 부속토지의 가액이 기준시가 1억 원 이하일 것
3. 조세특례제한법 제99조의 4에 의한 농어촌주택에 대한 규정에 따라 정하는 다음의 지역 외에 소재할 것
   1) 수도권지역. 다만, 접경지역지원법에 따른 접경지역 중 부동산가격동향 등을 감안하여 정하는 지역을 제외한다.
   2) 국토의 계획 및 이용에 관한 법률에 따른 도시지역 및 허가구역
   3) 소득세법에 따른 부동산가격이 급등하였거나 급등할 우려가 있는 경우에 지정하는 지정지역
   4) 그 밖에 관광단지 등 부동산가격안정이 필요하다고 인정되어 정하는 지역

## 지방세법에서 규정하는 별장의 조건

현행 지방세법상 별장은 주거용 건축물로서 상시 주거용으로 사용하지 아니하고 휴양·피서·위락 등의 용도로 사용하는 건축물과 그 부속토지를 말하며, 별장에 대하여는 취득세와 재산세를 중과세하고 있다.

별장 중 개인이 소유하는 별장은 본인 또는 그 가족 등이 사용하는 것을, 법인 또는 단체가 소유하는 별장은 그 임직원 등이 사용하는 것을 말하며, 주거와 주거 외의 용도로 겸용할 수 있도록 건축된 오피스텔 또는 이와 유사한 건축물로서 사업자등록증 등에 의하여 사업장으로 사용하고 있음이 확인되지 아니하는 것은 이를 별장으로 본다.

다만, 지방자치법의 규정에 의한 읍 또는 면에 소재하고 다음의 기준을 모두 충족하는 농어촌주택과 그 부속토지를 제외한다.

1. 대지면적이 660제곱미터 이내이고 건물의 연면적이 150제곱미터 이내일 것
2. 건물의 가액(소득세법에 의한 건물신축가격 기준액)이 6,500만 원 이내일 것
3. 다음 각 목의 1에 해당하는 지역에 소재하지 아니할 것

   1) 광역시에 소속된 군지역 및 수도권정비계획법의 규정에 의한 수도권지역. 다만, 접경지역지원법의 규정에 의한 접경지역과 수도권정비계획법의 규정에 의한 자연보전권역 중 행정안전부령이 정하는 지역을 제외한다.

   2) 국토의 계획 및 이용에 관한 법률의 규정에 의한 도시지역 및 허가구역

   3) 소득세법의 규정에 의하여 따른 부동산가격이 급등하였거나 급등할 우려가 있는 경우에 지정하는 지정 지역

   4) 조세특례제한법 제99조의4 제1항 제1호 라목의 규정에 정하는 지역(라목의 내용은 그밖에 관광단지 등 부동산 가격 안정이 필요하다고 인정되어 대통령령이 정하는 지역을 말하지만, 2008년 12월 26일 개정 시 라목이 삭제되었음)

**Point ③ 주택양도 시에는 1세대를 구성한 후 양도하자.**

1세대란 거주자가 결혼하고 동일한 주소 또는 거소에서 생계를 같이하는 가족과 함께 살고 있는 것을 말한다. 다만, 다음과 같은 경우에는 1세대를 구성하지 않아도 비과세가 가능하다.

**》 1세대를 구성하지 않아도 비과세되는 경우**

1. 당해 거주자의 연령이 30세 이상인 경우
2. 배우자가 사망하거나 이혼한 경우
3. 소득이 국민기초생활보장법의 규정에 따른 최저생계비 수준 이상으로서 소유하고 있는 주택 또는 토지를 관리·유지하면서 독립된 생계를 유지할 수 있는 경우. 다만, 미성년자의 경우를 제외하되, 미성년자의 결혼, 가족의 사망 등이 사유로 1세대의 구성이 불가피한 경우에는 그러하지 아니한다.

**Point ④ 1세대 1주택의 예외 규정을 활용하자.**

1세대는 1주택만을 소유해야 비과세를 적용받을 수 있다. 그 주택의 소유자는 1세대 구성원 누구라도 관계없다. 다만, 다음의 <표>에서와 같은 경우에는 2주택이라도 비과세가 가능하다.

 1주택이 아니어도 비과세되는 경우의 예

| 구 분 | 내 용 |
|---|---|
| 1. 일시적인 보유 | 일시적으로 2주택이 된 경우 다른 주택을 취득한 날로부터 2년 이내에 종전의 주택을 양도하는 경우에 1세대 1주택의 요건을 갖추면 비과세된다.<br>또한, 취득한 날로부터 1년이 되는 날 현재 성업공사에 매각을 의뢰하거나, 법원에 경매를 신청하거나, 공매가 진행되어 있어 1년이 지나 양도되어도 비과세된다. |
| 2. 상속 | 상속받은 주택은 기존의 주택 수에 포함하지 아니하므로 당초 보유하던 주택은 언제든지 1세대 1주택의 요건을 갖추어 양도한다면 비과세된다. |
| 3. 노부모와 합가 | 1주택을 보유하고 1세대를 구성하는 자가 1주택을 보유하고 있는 60세 이상의 직계존속(배우자의 직계존속을 포함한다)을 동거봉양하기 위하여 세대를 합침으로써 1세대가 2주택을 보유하는 경우 합친 날부터 5년 이내에 먼저 양도하는 주택이 1세대 1주택 비과세 요건을 갖추었으면 비과세한다. |
| 4. 결혼 | 1주택을 보유하는 자가 1주택을 보유하는 자와 혼인함으로써 1세대가 2주택을 보유하게 되는 경우 그 혼인한 날부터 5년 이내에 먼저 양도하는 주택이 1세대 1주택 비과세 요건을 갖추었으면 비과세한다. |
| 5. 농어촌주택 | 세법에 정하고 있는 농어촌주택과 일반주택을 국내에 각각 1개씩 소유하고 있는 1세대가 일반주택을 양도하는 경우에는 일반주택이 1세대 1주택의 요건을 갖추면 비과세한다. |

## Point ⑤ 3년 이상 보유의 예외 규정을 활용하자.

1세대가 1주택을 취득하여 3년 이상 보유하다가 양도할 경우에 비과세된다. 다만, 다음의 <표>에서와 같은 경우에는 3년 이내에 양도해도 비과세된다.

 3년 미만 보유해도 비과세되는 경우의 예

| 구 분 | 내 용 |
|---|---|
| 1. 임대주택의 취득 후 양도 | 임대주택법에 의한 건설임대주택을 취득하여 양도하는 경우로서 당해 건설임대주택의 임차일부터 당해 주택의 양도일까지의 거주기간이 5년 이상인 경우 |
| 2. 공공사업용 으로 양도 | 주택 및 그 부수토지의 전부 또는 일부가 공공사업용으로 공공사업의 시행자에게 양도하는 경우(양도일부터 2년 이내에 양도하는 그 잔존주택 및 그 부수토지를 포함한다) |
| 3. 수용되는 경우 | 토지수용법 기타 법률에 의하여 수용되는 경우(수용일부터 2년 이내에 양도하는 그 잔존주택 및 그 부수토지를 포함한다) |

| 구　분 | 내　용 |
| --- | --- |
| 4. 해외이주 시 | 해외이주법에 따라 세대 전원이 출국하는 경우(단, 출국일로부터 2년 내에 양도하는 경우에 한한다) |
| 5. 해외출국 시 | 1년 이상 계속하여 국외거주를 필요로 하는 취학 또는 근무상의 형편으로 세대전원이 출국하는 경우(단, 출국일로부터 2년 내에 양도하는 경우에 한함) |
| 6. 건설임대주택 취득 시 | 임대주택법에 의한 건설임대주택을 취득하여 양도하는 경우로서 당해 건설임대주택의 임차일부터 당해 주택의 양도일까지의 거주기간이 5년 이상인 경우 |
| 7. 부득이한 사유 | 1년 이상 거주한 주택을 세대전원이 교육법에 의한 학교(동법에 의한 유치원, 초등학교, 중학교를 제외한다)에의 취학, 직장의 변경이나 전근 등 근무상의 형편, 1년 이상의 치료나 요양을 필요로 하는 질병의 치료 또는 요양의 사유로 다른 시(특별시와 광역시를 포함)·군으로 주거를 이전하는 경우(광역시지역 안에서 구지역과 읍·면지역 간에 주거를 이전하는 경우 및 지방자치법의 규정에 따라 설치된 도농복합형태의 시지역 안에서 동지역과 읍·면지역 간에 주거를 이전하는 경우를 포함) |

## 별장보유와 관련된 양도소득세와 지방세의 과세

### 1. 양도소득세 문제

별장은 주택이 아니라고 보기 때문에 양도소득세 비과세 규정이 적용되는 1세대 1주택의 판정 시에 주택으로 보지 않는다. 주택이란 사회통념에 따라 거주에 적합한 건축물로서 실제로 거주에 사용해야만 하며, 건축물관리대장상의 용도만을 보고 판단해서는 안 된다. 그러므로 거주에 사용하지 않는 사무실, 영업장, 별장 등은 주택이 아니다. 따라서 1주택자가 전원주택을 추가로 보유하고 있더라도, 기존의 주택에 대하여 1세대 1주택 비과세요건을 충족하고 있다면 양도소득세가 부과되지 않는다. 반대로, 별장으로 분류된 전원주택을 처분하는 경우에는 양도차익에 대하여 60%의 양도소득세율을 적용하여 양도소득세를 납부하여야 한다. 만약에 별장만 소유하고 있는 경우에 당해 별장을 양도하더라도 1세대 1주택 비과세요건에 해당되지 않으므로 양도소득세를 납부하여야 한다.

### 2. 지방세 중과 문제

현행 지방세법에 의하면 사치성 재산인 별장, 고급주택, 고급오락장 등을 취득한 경우에는 일반재산의 취득 시에 납부하는 취득세의 5배를 중과세하고 있다. 이러한 취득세 중과는 재산의 취득 당시에는 별장이 아니라 하더라도 취득 후 5년 이내에 별장으로 사용하는 경우에도 취득세를 중과한다. 또한, 별장에 대한 재산세도 일반재산의 경우보다 훨씬 높은 4%의 높은 세율을 적용하여 계산한 세금을 부과하므로 별장 보유 시의 세 부담이 과중하게 된다.

## 별장을 보유한 경우 양도소득세와 관련된 판례

### 1. 1세대 1주택 관련 건물을 별장으로 볼 것인지 주택으로 볼 것인지에 대한 판단(대법원2008두4459, 2008. 05. 29)

본인 소유 아파트를 양도 시 1세대 1주택인지를 판단하면서 보유하던 건물이 주택으로 볼 수도 있고 별장으로 볼 수도 있는 상황이라면 상시주거용인지 여부를 중심으로 판단해야 한다. 즉, 별장용 건축물에 해당하기 위해서는 그 건축물의 사실상의 현황에 의하여 별장용으로 사용하고 있으면 족하다고 할 것인데(대법원 1994. 11. 11. 선고 94누8280, 8297 판결 등 참조), 원고의 아버지가 이 사건 계쟁주택을 건립한 후 계쟁주택 주변에 연못을 조성하고, 여러 그루의 관상수와 화초를 심고, 임야 곳곳에 정자를 설치하여 휴양을 겸할 수 있는 장소로 꾸미는 한편 때때로 그곳에서 휴식을 취하였던 사실, 아버지가 사망한 후 원고의 어머니가 가끔 이 사건 계쟁주택에서 묵어가곤 하였던 사실(어머니가 계쟁주택에서 묵어가기도 한 것이 휴양 등의 목적 외에 상시적인 거주 등 다른 목적이 있었다고 보기 어렵다), 원고는 모두 이 사건 계쟁주택에서 상주한 일이 없었던 사실은 앞서 본 바와 같으므로, 이에 따르면 원고는 이 사건 계쟁주택을 상시 주거용으로 사용하지 아니하고 휴양·피서·위락 등의 용도로 사용하였다고 볼 것이고, 비록 원고가 이 사건 계쟁주택에 대해 별장에 상응한 취득세나 재산세를 납부하지 아니하였다고 하더라도, 그러한 사정만으로 계쟁주택이 별장에 해당하지 않는다고 할 수는 없을 것이다.

한편, 주거용 건축물이 상시 주거용이 아닌 별장용으로 사용되고 있는지 여부를 판정하는 기준으로 삼을 사용주체는 반드시 그 건축물의 소유자임을 요하는 것은 아니며 건축물의 임차인이라도 무방하다고 할 것인데(대법원 1988. 4. 12. 선고 87누932 판결, 1997. 5. 30. 선고 97누4364 판결 등 참조), 위에서 본 바와 같이 이 사건 아파트의 양도 당시 농장 관리인이 원고의 승낙을 받고서 이 사건 계쟁주택의 욕실을 사용하기도 하고 그 자녀들이 공부를 하거나 인터넷을 이용하기 위하여 일부 방을 사용하는 등 계쟁주택의 일부를 사용하기도 하였으나, 이는 원고를 대신하여 이 사건 계쟁주택을 비롯한 농장의 관리를 맡게 된 관리인이 농장을 관리하는 과정에서 계쟁주택을 부분적으로 이용하는 것에 불과한 것으로 보이는 점, 이 사건 처분 무렵에 계쟁주택의 가정용 전기요금이 거의 매월 10,000원 이상 30,000여 원에 이르렀으나, 이는 관리인의 자녀들이 계쟁주택에서 인터넷에 접속하거나 공부를 하기도 하는 과정에서 사용하는 전기의 요금으로 볼 여지가 충분한 점 등을 고려해 보면, 관리인과 관련한 위와 같은 사정들만으로 관리인이 계쟁주택을 상시적으로 사용하였다고 보기는 어렵다.

따라서 앞서 본 여러 사정을 종합하면, 이 사건 아파트의 양도 당시 이 사건 계쟁주택은 결국 상시적으로 사용하는 주택이 아닌 별장에 해당한다고 할 것이므로, 이 사건 아파트의 양도가 1세대 1주택의 양도에 해당하지 아니한다고 보고서 한 피고의 이 사건 처분은 위법하므로 과세관청이 부과한 양도소득세는 취소하여야 한다.

## 2. 1세대 1주택 비과세 판단 시 주택 수에서 제외되는 별장에 해당하는지 여부(조심 2008중2856, 2008. 12. 03)

청구인이 쟁점아파트를 취득하여 양도하였으나 1세대 1주택에 대한 비과세에 해당되는 것으로 판단하여 양도소득세를 무신고하였다. 그러나 관할 세무서장은 청구인이 쟁점아파트를 양도할 당시 청구인의 남편이 농촌에 또 다른 주택을 보유하고 있었다는 과세자료를 확인하여 청구인 세대가 2주택을 소유한 상태에서 쟁점아파트를 양도한 것으로 보아 청구인에게 양도소득세를 추징하였다.

청구인은 이에 불복하여 심판청구를 제기하였으며, 별장개조공사를 한 금융증빙이 제시되는 점, 아파트 양도 후 별장으로 관할 군청에 신고하고 재산세를 납부한 점, 별장의 평균 전기요금이 현저히 낮고 나들이 계절에만 높은 점, 의사인 청구인 부부가 산자락 주택에서 상시 거주했다고 보기 어려운 점으로 보아 별장으로 판단된다고 보아 양도소득세 부과처분을 취소하였다.

## 3. 1세대 1주택 판정시 주택에서 제외되는 별장 해당 여부(심사양도2006-0017, 2006. 03. 16)

청구인은 보유하고 있던 주택를 양도하고 1세대 1주택에 해당하는 고가주택으로 보아 기준금액을 초과하는 부분에 대하여 양도소득세를 신고·납부하였다. 그러나 처분청은 청구인이 양도주택 양도 당시 다른 주택을 소유하고 있음을 이유로 양도주택의 1세대 1주택 비과세 적용을 배제하여 양도소득세를 결정 고지하였다. 이에 청구인은 이에 불복하여 심사청구를 제기하였다.

그러나 같은 번지에 축사가 건축되어 있고 별장으로 재산세가 부과되지 않았으며, 또한 특별한 휴양, 위락시설이 없이 주소지와 멀지 않은 거리에 위치하고 있어 별장이 아닌 농가주택으로 보아 1세대 2주택으로 판단하여 양도소득세를 추징한 것은 적법하다고 보아 심사청구를 기각하였다.

## 남편으로부터 1세대 1주택을 증여받아 양도할 경우 비과세 여부

남편이 보유한 1세대 1주택의 일부를 부인에게 증여한 후에 이를 5년 이내에 양도한 경우에는 조세회피목적과 무관하게 무조건 남편이 직접 양도한 것으로 보며, 증여 당시에 납부한 증여세는 환급되지 않으며 단지 필요경비로 인정받을 수 있다. 이 경우 남편이 증여 전에 1세대 1주택에 대한 비과세요건을 갖추고 있었다면 수증받은 후에 전부를 양도하더라도 비과세 받을 수 있다.

최근에 종합부동산세를 과세하는데 부부간의 재산을 합산하여 과세하는 것이 위헌으로 판정되어 부부간에 재산을 증여하는 것이 유행이 된 적이 있었다. 즉, 종합부동산세를 절감하기 위하여 부부간에 증여는 과거 10년간 통산하여 6억 원까지는 비과세되기 때문에 6억 원 범위 내에서 증여한 것이다.

## ❹ 토지양도와 절세

토지를 양도하는 경우에 원칙적으로는 일반세율에 의하여 계산된 양도소득세를 납부하며, 양도소득의 계산 시에는 3년 이상 보유하였다면 장기보유특별공제도 적용받을 수 있다.

그러나 소득세법에서 정하고 있는 비사업용 토지를 양도하는 경우에는 일반세율보다 높은 60%의 단일세율을 적용하여 양도소득세를 계산하여야 하며, 장기보유특별공제도 적용받을 수 없다.

한시적으로 비사업용 부동산을 2010년까지 양도하는 경우에는 일반세율을 적용하며, 단기양도의 경우에는 단기양도세율을 적용한다. 다만, 당해 지역의 부동산가격이 급등하였거나 급등할 우려가 있어 지정하는 지정지역 안에 있는 비사업용 부동산은 일반세율에 10%를 가산한 세율을 적용한다.

당해 토지를 소유하는 기간 중 대통령령이 정하는 일정기간 동안 다음 각 호의 어느 하나에 해당하는 토지를 말한다. 아래에서 세부적인 내용은 너무 범위가 넓고 복잡하므로 생략하기로 한다. 그러나 토지의 취득 후 법률의 규정으로 인한 사용의 금지 그 밖에 대통령령이 정하는 부득이한 사유가 있어 비사업용 토지에 해당하는 경우에는 대통령령이 정하는 바에 따라 비사업용 토지로 보지 아니할 수 있다.

1. 전·답 및 과수원 등의 농지로서 다음 각 목의 어느 하나에 해당하는 것

   1) 대통령령이 정하는 바에 의하여 소유자가 농지소재지에 거주하지 아니하거나 자기가 경작하지 아니하는 농지. 다만, 농지법 그 밖의 법률에 의하여 소유할 수 있는 농지로서 대통령령이 정하는 경우를 제외한다.

   2) 특별시·광역시(광역시에 있는 군을 제외한다. 이하 이 조에서 같다) 및 시지역(지방자치법의 규정에 의한 도·농 복합형태의 시의 읍·면 지역을 제외한다. 이하 이 조에서 같다) 중 국토의 계획 및 이용에 관한 법률의 규정에 의한 도시지역(대통령령이 정하는 지역을 제외한다. 이하 이 호에서 같다) 안의 농지. 다만, 대통령령이 정하는 바에 의하여 소유자가 농지소재지에 거주하여 자기가 경작하던 농지가 특별시·광역시 및 시지역의 도시지역에 편입된 날부터 대통령령이 정하는 기간이 종료되지 아니한 농지를 제외한다.

2. 임야. 다만, 다음 각 목의 어느 하나에 해당하는 것을 제외한다.

   1) 산림자원의 조성 및 관리에 관한 법률에 따라 지정된 산림유전자원 보호림·보안림·채종림·시험림 그 밖에 공익상 필요 또는 산림의 보호 육성을 위하여 필요한 임야로서 대통령령이 정하는 것

   2) 대통령령이 정하는 바에 의하여 임야소재지에 거주하는 자가 소유한 임

야. 토지의 소유자·소재지·이용상황·보유기간 및 면적 등을 감안하여 거주 또는 사업과 직접 관련이 있다고 인정할 만한 상당한 이유가 있는 임야로서 대통령령이 정하는 것

3. 목장용지로서 다음 각 목의 어느 하나에 해당하는 것. 다만, 토지의 소유자·소재지·이용상황·보유기간 및 면적 등을 감안하여 거주 또는 사업과 직접 관련이 있다고 인정할 만한 상당한 이유가 있는 목장용지로서 대통령령이 정하는 것을 제외한다.

  1) 축산업을 영위하는 자가 소유하는 목장용지로서 대통령령이 정하는 축산용 토지의 기준면적을 초과하거나 특별시·광역시 및 시지역의 도시지역(대통령령이 정하는 지역을 제외한다. 이하 이 호에서 같다) 안에 있는 것(도시지역에 편입된 날부터 대통령령이 정하는 기간이 경과되지 아니한 경우를 제외한다).

  2) 축산업을 영위하지 아니하는 자가 소유하는 토지

4. 농지, 임야 및 목장용지 외의 토지 중 다음 각 목을 제외한 토지

  1) 지방세법 또는 관계 법률의 규정에 의하여 재산세가 비과세되거나 면제되는 토지

  2) 지방세법의 규정에 의한 재산세 별도합산 또는 분리과세대상이 되는 토지

  3) 토지의 이용상황·관계 법률의 의무이행 여부 및 수입금액 등을 감안하여 거주 또는 사업과 직접 관련이 있다고 인정할 만한 상당한 이유가 있는 토지로서 대통령령이 정하는 것

5. 지방세법 제182조 제2항의 규정에 의한 주택부속토지 중 주택이 정착된 면적에 지역별로 대통령령이 정하는 배율을 곱하여 산정한 면적을 초과하는 토지

6. 주거용 건축물로서 상시주거용으로 사용하지 아니하고 휴양·피서·위락

등의 용도로 사용하는 건축물(이하 이 호에서 "별장"이라 한다)과 그 부속토지. 다만, 지방자치법 제3조 제3항 및 제4항의 규정에 의한 읍 또는 면에 소재하고 대통령령이 정하는 범위와 기준에 해당하는 농어촌주택과 그 부속토지를 제외하며, 별장에 부속된 토지의 경계가 명확하지 아니한 때에는 그 건축물 바닥면적의 10배에 해당하는 토지를 부속토지로 본다.

7. 그 밖에 제1호부터 제6호까지와 유사한 토지로서 거주자의 거주 또는 사업과 직접 관련이 없다고 인정할 만한 상당한 이유가 있는 대통령령이 정하는 토지

## 》 비사업용 토지를 판정하기 위한 기간

다음 각 호의 어느 하나에 해당하는 기간에 비사업용 토지의 범위에 해당하면 비사업용 토지에 해당된다.

1. 토지의 소유기간이 5년 이상인 경우에는 다음 각 목의 모두에 해당하는 기간

    1) 양도일 직전 5년 중 2년을 초과하는 기간

    2) 양도일 직전 3년 중 1년을 초과하는 기간

    3) 토지의 소유기간의 100분의 20에 상당하는 기간을 초과하는 기간. 이 경우 기간의 계산은 일수로 한다.

2. 토지의 소유기간이 3년 이상이고 5년 미만인 경우에는 다음 각 목의 모두에 해당하는 기간

    1) 토지의 소유기간에서 3년을 차감한 기간을 초과하는 기간

    2) 양도일 직전 3년 중 1년을 초과하는 기간

    3) 토지의 소유기간의 100분의 20에 상당하는 기간을 초과하는 기간. 이 경우 기간의 계산은 일수로 한다.

3. 토지의 소유기간이 3년 미만인 경우에는 다음 각 목의 모두에 해당하는

기간. 다만, 소유기간이 2년 미만인 경우에는 다음의 1)목을 적용하지 아니한다.

1) 토지의 소유기간에서 2년을 차감한 기간을 초과하는 기간
2) 토지의 소유기간의 100분의 20에 상당하는 기간을 초과하는 기간. 이 경우 기간의 계산은 일수로 한다.

## ≫ 부득이한 사유가 있어 비사업용 토지로 보지 아니하는 토지의 판정기준

다음 각 호의 어느 하나에 해당하는 토지는 해당 각 호에서 규정한 기간 동안 상기의 각 호의 어느 하나에 해당하지 아니하는 토지로 보아 같은 항에 따른 비사업용 토지에 해당하는지 여부를 판정한다.

1. 토지를 취득한 후 법령에 따라 사용이 금지 또는 제한된 토지 : 사용이 금지 또는 제한된 기간
2. 토지를 취득한 후 문화재보호법에 따라 지정된 보호구역 안의 토지 : 보호구역으로 지정된 기간
3. 제1호 및 제2호에 해당되는 토지로서 상속받은 토지상속개시일부터 제1호 및 제2호에 따라 계산한 기간
4. 그 밖에 공익, 기업의 구조조정 또는 불가피한 사유로 인한 법령상 제한, 토지의 현황·취득사유 또는 이용 상황 등을 감안하여 기획재정부령으로 정하는 부득이한 사유에 해당되는 토지 : 기획재정부령으로 정하는 기간

**취득세와 등록세의 절세방안을 고려해야 된다.**

- 취득세와 등록세의 비과세 규정을 활용하라.
- 취득세와 등록세의 감면 · 면제규정을 활용하라.
- 과점주주에 대한 취득세 적용을 피하라.
- 취득세와 등록세가 중과세되지 않도록 하라.
- 취득세는 자진신고 · 납부하여야 한다.

# 6장

# 주식과 세금 줄이는 방법

# 주식과 세금 줄이는 방법



## 1. 주식양도와 절세

**주식양도 시 다양한 유형으로 과세되므로 이에 대비하면 절세할 수 있다.**

주식이란 주식회사의 지분을 나타내는 권리를 말한다. 이러한 주식을 보유하는 목적은 출자지분의 확보, 경영권 확보, 배당금 수령, 주식양도 차익획득 등과 같이 다양하다. 이러한 목적달성을 위하여 주식의 매매거래가 발생하며, 주식양도와 관련된 세금도 항상 따라 다니게 된다.

일반적으로 주식은 거래시장에 따라 크게 상장주식(상장주식은 유가증권시장에 상장한 주식과 코스닥시장에 상장한 주식으로 구분된다)과 비상장주식으로 구분할 수 있으며, 세법에서는 상장주식과 비상장주식의 양도에 대하여 다르게 취급하고 있다. 또한, 부동산과다보유법인 등과 같은 특성법인의 주식의 양도에 대하여도 다르게 취급하고 있다. 따라서 이러한 세법의 규정에 대하여 기본적인 사항을 이해하고 주식을 양도한다면 절세에 큰 도움이 될 것으로 생각한다.

| 표 | 주식양도소득세의 계산구조 및 절세방법 |

| 계산구조 | 계산방법 | 포인트 |
|---|---|---|
| 양도가액 | 실제 양도가액 | 1 |
| (−) 필요경비 | 실제 취득가액과 기타의 필요경비 | |
| 양도소득금액 | • 상장법인의 소액주주는 비과세됨<br>• 특정 벤처기업의 소액주주는 비과세됨 | 2<br>3 |
| (−) 양도소득기본공제 | 거주자의 경우만 1년에 250만 원 공제(주식 외의 자산 양도 시에는 별도로 1년에 250만 원 공제) | |
| 과세표준 | | |
| (×) 양도소득세율 | • 일반주식 : 20%(단, 중소기업 주식은 10%, 예외적으로 30%, 상장법인의 소액주주의 주식은 비과세)<br>• 특정주식 : 9 ~ 36%(누진세율) | 4<br><br>5 |
| 산출세액 | | |
| (−) 세액감면 · 공제 | 예정신고 납부세액공제(2010년 폐지 예정임)<br>각종의 세액감면 | 6 |
| (−) 기납부 세액 | 이미 신고한 양도차익 예정신고 산출세액 | |
| 자진납부할 세액 | 결정세액보다 기납부한 세액이 많은 경우에는 환급받음 | 7 |

## Point ❶ 특수관계자 간에 양도 시에는 부당행위가 없도록 주의하라.

주식의 양도로 인하여 발생하는 소득에 대한 양도소득세는 실지거래가액을 기준으로 하여 과세하는 것이 원칙이다. 그러나 특수관계자 간에 양도로서 조세를 부당히 감소시킨 경우에는 실지거래가액을 무시하고 시가를 기준으로 하여 양도소득세를 재계산하여 부족액을 추징하므로, 특수관계자 간의 거래 시에는 이러한 점을 고려하여야 한다. 부당행위계산부인 규정에 대하여는 '제5장 부동산과 세금 줄이는 방법'을 참조하기 바란다.

**Point ②** **상장주식의 경우에는 소액주주 비과세 규정을 활용하라.**

모든 주식의 양도 시에는 양도소득세를 과세하는 것이 원칙이다. 그러나 주식시장 육성을 위해 상장법인의 소액주주가 상장주식을 증권시장에서 양도한 경우 양도소득세를 과세하지 않는다. 즉, 양도일이 속하는 사업연도의 직전사업연도 종료일 현재 해당 상장법인의 주식 합계액의 3% 이상(코스닥 상장주식과 협회를 통해 장외거래되는 벤처기업주식은 5% 이상) 또는 시가총액으로 100억 원 이상(코스닥 상장주식과 벤처기업주식은 50억 원 이상)을 소유한 주주(그와 특수관계에 있는 자가 소유한 주식을 포함함. 직전사업연도 종료일 현재에는 100분의 3에 미달하였으나 그 후 주식을 취득함으로써 100분의 3 이상을 소유하게 되는 때에는 그 취득일 이후의 주주)가 양도하는 경우에는 양도소득세를 과세한다.

상기의 시가총액은 다음 각 호의 금액에 따른다.
1. 주권상장법인의 주식의 경우에는 주식의 양도일이 속하는 사업연도의 직전사업연도 종료일 현재의 최종시세가액. 다만, 직전사업연도 종료일 현재의 최종시세가액이 없는 경우에는 직전거래일의 최종시세가액에 따른다.
2. 제1호 외의 주식의 경우에는 소득세법상 기준시가의 산정방식에 의한 평가액

**Point ③** **비상장주식의 경우 벤처기업에 대한 비과세 규정을 활용하라.**

비상장 주식을 양도한 경우 양도소득세가 전부 과세되는 것이 원칙이지만, 예를 들어 다음과 같은 경우에는 양도소득세를 과세하지 않는다. 이에 대한 자세한 사항은 벤처기업주주의 절세를 참조하기 바란다.

1. 특수관계가 없는 창업벤처기업(또는 벤처기업으로 전환한 후의 벤처기업)으로서 3년 이내의 벤처기업에 직접 출자하여 취득한 주식으로서 취득한 후 5년이 경과된 주식의 양도
2. 벤처기업의 소액주주가 협회를 통한 장외거래방식으로 양도하는 주식

## Point ❹ 비상장주식의 양도 시에는 중소기업에 해당될 때 양도하라.

비상장 주식의 양도 시에는 20%의 세율이 적용되나 중소기업의 경우에는 10%의 세율이 적용되므로 이를 활용하여 절세할 수 있다. 여기서 중소기업이란 주식 등의 양도일이 속하는 사업연도의 직전사업연도 종료일 현재 중소기업기본법 제2조의 규정에 의한 중소기업에 해당하는 기업을 말한다.

### 표 주식양도에 대한 양도소득 세율

| 종 류 | | 세 율 |
|---|---|---|
| 1. 상장법인 주식 | 1) 상장법인 대주주의 주식양도<br>*대주주 : 특수관계자를 포함하여 3% 또는 100억 원 이상 주주(단, 코스닥상장주식과 장외 거래되는 벤처기업주식은 5% 또는 50억 원 이상 보유한 주주) | 1. 중소기업이 아닌 상장법인의 대주주가 1년 미만 보유한 주식의 양도 : 30%<br>2. 중소기업의 주식 : 10%<br>3. 기타의 주식 : 20% |
| | 2) 상장법인 주주의 장외거래로 주식양도 | |
| | 3) 상장법인 소액주주가 증권시장에서 양도하는 주식은 비과세 | 해당 없음 |
| 2. 상장법인 이외의 주식 | | 1. 중소기업 주식 : 10%<br>2. 기타의 주식 : 20% |
| 3. 50% 이상의 자산이 부동산인 법인의 50% 이상의 주식을 보유한 주주가 보유주식의 50% 이상을 양도하는 경우 | | 1. 원칙 : 6 ~ 35%<br> (2010년부터 : 6 ~ 33%)<br>2. 자산총액 중에서 비사업용 토지가 50% 이상인 법인의 주식 양도 : 60% |
| 4. 80% 이상의 자산이 부동산인 법인 또는 골프장 등의 사업을 영위하는 법인의 주주가 보유주식을 양도하는 경우 | | |

**Point ⑤ 특정주식의 양도 시에는 부동산양도로 보아 누진과세 되므로 주의하라.**

부동산과다보유법인의 주식을 양도하는 경우 상장, 비상장을 구분하지 않고 양도소득세를 과세하며, 주식양도로 보아 10% 또는 20%의 세율을 적용하는 것이 아니라, 부동산양도로 보아 6~35%의 누진세율을 적용하여 과세한다. 따라서 부동산과다보유법인의 주식을 양도할 때에는 사전계획에 따라 양도하여 누진과세 되지 않도록 하면 절세할 수 있다.

### ≫ 부동산양도로 보는 특정주식

1. 법인이 총자산 중 부동산이나 부동산권리의 합계액이 50% 이상이며, 주주(그와 특수관계에 있는 자가 소유한 주식 포함)가 소유하고 있는 주식의 비율이 50% 이상인 법인의 주식을 3년간 그 법인의 주식의 합계액의 50% 이상을 양도한 경우. 이 경우 주주 1인과 기타 주주가 주식을 수회에 걸쳐 양도하는 때에는 그들 중 1인이 주식을 양도하는 날부터 소급하여 3년 내에 그들이 양도한 주식을 합산하며, 상기에 해당하는 여부의 판정은 그들 중 1인이 주식을 양도하는 날부터 소급하여 그 합산하는 기간의 초일 현재의 당해 법인의 주식 합계액 또는 자산총액을 기준으로 한다.

2. 총자산 중 부동산이나 부동산권리의 합계액이 80% 이상인 법인이 골프장 · 스키장 · 콘도미니엄 · 전문휴양시설 중 하나 이상을 건설 또는 취득하여 직접 경영 · 분양 · 임대하는 법인의 주식을 양도하는 경우

3. 상기의 경우에 자산총액 및 자산가액은 당해 법인의 장부가액(토지의 경우에는 기준시가)에 의한다. 이 경우 다음 각 호의 금액은 자산총액에 포함하지 아니한다.

   1) 다음의 무형고정자산의 금액

① 개발비 : 상업적인 생산 또는 사용 전에 재료·장치·제품·공정·시스템 또는 용역을 창출하거나 현저히 개선하기 위한 계획 또는 설계를 위하여 연구결과 또는 관련지식을 적용하는데 발생하는 비용으로서 당해 법인이 개발비로 계상한 것

② 사용수익기부 자산가액 : 금전 외의 자산을 국가 또는 지방자치단체, 조세특례제한법과 법인세법에 기부금대상 법인에게 기부한 후 그 자산을 사용하거나 그 자산으로부터 수익을 얻는 경우 당해 자산의 장부가액

2) 양도일부터 소급하여 1년이 되는 날부터 양도일까지의 기간 중에 차입금 또는 증자 등에 의하여 증가한 현금·금융재산 및 대여금의 합계액

## Point ⑥ 양도소득세 자진신고를 하라.

주식에 대한 양도소득세는 양도한 날의 분기의 말일부터 2월 이내(단, 부동산 과다법인의 주식은 양도한 날이 속하는 달의 말일부터 2월 이내)에 자진신고 납부하여야 한다. 자진신고납부하면 산출세액의 10%를 세액공제 받을 수 있다.

또한, 자진신고하지 아니한 경우라도 양도한 연도의 다음 연도 5월 말일까지 확정신고하여야 한다. 이때까지도 신고하지 아니하면 20%의 가산세를 가산하여 납부하여야 하며, 미납부에 대하여는 1일에 0.3%의 가산세를 납부하여야 한다.

그러나 2010년 세법개정안에 의하면 양도소득세 자진신고 납부세액공제는 없어질 예정이며 무신고 무납부 가산세를 부과할 예정이다.

 **양도소득세가 1,000만 원을 초과하는 경우에는 분납하라.**

양도소득세를 예정신고하거나 확정신고할 때에 납부할 세액이 1,000만 원을 초과하는 경우에는 납세자의 신청에 의하여 우선 50%(최소 1,000만 원)를 납부하고, 나머지는 납부기한 경과 후 2개월 이내에 납부할 수 있다. 이때 예정신고의 경우에 분납을 하더라도 예정신고자진납부세액공제 10%는 납부할 세액 전액에 대하여 적용됨을 알고 이를 활용하여야 한다.


 **증권거래세를 신고 납부하라.**

주식을 양도하는 경우에는 양도차익의 유무에 관계없이 증권거래세를 양도한 달의 말일부터 2월 이내에 신고·납부하여야 한다. 증권거래세는 양도가액의 5/1,000이며, 무신고 시에는 무신고 가산세 10%가 추가되며, 무납부 시에는 무납부 가산세로 1일에 3/10,000이 추가로 부과된다.

### 부동산과다보유법인의 주식의 양도

지방의 모 골프장을 소유하고 있는 이 사장은 골프장을 매각하려고 하는데 주식으로 매각하면 양도소득세를 절세할 수 있다는 주변의 말을 듣고 주식으로 매각하려고 생각하고 있다. 즉, 당해 골프장이 중소기업에 해당되면 10%의 양도소득세를 납부하고, 그렇지 아니하면 20%의 양도소득세를 납부하면 되는 것으로 생각하고 있다.

그러나, 골프장은 일반적으로 보유자산의 대부분이 부동산으로서 현행 세법상 보유부동산이 80% 이상인 법인의 주식을 양도하면 부동산을 양도한 것과 같이 6%에서 35%의 세율로 양도소득세를 계산하여 납부하여야 한다. 반면에 법인이 보유하고 있는 골프장용 부동산을 양도하는 경우에는 11%에서 22%의 법인세를 납부하면 된다. 그러므로 주식을 양도한 자금으로 새로운 사업을 할 계획이라면 주식을 양도하는 것보다는 골프장용 부동산을 양도하는 것이 세 부담을 줄일 수 있는 방법이기도 하다.

### 대주주의 주식의 양도

주식투자를 전문으로 하는 김 사장은 최근에 주식투자로 큰 이익을 보았다. 즉, 코스닥에 투자한 주식이 대박이 난 것이었다. 자신과 가족의 명의로 투자한 주식을 양도하여 큰 이익을 보았다. 그리고 약 1년이 지난 후에 국세청으로부터 양도소득세를 추징한다는 통보서가 날라 와 깜짝 놀라 알아 보니 대주주가 양도한 경우에는 양도소득세를 납부하여야 한다는 것이 었다.

즉, 김 사장은 자신과 가족의 명의로 코스닥 주식을 매수하여 약30억 원의 이익을 보았는데 상장주식의 매매로 인한 이익은 양도소득세가 없는 것으로 알고 세금신고를 하지 아니하였다. 상장주식의 경우라도 대주주가 양도하는 주식은 그 유형에 따라 10%에서 30%의 양도소득세가 부과된다는 사실을 몰랐던 것이다.

현행 소득세법에 의하면 친족이나 특수관계자를 포함하여 보유한 주식이 직전년도 말 현재 3%(코스닥은 5%) 이상이거나 시가가 100억 원(코스닥은 50억 원) 이상인 주주가 당해연도에 양도하는 주식으로서 (1) 1년 미만 보유한 중소기업 이외의 상장주식은 30%, (2) 상장 중소기업의 주식은 10%, (3) 기타의 상장주식은 20%의 양도소득세를 납부하여야 한다.

# 2. 유상증자와 절세

### 증자 시에는 부수되는 세금효과를 고려하여야 한다.

주식회사를 설립할 때에는 최소한 이사 3명과 감사 1명(단, 자본금 10억 원 미만의 회사는 1인 또는 2인의 이사만으로도 설립할 수 있음)으로 하며, 주식회사의 최소자본금인 5,000만 원에 대한 제한은 상법 개정으로 없어졌기 때문에 자본금을 100원 이상으로 하여 설립하면 된다. 이때 주주와 임원은 동일인이어도 무방하다. 따라서 원칙적으로는 주식회사를 설립하기 위한 최소 임원은 4명이어야 하지만, 설립 초기에는 1명만으로도 설립할 수 있다.

상법 개정 전에는 최소 임원인 4명을 확보하기 위하여 지인에게 임원이나 주주가 되어달라고 부탁하면 본인에게 어떤 불이익이 발생할까 염려가 되어 이를 회피하기 때문에 설립 초기의 임원을 확보하기가 어려운 점이 있었다.

또한, 회사의 설립 후에도 자본조달, 부채비율 감소, 기업신용 증대, 과소자본으로 인한 세무상의 불이익을 피하기 위한 목적 등의 여러 가지 목적으로 자본금을 늘리고자 할 때가 있다. 이러한 경우에 증자와 관련된 부수적인 세금문제에 대한 사전 검토가 있어야 한다. 그래야만 예상하지 못한 세금이 부과되는 경우가 없을 것이다.

**표** 주주의 권리와 의무

| 구 분 | 권리 · 의무의 내용 |
|---|---|
| 상법상<br>권리 · 의무 | 1. 주주란 상법에 규정되어 있는 용어로서 주식회사의 출자자로서 주식을 소유한 자를 말한다.<br>2. 이러한 주주는 출자자로서의 권리를 갖게 되며, 주주의 권리에 대하여는 상법에 규정되어 있다. 즉, 주주총회에서의 의결권, 회사의 이익에 대한 배당권, 신주발행 시의 신주인수권, 회계장부의 열람청구권 등 여러 가지의 권리가 주어진다.<br>3. 반면에 상법상 주주의 의무는 주주의 대표소송 즉, 발행주식의 총수의 100분의 1 이상에 해당하는 주식을 가진 주주는 회사에 대하여 이사의 책임을 추궁하기 위한 소송을 제기하여 패소한 때에는 악의인 경우에 회사에 대하여 손해를 배상할 책임이 있으며, 이사와 통모하여 현저하게 불공정한 발행가액으로 주식을 인수한 자는 회사에 대하여 공정한 발행가액과의 차액에 상당한 금액을 지급할 의무가 있다. |
| 세법상<br>권리 · 의무 | 상법상으로는 주주에 대하여 어떠한 권리의무와는 별개로 세법상으로는 특정한 과점주주에 대하여 제2차 납세의무와 취득세 납세의무를 부여하고 있다. |

1. 증자 시에 납부해야 하는 등록세

2. 증자 시 과점주주가 될 경우 취득세

3. 과점주주의 2차 납세의무

4. 신주인수권을 포기한 경우의 증여세

## Point ① 등록세의 중과세를 피하도록 한다.

지방세법에서는 대도시 내에서 법인설립을 억제하기 위하여 대도시 지역 내에서 법인을 설립하는 경우 법인설립에 따른 등록세를 자본금의 불입에 대하여 일반법인에 적용되는 세율인 0.4%의 3배인 1.2%를 적용한다. 이러한 중과는 설립 시뿐만 아니라 설립 후 5년 내에 증자를 하는 경우에도 적용된다. 그러므로 자본금을 1억 원 증자하는 경우에는 등록세로 1,200만 원을 납부해야 한다. 따라서 설립 후 5년이 얼마 남지 않은 법인이라면 5년이 지난 후에 증자하는 것이 절세에 도움이 된다.

또한, 특정업종을 영위하는 경우에는 중과세에서 제외되므로 중과에서 제외되는 업종을 영위하고 있다면 중과세되지 않도록 유의하여야 한다. 중과세가 제외되는 특정업종에 대하여는 '제5장 부동산과 세금 줄이는 방법'을 참조하기 바란다.

≫ 등록세 중과에서 제외되는 업종 예시

1. 소프트웨어사업

2. 자원재활용업종

3. 협동화사업으로서 도시형공장을 영위하는 사업

4. 의료업

5. 산업발전법에 의하여 지식경제부장관이 고시하는 첨단기술산업

6. 산업집적활성화 및 공장설립에 관한 법률에 의한 첨단업종

7. 전기통신사업

8. 5년 이상 제조업을 하던 개인의 법인전환

## Point ❷ 주식명의신탁으로 인한 증여세 부담을 피해야 한다.

과점주주가 되는 경우에는 세법상 의무조항이 있어 이를 형식적으로 피하기 위하여 아는 사람의 명의를 빌려 주주로 등재하는 경우가 있다. 그러나 이 경우에 명의신탁한 주식임이 밝혀지면 명의를 빌려준 사람은 증여받은 것으로 보아 증여세가 부과될 수 있다. 또한, 실질소유자가 밝혀져 실질소유자가 과점주주인 것으로 판명되면 세법상의 의무조항에 따라 납세의무가 발생한다.

이상의 사항을 고려하지 않고 주주를 구성하였다가 불가피하게 법인의 세금을 납부하지 못하는 경우에 과점주주에 속하는 주주는 친척이나 임원이라는 이유로 제2차 납세의무가 발생할 수 있다는 사실을 염두에 두어야 한다.

또한, 부동산 등이 있는 법인의 주주가 주식을 양도·양수할 때에도 과점주주에 속하는 지를 고려하여야 취득세 납세의무를 피할 수 있다.

## Point ❸ 신주인수권의 포기에 이익을 얻은 자는 증여받은 것으로 본다.

시가보다 높거나 낮은 가격으로 증자할 때에 기존주주가 기존주주의 고유권리인 자신에게 부여된 신주인수권을 포기하게 되면 포기로 인하여 이익을 얻은 자에게 증여세가 부과될 수가 있다.

예를 들면, 시가 10,000원인 주식을 8,000원에 신주를 발행하는 경우 기존주주가 신주인수를 포기하고 다른 사람이 신주인수를 하는 경우에 신주인수를

받는 자에게 증여세를 부과한다.

증여로 보는 경우는 다음과 같이 2가지가 있으며, 이에 대하여는 제7장 증여·상속과 세금 줄이는 방법편을 참조하기 바란다.

첫째, 기존주주가 포기한 신주를 다시 배정한 경우에 이를 배정받아 이익을 얻는 자에게 증여세가 부과된다.

둘째, 기존주주가 포기한 신주를 다시 배정하지 않은 경우에는 포기한 주주와 특수관계자가 얻는 이익에 대하여만 증여세가 부과된다.


## Point ❹ 우리사주조합에 대한 과세특례를 적극 활용하라.

현행 조세특례제한법에서는 근로자복지기본법에 의한 우리사주조합원에 대하여 다음과 같이 다양한 조세지원을 하고 있으므로 이를 회사와 협의하여 적극적으로 활용하면 절세할 수 있다.

### ≫ 우리사주조합에 대한 과세특례 사항

1. 우리사주조합원이 자사주를 취득하기 위하여 동법에 의한 우리사주조합에 출연하는 경우에는 당해연도의 출연금액과 400만 원 중 적은 금액을 당해연도의 근로소득금액에서 공제한다.

2. 근로자복지기본법의 규정에 의하여 조성된 우리사주조합기금에서 발생하거나 우리사주조합이 보유하고 있는 자사주에서 발생하는 소득에 대하여는 소득세를 부과하지 아니한다.

3. 우리사주조합원이 근로자복지기본법의 규정에 따라 해당 법인 등의 출연, 자본시장과 금융투자업에 관한 법률에 따른 증권시장 등에서의 매입으로 취득한 자사주를 우리사주조합을 통하여 배정받는 때에는 소득세를 부과하지 아니한다.

4. 상기의 3항에도 불구하고 우리사주조합원이 우리사주조합을 통하여 배정받은 자사주가 해당 법인이 출연하거나 해당 법인의 출연금으로 취득한 것으로서 일정한 한도(즉, 자사주의 매입가액 등을 기준으로 연간 우리사주조합원의 직전년도 총급여액의 100분의 20에 상당하는 금액. 당해 금액이 500만 원 이하인 경우에는 500만 원 한도)를 초과하는 분에 대하여는 근로소득으로 보아 소득세를 부과한다. 이 경우 근로자복지기본법의 규정에 따라 당초 배정된 자사주가 우리사주조합원으로부터 우리사주조합에 회수되어 이미 경과한 과세기간에 속하는 근로소득에서 차감되어야 할 금액이 있는 경우 해당 우리사주조합원은 회수일이 속하는 과세기간의 근로소득세액에 대한 연말정산 시 해당 근로소득에서 그 금액을 차감할 수 있다.

5. 우리사주조합원이 우리사주조합으로부터 배정받은 자사주를 인출하는 경우에는 당해 인출하는 자사주에서 다음 각 호의 자사주를 제외한 과세인출주식에 대하여 계산한 인출금(즉, 과세인출주식의 매입가액 등과 당해 주식의 인출일 현재 시가 중 적은 금액. 당해 법인이 파산선고를 받은 경우에는 0원)을 소득세법에 의한 근로소득으로 보아 소득세를 부과한다. 이 경우 당해 소득의 수입시기는 당해 자사주의 인출일로 하고, 당해 법인은 인출금에 대하여 소득세법상의 세율을 적용하여 계산한 금액을 원천징수하여야 한다.

  1) 제1항의 규정에 의히여 소득공제를 받지 아니한 출연금으로 취득한 자사주

  2) 제4항 전단의 규정에 따른 자사주

  3) 잉여금을 자본에 전입함에 따라 우리사주조합원에게 무상으로 교부된 자사주

6. 우리사주조합원의 과세인출주식에 대한 인출금의 경우 자사주의 보유기간에 따라 다음 각 호의 어느 하나에 상당하는 금액에 대하여는 소득세를

부과하지 아니한다. 이 경우 자사주의 보유기간은 자본시장과 금융투자업에 관한 법률에 따른 증권금융회사의 우리사주조합원별 계정에 의무적으로 예탁하여야 하는 기간의 종료일의 다음날부터 인출한 날까지의 기간으로 한다.

  1) 과세인출주식을 2년 이상 4년 미만 보유하는 경우 인출금의 100분의 50에 상당하는 금액

  2) 과세인출주식을 4년 이상 보유하는 경우 인출금의 100분의 75에 상당하는 금액

7. 우리사주조합원이 출연금을 자사주 취득에 사용하지 아니하고 인출하는 경우에는 당해 금액(제1항의 규정에 의하여 소득공제를 받지 아니한 것을 제외한다)은 제5항의 규정에 따른 인출금에 포함한다.

8. 우리사주조합원이 제1항의 규정에 의한 소득공제금액을 초과하는 출연금으로 당해 법인으로부터 일정한 가액(즉, 자사주의 취득일 현재 시가의 100분의 70에 상당하는 가액. 다만, 소액주주에 해당하는 우리사주조합원이 근로자복지기본법의 규정에 의하여 자사주를 우선배정받는 경우에는 자사주의 취득일 현재 시가의 100분의 70에 상당하는 가액과 액면가액중 낮은 금액)보다 낮은 가액으로 자사주를 취득한 경우에는 당해 취득가액과 일정한 가액과의 차액은 우리사주조합을 통하여 배정받은 때의 근로소득으로 보아 소득세를 부과한다.

9. 우리사주조합원이 우리사주조합을 통하여 취득한 후 증권금융회사에 예탁한 우리사주의 배당소득에 대하여는 다음 각 호의 요건을 갖춘 경우에 소득세를 과세하지 아니한다. 다만, 예탁일부터 1년 이내에 인출하는 경우 동 인출일 이전에 지급된 배당소득에 대하여는 인출일에 배당소득이 지급된 것으로 보아 소득세를 과세한다.

1) 증권금융회사가 발급한 주권예탁증명서에 의하여 우리사주조합원이 보유하고 있는 자사주가 배당지급 기준일 현재 증권금융회사에 예탁되어 있음이 확인될 것

2) 우리사주조합원이 소득세법 제20조 제3항의 규정에 의한 소액주주일 것

3) 우리사주조합원이 보유하고 있는 자사주의 액면가액의 개인별 합계액이 1,800만 원(2008년 12월 31일까지는 3,000만 원) 이하일 것

10. 농업협동조합법 제21조의2·제107조 제2항·제112조 제2항·제112조의10 제2항 및 제147조의 규정에 의하여 출자지분을 취득한 근로자가 보유하고 있는 자사지분의 배당소득에 대하여는 다음 각 호의 요건을 갖춘 경우 소득세를 과세하지 아니한다. 다만, 취득일부터 1년 이상 보유하지 아니하게 된 자사지분의 경우에는 당해 사유가 발생하기 이전에 지급받은 배당소득에 대하여 당해 사유가 발생한 날에 배당소득이 지급된 것으로 보아 소득세를 과세한다.

1) 근로자가 소액주주일 것

2) 근로자가 보유하고 있는 자사지분의 액면가액의 개인별 합계액이 1,800만 원(2008년 12월 31일까지는 3,000만 원) 이하일 것

11. 원천징수의무자는 제9항 및 제10항의 규정에 따른 우리사주조합원 및 근로자의 배당소득에 대한 비과세명세서를 원천징수 관할 세무서장에게 제출하여야 한다.

12. 우리사주조합원이 보유하고 있는 자사주로서 다음 각 호의 요건을 갖춘 주식을 당해 조합원이 퇴직을 원인으로 인출하여 우리사주조합에 양도하는 경우에는 양도소득세를 과세하지 아니한다. 단, 그 양도차익이 3,000만 원을 초과하는 때에는 그 초과금액에 대하여는 그러하지 아니한다.

1) 우리사주조합원이 자사주를 우리사주조합을 통하여 취득하여 1년 이상

보유할 것

   2) 우리사주조합원이 보유하고 있는 자사주가 양도일 현재 증권금융회사에 1년 이상 예탁된 것일 것

   3) 우리사주조합원이 보유하고 있는 자사주의 액면가액 합계액이 1,800만 원 이하일 것

## ≫ 우리사주조합에 적용되는 소액주주의 범위

1. 소액주주(아래의 지배주주와 특수관계있는 주주 제외)라 함은 당해 법인의 발행주식총액의 100분의 1에 해당하는 금액과 3억 원(액면가액의 합계액을 말한다) 중 적은 금액을 말한다. 다만, 은행법에 의한 금융기관의 경우에는 발행주식총액 등의 100분의 1에 해당하는 금액을 말한다.

2. 상기의 소액주주에 해당하던 자가 법인의 자본증가로 인하여 그가 소유하는 주식의 액면금액의 합계액이 3억 원 이상이 되는 경우 그 증자일부터 증자일이 속하는 연도의 다음 연도 종료일까지는 제1항의 규정에 불구하고 이를 소액주주로 본다. 다만, 그가 소유하는 주식의 액면금액의 합계액이 증자 후의 당해 법인의 발행주식총액 등의 100분의 1 이상이 되는 경우에는 그러하지 아니한다.

3. 당해 법인의 지배주주라 함은 당해 법인의 발행주식총액 등의 100분의 1 이상의 주식을 소유한 주주(국가·지방자치단체인 주주를 제외한다)로서 그와 특수관계에 있는 주주와의 소유주식의 합계가 당해 법인의 주주 중 가장 많은 경우의 당해 주주를 말한다.

4. 특수관계에 있는 주주라 함은 부당행위계산부인의 규정이 적용되는 특수관계에 있는 주주를 말한다.

## 대표이사 명의대여 시의 추징

중소기업을 경영하는 김 사장은 지인의 부탁으로 잠시만 대표이사의 명의를 빌려 달라는 부탁을 받고 거래관계도 있고 해서 그 부탁을 들어 주었다. 동시에 필요한 서류도 발급해 주었다. 그런데 약 5년이 지난 후에 세무서로부터 소득세를 추징하겠다는 과세통보를 받고 알아 본 결과 김 사장 본인도 모르게 지분을 50%를 초과해서 보유하고 있는 것으로 주주명부에 등재되어 있으며, 그 당시에 허위의 세금계산서를 발급받아 비용으로 처리한 것이 추후에 발각되어 세금을 추징하려고 했으나 이미 폐업한 후라서 대표이사이며 과점주주인 김 사장에게 소득세를 추징한 것이었다.

관련 세법에 의하면 실질적으로 경영권을 가진 과점주주는 2차 납세의무가 있으므로 추징세액을 납부할 의무가 있지만, 이 경우에는 김 사장 본인도 모르는 주식이 본인 명의로 되어 있을 뿐만 아니라 자신은 경영에 전혀 관여한 사실이 없었기 때문에 2차 납세의무가 없다고 할 수 있다. 그러나 과세관청은 김 사장의 주장을 수용하지 않아 조세불복절차에 따라 조세심판원에 심판청구를 하였으나 이 역시 기각되었다. 결국 행정소송을 제기하여 1심에서는 승소하였으나, 과세관청이 불복하여 2심까지 가게 되었고 2심에서도 승소하여 부과처분이 취소되었다.

이와 같이 무심코 허락한 명의대여로 인하여 많은 시간과 비용이 발생할 수도 있다는 것을 알고 신중하게 처리해야 할 것이다.

## 주식매수선택권의 행사로 취득하는 주식과 양도

중소기업을 운영하기는 여러 가지 면에서 매우 어렵다. 특히 인력확보에 있어서는 더욱 그렇다. 인력확보가 어려운 일차적인 이유는 충분한 급여를 지급할 수 없기 때문이다. 이와 같은 경우라면 회사의 비전을 제시하고 급여를 대신할 수 있는 주식매입선택권을 부여하는 방법을 활용할 수 있다.

주식매수선택권(stock options)이란 회사의 설립과 경영·기술혁신 등에 기여하였거나 기여할 능력을 갖춘 당해 법인의 임직원에게 특별히 유리한 가격으로 당해 법인의 주식을 취득할 수 있는 권리를 말한다. 이러한 주식매입선택권을 부여받아 행사하는 임직원은 당해 주식의 시가가 상승한다면 행사 당시의 시가와 매수가격과의 차이만큼 이익을 얻게 된다.

이러한 주식매수선택권의 행사이익은 임직원의 근로소득 또는 배당소득이므로 과세되는 것이 원칙이다. 즉, 현행 소득세법에서는 주식매수선택권을 부여받아 근무하는 기간 중에 행사함으로서 얻는 이익은 근로소득으로 과세되며, 퇴사 후에 행사함으로써 얻는 이익 또는 고용관계가 없는 자가 받아 행사함으로써 얻는 이익은 기타 소득으로 과세한다. 근로소득으로 분류하는 경우에는 근로소득의 원천징수방식에 따라 원천징수한 후에 연말정산을 하게 되며, 기타 소득으로 분류하는 경우에는 기타 소득의 원천징수방식에 따라 지급액의 20%를 원천징수하여야 한다.

이러한 주식매수선택권의 행사로 취득한 주식을 양도하는 경우에는 행사 당시의 시가를 취득가액으로 보아 양도가액과의 차액에 대하여 양도소득세를 부과한다. 그러므로 행사 이후에 보유하는 주식을 양도할 때의 시가가 행사 당시의 시가보다 하락하는 경우에는 손실이 발생하게 된다. 한편, 주식매수선택권의 행사시에 행사 당시의 시가가 행사가액보다 높은 경우에 납부한 근로소득세 또는 기타 소득세는 당해 주식의 취득원가에 포함되지 않는다는 점에 유의하여야 한다.

참고로 벤처기업의 종업원 등이 주식매수선택권의 행사로 인하여 얻은 이익 중에서 연간 3,000만 원까지 비과세하던 종전의 과세특례규정은 2007년도에 폐지되었다.

### 우리사주조합의 소액주주가 취득하는 주식과 양도

근로자복지기본법에 따른 우리사주조합에 가입한 자가 당해 법인의 주식을 그 조합을 통하여 취득한 경우에 그 조합원이 당해 법인의 주주 중 앞에서 말한 소액주주(당해 법인의 지배주주와 특수관계에 있는 주주를 제외한다)의 기준에 해당하는 때에는 그 주식의 취득가액과 시가와의 차액으로 인하여 발생하는 소득은 근로소득 또는 기타 소득으로 보지 아니한다. 또한 증여로도 보지 아니한다.

이러한 우리사주조합을 통하여 취득한 주식의 양도 시에는 당해 주식의 매입가액이 취득가액이 되므로 원칙적으로는 양도가액에서 매입가액을 차감하여 양도차익을 계산한다. 이는 주식매수선택권의 행사로 취득한 주식의 양도차익은 양도가액에서 행사 당시의 시가를 차감하여 계산하는 것과는 다르다. 그 이유는 주식매수선택권의 행사차익은 근로소득 또는 기타 소득으로 과세되므로 양도 시에 필요경비가 되는 취득가액은 행사 당시의 시가가 되지만, 우리사주조합을 통하여 취득하는 경우에는 시가와 취득가액과의 차액에 대하여 과세되지 아니하며 추후에 양도소득세로 과세하기 때문이다.

# 3. 과점주주의 절세

### 특정 과점주주는 세법상의 추가적인 의무를 부담한다.

세법상 과점주주에 대하여는 추가적인 의무가 부과되는데, 그것은 2차 납세의무와 간주취득세 납세의무이다. 과점주주란 주주 1인의 출자지분과 특수관계자의 출자지분을 포함하여 50%를 초과하는 출자지분을 보유하는 주주를 말하며, 과점주주 중에 실질적인 경영권을 가진 자는 2차 납세의무가 있으며, 과점주주는 간주취득세의 납부의무가 있다.

과점주주의 제2차 납세의무란 회사(유가증권시장에 상장한 법인은 제외하며, 코스닥시장에 상장한 법인은 포함한다)의 재산으로 그 회사에 부과되거나 그 회사가 납부할 국세 · 가산금과 체납처분비에 충당하여도 부족한 경우에는 그 국세의 납세의무성립일 현재 과점주주 중 일정한 조건을 갖춘 경우에는 그 부족한 국세 등에 대하여 과점주주가 소유한 지분율만큼의 세금을 납부할 의무를 지는 것을 말한다. 이는 지방세의 경우에도 동일하다. 따라서 주주를 구성할 경우에는 가능한 한 특수관계가 없는 자를 대상으로 하여 지분분산을 하여야 세법상의 불이익을 피할 수 있다.

## ▶▶ 과점주주의 국세와 지방세의 2차 납세의무의 요건

1. 유가증권시장에 상장한 법인 이외의 법인 즉, 비상장법인과 코스닥시장에 상장한 법인의 주주이어야 한다. 이때 주주란 주주명부에 기재유무와 관계없이 사실상 주주권을 가진 자를 말하며, 주주권이 양도된 경우에는 양수인을 말한다.

2. 납세의무성립일 현재에 과점주주이어야 한다. 납세의무성립일은 일반적으로 각종 과세기간을 의미한다. 예를 들면, 법인세는 사업연도의 종료일 현재이고, 부가가치세는 6월 말과 12월 말(재화의 수입 시에는 수입신고 시)을 말한다.

3. 과점주주는 주주 1인과 친족 기타 특수관계에 있는 자를 포함한 자의 소유주식의 합계가 당해 법인의 발행주식총액의 100분의 50을 초과하는 자들을 말한다. 여기서 친족 기타 특수관계에 있는 자는 다음의 <표>에 있는 자를 말한다.

4. 과점주주 중에서 다음에 해당하는 자에게 법인의 재산으로 그 법인에게 부과되거나 그 법인이 납부할 국세·가산금과 체납처분비에 충당하여도 부족한 경우에는 그 부족액을 그 법인의 발행주식총수(의결권이 없는 주식을 제외한다)로 나눈 금액에 과점주주의 소유주식수(의결권이 없는 주식을 제외한다. 아래의 1)과 2)의 과점주주의 경우에는 당해 과점주주가 실질적으로 권리를 행사하는 주식 수)를 곱하여 산출한 금액을 한도로 하여 부과·징수할 수 있다.

1) 당해 법인의 주식의 50%를 초과하는 지분에 대한 권리를 실질적으로 행사하는 자

2) 명예회장, 회장, 사장, 부사장, 전무, 상무, 이사 기타 그 명칭에 불구하고 법인의 경영을 사실상 지배하는 자

3) 앞의 1)과 2)에 정하는 자의 배우자(사실상 혼인관계에 있는 자를 포함) 및 그와 생계를 같이하는 직계존비속

**[표]** 과점주주에 포함되는 친족, 기타 특수관계에 있는 자

| 구 분 | 특수관계자 |
| --- | --- |
| 1. 친족 | ① 6촌 이내의 부계혈족과 4촌 이내의 부계혈족의 처<br>② 3촌 이내의 부계혈족의 남편 및 자녀<br>③ 3촌 이내의 모계혈족과 그 배우자 및 자녀<br>④ 처의 2촌 이내의 부계혈족 및 그 배우자<br>⑤ 배우자(사실상의 혼인관계에 있는 자를 포함한다)<br>⑥ 입양자의 생가의 직계존속<br>⑦ 출양자 및 그 배우자와 출양자의 양가 직계비속<br>⑧ 혼인 외의 출생자의 생모<br>※ 이상의 경우 주주가 출가녀인 경우에는 그 남편과의 관계에 의한다. |

| 구분 | 특수관계자 |
|---|---|
| 2. 기타 | ⑨ 사용인 기타 고용관계에 있는 자<br>※ 주주의 사용인을 의미하며, 회사의 사용인을 의미하지 않는다.<br>⑩ 주주 또는 유한책임사원의 금전 기타의 재산에 의하여 생계를 유지하는 자와 생계를 함께 하는 자<br>⑪ 주주 또는 유한책임사원이 개인인 경우에는 그 주주 또는 유한책임사원과 그와 제①호 내지 제⑩호의 관계에 있는 자들의 소유주식수 등의 합계가 발행주식총수 등의 100분의 50 이상인 법인<br>⑫ 주주 또는 유한책임사원이 법인인 경우에는 그 법인의 소유주식수 등이 발행주식총수 등의 100분의 50 이상인 법인(정부가 주주인 경우에는 정부를 제외한다)과 소유주식수 등이 당해 법인의 발행주식총수 등의 100분의 50 이상인 법인(정부가 주주인 경우에는 정부를 제외한다) 또는 개인<br>⑬ 주주 또는 유한책임사원 및 그와 상기의 제①호 내지 제⑧호의 관계에 있는 자가 이사의 과반수이거나 그 1인이 설립자인 비영리법인. 다만, 당해 법인의 발행주식총액의 100분의 20 이상 소유한 경우에 한한다. |

## Point ❸ 과점주주에 대한 간주취득세의 부과에 주의한다.

증자 시에는 과점주주에 해당되는 지를 검토하여야 하며, 과점주주란 주주 1인과 특수관계자의 주식을 합한 지분율이 50%를 초과하는 주주를 말한다. 과점주주에 대한 간주취득세 부과란 취득세 과세대상(부동산, 차량, 기계장비, 입목, 항공기, 선박, 광업권, 어업권, 골프회원권, 콘도미니엄회원권, 종합체육시설이용회원권)을 보유하고 있는 법인의 주주가 과점주주가 되면 당해 취득세 과세대상을 과점주주가 다른 주주로부터 취득한 것으로 보아 과점주주에게 취득세를 재차 부과하는 것을 말한다.

이러한 과점주주에 대한 간주취득세는 2차 납세의무와는 달리 실질적인 경영권을 행사하고 여부와는 무관하게 부과되며, 간주취득세의 납부의무는 과점주주 간에 연대납세의무가 있음에 유의하여야 한다. 그러므로 취득세 과세대상 물건을 보유하고 있는 법인이 증자 시 또는 주식을 양수·양도할 때에는 반드시 과점주주 해당 여부를 검토하여 증자를 결정하여야 한다.

 **설립 시 과점주주인 자의 지분율이 늘어난 경우**

설립 시에 60%의 지분을 가진 주주가 증자 또는 다른 주주로부터 취득하여 70%의 지분을 갖게 되었다면, 이 시점에 회사에서 보유하고 있는 취득세 과세대상의 10%(증가된 비율만큼)를 과점주주가 취득한 것으로 보아 취득세를 부과한다. 부과되는 취득세는 산출세액에 증가된 지분율 10%를 곱하여 계산된 금액이 부과된다.

**설립 시에 과점주주가 아닌 자의 지분이 추가로 늘어나 과점주주가 된 경우**

설립 시 45%의 지분을 가진 주주가 증자 또는 다른 주주로부터 취득하여 60%의 지분을 갖게 되었다면, 이 시점에 회사에서 보유하고 있는 취득세 과세대상의 60%를 과점주주가 취득한 것으로 보아 취득세를 부과한다. 부과되는 취득세는 산출세액에 과점주주의 지분율 60%를 곱하여 계산된 금액이 부과된다.

**과점주주의 간주취득에 대한 취득세 추징**

어느 비상장 주식회사의 사장은 자기회사의 주식을 30% 보유하다가 추가로 주식을 취득하거나 증자하여 60%의 주식을 보유하게 되었다. 그런데 어느 날 관할 구청으로부터 취득세를 납무하라는 고지서를 받게 되어 자세히 알아보니 과점주주가 되었기 때문에 회사가 보유한 차량에 대하여 과점주주가 60%에 상당하는 만큼을 취득한 것으로 보아 과점주주에게 취득세를 부과하게 되었다는 설명을 들었으나 이미 돌이킬 수 없는 일이 되고 말았다. 하는 수 없이 가산세를 포함하여 취득세를 납부하였다. 참고로 취득세는 토지, 건축물, 차량, 기계장비, 입목, 항공기, 선박, 광업권, 어업권, 골프회원권, 승마회원권, 콘도미니엄회원권, 종합체육시설이용회원권의 취득에 대하여 자진납부하여야 한다.
만약, 60%의 주식을 보유하고 있는 사장이 20%의 주식을 추가로 취득하여 80%가 되는 경우에는 부동산 등의 20%를 과점주주가 취득한 것으로 보아 과점주주에게 취득세를 추가로 부과하므로 주의하여야 한다.

# 4. 벤처기업주주의 절세



벤처기업은 우수한 신기술 등을 기초로 하여 연구개발을 중심으로 하는 모험적인 기업을 말한다. 이러한 벤처기업은 정책적으로 여러 가지 지원을 하고 있으며, 벤처기업의 입장에서의 각종 세제혜택에 대하여는 앞에서 언급하였다. 여기에서는 벤처기업의 주식을 취득하는 주주입장에서의 혜택을 중심으로 설명하기로 한다.

## Point ① 벤처기업에 투자할 때는 소득공제를 적용받는 방식을 활용하라.

현행 조세특례제한법 제16조에 의하면 거주자가 벤처기업육성에 관한 특별조치법상의 벤처기업에 출자하는 경우에는 출자액에 대하여 10%의 소득공제를 해주고 있다. 따라서 아래의 조건을 충족하여 투자하면 소득공제를 받아 절세할 수 있다.

### ≫ 벤처기업에 투자하는 경우의 소득공제 내용

1. 거주자가 벤처기업에 투자한 후 2년 이내의 과세연도 중에 선택한 1과세연도에 종합소득금액의 30% 한도 내에서 투자액의 10%를 소득공제할 수 있다(단, 타인의 투자지분을 양수하는 방식으로 하는 투자에는 적용하지 아니한다).
2. 벤처기업에 투자한 후 5년 이내에 투자지분을 회수하거나 양도하면 소득세를 추징한다.

 **벤처기업에 투자할 때는 양도소득세를 비과세 받는 방식을 활용하자.**

현행 조세특례제한법 제14조에 의하면 거주자가 벤처기업육성에 관한 특별조치법상의 벤처기업에 출자한 주식을 양도하는 경우에는 양도소득세를 비과세 받는다. 따라서 아래의 조건을 충족하여 투자하면 향후에 당해 주식을 양도할 때에 비과세되므로 절세할 수 있다.

## ≫ 벤처기업에 출자하는 경우의 양도소득세 비과세 조건

1. 거주자가 벤처기업에 출자(개인투자조합을 통하여 출자하는 것을 포함)하는 경우에 다음의 조건을 모두 충족하면 양도소득세를 비과세한다(단, 출자 후 5년이 경과하여 양도하는 경우에 한한다).

   1) 창업 후 3년 이내인 벤처기업 또는 벤처기업으로 전환한 지 3년 이내인 벤처기업에 대한 출자

   2) 특수관계가 없는 벤처기업에 대한 출자

   3) 벤처기업에 대한 출자는 다음의 방식으로 취득하는 경우에 한한다(단, 타인의 지분을 매입에 의하여 취득하는 경우는 제외한다).

   ① 해당 기업의 설립 시에 자본금으로 납입하는 방법

   ② 해당 기업이 설립된 후 7년 이내에 유상증자하는 경우로서 증자대금을 납입하는 방법

   ③ 해당 기업이 설립된 후 7년 이내에 잉여금을 자본으로 전입하는 방법

   ④ 해당 기업이 설립된 후 7년 이내에 채무를 자본으로 전환하는 방법

2. 또한, 거주자가 자본시장과 금융투자업에 관한 법률 시행령 제178조 제1항에 따라 협회를 통한 장외거래되는 벤처기업의 주식을 양도하는 경우에는 양도소득세를 비과세한다. 단, 소득세법에서 정한 다음의 각 호의 하나에

해당하는 대주주가 아닌 자가 양도하는 것에 한한다.

1) 법인의 주식(신주인수권을 포함한다)을 소유하고 있는 주주 1인 및 그와 국세기본법 시행령 제20조에 따른 친족, 그 밖의 특수관계에 있는 기타 주주가 주식의 양도일이 속하는 사업연도의 직전사업연도 종료일 현재 해당 법인의 주식의 합계액의 100분의 3(코스닥시장상장법인의 주식과 자본시장과 금융투자업에 관한 법률 시행령 제178조 제1항에 따라 협회를 통한 장외거래되는 벤처기업육성에 관한 특별조치법에 따른 벤처기업의 주식의 경우에는 100분의 5) 이상을 소유한 경우의 해당 주주 1인 및 기타 주주. 이 경우 직전사업연도 종료일 현재에는 100분의 3(또는 100분의 5)에 미달하였으나 그 후 주식을 취득함으로써 100분의 3 이상을 소유하게 되는 때에는 그 취득일 이후의 주주 1인 및 기타 주주를 포함한다.

2) 주식의 양도일이 속하는 사업연도의 직전사업연도 종료일 현재 주주 1인 및 기타 주주가 소유하고 있는 해당 법인의 주식의 시가총액이 100억 원(코스닥시장 상장법인의 주식과 자본시장과 금융투자업에 관한 법률 시행령 제178조 제1항에 따라 거래되는 벤처기업육성에 관한 특별조치법에 따른 벤처기업의 주식의 경우에는 50억 원) 이상인 경우의 해당 주주 1인 및 기타 주주. 여기서 시가총액은 다음 각 호의 금액에 따른다.

① 주권상장법인의 주식의 경우에는 주식의 양도일이 속하는 사업연도의 직전사업연도 종료일 현재의 최종시세가액. 다만, 직전사업연도 종료일 현재의 최종시세가액이 없는 경우에는 직전거래일의 최종시세가액에 따른다.

② 제1호 외의 주식의 경우에는 소득세법상의 기준시가산정방식에 의한 평가액

앞에서 언급한 바와 같이 벤처기업의 주식에 투자한 후 양도소득세가 비과세되는 일정한 조건을 갖춘 경우에 5년이 경과하여 양도하면 양도소득세를 과세하지 아니한다. 또한, 벤처기업의 소액주주가 당해 주식을 협회를 통한 장외거래방식으로 양도하는 경우에도 대주주가 아닌 주주에 대하여는 양도소득세를 과세하지 아니한다.

그러나 양도소득세가 비과세되는 일정한 조건을 갖춘 경우라도 5년 이내에 양도하는 경우 또는 일정한 조건을 갖추지 못한 주식에 출자하는 경우에는 가능하다면 상장 또는 장외등록 후에 양도하면 대주주가 아닌 주주에 대하여는 양도소득세가 비과세 되므로 이를 적극 활용하도록 한다.


# 5. 배당금 지급과 절세

> 급여와 배당을 적절히 구분하여 절세한다.

회사의 사업활동의 결과 발생하는 이익은 법인세를 납부하고 회사의 최종이익인 당기순이익이 된다. 이 당기순이익은 사업에 재투자되거나 주주에게 배당을 하게 된다. 주주에 대한 배당금의 지급 시에는 배당소득세가 발생하게 되므로 세금부담 때문에 배당금을 지급하지 않고 회사에 유보하는 경우가 종종 있다. 또는 주주임원에 대하여 배당금 대신에 상여금을 지급하기도 하는데, 이는 상여금으로 지급하여 법인의 비용으로 인정받으면 상여금에 대한 소득세는 납부하지만 법인세는 납부하지 않게 되어 이중과세를 피할 수 있기 때문이다.

여기서 알아야 할 것은 적법한 지급기준에 의하지 않고 임의로 임원상여금을 지급하거나, 다른 임원보다 많게 주주임원에게 상여금을 과다하게 지급하는 경우에는 법인의 비용으로 인정되지 않기 때문에 법인세의 부담이 증가하게 된다는 점이다. 따라서 상여금에 대한 근로소득세의 부담을 고려하면 이중과세가 되는 셈이다. 결과적으로 이중과세를 피하려고 주주임원에 대한 상여금을 지급한 것이 이중과세는 피하지도 못하고 오히려 아래에서 설명하는 배당금으로 지급 시에 적용받을 수 있는 배당세액공제를 적용받지 못하여 세 부담만 증가하게 될 수도 있다.

또 하나 알아야 할 것은 배당금을 지급한다고 해서 항상 배당소득세의 부담이 생기는 것은 아니라는 점이다. 그 이유는 현행 세법에서는 법인세와 배당소득세의 이중과세를 조정하는 제도가 있기 때문이다. 즉, 법인에서 발생한 이익에 대하여는 법인세를 납부하게 되며, 배당금은 법인세를 납부한 후의 이익을 가지고 지급하는 것이므로 배당금에 대하여 배당소득세를 부과하면 동일한 이익에 대하여 법인세와 배당소득세를 이중으로 납부하는 이중과세라고 보아 배당세액 공제방식에 의거 이중과세부분을 일정부분 조정해 주고 있기 때문이다.

### Point ① 주주임원에게 상여금을 지급할 때에는 주의하여야 한다.

주주임원에게 상여금을 지급하는 경우에는 법인의 비용으로 인정받을 수 있다면 근로소득세는 부담한다고 하더라도 법인세의 부담은 줄일 수 있다. 반면에 배당으로 지급하는 경우에는 발생한 이익에 대하여 법인세도 납부하여야 하고 배당에 대하여 배당소득세도 납부하여야 하기 때문이다.

그러나 주주임원에게 상여금을 지급할 때에는 비용으로 인정받지 못할 수도 있기 때문에 배당금으로 지급하는 것보다 불리할 수가 있다. 즉, 배당금으로 지급한다면 법인세는 부담하지만 배당소득세의 계산 시에 배당세액공제를 적용받는다면 세 부담이 크게 줄어들 수 있기 때문에 배당금으로 지급하는 것이 유리할 수가 있다. 또한, 배당금은 주주총회에서 배당금을 지급하기로 결정하기까지는 배당소득세를 납부할 필요가 없기 때문에 세 부담의 이연효과도 생길 수 있다.

### ≫ 임원상여금의 비용인정과 관련된 세법 규정

1. 법인이 그 임원 또는 사용인에게 이익처분에 의하여 지급하는 상여금은 이를 손금에 산입하지 아니한다. 이 경우 합명회사 또는 합자회사의 노무출자사원에게 지급하는 보수는 이익처분에 의한 상여로 본다.

2. 내국법인이 근로자(다음 각 목의 어느 하나의 직무에 종사하는 임원은 제외한다)와 성과산정지표 및 그 목표, 성과의 측정 및 배분방법 등에 대하여 사전에 서면으로 약정하고 이에 따라 그 근로자에게 지급하는 성과배분상여금은 이익처분에 의하여 지급하는 경우에 이를 손금에 산입할 수 있다.

   1) 법인의 회장, 사장, 부사장, 이사장, 대표이사, 전무이사 및 상무이사 등 이사회의 구성원 전원과 청산인

   2) 합명회사, 합자회사 및 유한회사의 업무집행사원 또는 이사

   3) 감사

   4) 그 밖에 1)부터 3)까지의 규정에 준하는 직무에 종사하는 자

3. 법인이 임원에게 지급하는 상여금 중 정관·주주총회·사원총회 또는 이사회의 결의에 의하여 결정된 급여지급기준에 의하여 지급하는 금액을 초과하여 지급한 경우 그 초과금액은 이를 손금에 산입하지 아니한다.

4. 법인이 지배주주(다음의 특수관계에 있는 자를 포함한다)인 임원 또는 사용인에게 정당한 사유 없이 동일직위에 있는 지배주주 외의 임원 또는 사용

인에게 지급하는 금액을 초과하여 보수를 지급한 경우 그 초과금액은 이를 손금에 산입하지 아니한다. 여기서 지배주주란 법인의 발행주식총수의 100분의 1 이상의 주식을 소유한 주주로서 그와 특수관계에 있는 자와의 소유 주식 또는 출자지분의 합계가 해당 법인의 주주 중 가장 많은 경우의 해당 주주를 말한다.

5. 상근이 아닌 법인의 임원에게 지급하는 보수는 손금에 산입한다. 단, 특수관계자와의 거래를 통하여 조세의 부담을 부당히 감소시키는 경우에는 부당행위계산을 부인하여 손금에 산입하지 아니한다.

6. 법인의 해산에 의하여 퇴직하는 임원 또는 사용인에게 지급하는 해산수당 또는 퇴직위로금 등은 최종사업연도의 손금으로 한다.

### Point 2 배당금으로 지급하고 배당세액공제를 적용받도록 한다.

배당금으로 지급하는 것이 급여로 지급하는 경우보다 당기순이익을 높게 표시하여 금융거래 등의 각종 거래관계에 도움이 될 수 있다. 이렇게 법인의 이익에 대하여 주주에게 배당금을 지급하는 경우에는 배당금을 수령한 주주는 배당소득세를 납부하여야 하는데, 배당금을 지급받을 때에 원천징수된 세금(원칙적으로 원천징수세율은 14%)은 공제하고 납부하면 된다. 여기서 배당소득은 원천징수로 종결되는 분리과세배당소득과 다른 종합소득에 합산하여 신고하여야 하는 종합합산배당소득으로 구분된다. 종합합산배당소득은 다른 종합소득금액과 합산하여 종합소득세를 신고할 때에 배당세액공제를 적용받을 수 있다.

1. 실지명의가 확인되지 아니하는 배당소득(원천징수세율 35%)과 실명에 의하지 아니하고 거래하여 발생하는 배당소득(원천징수세율 90%)

2. 법인으로 보는 단체 외의 단체 중 수익을 구성원에게 배분하지 아니하는 단체로서 단체명을 표기하여 금융거래를 하는 단체가 금융기관으로부터 받는 배당소득(원천징수세율 14%)

3. 조세특례제한법에 의하여 분리과세 되는 배당소득금액(조세특례제한법에 따른 원천징수세율)

4. 상기의 배당소득 이외의 배당소득[공동사업에서 발생한 소득금액 중 출자 공동사업자에 대한 손익분배비율에 상당하는 배당소득 금액(원천징수세율 25%)은 제외함]과 이자소득의 합계금액이 종합과세 기준금액인 4,000만 원 이하인 경우 원천징수 되는 배당소득금액(원천징수세율 14%)

▶▶ **배당세액공제**

1. 거주자의 종합소득금액에는 배당금 수입액에 원칙적으로 배당가산액 즉, 해당 연도의 총수입 금액에 동 배당소득의 100분의 11(2009년 1월 1일부터 2010년 12월 31일까지의 배당소득분은 100분의 12)에 상당하는 금액을 가산한 금액으로 한다. 이와 같이 총수입금액에 가산한 배딩가산액이 있는 경우에는 동 금액을 종합소득 산출세액에서 공제한다. 이를 배당세액공제라고 한다.

2. 제1항의 규정을 적용함에 있어서 배당세액공제의 대상이 되는 배당소득금액은 종합소득 과세표준에 포함된 배당소득금액으로서 이자소득 등의 종합과세 기준금액인 4,000만 원을 초과하는 금액을 대상으로 한다. 이때 4,000만 원을 초과하는 배당소득금액은 다음 각 호에 따라 순차적으로 합

산하여 계산한다(즉, 기준금액 4,000만 원의 계산은 다음의 순서로 계산한다).

1) 이자소득과 배당소득이 함께 있는 경우에는 이자소득부터 먼저 합산한다.

2) 배당가산액을 적용하지 않는 기타의 배당소득

3) 배당가산액을 적용하는 배당소득


## ≫ 배당세액공제가 적용되지 아니하는 배당소득

1. 국내 또는 국외에서 받는 집합투자기구로부터의 이익(즉, 펀드 등으로부터 받은 배당)

2. 외국법인으로부터 받는 이익이나 잉여금의 배당 또는 분배금과 당해 외국의 법률에 의한 건설이자의 배당 및 이와 유사한 성질의 배당

3. 국제조세조정에 관한 법률에 따라 특정외국법인의 유보소득에 대하여 배당받은 것으로 간주된 금액

4. 공동사업에서 발생한 소득금액 중 출자공동사업자에 대한 손익분배비율에 상당하는 금액

5. 상기의 소득과 유사한 소득으로서 수익분배의 성격이 있는 것

6. 자기주식 또는 자기출자지분의 소각익의 자본전입으로 인한 의제배당

7. 토지의 재평가차액의 자본전입으로 인한 의제배당

8. 법인세를 감면받은 특정한 법인으로부터 받은 배당금(해당 내용이 복잡하므로 이와 관련된 소득세법 제17조 제3항 제4호를 참조하여 판단하여야 한다.)

## 금융소득 종합과세 시 배당세액 공제를 한 후 추징된 사례

금융소득 종합과세대상인 김 사장은 자신의 금융소득에 대하여 금융기관으로부터 조회하여 확인된 금융소득을 합하여 4,000만 원이 초과하는 금융소득을 다른 종합소득과 합산하여 종합소득세를 신고·납부하였다. 이때 배당수입금액이 포함되어 있어서 배당가산액을 합하여 배당소득 금액을 계산하였으며, 산출세액에서 배당소득 세액을 공제한 후에 소득세를 납부하였다. 그런데 종합소득세를 신고납부한 지 1년 이상의 기간이 지난 후에 세무서로부터 배당세액 공제를 부당하게 공제받았기 때문에 잘못 신고한 부분에 대하여 소득세를 추가로 과세하겠다는 안내문을 받았다.

종합소득세의 신고와 관련된 자료를 확인해 보니 이자수입금액이 2,000만 원이고, 배당수입 금액이 3,000만 원이어서 합계액이 금융소득이 5,000만 원이었다. 그리고 종합소득세 신고서에는 4,000만 원을 초과하는 1,000만 원에 대하여 배당가산액으로 1,000만 원의 15%(당시의 가산율)인 150만 원을 가산하고 동시에 배당가산액과 동일한 금액인 150만 원을 배당세액 공제로 적용받았기 때문에 세법상 문제가 없는 것으로 판단되었다. 그러나 문제는 금융기관에서 발급받은 이자소득과 배당소득에 대한 원천징수 명세서에는 배당가산액을 적용할 수 있는 배당소득인지 아니면 배당가산액을 적용할 수 없는 배당소득인지 표시가 되어 있지 않아 당연히 배당가산 후에 배당세액 공제를 적용받으면 되는 줄로 알고 처리한 것이 잘못된 것이었다. 즉, 배당가산해서는 안 되는 배당소득을 배당가산하였기 때문에 문제가 된 것이다.

따라서 배당소득이 있는 경우에 배당가산대상이 되는 배당소득인지 배당가산해서는 안 되는 배당소득인지를 배당소득의 지급처에 자세히 확인한 후에 적용하는 것이 추징을 예방하는 방법이다.

# 7장

## 증여·상속과 세금 줄이는 방법

# 증여·상속과 세금 줄이는 방법

## 1. 증여세의 계산구조와 절세

**증여세는 사전계획에 의한 절세가 가능하다.**

증여세법에서 증여란 어떤 행위 또는 거래의 명칭·형식·목적 등에 불구하고 경제적 가치를 계산할 수 있는 유형·무형의 재산을 타인에게 직접 또는 간접적인 방법에 의하여 무상으로 이전 또는 현저히 저렴한 대가로 이전하는 것 또는 기여에 의하여 타인의 재산가치를 증가시키는 것을 말하며, 증여세는 증여에 대하여 증여받은 자가 부담하는 세금을 말한다.

이러한 증여세는 사망에 의하여 발생하는 상속세와는 달리 사전계획에 의한 증여를 통해 어느 정도의 절세가 가능하다. 그러므로 현행 증여세의 계산구조를 개괄적으로 파악하고 있으면서 공인회계사 등의 세무전문가와 상담을 하여 합법적이고 합리적으로 증여를 한다면 다양한 절세방안을 찾을 수 있다.

| 계산구조 | | 계산방법 | 포인트 |
|---|---|---|---|
| 증여재산가액 | 포함 | 증여의제, 증여추정, 한도 초과한 재산분할액 등 | 1, 2 |
| | 제외 | 비과세, 위자료, 증여재산의 기한 내 반환액 등 | |
| (±) 가감항목 | 가산 | 당해 증여일 전 10년 이내에 동일인에게 증여받은 재산가액 | 3 |
| | 차감 | 당해 재산에 담보된 채무로서 수증자가 인수한 금액 | 4 |
| 증여세 과세가액 | | | |
| (−) 증여공제 | | 증여재산공제, 재해손실공제 | 3 |
| 증여세 과세표준 | | | |
| (×) 증여세율 | | 10%부터 50%까지 초과누진세율(상속세율과 동일함)<br>1. 1억 원까지 : 10%<br>2. 1억 원 초과분부터 5억 원까지 : 20%<br>3. 5억 원 초과분부터 10억 원까지 : 30%<br>4. 10억 원 초과분부터 30억 원까지 : 40%<br>5. 30억 원 초과분 : 50% | |
| 산출세액 | | 세대를 건너뛴 증여의 경우에는 30% 가산함 | 5 |
| (−) 세액공제 | | 기납부증여 세액공제, 외국납부 세액공제, 자진신고 세액공제 | 6 |
| 납부할 세액 | | | 7, 8 |

## Point 1 증여세 과세가액에의 포함 여부에 주의한다.

　증여세를 회피하기 위하여 형식상으로는 증여가 아니면서 실질적으로 무상으로 이전하는 다양한 편법을 활용하는 경우가 많다. 세법에서는 증여세의 회피를 막기 위하여 증여의제와 증여추정이라는 규정을 두고 있다. 그러므로 증여세법상 증여에 포함되는 것들과 증여에 포함되지 않는 것들을 정확히 구분해야 증여세를 절세할 수 있다. 증여에 포함되는 것들은 뒤에서 자세히 설명하기로 하고, 여기에서는 증여에 포함되지 않는 것들을 예시하면 다음과 같다.

## » 증여의제

증여의제란 형식상으로 볼 때 증여는 아니지만 실질적으로 증여로 볼 수 있는 사항에 대하여 증여로 간주하는 것을 말한다. 예를 들면, 타인의 명의로 등기등록한 재산은 증여로 간주한다. 따라서 일반인들은 상식적으로 판단할 때 재산이 무상으로 이전되는 효과가 있는 행위에 대하여는 증여의제에 해당되거나 증여재산가액에 포함될 수 있다는 점에 유의하여 반드시 전문가와 상의하여야 한다.

## » 증여추정

증여추정이란 어떤 행위에 대하여 납세자가 증여가 아니라는 증명을 하지 못하면 과세당국에서는 이를 증여로 보는 것을 말한다. 예를 들면, 재산취득자금에 대한 자금출처를 증명하지 못하는 경우 증여로 추정하며, 배우자나 직계존비속 간에 재산을 양도하는 경우에도 증여로 추정한다. 그러므로 증여로 추정되지 않기 위해서는 증여가 아니라는 객관적 증빙을 갖추어야 한다.

## » 증여세가 비과세되거나 증여에 포함되지 않는 것들

1. 사회통념상 인정되는 이재구호금품, 치료비, 피부양자의 생활비, 교육비
2. 하자금 또는 장학금 기타 이와 유사한 금품
3. 기념품·축하금·부의금 기타 이와 유사한 금품으로서 통상 필요하다고 인정되는 금품
4. 혼수용품으로서 통상 필요하다고 인정되는 금품
5. 타인으로부터 기증을 받아 외국에서 국내에 반입된 물품으로서 당해 물품의 관세의 과세가격이 100만 원 미만인 물품
6. 무주택 근로자가 건물의 총 연면적이 85제곱미터 이하인 주택(주택에 부수되는 토지로서 건물연면적의 5배 이내의 토지를 포함한다)을 취득 또는 임차하

기 위하여 사내근로복지기금법에 의한 사내근로복지기금으로부터 증여받은 주택취득보조금 중 그 주택취득가액의 100분의 5 이하의 것과 주택임차보조금 중 전세가액의 100분의 10 이하의 것

7. 불우한 자를 돕기 위하여 언론기관을 통하여 증여한 금품

8. 국가 또는 지방자치단체로부터 증여받은 재산의 가액

9. 내국법인의 종업원으로서 우리사주조합에 가입한 자가 당해 법인의 주식을 우리사주조합을 통하여 취득한 경우로서 그 조합원이 대통령령이 정하는 소액주주의 기준에 해당하는 경우 그 주식의 취득가액과 시가와의 차액으로 인하여 받은 이익에 상당하는 가액

10. 정당법의 규정에 의한 정당이 증여받은 재산의 가액

11. 사내근로복지기금법의 규정에 의한 사내근로복지기금 기타 이와 유사한 것으로서 대통령령이 정하는 단체가 증여받은 재산의 가액

12. 이혼위자료

13. 이혼으로 재산분할을 받은 재산

14. 증여받은 재산을 3월 이내에 반환한 재산

## Point ❷ 증여재산 평가에 유의하여야 한다.

증여세법에서는 상속재산의 평가와 동일하게 평가한다. 즉, 증여재산은 증여일 현재의 시가로 평가하며, 시가는 불특정 다수인 사이에 자유로이 거래가 이루어지는 경우에 통상 성립된다고 인정되는 가액을 말한다. 증여일 전후 3월 이내의 기간 중에 매매, 감정, 수용, 경매, 공매가 있어 그 가액이 확인되는 경우에는 원칙적으로 그 가액도 시가로 본다. 그러나 시가를 알 수 없는 경우에는 증여세법에서 정한 보충적 평가방법으로 시가를 산정한다. 그러므로 증여재산

가액은 증여세법에서 정하고 있는 증여재산의 종류별 평가방법에 따라 달라질 수가 있으므로 주의하여야 한다.

예를 들면, 증여받은 토지의 시가를 거래가액을 확인할 수가 없어서 보충적 평가방법인 공시지가를 시가로 보고 산출한 증여세를 납부한 후에 당해 토지를 증여일로부터 3월 이내에 처분하는 경우에는 그 거래가액을 시가로 보므로 처분가액이 공시지가보다 높다면 증여세를 추징당하게 된다. 따라서 이러한 경우에는 처분시기를 늦추는 것이 필요하다. 또한, 시가는 높지만 거래사례가 없는 경우 상속세법상 평가액이 낮은 재산을 증여하면 상대적으로 세금이 적어진다.

만약, 시가를 감정가액에 의하는 경우에는 당해 재산(주식이나 출자지분증권은 제외한다)에 대하여 2곳 이상의 기획재정부령이 정하는 공신력 있는 감정기관이 평가한 감정가액이 있는 경우에는 그 감정가액의 평균액으로 한다. 다만, 다음 각 목의 1에 해당하는 것을 제외하며, 당해 감정가액이 보충적 평가방법에 의하여 평가한 가액의 100분의 80에 미달하는 경우(100분의 80 이상인 경우에도 국세청평가심의위원회 또는 지방청평가심의위원회의 자문을 거쳐 감정평가목적 등을 감안하여 동 가액이 부적정하다고 인정되는 경우를 포함한다)에는 세무서장(관할 지방 국세청장을 포함)이 다른 감정기관에 의뢰하여 감정한 가액에 의하되, 그 가액이 상속세 또는 증여세 납세의무자가 제시한 감정가액보다 낮은 경우에는 그러하지 아니하다.

1. 일정한 조건이 충족될 것을 전제로 당해 재산을 평가하는 등 상속세 및 증여세의 납부목적에 적합하지 아니한 감정가액
2. 평가기준일 현재 당해 재산의 원형대로 감정하지 아니한 경우의 당해 감정가액

**Point ❸  증여공제를 활용하고 증여시기를 조절한다.**

증여세는 증여재산가액에서 증여공제를 한 후의 가액에 대하여 부과된다. 증여재산가액에는 당해 증여일 전 10년 이내에 동일인(증여자가 직계존속인 경우에는 그 직계존속의 배우자 포함)으로부터 받은 증여액이 1,000만 원 이상일 때 이를 포함한다. 따라서 10%에서 50%까지의 초과누진세율을 적용하고 있는 증여세는 증여할 때마다 부담한 증여세를 합한 금액보다 10년간의 증여액을 합산하여 계산한 증여세가 더 많게 된다. 그러므로 수차에 걸쳐 증여를 하는 경우에는 10년 단위로 증여하는 것이 절세에 도움이 된다.

또한, 증여공제는 친족 간의 증여 시 증여재산가액에서 기본적으로 차감해 주는 것으로서, 10년 동안의 증여에 대하여 배우자에 대한 증여액은 6억 원, 직계존비속 간에는 3,000만 원(미성년자는 1,500만 원), 기타 친족 간에는 500만 원의 증여공제를 적용할 수 있으므로 10년 동안 증여공제 한도 내에서 증여한다면 증여세가 발생하지 않게 된다.


**Point ❹  채무공제를 활용한다.**

증여재산이 있는 경우 당해 증여재산에 담보된 채무로서 수증자가 인수한 금액은 채무로서 공제받을 수 있다. 이를 부담부증여라고 하며, 증여자는 수증자가 수증한 채무에 상당하는 증여재산은 양도한 것으로 보아 양도소득세를 납부하여야 한다.

예를 들면, 주택을 증여하는 경우 당해 주택에 대한 전세보증금은 공제받을 수 있다. 그러나 이러한 경우에도 배우자 간 또는 직계존비속 간에는 명백한 객관적인 증거가 없는 한 채무가 공제되지 않는 것이 원칙이다. 그러므로 채무공제 시에는 반드시 객관적인 증거를 확보해 두는 것이 필요하다.

`Point 5` **세대생략증여를 고려한다.**

수증자가 연로하다면 증여를 받을 때에 증여세를 부담하게 되는데, 증여받고 얼마 되지 않아 사망하게 되면 그 자녀인 손자가 상속받게 되며 이때에는 상속세를 또 부담하게 되어 세 부담이 커질 수 있다. 그러므로 수증자인 자녀가 연로하다면 자녀에게 증여하는 것보다 손자에게 증여하는 것이 오히려 유리할 수가 있다. 이와 같은 이 자녀를 제외한 직계비속에게 증여하는 세대생략증여의 경우(다만, 증여자의 최근친인 직계비속이 사망하여 그 사망자의 최근친인 직계비속이 증여받은 경우는 제외한다)에는 증여세 산출세액에 30%의 세액을 가산하여 증여세로 한다. 따라서 자녀에게 증여하는 경우의 세금과 손자에게 증여하는 경우의 세금을 비교하여 유리하다고 판단되는 방법을 활용한다면 어느 정도 절세할 수 있다.

`Point 6` **세액공제를 활용하자.**

증여세를 증여일로부터 3월 이내에 자진신고하면 10%의 세액공제를 해주는 반면에, 무신고신에는 20%의 가산세를 부과하므로 이를 고려하면 자진신고하는 것이 유리하다. 신고만 하고 납부하지 않는 경우에도 자진신고세액공제를 받을 수 있으나, 미납부가산세가 1일에 0.3%의 가산세가 추가된다.

`Point 7` **연부연납 또는 물납을 활용하자.**

증여세액이 2,000만 원을 초과하는 경우에는 세무서장의 허가를 받아 3년 이내의 기간 동안 연부연납을 할 수 있다. 이 경우 정기예금이자율 상당의 가산금을 납부하여야 한다. 또한, 증여재산 중 부동산과 유가증권의 가액이 2분의 1

을 초과하고 증여세액이 2,000만 원을 초과하는 경우에는 세무서장의 허가를
받아 물납할 수 있다. 그러므로 이자비용, 증여재산의 양도가능성 등을 고려하
여 연부연납 여부를 결정하여야 한다.

## Point 8 증여세의 납세의무와 연대납세의무를 정확히 알자.

### 》 증여세 납세의무

증여세는 원칙적으로 증여를 받은 자가 부담하는 세금으로서, 거주자가 증여
받는 국내외의 모든 재산과 비거주자가 증여받는 국내의 재산에 대하여 증여세
를 부담하여야 한다. 다만, 다음의 경우에 수증자가 증여세를 납부할 능력이 없
다고 인정되는 때에는 그에 상당하는 증여세의 전부 또는 일부를 면제한다.

1) 저가 · 고가양도에 따른 증여
2) 채무면제 등에 따른 증여
3) 부동산 무상사용에 따른 이익의 증여
4) 금전무상대부 등에 따른 이익의 증여

### 》 증여세 연대납세의무

증여 후 수증자가 증여세를 납부하지 아니한 경우에는 수증자가 주소 또는
거소가 분명하지 아니한 경우로서 조세채권의 확보가 곤란한 경우 또는 증여
세를 납부할 능력이 없다고 인정되는 경우로서 체납으로 인하여 체납처분을
하여도 조세채권의 확보가 곤란한 경우에는 증여자가 연대하여 납부하여야 하
며, 수증자가 비거주자이거나 명의신탁재산에 대하여는 증여자에게 무조건 연
대납세의무가 부여된다. 다만, 다음 각 호의 증여에 대하여는 연대납세의무를
부담하지 아니한다.

1) 저가·고가양도에 따른 이익의 증여

2) 부동산 무상사용에 따른 이익의 증여

3) 합병에 따른 이익의 증여

4) 증자에 따른 이익의 증여

5) 감자에 따른 이익의 증여

6) 현물출자에 따른 이익의 증여

7) 전환사채 등의 주식전환 등에 따른 이익의 증여

8) 특정법인과의 거래를 통한 이익의 증여

9) 주식 또는 출자지분의 상장 등에 따른 이익의 증여

10) 금전무상대부 등에 따른 이익의 증여

11) 합병에 따른 상장 등 이익의 증여

12) 기타 이익의 증여

13) 공익법인 등이 출연받은 재산에 대한 과세가액 불산입액(출연자가 공익법
인의 운영에 책임이 없는 경우에 한함)

### 부부가 양가부모로부터 증여받는 경우의 절세

남편이 부모로부터 1억 원을 증어빋고 징인·징모로부터도 1억 원을 증어빋고, 부인도 부모로부터 1억 원을 증여받고 시부모로부터도 1억 원을 증여받았다고 가정하자.

증여세는 동일인(증여자가 직계존속인 경우에는 그 배우자를 포함)으로부터 증여받은 재산에 대하여 증여세율을 적용하여 납부하므로 남편이 부모와 장인으로부터 증여받은 재산은 합산하지 아니하고 각각의 증여재산에 대하여 증여세를 부담하면 된다. 또한, 부인이 부모와 시부모로부터 증여받은 재산도 합산하지 아니하고 각각의 증여재산에 대하여 증여세를 부담하면 된다.

그러므로 부모로부터 증여받은 1억 원에 대하여는 3,000만 원의 증여기본공제를 한 후에 7,000만 원에 대하여 10%의 세율을 적용하면 700만 원의 산출세액이 되며, 장인으로부터 증여받은 1억 원에 대하여는 500만 원의 친족공제를 한 후에 10%의 세율을 적용하면

950만 원의 산출세액이 되므로 총 증여세액은 1,650만 원이 되고, 부인의 경우에도 총 증여세액은 1,650만 원이 되어, 남편과 부인의 증여세액의 합계액은 3,300만 원이 된다.
그러나 남편이 부모로부터 2억 원을 증여받고, 부인도 부모로부터 2억 원을 증여받는 경우에는 남편이 증여받은 2억 원에 대하여는 2억 원에서 3,000만 원을 공제한 1억 7,000만 원에 대하여 1억 원은 10%, 7,000만 원은 20%의 세율을 적용하여 증여세를 계산하면 2,400만 원이 된다. 부인의 경우에도 2,400만 원이 되어, 남편과 부인의 증여세를 합산하면 총 4,800만 원이 된다.
두 가지를 비교해 보면 전자의 경우가 후자의 경우보다 증여가 번거롭기는 하지만, 증여세만 본다면 1,500만 원의 절세가 가능함을 알 수 있다.

# 2. 사전증여 · 처분과 절세

### 사망 전 증여한 재산과 처분한 재산은 상속재산에 포함한다.

대부분의 납세자는 가능한 최대한 세금부담을 줄이기를 원하며, 재산의 증여나 상속과 관련해서는 더욱 그렇다. 그 이유는 증여나 상속의 세금부담이 크다고 생각하기 때문이다. 이러한 이유로 피상속인(사망한 자)이 사망하여 발생하는 상속세의 부담을 줄이기 위하여 사망 전에 미리 재산을 처분하기도 하고 증여하기도 하는 등 여러 가지 조세회피행위를 하게 된다.

그러나 세법에서는 이러한 조세회피행위를 방지하기 위하여 사망 전에 증여한 재산 및 처분한 재산을 상속재산에 포함시키고 있다는 점을 알아야 한다. 즉, 상속인에게 사망 전 10년 이내(상속인이 아닌 자에게는 5년 이내)에 증여한 재산은 상속재산에 포함하며, 사망 1년 이내에 처분한 재산가액 또는 부담한 채무가액이 2억 원 이상(2년 이내의 경우에는 5억 원 이상)인 경우에 그 사용처를 입증하지 못해도 상속재산에 포함하여 상속세를 계산한다.

그러므로 사전에 증여하고자 하거나 처분하고자 하는 경우에는 상속세법의 관련사항을 미리 확인하여 나중에 본의 아니게 상속세를 무겁게 부담하지 않도록 대비할 필요가 있다.

## Point ❶ 사망 전 증여 시에는 10년간 증여액이 상속재산에 합산된다.

상속세 절세목적 또는 재산분배목적 등으로 사전증여하는 경우가 흔히 있다. 이 경우 사전 증여가 절세목적이라면 큰 도움이 되지 않을 수 있으므로 주의하여야 한다. 왜냐하면 피상속인이 사망 시에는 상속인에게 사망 전 10년 이내에 증여한 재산(상속인이 아닌 자에게는 5년 이내에 증여한 재산)은 상속재산에 포함하여 상속세를 계산하기 때문이다. 그리고 사전증여재산이 상속재산에 포함되는 경우에는 기납부한 증여세는 공제하여 주긴 하지만, 상속세가 발생하지 않는 경우에는 기납부한 증여세를 공제받을 수 없기 때문에 증여가 불리할 수가 있다.

그러나 주식 또는 부동산과 같은 현물이 향후에 크게 오를 것으로 예상되는 경우에는 이를 사망 전에 사전에 증여하면 상속하는 경우보다 증여세가 절감될 수 있다. 왜냐하면 증여재산이 증여 후 3개월 이상의 기간이 지나서 크게 오른다면 증여 후 10년 이내에 사망하여 사전증여재산이 상속재산에 포함되더라도 상속세 부담이 늘어나지 않는다(항상 그런 것은 아니다. 그 이유는 아래의 사전 증여 시 주의할 사항을 참조하기 바란다). 그 이유는 증여재산을 상속재산에 포함할 때 증여일의 시가(증여일 3개월 전후에 개관적으로 파악되는 금액이 있으면 이를 시가로 봄)를 상속재산에 포함하기 때문에 상속하는 것보다 세금이 줄어 들 수 있기 때문이다.

## ≫ 사전증여 시 주의할 사항

1. 사망 전 10년(상속인 이외의 자에 대한 증여는 5년)간 증여액이 상속재산에 포함된다.
2. 상속세가 산출되지 않을 때 기납부한 증여세는 환급되지 않는다.
3. 상속재산에 포함되는 증여재산은 증여일 현재의 시가에 의한다.
4. 미성년자 등이 증여받고 5년 이내에 개발사업의 시행, 주식의 상장 등으로 재산가치가 증가하여 얻는 일정규모 이상의 이익은 증여재산가액으로 한다.

## ≫ 사망 전 증여이지만 상속재산에 포함하지 않는 증여재산

1. 비과세 증여재산
2. 공익법인에 출연한 재산
3. 공익신탁을 통하여 공익법인 등에 출연한 재산
4. 장애인이 신탁회사를 통하여 증여받은 5억 원 이내의 신탁재산
5. 합산배제증여재산
    1) 전화사채 등에 의하여 주식으로 전환, 교환 또는 주식의 인수를 하거나 전환사채 등을 양도함으로써 얻는 일정한 이익에 대하여 증여로 보는 금액
    2) 주식 또는 출자지분의 상장 등에 따른 일정한 이익에 대하여 증여로 보는 금액
    3) 합병에 따른 상장 등에 따른 일정한 이익에 대하여 증여로 보는 금액
    4) 미성년자 등 경제력이 없는 자가 증여 등의 사유로 취득한 재산의 가치가 개발, 상장 등과 같은 재산가치 증식사유가 발생하여 증가된 재산가치에 대하여 증여로 보는 금액
    5) 특정한 기타 이익에 대하여 증여로 보는 금액

**Point ② 사망 전 재산변동상황을 파악하여 증빙을 보관하여라.**

사망 전 1년 이내에 처분한 재산이 종류별로 2억 원이 넘거나 또는 부담한 채무가 2억 원(사망 전 2년 이내에는 5억 원)이 넘을 때 이의 사용처를 입증하지 못하면 상속재산에 포함한다.

따라서 상속재산을 처분하거나 채무를 부담하는 경우에는 사회통념상 인정되지 않는 금액의 지출에 대하여는 증빙을 가지고 있어야만 상속재산에 포함되지 않는다.

**》 재산종류별이란?**

1. 현금, 예금 및 유가증권
2. 부동산 및 부동산에 관한 권리
3. 기타의 재산

**Point ③ 배우자가 있는 경우에는 법정상속과 협의분할에 의한 상속 시 상속세는 다를 수 있다.**

많은 사람들이 상속재산을 법정상속인 즉, 배우자와 자녀 등이 있을 때 민법에서 정한 법정상속지분에 따라 상속을 받는 경우의 상속세와 상속재산을 상속인간에 임의로 협의하여 한사람이 상속받는 경우의 상속세가 서로 다른 것으로 알고 있다.

그러나 상속세법에서는 상속인 중 누가 재산을 상속받는지와 관계없이 상속재산전체를 기준으로 하여 세금계산을 하므로 차이가 없다. 단, 배우자가 있는 경우에는 상속세가 다를 수 있다. 즉, 상속재산에서 공제하는 배우자공제는 기본적으로 5억 원을 공제하지만, 배우자가 실제 상속받은 금액을 법정상속분 범위(단, 30억 원 한도) 내에서 상속재산에서 공제할 수 있으므로 이를 활용한다면 사전증여나 재산처분을 하지 않더라도 상속세를 절감할 수가 있다.



### 법정상속 후에 협의분할하여 증여세가 과세된 사례

예전에는 형제들이 많은 가족에서 부모님이 사망하고 나면 상속재산을 분할하지 않고 그냥 법정지분대로 상속등기를 하곤 했다. 그런 후 수 년이 지나고 나서 상호 간에 협의하거나 사전에 묵시적으로 합의된 바에 따라 상속재산을 분할하여 각자의 지분대로 다시 등기를 하는 사례가 많이 있었다.

종전 상속세법에서는 이러한 상속등기 후 상속재산을 협의에 의하여 분할하여 등기하는 경우에는 상속지분이 증가한 자에 대하여 증여세를 부과하지 않았지만, 상속세법의 개정으로 협의분할하는 경우에는 특별한 사정이 없다면 분할로 증가한 자가 증여받은 것으로 보아 증여세를 부과한다. 이와 관련된 세법의 규정은 다음과 같다.

상속개시 후 상속재산에 대하여 등기·등록·명의개서 등에 의하여 각 상속인의 상속분이 확정되어 등기 등이 된 후 그 상속재산에 대하여 공동상속인 사이의 협의에 의한 분할에 의하여 특정상속인이 당초 상속분을 초과하여 취득하는 재산가액은 당해 분할에 의하여 상속분이 감소된 상속인으로부터 증여받은 재산에 포함한다.

다만, 상속세과세표준 신고기한 이내에 재분할에 의하여 당초 상속분을 초과하여 취득한 경우와 당초 상속재산의 재분할에 대하여 무효 또는 취소 등 다음과 같은 정당한 사유가 있는 경우에는 증여받은 재산에 포함하지 아니하다.

1. 상속회복청구의 소에 의한 법원의 확정판결에 의하여 상속인 및 상속재산에 변동이 있는 경우
2. 민법의 규정에 의한 채권자대위권의 행사에 의하여 공동상속인들의 법정상속분대로 등기 등이 된 상속재산을 상속인 사이의 협의분할에 의하여 재분할하는 경우
3. 상속세 과세표준 신고기한 내에 상속세를 물납하기 위하여 민법의 규정에 의한 법정상속분으로 등기·등록 및 명의개서 등을 하여 물납을 신청하였다가 물납허가를 받지 못하거나 물납재산의 변경명령을 받아 당초의 물납재산을 상속인간의 협의분할에 의하여 재분할하는 경우

# 3. 증여재산가액과 증여의제



증여세의 과세대상이 되는 증여재산은 금전으로 환가할 수 있는 경제적 가치가 있는 모든 물건과 재산적 가치가 있는 법률상 또는 사실상의 모든 권리를 포함한다. 이와 같이 증여재산에 포함되는 것들에 대하여 구체적으로 또는 포괄적으로 규정하고 있다. 증여재산에 포함되는 것들은 크게 분류하면 증여의제와 증여추정으로 분류할 수 있다.

증여의제란 일정한 조건을 충족하면 무조건 증여로 간주하는 것을 말하며, 증여추정이란 일정한 조건을 충족하면 일단 증여로 보지만, 납세자가 증여가 아니라는 것을 입증하면 증여로 보지 않는 것으로서 입증책임을 납세자에게 부여하고 있다.

이와 같이 세법에서는 증여의제와 증여추정에 관한 여러 가지가 규정되어 있으므로 특수관계자 등과의 거래에서는 각별히 주의하여 불이익을 받지 않도록 하여야 한다.


## Point ① 신탁의 이익을 받을 권리의 가액

신탁계약에 의하여 위탁자가 타인을 신탁의 이익의 전부 또는 일부를 받을 수익자로 지정한 경우에는 신탁의 이익을 받을 권리의 가액을 증여재산가액에 포함한다. 단, 앞에서 설명한 장애인이 신탁회사를 통하여 증여받은 5억 원 이내의 신탁재산은 증여재산에 포함하지 아니한다.

생명보험 또는 손해보험에 있어서 보험금수취인과 보험료불입자가 다른 경우에 보험사고가 발생하여 보험금을 수령할 때 보험료불입자가 보험금수취인의 증여재산가액에 포함한다. 따라서 보험료를 증여하여 보험금수취인과 보험료불입자를 동일하게 하면 증여세 문제가 발생하지 않는다. 그러나 보험계약기간 안에 보험금수취인이 타인으로부터 재산을 증여받아 보험료를 불입한 경우에는 그 보험료불입액에 대한 보험금상당액에서 당해 보험료불입액을 차감한 가액을 보험금수취인의 증여재산가액으로 한다.

## Point ❸  저가·고가양도에 따른 이익과 증여추정

1. 특수관계자로부터 시가보다 낮은 가액(시가와 30% 이상 차이가 나거나 3억 원 이상 차이가 나는 가액)으로 재산을 양수하는 경우에는 그 재산의 양수자는 시가와의 차액을 증여재산가액에 포함한다. 반대로 시가보다 높은 가액으로 재산을 양도하는 경우에는 그 재산의 양도자가 시가와의 차액을 증여재산가액에 포함한다. 그러므로 객관적인 가액으로 평가한 가액을 기준으로 하여 30% 또는 3억 원 이상 차이가 나지 않도록 하여 양도하여야만 증여세문제가 발생하지 아니한다.

2. 특수관계자가 아닌 타인으로부터 시가보다 낮은 가액으로 재산을 양수하는 경우에는 시가와 30% 이상 차이가 날 때에 한하여 3억 원을 공제한 후의 가액을 증여받은 것으로 추정한다. 그러므로 정당한 사유가 있으면 이를 입증하면 증여받은 것으로 보지 아니한다. 반대로 시가보다 높은 경우에는 양도자가 증여받은 것으로 추정한다. 그러므로 객관적인 가액으로 평가한 가액을 기준으로 하여 30% 이상 차이가 발생하더라도 그 차액이 3억

원을 넘지 않도록 하여 양도하여야만 증여세문제가 발생하지 아니한다.

3. 특수관계자 간에 고가양도와 저가양수 또는 저가양도와 고가양수의 경우에 발생하는 세금문제에 대하여는 요약하면 다음과 같다. 단, 수증자가 증여세를 납부할 능력이 없다고 인정되는 때에는 그에 상당하는 증여세의 전부 또는 일부를 면제한다.

## 》 특수관계자에게 저가양도한 경우 세금부과 내용

| 구 분 | 세금추징 내용 |
| --- | --- |
| 저가양도한 자 | 양도소득세법상의 부당행위계산부인 규정에 따라 시가와 5% 이상 차이가 나거나, 3억 원 이상 차이가 나는 경우에는 당해 거래가액을 부인하고 정상적인 가액을 양도가액으로 하여 양도소득세를 추징한다. |
| 저가양수한 자 | 증여세법상의 증여의제 규정에 따라 시가와 30% 이상 차이가 나거나, 3억 원 이상 차이가 나는 경우에는 그 차액을 증여받은 것으로 보아 증여세를 추징한다. |

## 》 특수관계자에게 고가양도한 경우의 세금부과 내용

| 구 분 | 세금추징 내용 |
| --- | --- |
| 고가양도한 자 | 증여세법상의 증여의제 규정에 따라 시가와 30% 이상 차이가 나거나 3억 원 이상 차이가 나는 경우에는 그 가액을 증여받은 것으로 보아 증여세를 추징한다(단, 소득세법의 규정에 따라 양도소득세가 부과되었다면 증여세는 추징하지 아니한다). |
| 고가양수한 자 | 양도소득세법상의 부당행위계산부인규정에 따라 시가와 5% 이상 차이가 나거나 3억 원 이상 차이가 나는 경우에는 당해 거래가액을 부인하므로 추후에 양도할 때 고가의 취득가액을 부인히고 정상적인 취득가액을 적용받게 되어 양도소득세의 부담이 증가하게 된다. |

채권자로부터 채무의 면제를 받거나 제3자로부터 채무의 인수 또는 변제를 받은 자는 그 면제·인수 또는 변제한 금액(보상액의 지불이 있는 경우에는 그 보상액을 차감한 금액으로 한다)을 증여받은 것으로 보아 증여재산가액에 포함한다.

따라서 타인을 위하여 자신의 부동산을 담보로 제공한 후에 타인이 채무를 변제하지 못하여 강제 경매되어 보증채무를 이행한 경우에 양도소득세와 증여세가 부과될 수 있다. 즉, 보증인이 자신의 부동산을 양도하여 채무를 변제한 것으로 보므로 부동산양도에 대한 양도차익이 있으면 양도소득세가 부과된다. 동시에 보증인이 대위변제한 금액에 대하여 채무자에 대한 구상권을 가지고 있으면 증여세가 부과되지 않지만, 구상권을 포기하면 증여세가 부과된다. 단, 채무면제이익을 증여로 보는 경우에 수증자가 증여세를 납부할 능력이 없다고 인정되는 때에는 그에 상당하는 증여세의 전부 또는 일부를 면제한다. 증여세 면제에 관한 내용은 앞에서 설명한 바가 있으니 참조하기 바란다.

## ≫ 증여세 연대납세의무자가 증여세를 대신 납부한 경우

증여자가 수증자 대신에 증여세를 납부하는 경우에는 동 증여세 납부액도 증여로 보아 과세한다. 그러므로 부동산 증여 시 수증자가 증여세의 납부능력이 없는 경우에는 증여세액만큼 현금을 별도로 증여하고 신고내역에 포함하여 증여세를 신고·납부하여야 나중에 증여세 납부액에 대한 증여세의 추징을 피할 수 있다. 그러나 앞에서 설명한 증여자가 연대납세의무자에 해당되어 연대납세의무를 이행하는 경우에는 증여세대납액을 증여로 보지 아니한다.

## Point ⑤ 부동산 무상사용에 따른 이익

특수관계자의 부동산(당해 부동산 소유자와 함께 거주하는 주택과 그 부수토지를 제외한다)을 무상으로 사용하는 경우에는 무상사용 이익을 부동산소유자로부터 증여받은 것으로 보아 증여재산가액에 포함한다. 단, 부동산소유자와 함께 거주할 목적으로 주택을 무상으로 사용하는 경우와 당해 토지를 무상으로 사용하게 하여 토지소유자에게 소득세가 부과되는 경우에는 증여로 보지 아니한다.

예를 들어, 특수관계자의 토지 위에 건물을 신축하여 토지를 무상사용하는 경우, 건물과 부속토지를 소유하는 특수관계자로부터 건물만을 증여받거나 매입하여 토지를 무상사용하는 경우, 타인으로부터 특수관계자와 같이 건물과 부속토지를 매입하면서 토지만을 매입하여 건물을 무상사용하는 경우에 증여로 본다.

### 》 무상사용 시 증여금액

1. 무상사용 이익 = 부동산가액 × 임대료율 연 2%
2. 증여로 환산한 가액 = 5년간의 무상사용 이익을 연 10%의 복리로 할인하여 합계한 금액(1억 원 이상인 경우에 한함)
3. 증여로 환산한 가액은 매 5년 단위로 재계산하여 증여로 본다.

## Point ⑥ 합병 시에 따른 이익

특수관계법인이 합병함으로 인하여 소멸·흡수되는 법인 또는 신설·존속하는 법인의 주주로서 특정대주주가 합병으로 인하여 특정이익을 받은 경우에는 이익금액을 증여재산가액에 포함한다. 여기서 대주주란 특수관계자를 포함한 지분율이 1% 이상이거나 액면가액 3억 원 이상인 보유주주를 말한다.

이러한 규정은 불균등하게 합병하여 실질적으로 증여하는 것을 방지하기 위한 것으로서, 합병법인을 공정한 가액으로 평가하여 합병해야 증여세가 부과되지 않는다.

## Point 7 증자에 따른 이익

법인이 자본(출자액을 포함한다. 이하 같다)을 증가시키기 위하여 새로운 주식 또는 지분(이하 "신주"라 한다)을 발행함에 따라 다음 각 호의 어느 하나에 해당하는 이익을 얻은 경우에는 당해 이익에 상당하는 금액을 그 이익을 얻은 자의 증여재산가액으로 한다.

1. 신주를 시가보다 낮은 가액으로 발행하는 경우에는 다음 각 목의 어느 하나에 해당하는 이익(이때 신주를 배정받을 수 있는 권리를 포기하거나 그 소유주식수에 비례하여 균등한 조건에 의하여 배정받을 수 있는 수에 미달되게 배정받은 소액주주가 2인 이상인 경우에는 소액주주 1인이 포기하거나 미달되게 배정받은 것으로 보아 이익을 계산한다. 여기서 소액주주라 함은 당해 법인의 발행주식총수 등의 100분의 1미만을 소유하는 경우로서 주식 등의 액면가액의 합계액이 3억 원 미만인 주주 등을 말한다)

   1) 당해 법인의 주주(출자자를 포함한다. 이하 같다)가 신주를 배정받을 수 있는 권리의 전부 또는 일부를 포기한 경우로서 그 포기한 신주(이하 "실권주"라 한다)를 배정(증권거래법에 따른 주권상장법인 또는 코스닥상장법인이 동법의 규정에 의한 유가증권의 모집방법으로 배정하는 경우를 제외한다. 이하 같다)하는 경우에는 그 실권주를 배정받은 자가 실권주를 배정받음으로써 얻은 이익

   2) 당해 법인의 주주가 신주를 배정받을 수 있는 권리의 전부 또는 일부를

포기한 경우로서 실권주를 배정하지 아니하는 경우에는 당해 신주 인수를 포기한 자와 특수관계에 있는 자가 신주를 인수함으로써 얻은 이익

3) 당해 법인의 주주가 아닌 자가 당해 법인으로부터 신주를 직접 배정(증권거래법에 따른 인수인으로부터 당해 신주를 직접 인수·취득하는 경우를 포함한다. 이하 같다)받거나, 당해 법인의 주주가 그 소유주식수에 비례하여 균등한 조건에 의하여 배정받을 수 있는 수를 초과하여 신주를 직접 배정받음으로써 얻은 이익

2. 신주를 시가보다 높은 가액으로 발행하는 경우에는 다음 각 목의 1에 해당하는 이익

1) 당해 법인의 주주가 신주를 배정받을 수 있는 권리의 전부 또는 일부를 포기한 경우로서 실권주를 배정하는 경우에는 그 실권주를 배정받은 자가 이를 인수함으로써 그와 특수관계에 있는 신주 인수 포기자가 얻은 이익

2) 당해 법인의 주주가 신주를 배정받을 수 있는 권리의 전부 또는 일부를 포기한 경우로서 실권주를 배정하지 아니하는 경우에는 당해 신주를 인수함으로써 그와 특수관계에 있는 신주 인수 포기자가 얻은 이익

3) 당해 법인의 주주가 아닌 자가 당해 법인으로부터 신주를 직접 배정받거나, 당해 법인의 주주가 그 소유주식수에 비례하여 균등한 조건에 의하여 배정받을 수 있는 수를 초과하여 신주를 직접 배정받아 인수함으로써 그와 특수관계에 있는 자가 얻은 이익

3. 제1호 또는 제2호에서 규정하는 것과 방법 및 이익이 유사한 경우로서 신주 또는 실권주를 인수하거나 인수하지 아니함으로써 특수관계에 있는 자로부터 직접 또는 간접적으로 얻은 이익

법인이 자본을 감소시키기 위하여 주식 또는 지분을 소각함에 있어서 일부 주주의 주식 또는 지분을 소각함으로 인하여 그와 특수관계에 있는 대주주가 이익을 얻은 경우에 그 이익에 상당하는 금액을 당해 대주주의 증여재산가액으로 한다. 여기서 특수관계에 있는 대주주라 함은 주주 등 1인과 특수관계에 있는 자로서 지분율이 1% 이상이거나 액면가액 3억 원 이상을 보유한 주주를 말한다.

## 특수관계자의 범위

1. 친족 및 직계비속의 배우자의 2촌 이내의 부계혈족과 그 배우자

2. 사용인과 사용인외의 자로서 당해주주 등의 재산으로 생계를 유지하는 자

3. 기획재정부령이 정하는 기업집단의 소속기업(당해 기업의 임원을 포함한다)과 다음 각 목의 1의 관계에 있는 자 또는 당해 기업의 임원에 대한 임명권의 행사·사업방침의 결정등을 통하여 그 경영에 대하여 사실상의 영향력을 행사하고 있다고 인정되는 자

   1) 기업집단소속의 다른 기업

   2) 기업집단을 사실상 지배하는 자

   3) 나목의 자와 제1호의 관계에 있는 자

4. 주주 등 1인과 제1호 내지 제3호의 자가 이사의 과반수를 차지하거나 재산을 출연하여 설립한 비영리법인

5. 제3호 본문 또는 동호 가목의 규정에 의한 기업의 임원이 이사장인 비영리법인

6. 주주 등 1인과 제1호 내지 제5호의 자가 발행주식총수 등의 100분의 30 이상을 출자하고 있는 법인

7. 주주 등 1인과 제1호 내지 제6호의 자가 발행주식총수 등의 100분의 50 이
   상을 출자하고 있는 법인
8. 주주 등 1인과 제1호 내지 제7호의 자가 이사의 과반수를 차지하거나 재산
   을 출연하여 설립한 비영리법인


## Point ❾ 현물출자에 따른 이익

현물출자에 의하여 법인이 발행한 주식 등을 인수함에 따라 다음 각 호의 1
에 해당하는 이익을 얻은 경우에는 당해 이익에 상당하는 금액을 그 이익을 얻
은 자의 증여재산가액으로 한다.

1. 주식 등을 시가보다 낮은 가액으로 인수함에 따라 현물출자자가 얻은 이익
2. 주식 등을 시가보다 높은 가액으로 인수함에 따라 현물출자자와 특수관계
   에 있는 현물출자자 외의 주주 또는 출자자가 얻은 이익


## Point ❿ 전환사채이익 등의 주식전환 등에 따른 이익

전환사채를 발행법인으로부터 인수하거나, 특수관계자로부터 취득한 경우
로서 당해 전환사채의 취득가액과 전환사채를 주식으로 전환하여 교부받을 주
식가액과의 차액에 대하여 증여재산가액에 포함한다. 이는 신주인수권부사채
또는 교환사채의 경우에도 같다. 이러한 규정은 전환사채 등을 특수관계자가
불공정한 가액으로 매입하여 결과적으로 변칙증여되는 것을 방지하기 위한 것
이다.

**Point ⑪ 특정법인과의 거래를 통한 이익**

특수관계자가 휴업 중이거나 폐업 중인 법인 또는 계속해서 결손금이 있는 법인에 부동산 등을 증여하거나, 채무를 면제하는 등의 방법을 통해 당해 법인의 주주들에게 실질적인 이익을 나누어주는 경우에 당해 법인의 주주는 증여재산가액에 포함한다.


**Point ⑫ 주식의 상장 등에 따른 이익의 증여**

기업의 경영 등에 관하여 공개되지 아니한 정보를 이용할 수 있는 지위에 있다고 인정되는 다음 각 호의 어느 하나에 해당하는 자와 특수관계에 있는 최대주주 등으로부터 당해 법인의 주식 등을 증여받거나 유상으로 취득한 경우에는 증여받거나 취득한 날, 증여받은 재산(주식 등을 유상으로 취득한 날부터 소급하여 3년 이내에 최대주주 등으로부터 증여받은 재산을 말한다)으로 최대주주 등외의 자로부터 당해 법인의 주식 등을 취득한 경우에는 취득한 날부터 5년 이내에 당해 주식 등이 유가증권시장 또는 코스닥시장에 상장됨에 따라 그 가액이 증가된 경우로서 당해 주식 등을 증여받거나 유상으로 취득한 자가 당초 증여세과세가액(증여받은 재산으로 주식 등을 취득한 경우를 제외한다) 또는 취득가액을 초과하여 일정금액 이상의 이익을 얻은 때에는 당해 이익에 상당하는 금액을 그 이익을 얻은 자의 증여재산가액으로 한다.

1. 특수관계가 있는 자의 보유주식 등을 합하여 그 보유주식 등의 합계가 가장 많은 최대주주
2. 내국법인의 발행주식총수 또는 출자총액의 100분의 25 이상을 소유한 자 (특수관계가 있는 자의 보유주식을 포함)

## Point ⑬ 금전무상대부 등에 따른 이익의 증여

특수관계에 있는 자로부터 1억 원 이상의 금전을 무상 또는 적정이자율보다 낮은 이자율로 대부받은 경우에는 그 금전을 대부받은 날에 다음 각 호의 1의 금액을 당해 금전을 대부받은 자의 증여재산가액으로 한다. 이 경우 대부기간이 정하여지지 아니한 경우에는 그 대부기간을 1년으로 보고, 대부기간이 1년 이상인 경우에는 1년이 되는 날의 다음 날에 매년 새로이 대부받은 것으로 보아 당해 금액을 계산한다.

1. 무상으로 대부받은 경우에는 대부금액에 적정이자율을 곱하여 계산한 금액
2. 적정이자율보다 낮은 이자율로 대부받은 경우에는 대부금액에 적정이자율을 곱하여 계산한 금액에서 실제 지급한 이자상당액을 차감한 금액

## Point ⑭ 합병에 따른 상장 등 이익의 증여

최대주주 등과 특수관계에 있는 자가 최대주주 등으로부터 당해 법인의 주식 등을 증여받거나 유상으로 취득한 경우 또는 증여받은 재산으로 최대주주 등외의 자로부터 당해 법인의 주식 등을 취득하거나 다른 법인의 주식 등을 취득한 경우로서 그 주식 등의 증여일 등으로부터 5년 이내에 당해 법인 또는 다른 법인이 특수관계에 있는 주권상장법인 또는 코스닥상장법인과 합병됨에 따라 그 가액이 증가된 경우로서 당해 주식 등을 증여받거나 유상으로 취득한 자가 당초 증여세 과세가액 또는 취득가액을 초과하여 일정금액 이상의 이익을 얻은 경우에는 당해 이익에 상당하는 금액을 그 이익을 얻은 자의 증여재산가액으로 한다.

## Point 15  기타 이익의 증여

1. 타인으로부터 무상 또는 시가보다 낮은 대가를 지급하거나 타인에게 시가보다 높은 대가를 지급받고 1억 원 이상인 재산(부동산 및 금전을 제외한다)을 사용하거나 사용하게 함으로써 얻은 이익. 이 경우 당해 이익은 시가와 실제 지급하거나 지급받은 대가와의 차액으로서 무상인 경우는 전체금액으로 하고, 저가 또는 고가인 경우에는 시가와 30% 이상 차이가 나는 경우에 시가와의 차액으로 한다.

2. 타인으로부터 무상 또는 시가보다 낮은 대가를 지급하고 용역(불특정 다수인 사이에 통상적인 지급대가가 1,000만 원 이상인 것에 한한다)을 제공받거나 타인에게 시가보다 높은 대가를 지급받고 용역을 제공함으로써 얻은 이익. 이 경우 당해 이익은 시가와 실제 지급하거나 지급받은 대가와의 차액으로서 무상인 경우는 전체 금액으로 하고, 저가 또는 고가인 경우에는 시가와 30% 이상 차이가 나는 경우에 시가와의 차액으로 한다.

3. 출자·감자, 합병(분할합병을 포함한다)·분할, 전환사채 등에 의한 주식의 전환·인수·교환 등 법인의 자본을 증가시키거나 감소시키는 거래로 인하여 얻은 이익 또는 사업양수도·사업교환 및 법인의 조직변경 등에 의하여 소유지분 또는 그 가액이 변동됨에 따라 얻은 이익. 이 경우 당해 이익은 주식전환 등을 할 당시의 주식가액에서 주식전환 등의 가액을 차감한 금액이 1억 원 이상인 경우의 당해 금액으로 한다. 기타의 경우에는 소유지분 또는 그 가액의 변동 전·후에 있어서 당해 재산의 평가차액이 변동 전 당해 재산가액의 100분의 30 이상이거나 그 금액이 3억 원 이상인 경우의 당해 평가차액으로 하며, 당해 평가차액은 다음 각목의 규정에 의하여 계산한다.

1) 지분이 변동된 경우 : (변동 전 지분 − 변동 후 지분) × 지분 변동 후 1주당 가액

2) 평가액이 변동된 경우 : 변동 전 가액 − 변동 후 가액

4. 미성년자 등 그 직업 · 연령 · 소득 · 재산상태로 보아 자신의 계산으로 당해 행위를 할 수 없다고 인정되는 자가 다음 각 호의 사유로 인하여 재산을 취득하고 그 재산을 취득한 날부터 5년 이내에 개발사업의 시행, 형질 변경, 공유물분할, 사업의 인 · 허가, 주식 · 출자지분의 상장 및 합병 등 재산가치 증가사유로 인한 당해 재산가치의 증가에 따른 이익으로서 다음의 일정 기준 이상의 이익을 얻은 경우에는 당해 이익을 그 이익을 얻은 자의 증여재산가액으로 한다.

## ≫ 무자력자의 재산취득 사유

1. 타인으로부터 재산을 증여받은 경우
2. 특수관계에 있는 자로부터 기업의 경영 등에 관하여 공표되지 아니한 내부 정보를 제공받아 당해 정보와 관련한 재산을 유상으로 취득한 경우
3. 특수관계에 있는 자로부터 차입한 자금 또는 특수관계에 있는 자의 재산을 담보로 차입한 자금으로 재산을 취득한 경우

## ≫ 증여재산가액에 포함되는 일정기준 이상의 이익

다음 각 호의 금액 이외의 사유로 재산가치 상승금액이 있는 경우에 그 재산가치 상승금액이 3억 원 이상이거나 동 재산가치 상승금액이 다음의 제2호 내지 제4호의 금액의 합계액의 100분의 30 이상인 경우의 당해 재산가치 상승금액은 증여재산가액에 포함한다.

1. 당해 재산가액 : 재산가치 증가사유가 발생한 날 현재의 가액

2. 당해 재산의 취득가액 : 실제 취득하기 위하여 지불한 금액(증여받은 재산의 경우에는 증여세 과세가액을 말한다)

3. 통상적인 가치상승분 : 주당 당기순이익의 증가에 따른 기업가치의 실질적인 증가로 인한 이익과 연평균 지가상승률·연평균 주택가격상승률 및 전국소비자 물가상승률 등을 감안하여 당해 재산의 보유기간 중 정상적인 가치상승분에 상당하다고 인정되는 금액

4. 가치상승기여분 : 개발사업의 시행, 형질변경, 사업의 인·허가 등에 따른 자본적 지출액 등 당해 재산가치를 증가시키기 위하여 지출한 비용


## Point 16 명의신탁재산의 증여의제

등기 등을 요하는 재산에 대하여 타인명의로 등기 등을 하는 경우에는 조세회피 목적이 없었다는 것을 입증하지 못하는 한 이를 증여받은 것으로 본다. 또한, 토지와 건물을 명의신탁하는 경우에는 부동산 실권리자 명의등기에 관한 법률에 따라 처벌받는다.

예를 들면, 타인명의로 등록한 차명주식에 대하여는 증여로 보며 조세회피 목적이 없이 불가피하게 타인명의로 등록할 수밖에 없었다는 것을 납세자가 증명하지 못하면 증여세가 부과된다.

**사전증여 후 시세가 급등하여 증여세가 추징된 사례**

모 중소기업 사장은 상속세를 절감하기 위하여 자녀에게 미리 미리 증여하는 것이 필요하다는 주변의 조언을 받고 자녀에게 장래 가치가 상승할 것으로 예상되는 부동산을 미리 증여하였다. 그런데 얼마 지나지 않아 그 부동산의 가치가 개발로 인하여 급등하게 되자 그 사장은 자신이 사전증여한 것이 잘한 것이라 생각하고 마음속으로 흡족하게 생각하였다.

문제는 그 다음이었다. 세무서로부터 증여세를 추징하겠다는 사전통지서가 날아온 것이었다. 깜짝 놀라 세무서에 물어보고 전문가에게 상담해 보니 증여세법상 어쩔 수 없다는 답변을 듣고 할 수 없이 당해 부동산을 처분하여 증여세를 납부하였다.

그 이유는 자녀에게 부동산을 증여한 후에 5년 이내에 당해 부동산의 가치가 급증하게 되면 정상적인 가치상승분을 제외한 금액은 증여받은 것으로 보아 증여재산가액에 포함된다는 증여세법의 규정에 근거한 것이었다. 그러므로 증여할 때에는 최소한 5년 이상 멀리 보고 재산을 증여하여야 세법상 불이익을 받지 않게 된다는 것을 명심하여야 한다.

# 4. 증여추정과 절세

**증여로 추정되는 경우에는 납세자가 증여가 아님을 입증해야 한다.**

앞에서 설명한 바와 같이 증여추정이란 세법에서 정한 일정한 조건을 충족하면 일단 증여로 보지만, 납세자가 증여가 아니라는 것을 입증하면 증여세를 부과하지 않는 것으로서 입증책임을 납세자에게 부여하는 것을 말한다.

증여세법에서는 증여추정에 관한 여러 가지가 규정되어 있으므로 특수관계자 등과의 거래에서는 각별히 주의하여 불이익을 받지 않도록 하여야 한다.

## **Point 1** 배우자 등에 대한 양도 시의 증여추정

배우자 또는 직계존비속 간에 양도한 재산은 이를 증여한 것으로 추정한다. 또한, 특수관계자에게 양도한 재산을 그 특수관계자가 3년 이내에 당초 양도자의 배우자 또는 직계존비속에게 다시 양도한 경우에는 당초 양도자가 그의 배우자 또는 직계존비속에게 직접 증여한 것으로 추정한다. 단, 당초 양도자 및 양수자가 부담할 소득세의 합계액이 증여받은 것으로 추정할 경우의 증여세보다 큰 경우에는 증여로 추정되지 아니한다. 또한, 증여받은 것으로 추정하는 경우에 증여세가 부과되면 양도소득세는 부과되지 아니한다.

이러한 증여추정 규정은 유상양도를 가장하여 증여세를 회피하는 것을 방지하기 위한 것으로서 명백한 유상양도임을 납세자가 증명하지 못하면 증여세가 부과된다.

한편, 배우자 또는 직계존비속으로부터 증여받은 재산을 5년 내에 양도 시에는 증여자가 직접 양도한 것으로 보아 양도세를 계산하는 것과 특수관계자로부터 증여받아 5년 내에 양도 시에 조세의 부담을 부당하게 감소시킨 것으로 인정되면 증여자가 직접 양도한 것으로 본다는 규정에 대하여는 앞서 부동산과 절세에서 설명한 바가 있으므로 참조하기 바란다.

### ≫ 배우자 또는 직계존비속간의 양도

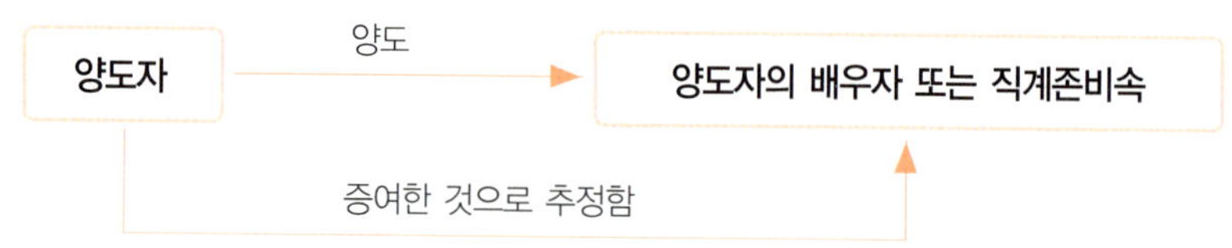

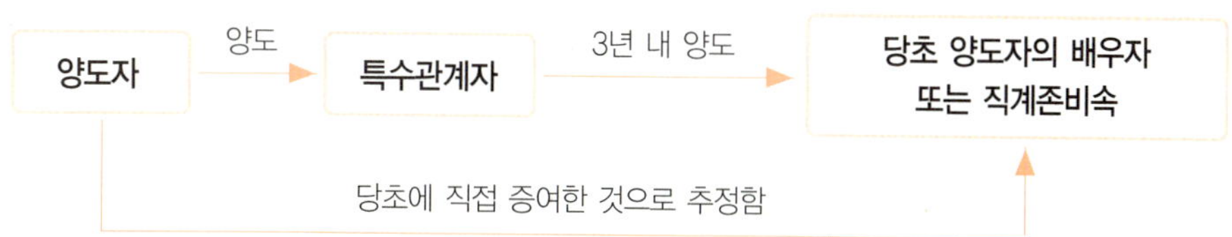


➤➤ 증여추정이 적용되지 않는 경우

1. 법원의 결정으로 경매된 경우

2. 파산선고에 의하여 처분된 경우

3. 국세징수법에 의하여 공매된 경우

4. 유가증권시장 또는 코스닥시장을 통하여 처분된 경우(단, 불특정 다수인 간의 거래에 의하여 처분된 것으로 볼 수 없는 경우 시간 외 시장에서 매매되는 경우는 제외)

5. 배우자 등에게 대가를 지급받고 양도한 사실이 명백히 인정되는 다음의 경우

   1) 권리의 이전이나 행사에 등기 또는 등록을 요하는 재산을 서로 교환한 경우

   2) 당해 재산의 취득을 위하여 이미 과세(비과세 또는 감면받은 경우 포함)받았거나, 신고한 소득금액 또는 상속, 수증재산의 가액으로 그 대가를 지급한 사실이 입증되는 경우

   3) 당해 재산의 취득을 위하여 소유재산을 처분하여 취득한 것이 입증되는 경우

직업·성별·연령·소득 및 재산상태 등으로 보아 재산을 자력으로 취득하였다고 인정하기 어려운 경우 증여받은 것으로 추정한다. 단, 입증되지 못한 금액이 재산취득가액의 20%에 상당하는 금액과 2억 원 중 적은 금액에 미달하면 증여로 추정하지 아니한다.

또한, 당해 취득자금 또는 상환자금이 직업·연령·소득·재산상태 등을 감안하여 국세청장이 정하는 자금출처조사 기준금액 이하에 해당하는 경우와 당해 취득자금 또는 상환자금의 출처에 관한 충분한 소명이 있는 경우에는 증여로 추정하지 아니한다.

자금출처조사 기준금액은 세법의 규정에 따라 국세청장이 정한 금액으로서 이 금액은 단순히 재산취득자금을 증여받은 것으로 추정하기 위한 판단 기준일 뿐이다. 즉, 기준금액 이내에서 재산을 취득한 경우에 이를 증여로 보기 위해서는 국세청에서 증여라는 것을 입증해야 한다. 반대로 기준금액 이상의 재산을 취득한 경우에는 국세청에서는 이를 증여로 볼 수 있으며 이것이 증여가 아니라는 것은 납세자가 입증해야 하는 것이다.

따라서 국세청에서는 증여혐의가 있으면 기준금액 이내라 하더라도 조사할 수는 있다. 다만, 현실적으로 업무량, 조사실익 등을 고려하여 조사를 하지 않는 것이다.

따라서 자금출처를 입증하기 위해서는 평소에 소득에 대한 관련 자료를 잘 보관할 필요가 있다.

| 구 분 | 취득자산 | | 채무상환 | 총액한도 |
|---|---|---|---|---|
| | 주택 | 주택 이외 | | |
| 1. 세대주인 경우<br>　가. 30세 이상인 자<br>　나. 40세 이상인 자 | 2억 원<br>4억 원 | 5,000만 원<br>1억 원 | 5,000만 원<br>5,000만 원 | 2억 5,000만 원<br>5억 원 |
| 2. 세대주가 아닌 경우<br>　가. 30세 이상인 자<br>　나. 40세 이상인 자 | 1억 원<br>2억 원 | 5,000만 원<br>1억 원 | 5,000만 원<br>5,000만 원 | 1억 5,000만 원<br>3억 원 |
| 3. 30세 미만인 자 | 5,000만 원 | 3,000만 원 | 3,000만 원 | 8,000만 원 |

## 재산취득 자금출처의 증여추정

일반적으로 자금출처조사 기준금액 이상에 해당하는 재산을 취득하면 취득 후 일정기간 내에 세무서로부터 재산취득 자금출처에 대한 소명자료 제출요구서를 받게 된다.

이러한 소명요구서를 받은 재산취득자는 취득자금의 출처를 기재하고, 증빙서류를 첨부하여 제출기한 내에 회신하여야 한다. 세무서는 회신받지 못한 경우 또는 회신받은 소명자료를 검토한 결과 증여혐의가 있을 경우에는 직접 또는 간접조사를 통해 증여로 인정되면 증여세를 추징한다.

재산취득 자금출처로 인정되는 소득 및 증빙서류를 요약하면 〈표〉와 같으며, 증빙서류가 없더라도 조사대상자의 직업 등으로 보아 사회통념상 명백하게 거증할 수 없는 소득원에 대한 자금출처조사는 소명자료만으로 인정한다. 그러나 기존재산의 취득을 위한 자금출치로 한 번 제시된 소득원은 재치 인정되지 않으므로 이를 차감한 금액만을 자금출처로 인정한다.

현행 증여세법에는 직업·연령·소득 및 재산상태 등으로 보아 재산을 자력으로 취득하기 어려운 경우에만 자금출처를 입증하지 못하면 증여로 추정되고 있으므로, 자금출처를 일일이 밝히지 못하더라도 상당한 수입이 예상되는 직업과 수입, 재력 등이 인정된다면 증여로 추정하지 못한다. 이는 법원의 판례에 의해서도 인정되고 있다.

| 종 류 | 금 액 | 증빙서류 |
| --- | --- | --- |
| 근로소득 | 총급여액 – 원천징수세액 | 원천징수영수증 |
| 퇴직소득 | 총지급액 – 원천징수세액 | 원천징수영수증 |
| 사업소득 | 소득세 차감 후 소득금액 | 소득세신고서 |
| 이자 · 배당 · 기타 소득 | 총지급액 – 원천징수세액 | 원천징수영수증 |
| 차입금 | 차입금액 | 부채증명서 |
| 소유자산 임대보증금 | 임대보증금액 | 임대차계약서 |
| 보유재산처분액 | 재산처분가액 – 양도소득세 등 | 매매계약서 |

# 5. 상속세의 계산구조와 절세

### 상속세도 사전적 또는 사후적으로 절세가 가능하다.

상속세는 자연인이 사망하거나 실종선고를 받아 상속(유언에 의한 증여 또는 사망으로 인하여 효력을 발생하는 증여를 포함)이 개시되는 경우에 상속재산에 대하여 부과되는 세금이다. 증여세는 증여를 받는 자가 부담하는 세금인데 반하여 상속세는 상속인이 납세의무자이기는 하지만 피상속인(사망자)의 유산에 대하여 부과되는 세금으로서 원칙적으로 상속재산을 누가 상속받던지 관계가 없다.

이러한 상속은 사망에 의하여 개시되기 때문에 사망시기를 예측할 수 없는 일반적인 현실하에서 사망 전의 계획에 의해 상속세의 절세를 생각하는 것이 사실상 어렵다. 그러나 이러한 상속세도 어느 정도까지는 미리 대비하여 절세할 수 있다. 즉, 현행 민법상의 상속관련 기본법규와 상속세법상의 상속세의 계산구조를 개괄적으로 파악하고 있으면서 사망 전 · 후에 걸쳐 공인회계사 등의 전문가와 상담을 한다면 절세방안을 찾을 수 있다.

**표** 상속과 관련된 민법상의 기초지식

| 구 분 | 내 용 |
|---|---|
| 상속의 순위 | 1. 상속에 있어서는 다음 순위로 상속인이 된다.<br>(1) 피상속인의 직계비속<br>(2) 피상속인의 직계존속<br>(3) 피상속인의 형제 · 자매<br>(4) 피상속인의 4촌 이내의 방계혈족<br>2. 동순위의 상속인이 수인인 때에는 최근친을 선순위로 하고 동친 등의 상속인이 수인인 때에는 공동상속인이 된다.<br>3. 태아는 상속순위에 관하여는 이미 출생한 것으로 본다.<br>4. 피상속인의 배우자는 상기 1.항의 (1)호와 (2)호의 규정에 의한 상속인이 있는 경우에는 그 상속인과 동순위로 공동상속인이 되고 그 상속인이 없는 때에는 단독 상속인이 된다. |
| 상속인의 결격사유 | 다음 각 호의 어느 하나에 해당한 자는 상속인이 되지 못한다.<br>1. 고의로 직계존속, 피상속인, 그 배우자 또는 상속의 선순위나 동순위에 있는 자를 살해하거나 살해하려한 자<br>2. 고의로 직계존속, 피상속인과 그 배우자에게 상해를 가하여 사망에 이르게 한 자<br>3. 사기 또는 강박으로 피상속인의 상속에 관한 유언 또는 유언의 철회를 방해한 자<br>4. 사기 또는 강박으로 피상속인의 상속에 관한 유언을 하게 한 자<br>5. 피상속인의 상속에 관한 유언서를 위조 · 변조 · 파기 또는 은닉한 자 |
| 법정상속분 | 1. 동순위의 상속인이 수인인 때에는 그 상속분은 균분으로 한다.<br>2. 피상속인의 배우자의 상속분은 직계비속과 공동으로 상속하는 때에는 직계비속의 상속분의 5할을 가산하고, 직계존속과 공동으로 상속하는 때에는 직계존속의 상속분의 5할을 가산한다. |
| 기여분 | 1. 공동상속인 중에 상당한 기간 동거 · 간호 그 밖의 방법으로 피상속인을 특별히 부양하거나 피상속인의 재산의 유지 또는 증가에 특별히 기여한 자가 있을 때에는 상속개시 당시의 피상속인의 재산가액에서 공동상속인의 협의로 정한 그 자의 기여분을 공제한 것을 상속재산으로 보고 산정한 법정상속분에 기여분을 가산한 액으로써 그 자의 상속분으로 한다.<br>2. 제1항의 협의가 되지 아니하거나 협의할 수 없는 때에는 가정법원은 제1항에 규정된 기여자의 청구에 의하여 기여의 시기 · 방법 및 정도와 상속재산의 액 기타의 사정을 참작하여 기여분을 정한다. |

| 구분 | 내용 |
|---|---|
| 상속재산의 분할 | 1. 피상속인은 유언으로 상속재산의 분할방법을 정하거나 이를 정할 것을 제삼자에게 위탁할 수 있고 상속개시의 날로부터 5년을 초과하지 아니하는 기간 내의 그 분할을 금지할 수 있다.<br>2. 1항의 경우 외에는 공동상속인은 언제든지 그 협의에 의하여 상속재산을 분할할 수 있다. |
| 유류분과 그 권리자 | 상속인의 유류분은 다음 각 호에 의한다.<br>1. 피상속인의 직계비속은 그 법정상속분의 2분의 1<br>2. 피상속인의 배우자는 그 법정상속분의 2분의 1<br>3. 피상속인의 직계존속은 그 법정상속분의 3분의 1<br>4. 피상속인의 형제·자매는 그 법정상속분의 3분의 1 |

## 표 상속세의 계산구조 및 절세대책

| 계산구조 | | 계산방법 | 포인트 |
|---|---|---|---|
| 상속재산가액 | 포함 | 보험금, 퇴직금, 신탁재산, 상속추정액 | 1, 2 |
| | 제외 | 각종 유족연금, 공익목적 출연재산, 비과세 항목 | |
| (±) 가감항목 | 가산 | 피상속인이 상속인에게 상속개시일 전 10년 이내 (상속인이 아닌 자에게는 5년 이내)에 증여한 재산가액 | 3 |
| | 차감 | 공과금, 장례비용, 채무 | 4 |
| 상속세 과세가액 | | | |
| (−) 상속공제 | | 기초공제, 배우자공제, 기타 인적공제, 금융재산 상속공제, 재해손실공제 | 5 |
| 상속세 과세표준 | | | |
| (×) 상속세율 | | 10%부터 50%까지 초과누진세율(증여세율과 동일함) | |
| 산출세액 | | 세대를 건너뛴 상속의 경우에는 30% 가산함 | 6 |
| (−) 세액공제 | | 증여세액공제, 외국납부 세액공제, 단기재상속에 대한 세액공제, 자진신고 세액공제 | 7 |
| 납부할 세액 | | | 8 |

## Point 1 상속재산 포함 여부에 유의하라.

상속재산에는 피상속인에게 귀속되는 재산으로서 금전으로 환가할 수 있는 경제적 가치가 있는 모든 물건과 재산적 가치가 있는 법률상 또는 사실상의 모든 권리를 포함한다.

상속세법에서는 여러 가지 사유로 상속재산에 포함되는 것과 포함되지 않는 것을 규정하고 있으므로 이를 고려하여 가능한 포함되지 않는 재산을 보유하고 있다가 상속한다면 상속세를 절감할 수가 있게 된다.

### 》 상속재산 포함 항목과 제외 항목

#### 1. 생명보험

피상속인 즉, 사망자가 보험계약자가 되어 피상속인의 사망으로 인하여 지급받는 생명보험 또는 손해보험의 보험금은 상속재산에 포함되며, 보험계약자가 피상속인 외의 자인 경우라도 피상속인이 실질적으로 보험료를 지불하였을 때에는 보험금을 상속재산에 포함한다.

그러므로 보험계약자와 보험료지불자가 피상속인 이외의 자로 하여 생명보험을 계약한다면 보험금수령 시 상속재산에서 제외가 된다.

#### 2. 퇴직금

원칙적으로 퇴직금은 상속재산에 포함된다. 즉, 퇴직금·퇴직수당·공로금·연금 또는 이와 유사한 것으로서 피상속인에게 지급될 것이 피상속인의 사망으로 인하여 지급되는 것에 대하여는 그 금액은 상속재산으로 본다. 그러나 다음 각 호의 어느 하나에 해당하는 경우에는 상속재산에 포함하지 아니하다. 그러므로 가능한 이러한 연금을 많이 가입하여 상속을 한다면 상속세를 절감할 수 있다.

1) 국민연금법에 따라 지급되는 유족연금 또는 사망으로 인하여 지급되는 반
   환일시금
2) 공무원연금법 또는 사립학교교직원 연금법에 따라 지급되는 유족연금·
   유족연금부가금·유족연금일시금·유족일시금 또는 유족보상금
3) 군인연금법에 따라 지급되는 유족연금·유족연금부가금·유족연금일시
   금·유족일시금 또는 재해보상금
4) 산업재해보상보험법에 따라 지급되는 유족보상연금·유족보상일시금 또
   는 유족특별급여
5) 근로자의 업무상 사망으로 인하여 근로기준법 등을 준용하여 사업자가 당
   해 근로자의 유족에게 지급하는 유족보상금 또는 재해보상금과 기타 이와
   유사한 것
6) 전직대통령예우에 관한 법률 또는 별정우체국법에 의하여 지급되는 유족
   연금·유족연금일시금 및 유족일시금

## 3. 신탁재산

원칙적으로 피상속인이 신탁한 재산은 상속재산으로 보며, 타인이 신탁의
이익을 받을 권리를 소유하고 있는 경우에는 그 이익에 상당하는 가액을 제외
한다. 그러나 피상속인이 신탁으로 인하여 타인으로부터 신탁의 이익을 받을
권리를 소유하고 있는 경우에는 당해 이익에 상당하는 가액을 상속재산에 포
함한다.

## 4. 공익목적에 출연한 재산

상속재산 중 피상속인 또는 상속인이 종교·자선·학술 기타 공익을 목적으
로 하는 사업을 영위하는 자에게 출연한 재산의 가액은 상속재산에 포함하지
아니한다. 그러므로 공익목적으로 출연할 의사가 있다면 상속세 신고기한 이

전에 출연을 하여 상속세 과세대상에 포함되지 않도록 한다면 신고기한 이후에 출연하는 것보다 절세가 가능하며 출연의 효과도 크다.

## 》 상속세 비과세 항목

1. 국가·지방자치단체 또는 지방자치단체조합 등에 유증(사망으로 인하여 효력이 발생하는 증여를 포함)한 재산

2. 문화재보호법에 따른 국가지정문화재 및 시·도지정문화재와 동법의 규정에 의한 보호구역 안의 토지로서 당해 문화재 또는 문화재자료가 속하여 있는 보호구역 안의 토지

3. 분묘에 속한 1정보 이내의 금양임야와 1,983제곱미터 이내의 묘토인 농지, 족보와 제구의 재산중 제사를 주재하는 상속인(다수의 상속인이 공동으로 제사를 주재하는 경우에는 그 공동으로 주재하는 상속인 전체를 말한다)을 기준으로 다음 각 호에 해당하는 재산을 말한다. 다만, 다음의 제1호 및 제2호의 재산가액의 합계액이 2억 원을 초과하는 경우에는 2억 원을 한도로 한다.

   1) 피상속인이 제사를 주재하고 있던 선조의 분묘에 속한 9,900제곱미터 이내의 금양임야

   2) 분묘에 속한 1,980제곱미터 이내의 묘토인 농지

   3) 족보와 제구

   4) 정당법에 따른 정당에 유증한 재산

   5) 사내근로복지기금법에 따른 사내근로복지기금, 근로자복지기본법의 규정에 의한 우리사주조합 및 근로자복지진흥기금에 유증한 재산

   6) 사회통념상 인정되는 이재구호금품, 치료비, 불우한 자를 돕기 위하여 유증한 재산

   7) 상속재산 중 상속인이 상속세 신고기한 이내에 국가·지방자치단체 또

는 공공단체에 증여한 재산

8) 전사 또는 전쟁 또는 이에 준하는 비상사태로 인하여 토벌 또는 경비 등
작전업무의 수행 중 입은 부상 또는 질병으로 인한 사망으로 상속이 개
시되는 경우에는 모든 상속재산에 대하여 상속세를 부과하지 아니한다.


**Point ②  상속재산 평가에 유의하라.**

상속세법에서는 상속재산은 증여재산의 평가와 동일한 방식인 상속일 현재
의 시가로 평가하며, 시가를 알 수 없는 경우에는 상속세법에서 정한 보충적인
평가방법을 적용한다. 이에 정한 상속재산의 평가방법에 따라 상속재산가액이
달라 질수가 있으므로 주의하여야 한다.

예를 들면, 상속받은 토지를 공시지가에 의해 상속세를 납부한 후 상속개시
일로부터 6월 이내에 처분하는 경우에는 그 거래가액을 시가로 보므로 거래가
액이 공시지가 보다 높다면 상속세를 추징당하게 된다. 따라서 이러한 경우에
는 처분시기를 늦추는 것이 필요하다.


**Point ③  사망 전 재산의 사용근거를 분명히 한다.**

현행 상속세법에서는 사망일 1년 이내에 재산종류별로 2억 원(2년 이내에는 5
억 원) 이상의 재산처분대금, 재산인출금액 또는 채무부담금액에 대하여는 사
용한 재산의 사용처가 불분명하면 이를 상속받은 것으로 추정하여 상속재산에
포함한다. 따라서 상속인이 사용처를 입증하지 못하면 입증하지 못한 금액을
상속재산으로 보아 상속세를 부담하여야 한다. 그러므로 항상 재산의 사용처
는 가족 중 누군가가 알 수 있도록 하는 것이 절세할 수 있는 방법이다.

**≫ 상속재산의 종류별 유형**

1. 현금, 예금 및 유가증권
2. 부동산 및 부동산에 관한 권리
3. 기타 재산

## Point ④ 상속재산의 차감항목을 활용하라.

상속개시일 현재 피상속인이나 상속재산에 관련된 공과금, 장례비용, 채무 등은 상속재산에서 차감해 주므로 이를 활용한다면 절세가 가능하다.

공과금과 채무(상속개시일 전 10년 이내에 피상속인이 상속인에게 진 증여채무와 상속개시일전 5년 이내에 피상속인이 상속인이 아닌 자에게 진 증여채무를 제외)는 전액 공제가 되며, 장례비용은 증빙이 있다면 봉안시설에 사용된 500만 원 이내의 금액과 장례비용으로 사용된 1,000만 원 이내의 금액 범위 내에서 공제되며, 증빙이 없어도 기본적으로 500만 원은 공제된다.

## Point ⑤ 배우자 상속공제와 기타의 상속공제를 활용하라.

### 1. 배우자 상속공제

배우자 공제액은 법정상속분(30억 원 한도) 범위 내에서 실제 상속받은 가액을 공제해 준다. 그러므로 배우자 공제한도가 많은 경우에는 배우자 공제를 받은 만큼 상속세는 줄어들게 되므로 한도를 고려하여 상속하면 절세가 가능하다. 이 경우 배우자 공제가 5억 원 미만인 경우에는 5억 원을 공제해 준다.

## 2. 일괄공제

상속공제에는 배우자 공제 이외에도 기초공제와 기타의 인적공제도 있다. 기초공제는 기본으로 2억 원을 상속세 과세가액에서 공제하며, 가업상속공제로 10년 이상 계속 경영한 중소기업의 상속 시에는 2억 원(가업상속재산이 2억 원에 미달할 경우에는 그 금액)과 가업상속재산가액의 40%(60억 원 한도, 15년 이상 계속 경영한 가업은 80억 원, 20년 이상 계속 경영한 가업은 100억 원 한도) 중 큰 금액을, 영농상속 시에는 영농상속가액(2억 원 한도)을 상속세과세가액에서 공제한다. 단, 가업상속공제 후 10년(영농상속공제 후 5년) 이내에 부득이한 사유 없이 가업용 재산을 처분하거나, 가업에 종사하지 않거나, 지분이 감소하는 경우에는 상속세를 부과한다.

기타의 인적 공제는 자녀 1인당 3,000만 원이 공제되고, 상속인(배우자 제외) 및 동거가족 중 미성년자는 1인당 20세까지의 연수에 500만 원을 곱하여 공제되며, 상속인(배우자 제외) 및 동거가족 중 60세 이상인 자는 1인당 3,000만 원이 공제되고, 상속인 및 동거가족 중 장애인은 1인당 75세까지의 연수에 500만 원을 곱하여 공제해 준다.

이러한 기초공제 2억 원과 기타의 인적 공제를 받는 대신에 일괄공제로 5억 원을 공제받을 수 있다. 그러나 배우자가 단독으로 상속받는 경우에는 기초공제(가업상속공제와 영농상속공제를 포함)와 기타의 인적 공제의 합계액으로만 공제할 수 있다. 이 경우가 아니라면 일괄공제가 유리하면 일괄공제를 적용받으면 절세가 가능하다.

## 3. 금융재산 상속공제

금융자산을 상속하는 경우에 금융재산에서 금융부채를 차감한 순금융자산이 2,000만 원 이하이면 전액 공제하며, 2,000만 원을 초과하면 20%의 금액(그 20%의 금액이 2,000만 원에 미달하면 2,000만 원, 2억 원 한도)을 공제해 준다.

최근에는 상속세법의 개정으로 상업용 건물 등의 경우에도 아파트의 경우와 같이 시가를 고려하여 기준시가를 고시하고 있어 시가와 큰 차이가 없을 수도 있기 때문에 기준시가가 높은 부동산을 상속하는 것과 금융재산을 상속하여 상속공제를 받는 것 중에서 어떤 방식이 유리한지를 검토하여 상속에 대비할 필요가 있다.

## 4. 재해손실공제

거주자의 사망으로 인하여 상속이 개시되는 경우로서 상속세 과세표준 신고 기한 이내에 대통령령이 정하는 재난으로 인하여 상속재산이 멸실·훼손된 경우에는 그 손실가액을 상속세과세가액에서 공제한다. 다만, 그 손실가액에 대한 보험금 등의 수령 또는 구상권 등의 행사에 의하여 당해 손실가액에 상당하는 금액을 보전받을 수 있는 경우에는 그러하지 아니하다.

## 5. 동거주택 상속공제

거주자의 사망으로 인하여 상속이 개시되는 경우로서 피상속인과 상속인이 상속개시일부터 소급하여 10년 이상 계속하여 동거한 주택(피상속인과 상속인이 취학 등의 불가피한 사유에 해당하여 동거하지 못한 경우에는 이를 계속하여 동거한 것으로 보되, 그 동거하지 못한 기간은 같은 항에 따른 동거 기간에는 산입하지 아니함)이 다음 각 호의 요건을 모두 갖춘 경우에는 주택가액(주택에 부수되는 토지의 가액을 포함한다)의 100분의 40에 상당하는 금액을 상속세과세가액에서 공제한다. 다만, 그 금액이 5억 원을 초과하는 경우에는 5억 원을 한도로 한다.

1) 상속개시일 현재 소득세법에 따라 양도소득세가 비과세되는 1세대 1주택 (고가주택을 포함)일 것

2) 상속개시일 현재 무주택자인 상속인이 상속받은 주택일 것

**Point ⑥  세대생략상속을 고려하라.**

상속인이 연로하다면 상속을 포기하고 손자에게 상속을 하는 것이 오히려 유리할 수가 있다. 이러한 세대생략상속의 경우에는 상속세 산출세액에 30%의 세액을 가산한다. 반면에 상속을 받고 10년 이내에 다시 상속하게 되는 경우에는 연수에 따라 100%에서 10%까지 단기재상속 세액공제를 받는다. 따라서 이러한 양자를 비교하여 세대생략상속이 유리하다면 이를 고려할 수 있다.

**Point ⑦  자진신고와 세액공제를 활용하여라.**

상속세 과세표준과 세액을 상속개시일로부터 6월 내에 자진신고를 하면 10%의 신고세액공제를 해준다. 반면에, 무신고시에는 20%의 가산세를 부과하며, 부당한 방법(납세자가 국세의 과세표준 또는 세액 계산의 기초가 되는 사실의 전부 또는 일부를 허위증빙이나 허위문서에 의하여 은폐하거나 가장하는 것에 기초하여 국세의 과세표준 또는 세액의 신고의무를 위반하는 경우에는 20%에서 40% 정도의 무거운 가산세를 부과하고 있다. 그러므로 이를 고려하면 상속세는 못 내더라도 상속세 과세표준과 세액은 자진신고하는 것이 유리하다.

또한, 상속세 과세표준 및 세액을 신고한 자 또는 상속세 과세표준 및 세액의 결정 또는 경정을 받은 자로서 다음 각 호의 1에 해당하는 사유가 발생한 경우에는 그 사유가 발생한 날부터 6월 내에 결정 또는 경정을 청구할 수 있다.

1. 상속재산에 대한 상속회복청구소송 등에 대한 확정판결로 인하여 상속개시일 현재 상속인간에 상속재산가액의 변동이 있는 경우
2. 상속개시 후 1년이 되는 날까지 상속재산이 수용·경매 또는 공매된 경우로서 그 보상가액·경매가액 또는 공매가액이 상속세 과세가액보다 하락한 경우

3. 상속재산 중 최대주주에 해당하는 주식으로서 할증평가하였으나 상속개
   시 후 6월 내에 일괄하여 매각(피상속인 및 상속인과 특수관계에 있는 자에게
   일괄하여 매각한 경우는 제외)함으로써 최대주주 등의 주식 등에 해당되지
   아니하는 경우

## Point ⑧ 연부연납 또는 물납을 활용하자.

상속세액이 2,000만 원을 초과하는 경우에는 세무서장의 허가를 받아 5년 이
내(단, 가업상속재산의 경우는 허가 후 2년이 되는 날부터 5년 이내, 가업상속재산이
50% 이상이면 3년이 되는 날부터 12년 이내)의 기간 동안 연부연납을 할 수 있다.
연부연납의 경우에는 납세담보를 제공하여야 하며, 연간 정기예금이자율 상당
의 가산금을 포함하여 납부하여야 한다. 그러므로 이자비용, 상속재산의 양도
가능성 등을 고려하여 연부연납여부를 결정하여야 한다.

또한, 상속재산 중 부동산과 유가증권의 가액이 2분의 1을 초과하고 상속세
액이 1,000만 원을 초과하는 경우에는 세무서장의 허가를 받아 물납할 수 있다.

## Point ⑨ 상속세의 납세의무자와 연대납세의무를 알아야 한다.

민법에 따른 상속인(상속을 포기한 자 및 특별연고자를 포함) 또는 유증을 받는
자(사망으로 인하여 효력이 발생하는 증여에 의하여 재산을 취득하는 자를 포함하며,
이하 "수유자"라 한다)는 이 법에 의하여 부과된 상속세에 대하여 상속재산 중
각자가 받았거나 받을 재산을 기준으로 안분하여 상속세를 납부할 의무가 있
다. 다만, 특별연고자 및 수유자가 영리법인인 경우에는 당해 영리법인이 납부
할 상속세를 면제한다.

또한, 상속인 또는 수유자 각자가 받았거나 받을 재산을 한도로 연대하여 납부할 의무를 진다.

### 상속재산의 근저당권설정과 상속재산평가

김 사장은 아버지의 도움을 받아 조그만 무역업을 직접 경영하고 있는데, 간혹 사업자금이 부족할 때에는 아버지로부터 융통하여 위기를 모면하곤 하였다. 그러던 어느 날 김 사장의 아버지가 갑자기 별세하였다. 워낙 갑작스럽게 돌아가셨기 때문에 어떠한 상속계획도 없어 가족회의를 한 끝에 부동산에 대하여는 외아들인 김 사장 앞으로 등기하기로 하였다.

사업을 확대하고자 하던 김 사장은 소유권이전등기를 마치자마자, 우선 부동산을 담보로 은행에서 차입하기로 하였다. 10억 원의 차입을 위하여 감정평가업자가 감정한 부동산가액은 12억 원으로서 이는 상속당시의 공시지가 7억 원보다 5억 원이 많은 금액이었다. 이를 담보로하여 은행으로부터 융자를 받아 사업은 원활하게 돌아가고 있으나, 문제는 그 다음이었다. 세무서에서 약 1억 5,000만 원 정도의 상속세를 추가 고지한 것이다.

김 사장의 경우와 같이 은행융자를 받거나, 기타 거래의 담보로 제공하기 위하여 소유하고 있는 부동산을 감정평가업자가 감정하고 이를 근거로 근정당권을 설정하는 경우가 흔히 있다. 그런데 상속을 받거나 증여를 받은 부동산에는 근저당권을 설정할 때 주의하여야 한다. 즉, 재산을 상속받은 경우에는 상속개시를 안 날로 부터 6월 이내에 상속세신고를 할 때에 상속재산의 평가를 하게 되기 때문이다.

김 사장의 경우에는 상속받은 토지에 대하여 근저당을 설정하고 차입한 10억 원이 공시자가에 의한 7억 원보다 높기 때문에 채무액 10억 원으로 상속재산을 평가하였고, 이에 따라 과소납부한 상속세를 추징한 것이다. 즉, 저당권 등이 설정된 재산의 경우에는 시가평가액과 저당권이 담보로 하고 있는 채권액 중 큰 금액으로 평가하기 때문에 추징된 것이다.

**상속포기와 세대생략증여의 절세효과**

친구의 아들이 부담하고 있는 채무가 많은 경우에 부모로부터 상속을 받으면 채무변제에 충당하고 나면 남는 것도 없는 상황이어서 그 아들이 상속포기를 하는 것이 좋은 방법인지, 세대생략상속을 하는 것이 좋은 방법인지, 아니면 아버지가 직접 손자에게 세대생략증여를 하는 것이 좋은 방법인지 고민이 되었다.

아들이 채무가 많아 아버지가 사망할 경우에 세대생략상속을 하면 사해행위에 해당되므로 손자는 재산을 반환해야 한다는 대법원판례가 있다. 반면에 아버지의 생존 시에 손자에게 세대생략증여를 하면 사해행위에 해당되지 아니하므로 손자는 재산을 반환할 필요가 없다.

그러므로 아들이 채무가 많은 경우에는 세대생략증여를 하게 되면 증여세가 30% 할증되긴 하지만 아들이 상속받아 아들의 채무상환에 사용하는 것보다 유리하다면 세대생략증여를 하는 것이 보다 좋은 방법이 될 수가 있다. 다만, 아버지가 손자에게 사전증여를 한 후에 5년 이내에 사망하면 상속재산에 포함되어 상속세를 납부하여야 한다. 이 경우라도 상속세의 납부와 관련해서만 상속재산에 포함되는 것이며, 사전증여는 효력이 있으므로 손자가 증여받은 재산은 보호받을 수 있게 된다.


# 6. 재산기증과 절세

**공익목적으로 상속 또는 증여 시 일정한 사후관리가 필요하다.**

사람은 누구나 가끔 자신의 생애를 되돌아보고 남은 생애 동안 어떻게 살 것인가를 생각하고 한다. 특히 죽음을 눈앞에 둔 사람은 더욱 더 그러할 것이다. 따라서 본인이 생전에 못 다한 일을 자식에게 유언으로 남기기도 한다. 또한, 재산이 많은 사람은 자신의 재산을 어떻게 좋은 일에 사용할 수 없을까 고민하기도 한다.

상속세와 증여세법에서는 좋은 일에 사용할 목적으로 재산을 출연하는 것을 지원하고자 상속세나 증여세에 대한 혜택을 주고 있다. 즉, 공익목적으로 재산을 상속하거나 증여하는 경우에는 상속세를 과세하지 않는다. 그러나 이러한 제도를 악용하여 상속세나 증여세를 회피하는 사례가 있기 때문에 세법에서는 일정한 조건을 정해두고 있다. 그러므로 이러한 조건을 모르고 있다가 상속세나 증여세가 추징되면 공익목적사업에 지장을 받게 되므로 주의하여야 한다.

### Point ❶ 공익목적에 출연 시에는 늦어도 상속 후 6월 내에 출연하자.

피상속인 또는 상속인이 출연할 수 있는 기한은 상속개시 후 늦어도 6월 내에 출연해야만 상속세 과세대상에 포함되지 않는다.

### Point ❷ 상속재산의 출연 시에는 상속세부과사유에 해당되지 않게 출연하자.

상속재산을 공익목적에 출연할 때 부과사유에 해당되면 상속세 과세대상에 포함되므로 이를 준수해야만 상속세를 부담하지 않는다.

#### ≫ 재산출연 후 상속세 부과사유

1. 상속재산 중 어느 회사의 주식을 공익법인에 출연하거나 증여하는 경우에 공익법인이 보유하고 있는 같은 회사의 주식과의 합계가 그 회사가 발행한 주식의 5%(특정한 성실공익법인은 10%)를 넘으면 초과액은 상속세 또는 증여세 과세대상이 된다.
2. 상속인이 재산을 출연하는 경우에는 상속인이 출연받은 공익법인의 이사의 5분의1 이상이 되지 아니하고, 이사의 선임 기타 사업운영에 관한 중요

사항을 결정할 권한을 갖지 않아야 출연한 재산이 상속세 과세대상에 포함되지 않는다.

3. 상속인과 특수관계자가 출연한 재산에서 발생한 이익을 상속인 및 특수관계자가 얻게 되면 상속세를 추징한다.


**Point ❸ 공익법인에 재산증여 시에도 증여세 부과사유에 해당되지 않도록 사후관리한다.**

공익법인에 재산을 출연하면 출연받은 재산을 직접 공익목적에 사용해야 한다. 그렇지 않으면 증여세가 추징되므로 주의하여야 한다.


### ≫ 재산출연 후 증여세 추징사유

1. 출연받은 재산을 직접 공익목적사업(수익사업 포함) 외에 사용한 경우

2. 출연받은 재산을 3년 내에 직접 공익목적사업(수익사업 포함)에 사용하지 않은 경우

3. 출연받은 재산 및 수익사업 운용소득을 주식취득에 사용하여 동일법인 주식이 5% 초과하는 경우

4. 수익사업 운용소득을 직접 공익목적사업 외에 사용한 경우

5. 수익사업 운용소득을 직접 공익목적사업에 70%에 미달하게 사용한 경우

6. 출연받은 재산을 매각하고 1년 이내 30%, 2년 이내 60%, 3년 이내에 90%에 미달하게 직접 공익목적사업(수익사업 포함)에 사용한 경우

7. 공익사업 종료 시 잔여재산을 국가나 다른 공익법인에 귀속시키지 않은 경우

8. 출연자와 특수관계자가 출연재산을 무상 또는 저가로 사용할 때

**Point ④ 고유목적사업 준비금을 설정하여 수익사업에서 발생한 법인세를 환급받자.**

공익법인이 은행에 예금을 하여 발생한 원천징수 법인세는 별다른 조치가 없으면 환급받을 수가 없다. 그러나 고유목적사업 준비금을 설정하면 법인세를 환급받을 수 있다. 이때 주의할 점은 고유목적사업 준비금을 세법의 규정에 따라 적절하게 고유목적사업에 사용해야만 환급받은 법인세를 추징당하지 않는다는 점이다.

### 사례

**교회가 기증받은 재산을 바로 양도하면 세금 추징된다.**

교회가 기증받은 재산을 고유목적사업이나 수익사업에 사용하지 아니하고 바로 양도하면 기증받을 때 과세되지 않았던 증여세가 추징된다. 또한, 기증받을 때에 과세되지 않았던 취득세와 등록세도 추징된다.

즉, 출연받은 재산을 직접 공익목적사업(직접 공익목적사업에 충당하기 위하여 수익용 또는 수익사업용으로 운용하는 경우 포함) 외에 사용하거나, 출연받은 날로부터 3년 이내에 직접 공익목적사업에 사용하지 아니하는 경우에는 기증받을 때에 과세되지 않았던 증여세가 공익법인에게 과세된다.

또한, 비영리사업자가 기증받은 재산을 3년 이내 정당한 사유 없이 비영리사업의 용도에 직접 사용하지 아니하는 경우 또는 비영리사업에의 사용일부터 2년 이상 그 용도에 직접 사용하지 아니하고 매각하거나 다른 용도로 사용하는 경우에는 그 해당 부분에 대하여 취득세 및 등록세를 부과한다.

부록
세금신고 등과
관련된 중요 서식

[별지 제32호 서식]

| 이의신청서 | | | | 처리기간 | 수수료 |
|---|---|---|---|---|---|
| | | | | 30일 | 없음 |
| 신청인 | ① 성 명 | | ② 주민등록번호<br>(사업자등록번호) | | |
| | ③ 상 호 | | ④ 전화번호<br>(휴대전화번호) | | |
| | ⑤ 주소 또는<br>사업장소재지 | (㊐ - )<br>전자우편(e-mail) : | | | |
| ⑥ 처분청 | | | ⑦ 조사기관 | | |

⑧처분통지를 받은 날(또는 처분이 있은 것을 처음으로 안 날) : 년 월 일

⑨통지된 사항 또는 처분의 내용(과세처분인 경우에는 연도, 기분, 세목 및 세액 등을 기재합니다)

※ ________년도 ________기분 __________세 __________원 부과처분

⑩불복의 이유(내용이 많은 경우에는 별지에 기재하여 주십시오)

「국세기본법」제66조 및 동법 시행령 제54조의 규정에 의하여 위와 같이 이의신청합니다.

년 월 일

신청인 (서명 또는 인)

세무서장<br>지방국세청장 귀하

※ 첨부서류
1. 불복이유서(불복의 이유를 별지로 작성한 경우입니다)
2. 불복이유에 대한 증거서류(첨부서류가 많은 경우 목록을 별도로 첨부하여 주십시오)

위임장

「국세기본법」제59조제1항의 규정에 의하여 아래 사람에게 위 이의신청에 관한 사항을 위임합니다(다만, 심사청구의 취하는 별도의 위임을 받은 경우에 한합니다).

| 위임자<br>(신청인) | 대리인 | | | | |
|---|---|---|---|---|---|
| | 구분 | 성명 | 사업장<br>소재지 | 사업자등록번호<br>(전자우편) | 전화번호<br>(휴대전화번호) |
| (서명 또는 인) | 세무사<br>공인회계사<br>변호사 | (서명 또는 인) | (㊐ - ) | | |

[별지 제29호 서식]

<table>
<tr><td rowspan="2" colspan="3" align="center">심사청구서</td><td>처리기간</td><td>수수료</td></tr>
<tr><td>90일</td><td>없음</td></tr>
<tr><td rowspan="3">청<br>구<br>인</td><td>① 성   명</td><td></td><td>② 주 민 등 록 번 호<br>( 사 업 자 등 록 번 호 )</td><td></td></tr>
<tr><td>③ 상   호</td><td></td><td>④ 전   화   번   호<br>( 휴 대 전 화 번 호 )</td><td></td></tr>
<tr><td>⑤ 주 소 또 는<br>사 업 장 소 재 지</td><td colspan="3">(우   -   )<br>전자우편(e-mail) :</td></tr>
<tr><td colspan="2">⑥ 처   분   청</td><td></td><td>⑦ 조   사   기   관</td><td></td></tr>
<tr><td colspan="5">⑧ 처분통지를 받은 날(또는 처분이 있은 것을 처음으로 안 날) :    년    월    일</td></tr>
<tr><td colspan="5">⑨ 통지된 사항 또는 처분의 내용(과세처분인 경우에도 연도, 기분, 세목 및 세액 등을 기재합니다)<br><br>   ※ _________ 년도 _________ 기분 _________ 세 _________ 원 부과처분</td></tr>
<tr><td colspan="2">⑩ 이의신청을 한 날</td><td>년   월   일</td><td>⑪ 이의신청 결정통지를 받은 날<br>( 또는 결정기간이 경과한 날 )</td><td>년   월   일</td></tr>
<tr><td colspan="5">⑫ 불복의 이유(내용이 많은 경우에는 별지에 기재하여 주십시오)</td></tr>
<tr><td colspan="5">「국세기본법」제62조 및 동법 시행령 제50조의 규정에 의하여 위와 같이 심사청구를 합니다.<br>년     월     일<br>청구인        (서명 또는 인)<br><br>   국세청장    귀하</td></tr>
<tr><td colspan="5">※ 첨부서류 : 1. 불복이유서(불복의 이유를 별지로 작성한 경우입니다)<br>            2. 불복이유에 대한 증거서류(첨부서류가 많은 경우 목록을 별도로 첨부하여 주십시오)</td></tr>
<tr><td rowspan="4">위<br>임<br>장</td><td colspan="4">「국세기본법」제59조 제1항의 규정에 의하여 아래 사람에게 위 심사청구에 관한 사항을 위임합니다(다만, 심사청구의 취하는 별도의 위임을 받은 경우에 한합니다).</td></tr>
<tr><td rowspan="2">위임자<br>(청구인)</td><td colspan="3" align="center">대리인</td></tr>
<tr><td>구분</td><td>성명</td><td>사업장<br>소재지</td></tr>
</table>

<table>
<tr><td>사업자등록번호<br>(전자우편)</td><td>전화번호<br>(휴대전화번호)</td></tr>
<tr><td></td><td></td></tr>
</table>

위임자(청구인) (서명 또는 인)    구분: 세 무 사 / 공 인 회 계 사 / 변 호 사    성명: (서명 또는 인)    사업장소재지: (우 - )

[별지 제35호 서식]

<table>
<tr><td rowspan="4" colspan="2" align="center">심판청구서</td><td>처리기간</td><td>수수료</td></tr>
<tr><td>90일</td><td>없음</td></tr>
</table>

| 청구인 | ① 성　　　명 | | ② 주 민 등 록 번 호<br>( 사 업 자 등 록 번 호 ) | |
|---|---|---|---|---|
| | ③ 상　　　호 | | ④ 전 　화 　번 　호<br>( 휴 대 전 화 번 호 ) | |
| | ⑤ 주 소 　또 는<br>사 업 장 소 재 지 | (우　　-　　)<br>전자우편(e-mail) : | | |
| ⑥ 처　분　청 | | | ⑦ 조 사 기 관 | |

⑧처분통지를 받은 날(또는 처분이 있은 것을 처음으로 안 날) :　　　년　　월　　일

⑨통지된 사항 또는 처분의 내용(과세처분인 경우에는 연도, 기분, 세목 및 세액 등을 기재합니다)
　※ ________년도 ________기분 ________세 ________원 부과처분

| ⑩이의신청을 한 날 | 년 월 일 | ⑪이의신청의 결정통지를 받은 날<br>(결정통지를 받지 못한 경우에는<br>결정기간이 경과한 날) | 년 월 일 |
|---|---|---|---|

⑫불복의 이유(내용이 많은 경우에는 별지에 기재하여 주십시오)



　　「국세기본법」제69조 및 동법 시행령 제55조의 규정에 의하여 위와 같이 심판청구를 합니다.
　　　　　　　　　　　　　년　　　월　　　일
　　　　　　　　　　　　　　　　　　청구인　　　　　　　(서명 또는 인)

　　조세심판원장 귀하

※ 첨부서류
1. 불복이유서(불복의 이유를 별지로 작성한 경우입니다)
2. 불복이유에 대한 증거서류(첨부서류가 많은 경우 목록을 별도로 첨부하여 주십시오)

　　「국세기본법」제59조 제1항의 규정에 의하여 아래 사람에게 위 심판청구에 관한 사항을 위임합니다(다만, 심판청구의 취하는 별도의 위임을 받은 경우에 한합니다).

| 위임장 | 위임자<br>(청구인) | 대리인 | | | | |
|---|---|---|---|---|---|---|
| | | 구분 | 성명 | 사업장<br>소재지 | 사업자등록번호<br>(전자우편) | 전화번호<br>(휴대전화번호) |
| | (서명 또는 인) | 세무사<br>공인회계사<br>변호사 | (서명 또는 인) | (우　-　　) | | |

[별지 제41호의4 서식]

<table>
<tr><td colspan="3" rowspan="2" align="center">지방세 이의신청서</td><td align="center">처리기간</td></tr>
<tr><td align="center">90일</td></tr>
<tr><td rowspan="4">신<br>청<br>인</td><td colspan="2">성　　　명(법인명)</td><td></td></tr>
<tr><td colspan="2">주 소 · 거 소<br>또 는 　영 업 소<br>( 전 자 메 일 주 소 )</td><td></td></tr>
<tr><td colspan="2">상　　　　　호</td><td>전 화 번 호</td></tr>
<tr><td rowspan="4">대<br>리<br>인</td><td colspan="2">성　　　　　명</td><td></td></tr>
<tr><td colspan="2">주 소 · 거 소<br>또 는 　영 업 소<br>( 전 자 메 일 주 소 )</td><td></td></tr>
<tr><td colspan="2">상　　　　　호</td><td>전 화 번 호</td></tr>
</table>

| 통지(고지)서 수령일 또는<br>처분이 있었음을 안 날 | | 처　분　청 | |
| --- | --- | --- | --- |
| 통 지 된<br>사 　항 | 세　　　목 | 세　　　액 | |
| | 처 분 내 용 | | |
| 불 　복 　사 　유 | | | |
| 심사결정서 전자송달신청 | | □ 신청　　　　□ 신청하지 아니함 | |
| 증 빙 물 건 의 　표 시 | | | |

　「지방세법」 제73조 및 같은 법 시행령 제54조 제1항에 따라 별지와 같이 증빙서류를 첨부
하여 이의신청을 합니다.

　　※ 전자메일주소는 「지방세법 시행령」 제39조의6 제1항에 따라 전자송달 신청을 하는 경우
　　　에 한하여 기재합니다.

년　　월　　일

신청인(대리인)　　　　(서명 또는 인)

시 · 도지사(시장 · 군수 · 구청장)　　귀하

| 증빙서류 | | 수수료 |
| --- | --- | --- |
| | | 없 음 |

이 지방세 이의신청에 관한 일체의 권한을 상기 대리인에게 위임합니다.

위 임 자　　　　　　　ⓘ

- - - - - - - - - - - - - - - - - - - - - - - - - - - - - - - - - - - - - - - - -

## 지방세 이의신청서 접수증

(접수번호　　호)

| 성　명(법인명) | | 주　　소 | |
| --- | --- | --- | --- |
| 증빙서류 | | 접 수 자 | |
| | | 접수일자인 | |

210㎜×297㎜(신문용지 54g/㎡)

[별지 제41호의13 서식]

<table>
<tr><td colspan="4" rowspan="2">지방세  심판청구서</td><td>처리기간</td><td>수 수 료</td></tr>
<tr><td>90일</td><td>없  음</td></tr>
<tr><td rowspan="3">청<br>구<br>인</td><td>① 성          명</td><td></td><td>② 주 민 등 록 번 호<br>( 사 업 자 등 록 번 호 )</td><td colspan="2"></td></tr>
<tr><td>③ 상          호</td><td></td><td>④ 전  화  번  호<br>( 휴 대 전 화 번 호 )</td><td colspan="2">(                    )</td></tr>
<tr><td>⑤ 주 소  또 는<br>사업장소재지</td><td colspan="2">전자우편(e-mail) :</td><td colspan="2">(우      -      )</td></tr>
<tr><td colspan="3">⑥ 처        분        청</td><td>⑦ 조  사  기  관</td><td colspan="2"></td></tr>
<tr><td colspan="6">⑧ 처분통지를 받은 날(또는 처분이 있는 것을 처음으로 안 날) :          년    월    일</td></tr>
<tr><td colspan="6">⑨ 통지된 사항 또는 처분의 내용(과세처분인 경우에는 연도, 기분, 세목 및 세액 등을 기재합니다)<br>  ※ _______년도 _______기분 _______세 _______원 부과처분</td></tr>
<tr><td colspan="2">⑩ 이 의 신 청 을<br>한          날</td><td>년    월    일</td><td>⑪ 이의신청 결정통지를 받은 날<br>(결정통지를 받지 못한 경우<br>에는 결정기간이 경과한 날)</td><td colspan="2">년    월    일</td></tr>
<tr><td colspan="6">⑫ 불복의 이유(내용이 많은 경우에는 별지에 기재하여 주십시오)</td></tr>
<tr><td colspan="6">「지방세법」제74조 및 같은 법 시행령 제55조 제1항에 따라 위와 같이 심판청구를 합니다.<br>              년    월    일<br>                              청구인                (서명 또는 인)<br><br>조세심판원장    귀하</td></tr>
<tr><td colspan="6">첨부서류 : 1. 불복이유서(불복의 이유를 별지로 작성한 경우입니다)<br>          2. 불복이유에 대한 증거서류(첨부서류가 많은 경우 목록을 별도로 첨부하여 주십시오)</td></tr>
<tr><td rowspan="4">위<br>임<br>장</td><td colspan="5">위 심판청구에 관한 일체의 권한을 아래 사람에게 위임합니다(다만, 심판청구의 취하는 별도의 위임을 받은 경우에 한합니다).</td></tr>
<tr><td rowspan="2">위임자<br>(청구인)</td><td colspan="4">대          리          인</td></tr>
<tr><td>구    분</td><td>성      명</td><td>사업장소재지</td><td>사업자등록번호<br>(전자우편)</td><td>전화번호<br>(휴대전화)</td></tr>
<tr><td>(서명 또는 인)</td><td>세 무 사<br>공인회계사<br>변 호 사</td><td>(서명 또는 인)</td><td>(우  -  )</td><td></td><td></td></tr>
</table>

<table>
<tr><td colspan="4">지 방 세  심 판 청 구 서  접 수 증<br>(접수번호          호)</td></tr>
<tr><td>성  명</td><td></td><td>주      소</td><td></td></tr>
<tr><td rowspan="2">첨부서류<br>  1. 불복이유서 (      )<br>  2. 불복이유에 대한 증거서류 (      )</td><td rowspan="2"></td><td>접  수  자</td><td></td></tr>
<tr><td>접수일자인</td><td></td></tr>
</table>

210㎜×297㎜(일반용지 60g/㎡(재활용품))

[별지 제41호의6 서식]

<table>
<tr><td colspan="4" align="center">지방세 심사청구서</td><td>처리기간</td></tr>
<tr><td colspan="4"></td><td>90일</td></tr>
<tr><td rowspan="3">신청인</td><td colspan="2">성 명 ( 법 인 명 )</td><td colspan="2"></td></tr>
<tr><td colspan="2">주소·거소 또는 영업소<br>( 전 자 메 일 주 소 )</td><td colspan="2"></td></tr>
<tr><td colspan="2">상　　　　호</td><td>전 화 번 호</td><td></td></tr>
<tr><td rowspan="3">대 리 인</td><td colspan="2">성　　　　명</td><td colspan="2"></td></tr>
<tr><td colspan="2">주소·거소 또는 영업소<br>( 전 자 메 일 주 소 )</td><td colspan="2"></td></tr>
<tr><td colspan="2">상　　　　호</td><td>전 화 번 호</td><td></td></tr>
<tr><td rowspan="5">통지된사항</td><td rowspan="2">부과처분</td><td>세　　　　목</td><td>세　　　액</td><td></td></tr>
<tr><td>처　　분　　청</td><td>고지서수령일</td><td></td></tr>
<tr><td rowspan="3">이의신청</td><td>이 의 신 청<br>제　　출　　일</td><td>결정서수령일</td><td></td></tr>
<tr><td>결 정 사 항</td><td>결 정 기 관</td><td></td></tr>
<tr><td colspan="4">불　　복　　사　　유</td></tr>
<tr><td colspan="2">불　　복　　사　　유</td><td colspan="3"></td></tr>
<tr><td colspan="2">심 사 결 정 서　전 자 송 달 신 청</td><td colspan="3">□ 신청　　　　□ 신청하지 아니함</td></tr>
<tr><td colspan="2">증 빙 물 건 의　표 시</td><td colspan="3"></td></tr>
</table>

　「지방세법」 제74조 및 같은 법 시행령 제55조 제1항에 따라 별지와 같이 증빙서류를 첨부하여 심사의 청구를 합니다.

　※ 전자메일주소는 「지방세법 시행령」 제39조의6 제1항에 따라 전자송달 신청을 하는 경우에 한하여 기재합니다.

년　　월　　일

　　　청구인(대리인)　　　　　　　　(서명 또는 인)

　　　시·도지사　귀하

<table>
<tr><td rowspan="2">증 빙 서 류</td><td></td><td>수수료</td></tr>
<tr><td></td><td>없 음</td></tr>
</table>

　이 지방세 심사청구에 관한 일체의 권한을 상기 대리인에게 위임합니다.

위　임　자　　　　　　　㊞

------------------------------------------------

지방세 심사청구서 접수증

(접수번호　　　호)

<table>
<tr><td>성명(법인명)</td><td></td><td>주　　　소</td><td></td></tr>
<tr><td rowspan="3">증빙서류:</td><td rowspan="3"></td><td>접　수　자</td><td></td></tr>
<tr><td>접 수 일 자 인</td><td></td></tr>
</table>

210mm×297mm(신문용지 54g/㎡(재활용))

| 접수번호 | □ 법인설립신고 및 사업자등록신청서<br>□ 국내사업장설치신고서(외국법인) | 처리기간<br>5일<br>(보정기간은 불산입) |
|---|---|---|

귀 법인의 사업자등록신청서상의 내용은 사업내용을 정확하게 파악하여 근거과세의 실현 및 사업자등록 관리업무의 효율화를 위한 자료로 활용됩니다. 아래의 사항에 대하여 사실대로 작성하시기 바라며 신청서에 서명 또는 인감(직인)날인하시기 바랍니다

## 1. 인적사항

| 법 인 명 (단체명) | | 승 인 법 인 고 유 번 호<br>(폐업당시 사업자등록번호) | |
|---|---|---|---|
| 대　　　표　　　자 | | 주 민 등 록 번 호 | - |
| 사업장(단체)소재지 | | | |
| 총괄사업장소재지 | | 총 괄 사 업 장 등 록 번 호 | |
| 전　화　번　호 | (사업장)　　　　(휴대전화) | 전 자 우 편 주 소 | @ |
| | | 국세청이 제공하는 국세정<br>보 수 신 동 의 여 부 | 동의함　　( )<br>동의하지 않음( ) |

## 2. 법인현황

| 법인등록번호 | - | 자본금 | | 천원 | 사업연도 | 월 일 ~ 월 일 |
|---|---|---|---|---|---|---|

<table>
<tr><td colspan="8" align="center">법 인 성 격 (해당란에 ○표)</td></tr>
<tr><td colspan="5" align="center">내 국 법 인</td><td colspan="3" align="center">외 국 법 인</td><td colspan="1" align="center">지 점(내국법인의 경우)</td></tr>
<tr><td>영리<br>일반</td><td>영리<br>외투</td><td>비영리</td><td>국가<br>지방자치</td><td>법인으로 보는 단체<br>승인법인 / 기타</td><td>지점<br>(국내사업장)</td><td>연 락<br>사무소</td><td>기타</td><td>여　부　본점사업자<br>　　　등 록 번 호</td></tr>
</table>

| 조합법인<br>해당여부 | | 공　익　법　인 | | | | 외국<br>·<br>외투<br>법인 | 국 적 | 투자비율 |
|---|---|---|---|---|---|---|---|---|
| 여 | 부 | 해당여부 | 사업유형 | 주무부처명 | 출연자산여부 | | | |
| | | 여 / 부 | | | 여 / 부 | | | |

## 3. 외국법인 내용 및 관리책임자 (외국법인에 한함)

| 본<br>점 | 상 호 | 대 표 자 | 설 치 년 월 일 | 소 재 지 |
|---|---|---|---|---|
| | | | | |

| | 관 리 책 임 자 | | |
|---|---|---|---|
| 성 명<br>(상 호) | 주민등록번호<br>(사업자등록번호) | 주　　소<br>(사업장소재지) | 전 화 번 호 |
| | | | |

## 4. 사업장현황

| 사 업 의 종 류 | | | | | | 사업(수익사업)<br>게 시 일 |
|---|---|---|---|---|---|---|
| 주업태 | 주종목 | 주업종코드 | 부업태 | 부종목 | 부업종코드 | 년 월 일 |
| | | | | | | |

| 사업장 구분 및 면적 | | 도면첨부 | | 사업장을 빌려준 사람(임대인) | | | |
|---|---|---|---|---|---|---|---|
| 자가 | 타가 | 여 | 부 | 성 명(법인명) | 사업자등록번호 | 주민(법인)등록번호 | 전화번호 |
| ㎡ | ㎡ | | | | | | |

| 임 대 차 계 약 기 간 | (전세)보증금 | 월 세(부가세 포함) |
|---|---|---|
| 20 . . . ~ 20 . . . | 원 | 원 |

| 개 별 소 비 세 | | | | 주 류 면 허 | | 부가가치세 과세사업 | | 인·허가 사업 여부 | | | |
|---|---|---|---|---|---|---|---|---|---|---|---|
| 제 조 | 판 매 | 장 소 | 유 흥 | 면허번호 | 면허신청 | 여 | 부 | 신고 | 등록 | 인·허가 | 기타 |
| | | | | | 여 / 부 | | | | | | |

| 설립등기일 현재 기본 재무상황 등 | | | | | | |
|---|---|---|---|---|---|---|
| 자산 계 | 유동자산 | 고정자산 | 부채 계 | 유동부채 | 고정부채 | 종업원 수 |
| 천원 | 천원 | 천원 | 천원 | 천원 | 천원 | 명 |

210㎜×297㎜( 신문용지 54g/㎡(재활용품))

**5. 사업자등록신청 및 사업시 유의사항(아래 사항을 반드시 읽고 확인하시기 바랍니다)**

가. 사업자등록 상에 자신의 명의를 빌려주는 경우 해당 법인에게 부과되는 각종 세금과 과세자료에 대하여 소명 등을 하여야 하며, 부과된 세금의 체납시 **소유재산의 압류·공매처분, 체납내역 금융기관 통보, 여권발급 제한, 출국규제 등**의 불이익을 받을 수 있습니다.

나. 내국법인은 주주(사원)명부를 작성하여 비치하여야 합니다. 주주(사원)명부는 사업자등록신청 및 법인세 신고시 제출되어 지속적으로 관리되므로 사실대로 작성하여야 하며, 주주명의 대여시는 **양도소득세 또는 증여세**가 과세될 수 있습니다.

다. 사업자등록 후 정당한 사유 없이 **6개월이 경과할 때까지** 사업을 개시하지 아니하거나 **부가가치세 및 법인세를 신고하지 아니하거나 사업장을 무단 이전**하여 실지사업여부의 확인이 어려울 경우에는 **사업자등록이 직권으로 말소**될 수 있습니다.

라. **실물거래 없이 세금계산서 또는 계산서를 교부하거나 수취하는 경우**「조세범처벌법」제11조의2에 따라 해당 법인 및 대표자 또는 관련인은 3년 이하의 징역 또는 공급가액 및 그 부가가치세액의 2배 이하에 상당하는 벌금에 처하는 처벌을 받을 수 있습니다.

마. 신용카드 가맹 및 이용은 반드시 사업자 본인 명의로 하여야 하며 **사업상 결제목적 이외의 용도로 신용카드를 이용할 경우**「여신전문금융업법」제70조제2항에 따라 **3년 이하의 징역 또는 2천만원 이하의 벌금에 처하는 처벌을 받을 수 있습니다.**

---

신청인의 위임을 받아 대리인이 사업자등록신청을 하는 경우 아래 사항을 적어 주시기 바랍니다.

| 대 리 인<br>인 적 사 항 | 성 명 | | 주 민 등 록 번 호 | |
| --- | --- | --- | --- | --- |
| | 주 소 지 | | | |
| | 전 화 번 호 | | 신청인과의 관계 | |

---

| 신청<br>구분 | ☐ 사업자등록만 신청　　☐ 사업자등록신청과 확정일자를 동시에 신청<br>☐ 확정일자를 이미 받은 자로서 사업자등록신청 (확정일자 번호 : 　　　　　　　　　　) |
| --- | --- |

신청서의 기입내용과 실제 사업내용이 일치함을 확인하고,「법인세법」제109조·제111조, 같은 법 시행령 제152조부터 제154조까지, 같은 법 시행규칙 제82조 제3항 제11호 및「상가건물 임대차보호법」제5조 제2항에 따라 법인설립 및 국내사업장설치 신고와 사업자등록 및 확정일자를 신청합니다.

년　　월　　일

신 청 인　　　　　　　　　　(서명 또는 인)<br>위 대리인　　　　　　　　　　(서명 또는 인)

세무서장 귀하

| 구<br>비<br>서<br>류 | 신청인 제출서류 | 담당 공무원 확인사항<br>(담당 공무원의 확인에 동의하지 아니하는 경우 신청인이 직접 제출하여야 하는 서류) |
| --- | --- | --- |
| | 1. 정관 1부<br>2. 임대차계약서 사본(사업장을 임차한 경우에 한합니다) 1부<br>3.「상가건물 임대차보호법」의 적용을 받는 상가건물의 일부를 임차한 경우에는 해당 부분의 도면 1부<br>4. 주주 또는 출자자명세서 1부<br>5. 사업허가·등록·신고필증 사본(해당 법인에 한합니다) 또는 설립허가증사본(비영리법인에 한합니다) 1부<br>6. 현물출자명세서(현물출자법인의 경우에 한합니다) 1부<br>7. 자금출처소명서('08년 7월부터 금지금 도·소매업 및 과세유흥장소에의 영업을 영위하려는 경우에 한합니다) 1부<br>8. 본점 등의 등기에 관한 서류(외국법인에 한합니다) 1부<br>9. 국내사업장의 사업영위내용을 입증할 수 있는 서류(외국법인에 한하며, 담당 공무원 확인사항에 의하여 확인할 수 없는 경우에 한합니다) 1부 | 법인등기부 등본(1부)(지점을 포함합니다) |

본인은 이 건 업무처리와 관련하여「전자정부법」제21조 제1항에 따른 행정정보의 공동이용을 통하여 담당 공무원이 위의 담당 공무원 확인사항을 확인하는 것에 동의합니다.

신청인　　　　　　　　　　(서명 또는 인)

※ 기재요령 : 사업장을 임차한 경우「상가건물임대차보호법」의 적용을 받기 위하여서는 사업장 소재지를 임대차계약서 및 건축물관리대장 등 공부상의 소재지와 일치되도록 구체적으로 적어야 합니다.

(작성 예) ○○동 ○○○○번지 ○○호 ○○상가(빌딩) ○○동 ○○층 ○○○○호

| 접수번호 | 사업자등록신청서(개인사업자용)<br>(법인이 아닌 단체의 고유번호 신청서) | 처리기간 |
|---|---|---|
|  |  | 5일(보정기간은 불산입) |

| 귀하의 사업자등록 신청내용은 영구히 관리되며 납세성실도를 검증하는 기초자료로 활용됩니다. 아래 해당 사항을 사실대로 작성하시기 바라며, 신청서에 본인이 자필로 서명하여 주시기 바랍니다. |
|---|

## 1. 인적사항

| 상호(단체명) |  | 전화번호 | (사업장) |
|---|---|---|---|
| 성명(대표자) |  |  | (자택) |
|  |  |  | (휴대전화) |
| 주민등록번호 |  | FAX번호 |  |
| 사업장(단체) 소재지 |  | 전자우편주소 |  |
|  |  | 국세청이 제공하는 국세정보 수신 동의 여부 | 동의함 (   )<br>동의하지 않음 (   ) |

## 2. 사업장현황

| 업종 | 주업태 |  | 주종목 |  | 주업종코드 | 개업일 | 종업원수 |
|---|---|---|---|---|---|---|---|
|  | 부업태 |  | 부종목 |  | 부업종코드 |  |  |

| 사업장구분 | 자가 | 타가 | 사업장을 빌려준 사람 (임대인) | | | 임대차 내역 | | |
|---|---|---|---|---|---|---|---|---|
|  |  |  | 성명(법인명) | 사업자등록번호 | 주민(법인)등록번호 | 임대차 계약기간 | (전세)보증금 | 월세 |
|  | m² | m² |  |  |  |  | 원 | 원 |

| 인허가 사업여부 | 신고( ) 등록( ) 허가( ) 해당없음( ) | 주류면허 | 면허번호 | 면허신청 |
|---|---|---|---|---|
|  |  |  |  | 여( ) 부( ) |

| 개별소비세 해당여부 | 제조( )   판매( )   장소( )   유흥( ) |
|---|---|

| 사업자금 내역 (전세보증금 포함  ) | 자기자금 |  | 원 | 타인자금 |  | 원 |
|---|---|---|---|---|---|---|

| 연간 공급대가 예상액 |  | 원 | 간이과세 적용 신고 여부 | 여( ) 부( ) |
|---|---|---|---|---|

| 그 밖의 신청사항 | 확정일자 신청여부 | 공동사업자 신청여부 | 사업장소 외 송달장소 신청여부 | 양도자의 사업자등록번호 (사업양수의 경우에 한함) | 사업자단위과세사업자의 종된사업장의 신설여부 |
|---|---|---|---|---|---|
|  | 여( )부( ) | 여( ) 부( ) | 여( ) 부( ) |  | 여( ) 부( ) |

가로210mm× 세로297mm[신문용지 54g/㎡(재활용품)]

**3. 사업자등록신청 및 사업시 유의사항 (아래 사항을 반드시 읽고 확인하시기 바랍니다)**

가. 귀하가 다른 사람에게 사업자명의를 빌려주는 경우 사업과 관련된 각종 세금이 명의를 빌려준 귀하에게 나오게 되어 다음과 같은 불이익이 있을 수 있습니다.
   (1) 소득이 늘어나 국민연금 및 건강보험료를 더 낼 수 있습니다.
   (2) 명의를 빌려간 사람이 세금을 못내게 되면 체납자가 되어 소유재산의 압류·공매처분, 체납내역의 금융기관 통보, 출국규제 등의 불이익을 받을 수 있습니다.

나. 귀하가 다른 사람의 명의로 사업자등록을 하고 실제 사업을 영위하는 것으로 확인되는 경우 다음과 같은 불이익이 있습니다.
   (1) 「부가가치세법」 제22조제1항제2호에 따라 사업개시일부터 실제 사업을 영위하는 것으로 확인되는 날이 속하는 예정신고기간(예정신고기간이 경과한 경우에는 그 과세기간)까지의 공급가액에 대하여 100분의 1에 상당하는 금액을 납부세액에 가산하여 납부하여야 합니다.
   (2) 「주민등록법」 제21조제2항제9호에 따라 다른 사람의 주민등록번호를 부정사용한 자는 3년 이하의 징역 또는 1천만원 이하의 벌금에 처해집니다.

다. 귀하가 실물거래 없이 세금계산서 또는 계산서를 교부하거나 받는 경우 「조세범처벌법」 제11조의2에 따라 해당 법인 및 대표자 또는 관련인은 3년 이하의 징역이나 공급가액 및 그 부가가치세액의 2배 이하에 상당하는 벌금에 처하는 처벌을 받을 수 있습니다.

라. 신용카드 가맹 및 이용은 반드시 사업자 본인명의로 하여야 하며 사업상 결제목적 외의 용도로 신용카드를 이용할 경우 「여신전문금융업법」 제70조제2항에 따라 3년 이하의 징역이나 2천만원 이하의 벌금에 처하는 처벌을 받을 수 있습니다.

---

신청인의 위임을 받아 대리인이 사업자등록신청을 하는 경우에는 아래 사항을 적어 주시기 바랍니다.

| 대리인 인적사항 | 성명 | 주민등록번호 | 전화번호 | 신청인과의 관계 |
|---|---|---|---|---|
| | | | | |

---

위에서 작성한 내용과 실제 사업자 및 사업내용 등이 일치함을 확인하며, 「부가가치세법」 제5조제1항·제25조제3항, 같은 법 시행령 제7조제1항·제74조제4항, 같은 법시행규칙 제2조제1항 및 「상가건물임대차보호법」 제5조제2항에 따라 사업자등록 [□일반과세자 □간이과세자 □면세사업자 □그 밖의 단체] 및 확정일자를 신청합니다.

년      월      일

신청인           (서명)
위 대리인      (서명)
   세무서장 귀하

---

첨부서류

1. 사업허가증 사본·사업등록증 사본 또는 신고필증 사본 중 1부(법령에 따라 허가를 받거나 등록 또는 신고를 하여야 하는 사업인 경우에 한합니다)
2. 임대차계약서사본(사업장을 임차한 경우에 한합니다) 1부
3. 「상가건물임대차보호법」이 적용되는 상가건물의 일부분을 임차한 경우에는 해당부분의 도면 1부
4. 자금출처명세서(08년 7월부터 금지금 도·소매업 및 과세유흥장소에의 영업을 영위하려는 경우에 한합니다) 1부

사업자등록 신청시 다음과 같은 사유에 해당하는 경우 붙임의 서식 부표에 추가로 적어 주시기 바랍니다.
   ①공동사업자에 해당하는 경우
   ②종업원을 1명 이상 고용한 경우
   ③사업장 외의 장소에서 서류를 송달 받고자 하는 경우

<table>
<tr><td colspan="9">□ 공동사업자명세<br>□ 종업원현황<br>□ 서류를 송달받을 장소</td></tr>
<tr><td colspan="2">상 호 ( 단 체 명 )</td><td colspan="7"></td></tr>
<tr><td colspan="2">성 명 ( 대 표 자 )</td><td colspan="7"></td></tr>
<tr><td colspan="2">주 민 등 록 번 호</td><td colspan="7"></td></tr>
<tr><td colspan="2">사 업 장 ( 단 체 )<br>소 　 재 　 지</td><td colspan="7"></td></tr>
</table>

**1. 공동사업자 명세**

| 출자금 | 원 | | | | 성립일 | | | |
|---|---|---|---|---|---|---|---|---|
| · 성명 | 주민등록번호 | 지분율 | 관계 | 성명 | 주민등록번호 | | 지분율 | 관계 |
|  |  |  |  |  |  |  |  |  |
|  |  |  |  |  |  |  |  |  |
|  |  |  |  |  |  |  |  |  |
|  |  |  |  |  |  |  |  |  |
|  |  |  |  |  |  |  |  |  |

**2. 종업원 현황**

| 번호 | 성명 | 주민등록번호 | 비고 |
|---|---|---|---|
|  |  |  |  |
|  |  |  |  |
|  |  |  |  |
|  |  |  |  |
|  |  |  |  |

**3. 서류를 송달받을 장소**

　「국세기본법」 제9조 및 동법 시행령 제5조에 따라 사업장 이외의 다음 장소에서 서류를 송달받고자 합니다.

| 송 달 받 을 　 장 소 | □ 주소 |
|---|---|
|  | □ 전화번호 등 (　　　　　　　) |
| 사 　　　　 유 |  |

가로210mm× 세로297mm[신문용지 54g/㎡(재활용품)]

사업용계좌개설 (변경 · 추가) 신고서

| 신<br><br>고<br><br>인 | ① 상 호 | | ② 사 업 자<br>등 록 번 호 | |
|---|---|---|---|---|
| | ③ 성 명 | | ④ 주 민<br>등 록 번 호 | |
| | ⑤ 사 업 장<br>소 재 지 | | | (☎ :　　　　　　　) |
| | ⑥ 주 소 | | | (☎ :　　　　　　　) |

| ⑦ 개 설 은 행<br>또 는 체 신 관 서 명 | ⑧ 예 금 종 류 | ⑨ 계 좌 번 호 | ⑩ 구 분 |
|---|---|---|---|
| | | | |
| | | | |
| | | | |
| | | | |

「소득세법 시행령」 제208조의5 제9항에 따라 사업용계좌□ 개설 · □ 변경 · □ 추개신고를 합니다.

「국세기본법 시행령」 제34조 제1항[국세환급금의 계좌이체지급]에 따라 □ 계좌개설(변경)신고를 합니다.

년　　　월　　　일

신 고 인　　　　　　　　　(서명 또는 인)

대리인　　　　　　　(주민등록번호:　　　　　　　)　관계(직책):

주 소　　　　　　　　전화번호

**세 무 서 장** 귀 하

※ 첨부서류: 사업용계좌 개설(변경 · 추가)신고 시에는 첨부할 서류가 없으나 환급겸용계좌 신고 시에는 계좌사본 1부, 신분증사본 1부, 위임장원본 1부를 첨부하여야 합니다

※ 작성방법
1. 이 서식은 「소득세법」 제160조의5에 따른 사업용계좌를 개설 · 변경 · 추가하는 경우에 사용하는 서식입니다.
2. 복식부기의무자는 복식부기의무자에 해당하는 과세기간의 개시일(1월 1일)부터 3개월 이내에 사업용계좌를 개설 · 신고하여야 하며, 사업개시와 동시에 복식부기의무자에 해당되는 사업자는 사업개시연도의 다음연도 3개월 이내에 개설 · 신고하여야 합니다.
3. 사업용계좌를 변경하거나 추가하는 경우에는 사업장현황신고기한 또는 부가가치세 확정신고기한 이내에 신고하여야 합니다.
4. 사업용계좌는 1개의 계좌를 2 이상의 사업장에 대한 사업용계좌로 신고할 수 있으며, 사업장별로 2 이상 개설할 수 있습니다.
5. ⑩구분란에는 개설, 추가, 폐지, 환급겸용계좌 등으로 적습니다.

210mm×297mm(일반용지 60g/㎡(재활용품))

[별지 제12호 서식]<br>(1장 앞 쪽)

<table>
<tr><td rowspan="2">일반과세자 부가가치세</td><td>□예정　□확정　□기한후과세표준</td><td rowspan="2">신고서</td><td>처리기간</td></tr>
<tr><td>□영세율 등 조기환급</td><td>즉　시</td></tr>
</table>

| 관리번호 | | - | | 신고기간 | | | 년 | | 기( 월 일～ 월 일) | |

| 사업자 | 상 호 (법인명) | | 성 명 (대표자명) | | 사업자등록번호 | | | |
|---|---|---|---|---|---|---|---|---|
| | 주민(법인) 등록번호 | - | 전화번호 | | 사업장 | 주소지 | 휴대전화 | |
| | 사업장주소 | | | 전자우편 주소 | | | | |

## ❶ 신 고 내 용

| 구 | | 분 | | 금 액 | 세율 | 세 액 |
|---|---|---|---|---|---|---|
| 과세표준및매출세액 | 과세 | 세 금 계 산 서 교 부 분 | ① | | 10/100 | |
| | | 매 입 자 발 행 세 금 계 산 서 | ② | | 10/100 | |
| | | 기　　　　　　타 | ③ | | 10/100 | |
| | 영세율 | 세 금 계 산 서 교 부 분 | ④ | | 0/100 | |
| | | 기　　　　　　타 | ⑤ | | 0/100 | |
| | 예 정 신 고 누 락 분 | | ⑥ | | | |
| | 대 손 세 액 가 감 | | ⑦ | | | |
| | 합　　　　　계 | | ⑧ | | ㉮ | |
| 매입세액 | 세금계산서 수 취 분 | 일반매입 | ⑨ | | | |
| | | 고정자산매입 | ⑩ | | | |
| | 예 정 신 고 누 락 분 | | ⑪ | | | |
| | 매 입 자 발 행 세 금 계 산 서 | | ⑫ | | | |
| | 기 타 공 제 매 입 세 액 | | ⑬ | | | |
| | 합 계 ( ⑨ + ⑩ + ⑪ + ⑫ + ⑬ ) | | ⑭ | | | |
| | 공 제 받 지 못 할 매 입 세 액 | | ⑮ | | | |
| | 차 감 계 ( ⑭ - ⑮ ) | | ⑯ | | ㉯ | |
| 납부(환급)세액 (매출세액㉮-매입세액㉯) | | | | | ㉰ | |
| 경감·공제세액 | 기 타 경 감 · 공 제 세 액 | | ⑰ | | | |
| | 신용카드매출전표등발행공제등 | | ⑱ | | | |
| | 합　　　　　계 | | ⑲ | | ㉱ | |
| 예 정 신 고 미 환 급 세 액 | | | ⑳ | | ㉲ | |
| 예 정 고 지 세 액 | | | ㉑ | | ㉳ | |
| 금지금 매입자 납부특례 기납부세액 | | | ㉒ | | ㉴ | |
| 가 산 세 액 계 | | | ㉓ | | ㉵ | |
| 차가감하여 납부할 세액(환급받을 세액)(㉰-㉱-㉲-㉳-㉴+㉵) | | | | | ㉔ | |
| 총괄납부사업자 납부할 세액(환급받을 세액) | | | | | | |

| ❷ 국세환급금계좌신고 | 거래은행 | 은행 | 지점 | 계좌번호 |
|---|---|---|---|---|

| ❸ 폐 업 신 고 | 폐업일자 | | 폐업사유 | |
|---|---|---|---|---|

<table>
<tr><td colspan="4">❹ 과 세 표 준 명 세</td><td rowspan="2">「부가가치세법」 제18조 · 제19조 또는 제24조와 「국세기본법」 제45조의3에 따라 위의 내용을 신고하며, 위 내용을 충분히 검토하였고 신고인이 알고 있는 사실 그대로를 정확하게 작성하였음을 확인합니다.<br>　　　　　　　년　　월　　일<br>　　신고인　　　　　　(서명 또는 인)<br>세무대리인은 조세전문자격자로서 위 신고서를 성실하고 공정하게 작성하였음을 확인합니다.<br>세무대리인　　　　　　　(서명 또는 인)<br>　　세무서장 귀하</td></tr>
<tr><td>업 태</td><td>종 목</td><td>업종코드</td><td>금 액</td></tr>
<tr><td>㉕</td><td></td><td></td><td></td></tr>
<tr><td>㉖</td><td></td><td></td><td></td></tr>
<tr><td>㉗</td><td></td><td></td><td></td></tr>
<tr><td>㉘수입금액제외</td><td></td><td></td><td></td><td>구 비 서 류　　　　　뒤 쪽 참 조</td></tr>
<tr><td>㉙합 계</td><td></td><td></td><td></td><td></td></tr>
</table>

| 세무대리인 | 성 명 | | 사업자등록번호 | | 전화번호 | |
|---|---|---|---|---|---|---|

210mm×297mm[신문용지 60g/㎡(재활용품)]

사업자등록번호 　□□□ - □□ - □□□□□　　*사업자등록번호는 반드시 적으시기 바랍니다.

| | | 구 분 | | | | 금 액 | 세율 | 세 액 |
|---|---|---|---|---|---|---|---|---|
| ⑥ 예정신고 누락분 명세 | 매출 | 과 세 | 세 금 계 산 서 | | ㉚ | | $\frac{10}{100}$ | |
| | | | 기 타 | | ㉛ | | $\frac{10}{100}$ | |
| | | 영세율 | 세 금 계 산 서 | | ㉜ | | $\frac{0}{100}$ | |
| | | | 기 타 | | ㉝ | | $\frac{0}{100}$ | |
| | | 합 계 | | | ㉞ | | | |
| | ⑪ 매입 | 세 금 계 산 서 | | | ㉟ | | | |
| | | 기 타 공 제 매 입 세 액 | | | ㊱ | | | |
| | | 합 계 | | | ㊲ | | | |

| ⑬ 기타공제 매입세액 명세 | 구 분 | | 금 액 | 세율 | 세 액 |
|---|---|---|---|---|---|
| | 신용카드매출전표등수취명세서제출분 | ㊳ | | | |
| | 의 제 매 입 세 액 | ㊴ | | 뒤쪽참조 | |
| | 재 활 용 폐 자 원 등 매 입 세 액 | ㊵ | | 뒤쪽참조 | |
| | 고 금 의 제 매 입 세 액 | ㊶ | | | |
| | 과 세 사 업 전 환 매 입 세 액 | ㊷ | | | |
| | 재 고 매 입 세 액 | ㊸ | | | |
| | 변 제 대 손 세 액 | ㊹ | | | |
| | 합 계 | ㊺ | | | |

| ⑮ 공제받지 못할 매입세액명세 | 구 분 | | 금 액 | 세율 | 세 액 |
|---|---|---|---|---|---|
| | 공 제 받 지 못 할 매 입 세 액 | ㊻ | | | |
| | 공 통 매 입 세 액 면 세 사 업 분 | ㊼ | | | |
| | 대 손 처 분 받 은 세 액 | ㊽ | | | |
| | 합 계 | ㊾ | | | |

| ⑰ 기타 공제·경감세액 명세 | 구 분 | | 금 액 | 세율 | 세 액 |
|---|---|---|---|---|---|
| | 전 자 신 고 세 액 공 제 | ㊿ | | | |
| | 택 시 운 송 사 업 자 경 감 세 액 | 51 | | | |
| | 현 금 영 수 증 사 업 자 세 액 공 제 | 52 | | | |
| | 기 타 | 53 | | | |
| | 합 계 | 54 | | | |

| ㉒ 가산세 명세 | 구 분 | | 금 액 | 세 율 | 세 액 |
|---|---|---|---|---|---|
| | 사 업 자 미 등 록 등 | 55 | | $\frac{1}{100}$ | |
| | 세 금 계 산 서 미 교 부 등 | 56 | | $\frac{2}{100}$ | |
| | 세금계산서합계표제출불성실 | 57 | | 뒤쪽참조 | |
| | 신 고 불 성 실 | 58 | | 뒤쪽참조 | |
| | 납 부 불 성 실 | 59 | | 뒤쪽참조 | |
| | 영세율과세표준신고불성실 | 60 | | $\frac{1}{100}$ | |
| | 수 입 금 액 명 세 서 미 제 출 | 61 | | $\frac{5}{1,000}$ | |
| | 합 계 | 62 | | | |

| 면세사업 수입금액 | 업 태 | 종 목 | 코 드 번 호 | 금 액 |
|---|---|---|---|---|
| | ㉓ | | | |
| | | | | |
| | | 65 합 계 (㉓+65) | | |

| 계산서 교부 및 수취내역 | 66 계산서 교부금액 | |
|---|---|---|
| | 67 계산서 수취금액 | |

(앞 쪽)

| 간이과세자 부가가치세 | □ 확 정<br>□ 기한후과세표준 | 신고서 | 처리기간 |
|---|---|---|---|

| 관리번호 | ▨▨▨▨ - ▨▨▨ | 신고기간 | ☐☐☐☐ 년 ☐ 기( 월 일~ 월 일 ) | 즉 시 |
|---|---|---|---|---|

| 사업자 | 상 호 | | 성명(대표자명) | | 사업자등록번호 | ☐☐☐ - ☐☐ - ☐☐☐☐☐ |
|---|---|---|---|---|---|---|

| | 주민등록번호 | - | 전화번호 | 사업장 | 주소지 | 휴대전화 |
|---|---|---|---|---|---|---|
| | 사업장소재지 | | | 전자우편주소 | | |

### ❶ 신고내용

| 구 분 | | | | 금 액 | 부가가치율 | 세율 | 세 액 |
|---|---|---|---|---|---|---|---|
| 과세표준 및 매출세액 | 과세분 | 소 매 업 | ① | | $\frac{15}{100}$ | $\frac{10}{100}$ | |
| | | 제조업, 전기·가스 및 수도사업 | ② | | $\frac{20}{100}$ | $\frac{10}{100}$ | |
| | | 건설업, 부동산임대업, 농·수·임·어업, 기타 서비스업, 음식점업, 숙박업 | ③ | | $\frac{30}{100}$ | $\frac{10}{100}$ | |
| | | 운 수 · 창 고 및 통 신 업 | ④ | | $\frac{40}{100}$ | $\frac{10}{100}$ | |
| | 영 세 율 적 용 분 | | ⑤ | | $\frac{0}{100}$ | | |
| | 재 고 납 부 세 액 | | ⑥ | | | | |
| | 합 계 | | ⑦ | | | ㉮ | |
| 공제세액 | 매 입 세 금 계 산 서 등 수 취 세 액 공 제 | | ⑧ | | | 뒤쪽 참조 | |
| | 의 제 매 입 세 액 공 제 | | ⑨ | | | | |
| | 매 입 자 발 행 세 금 계 산 서 세 액 공 제 | | ⑩ | | | | |
| | 전 자 신 고 세 액 공 제 | | ⑪ | | | | |
| | 성 실 신 고 사 업 자 세 액 공 제 | | ⑫ | | | | |
| | 신 용 카 드 매 출 전 표 등 발 행 세 액 공 제 | | ⑬ | | | | |
| | 기 타 | | ⑭ | | | | |
| | 합 계 | | ⑮ | | | ㉯ | |
| 금 지 금 매 입 자 납 부 특 례 기 납 부 세 액 | | | ⑯ | | | ㉰ | |
| 가 산 세 계 | | | ⑰ | 뒤쪽 참조 | | ㉱ | |
| 차감 납부할 세액(환급받을 세액) (㉮-㉯-㉰+㉱) | | | | | | ⑱ | |

### ❷ 과세표준명세

| | 업 태 | 종 목 | 업 종 코 드 | 금 액 |
|---|---|---|---|---|
| ⑲ | | | | |
| ⑳ | | | | |
| ㉑ | 기타(수입금액제외분) | | | |
| ㉒ | 합 계 | | | - |

### ❸ 면세수입금액

| | 업 태 | 종 목 | 업 종 코 드 | 금 액 |
|---|---|---|---|---|
| ㉓ | | | | |
| ㉔ | | | | |
| ㉕ | 합 계 | | | |

### ❹ 국세환급금계좌신고

| 거래은행 | 은행 지점 | 계좌번호 |
|---|---|---|
| | | |

### ❺ 폐 업 신 고

| 폐업연월일 | . . | 폐업사유 | |
|---|---|---|---|

「부가가치세법 시행령」제75조 제5항 및 「국세기본법」제45조의3에 따라 위의 내용을 신고하며, 위 내용을 충분히 검토하였고 신고인이 알고 있는 사실 그대로를 정확하게 작성하였음을 확인합니다.

년 월 일

신고인 (서명 또는 인)

세무대리인은 조세전문자격자로서 위 신고서를 성실하고 공정하게 작성하였음을 확인합니다.

세무대리인 (서명 또는 인)

세무서장 귀하

| 세무대리인 | 성 명 | 사업자등록번호 | 전화번호 |
|---|---|---|---|

| 첨부서류 | 1. 매입처별세금계산서합계표  2. 매입자발행세금계산서합계표  3. 영세율 첨부서류(영세율 해당자)<br>4. 부동산임대공급가액명세서(부동산임대업자)  5. 사업장현황명세서(음식, 숙박, 기타 서비스 사업자가 확정신고시)<br>6. 의제매입세액공제신고서  7. 그 밖에 「부가가치세법 시행규칙」 제23조의5에 따른 해당 서류 |
|---|---|

210㎜×297㎜[신문용지 60g/㎡(재활용품)]

<table>
<tr><td colspan="2">관 리 번 호<br>　　　-</td><td colspan="4" align="center">영세율첨부서류제출명세서<br>(　　　　년　　　　기)</td></tr>
<tr><td colspan="2">① 사 업 자 등 록 번 호</td><td></td><td colspan="2">② 상 호 ( 법 인 명 )</td><td></td></tr>
<tr><td colspan="2">③ 성 명 ( 대 표 자 )</td><td></td><td colspan="2">④ 사 업 장 소 재 지<br>( ☎　　　　　 )</td><td></td></tr>
<tr><td colspan="2">⑤ 업 태 ( 종 목 )</td><td colspan="4"></td></tr>
<tr><td colspan="2">⑥ 거 래 기 간</td><td></td><td colspan="2">⑦ 작 성 일 자</td><td></td></tr>
<tr><td colspan="2">⑧ 제 출 사 유</td><td colspan="4"></td></tr>
</table>

| ⑨<br>일 련<br>번 호 | ⑩<br>서류명 | ⑪<br>발급자 | ⑫<br>발 급<br>일 자 | ⑬<br>선 적<br>일 자 | ⑭<br>통 화<br>코 드 | ⑮<br>환　율 | 당기제출금액 | | 당기신고해당분 | | ⑳<br>비고 |
|---|---|---|---|---|---|---|---|---|---|---|---|
| | | | | | | | ⑯<br>외　화 | ⑰<br>원 화 | ⑱<br>외　화 | ⑲<br>원　화 | |
| | | | | | | | | | | | |
| | | | | | | | | | | | |
| | | | | | | | | | | | |
| | | | | | | | | | | | |
| | | | | | | | | | | | |
| | | | | | | | | | | | |
| | | | | | | | | | | | |
| | | | | | | | | | | | |
| | | | | | | | | | | | |
| | | | | | | | | | | | |
| | | | | | | | | | | | |
| | | | | | | | | | | | |
| | | | | | | | | | | | |
| | | | | | | | | | | | |
| | | | | | | | | | | | |
| | | | | | | | | | | | |
| | | | | | | | | | | | |
| | | | | | | | | | | | |
| | | | | | | | | | | | |
| | | | | | | | | | | | |

210mm×297mm<br>(신문용지 54g/㎡)

# 수출실적명세서(갑)
## (     년     기)

| ※ 관리번호 | - |
| --- | --- |

| ① 사업자등록번호 | | ② 상 호 ( 법 인 명 ) | |
| --- | --- | --- | --- |
| ③ 성 명 ( 대 표 자 ) | | ④ 사 업 장 소 재 지 | |
| ⑤ 업        태 | | ⑥ 종        목 | |
| ⑦ 거 래 기 간 | 년  월  일 ~  월  일 | ⑧ 작성일자 | |

| 구        분 | 건   수 | 외화금액 | 원화금액 | 비   고 |
| --- | --- | --- | --- | --- |
| ⑨ 합        계 | | | | |
| ⑩ 수 출 재 화 ( = ⑫ 합 계 ) | | | | |
| ⑪ 기타영세율적용 | | | | |

| ⑫ 일련번호 | ⑬ 수출신고번호 | ⑭ 선(기)적일자 | ⑮ 통화코드 | ⑯ 환율 | 금        액 | |
| --- | --- | --- | --- | --- | --- | --- |
| | | | | | ⑰ 외화 | ⑱ 원화 |
| 합계 | | | | | | |
| | | | | | | |
| | | | | | | |
| | | | | | | |
| | | | | | | |
| | | | | | | |
| | | | | | | |
| | | | | | | |
| | | | | | | |
| | | | | | | |

210㎜×297㎜
(신문용지 54g/㎡(재활용품))

# 취득세 및 등록세 신고서

관리번호 :          -

□ 기한 내 신고    □ 기한 후 신고

| 신고인 | 구분 | 성명(법인명) | 주민(법인)등록번호 | 전화번호 | 주소 |
|---|---|---|---|---|---|
| | 취득자(신고자) | | | | |
| | 전소유자 | | | | |

| 취득물건의 표시 | 시(도) | 시(군·구) | 읍(면·동) |
|---|---|---|---|

**취득물건내역**

| 취득물건 | 취득일자 | 면적 | 종류(지목/차종) | 용도 | 취득원인 | 취득가액 |
|---|---|---|---|---|---|---|
| | | | | | | |
| | | | | | | |
| | | | | | | |
| | | | | | | |

| 세목 | | 과세표준액 | 세율 | 산출세액 ① | 감면세액 ② | 기납부세액 ③ | 가산세 신고불성실 | 가산세 납부불성실 | 계 ④ | 신고세액합계(①-②-③+④) |
|---|---|---|---|---|---|---|---|---|---|---|
| 합계 | | | | | | | | | | |
| 취득세 등 | 취득세 신고세액 | | % | | | | | | | |
| | 농어촌특별세신고세액 (취득세) 부과분 | | % | | | | | | | |
| | 농어촌특별세신고세액 (취득세) 감면분 | | % | | | | | | | |
| 등록세 등 | 등록세 신고세액 | | % | | | | | | | |
| | 지방교육세신고세액 | | % | | | | | | | |
| | 농어촌특별세신고세액 (등록세감면분) | | % | | | | | | | |

※ 구비서류
1. 취득가액 등(매매계약서, 잔금영수증, 법인장부 등)을 증빙할 수 있는 서류 사본 각 1부
2. 감면신청서 1부
3. 비과세확인서 1부
4. 기납부세액 영수증 사본 1부
5. 위임장 1부(대리인에 한합니다)

「지방세법」 제120조제1항, 제150조의2제1항, 제260조의4, 동법 시행령 제86조제1항, 제104조의2제3항 및 「농어촌특별세법」 제7조의 규정에 의하여 위와 같이 신고합니다.

접수(영수)일자인

년        월        일

신고인          (서명 또는 인)<br>대리인          (서명 또는 인)

시장(군수·구청장)    귀하

위임장

위 신고인 본인은 위임받는 자에게 취득세 및 등록세신고에 관한 일체의 권리와 의무를 위임합니다.

위임자(신고인)            (인)

| 위임받는<br>자 | 성명 | | 주민등록번호 | | 위임자와의<br>관계 | |
|---|---|---|---|---|---|---|
| | 주소 | | | | 전화번호 | |

※ 위임장은 별도 서식을 사용할 수 있습니다.

---

### 접수증(취득세 및 등록세 신고서)

| 신고인(대리인) | 접수연월일 | 취득물건 신고내용 | 접수번호 |
|---|---|---|---|
| | | | |

| | 접수자 | 접수일 |
|---|---|---|
| 「지방세법」 제120조 제1항, 제150조의2 제1항, 제260조의4, 동법 시행령 제86조 제1항, 제104조의2 제3항 및 「농어촌특별세법」 제7조의 규정에 의하여 신고한 신고서의 접수증입니다. | (서명 또는 인) | |

210mm×297mm(신문용지 54g/㎡)

# 양도소득과세표준 신고 및 자진납부계산서
(□예정신고, □확정신고, □수정신고, □기한 후 신고)

| 관리번호 | - |
| --- | --- |

| ① 신고인 (양도인) | 성 명 | | 주민등록번호 | | 전자우편주소 | |
| --- | --- | --- | --- | --- | --- | --- |
| | 주 소 | | | | 전화번호 | |

| ② 양수인 | 성 명 | 주민등록번호 | 양도자산 소재지 | 지분 | 양도인과의 관계 |
| --- | --- | --- | --- | --- | --- |
| | | | | | |

| ③ 세율구분 | 코 드 | 합 계 | 국내분 소계 | - | - | - | 국외분 소계 |
| --- | --- | --- | --- | --- | --- | --- | --- |
| ④ 양 도 소 득 금 액 | | | | | | | |
| ⑤ 기신고·결정·경정된 양도소득금액 합계 | | | | | | | |
| ⑥ 양 도 소 득 기 본 공 제 | | | | | | | |
| ⑦ 과 세 표 준 ( ④ + ⑤ - ⑥ ) | | | | | | | |
| ⑧ 세 율 | | | | | | | |
| ⑨ 산 출 세 액 | | | | | | | |
| ⑩ 감 면 세 액 | | | | | | | |
| ⑪ 외 국 납 부 세 액 공 제 | | | | | | | |
| ⑫ 예 정 신 고 납 부 세 액 공 제 | | | | | | | |
| ⑬ 원 천 징 수 세 액 공 제 | | | | | | | |
| ⑭ 수 정 신 고 가 산 세 등 | | | | | | | |
| ⑮ 기신고·결정·경정세액 | | | | | | | |
| ⑯ 자 진 납 부 할 세 액 ( ⑨-⑩-⑪-⑫-⑬+⑭-⑮ ) | | | | | | | |
| ⑰ 분 납 ( 물 납 ) 할 세 액 | | | | | | | |
| ⑱ 자 진 납 부 세 액 | | | | | | | |
| ⑲ 환 급 세 액 | | | | | | | |

| 농어촌특별세 자진납부계산서 | | 주민세 자진납부계산서 | |
| --- | --- | --- | --- |
| ⑳ 소 득 세 감 면 세 액 | | ㉙ 소 득 세 자 진 납 부 할 세 액 | |
| ㉑ 세 율 | | ㉚ 세 율 | |
| ㉒ 산 출 세 액 | | ㉛ 산 출 세 액 | |
| ㉓ 수 정 신 고 가 산 세 등 | | ㉜ 자 진 납 부 세 액 | |
| ㉔ 기신고·결정·경정세액 | | ㉝ 환 급 세 액 | |
| ㉕ 자 진 납 부 할 세 액 | | 환급금 계좌신고 | |
| ㉖ 분 납 할 세 액 | | ㉞ 금 융 기 관 명 | |
| ㉗ 자 진 납 부 세 액 | | ㉟ 계 좌 번 호 | |
| ㉘ 환 급 세 액 | | | |

신고인은 「소득세법」 제105조(예정신고)·제110조(확정신고), 「국세기본법」 제45조(수정신고)·제45조의3(기한후신고), 「농어촌특별세법」 제7조 및 「지방세법」 제177조의4에 따라 신고하며, 위 내용을 충분히 검토하였고 신고인이 알고 있는 사실 그대로를 정확하게 적었음을 확인합니다.

　　　　　　년　　　　월　　　　일
신고인　　　　　　(서명 또는 인)

세무대리인은 조세전문자격자로서 위 신고서를 성실하고 공정하게 작성하였음을 확인합니다.
세무대리인　　　　　　(성명 또는 인)

**세무서장** 귀하

| | 신고인 제출서류 | 담당공무원 확인사항 | 접수일자인 |
| --- | --- | --- | --- |
| 첨부서류 | 1. 양도소득금액계산명세서(부표1 또는 부표2) 1부<br>2. 매매계약서 1부<br>3. 필요경비에 관한 증빙서류 및 부표3 각1부<br>4. 감면신청서 및 수용확인서 등 1부<br>5. 기타 양도소득세 계산에 필요한 서류 1부 | 1. 토지 및 건물등기부등본 1부<br>2. 토지 및 건축물대장등본 1부<br>※ 담당공무원의 확인에 동의하지아니하는 경우 신고인이 직접제출하여야 함 | |

본인은 이 건 업무처리와 관련하여「전자정부법」 제21조제1항에 따른 행정정보의 공동이용을 통하여 담당공무원이 위의 담당공무원 확인사항을 확인하는 것에 동의합니다.

　　　　　　신고인　　　　　　　　　　(서명 또는 인)

| 세무대리인 | 성명(상호) | | 사업자번호 | | 전화번호 | |
| --- | --- | --- | --- | --- | --- | --- |

210mm×297mm(일반용지 60g/㎡(재활용품))

<table>
<tr><td colspan="8" rowspan="2">재산세 (    납 세 의 무 자    과 세 대 상    ) 변동신고서</td><td>처리기간</td></tr>
<tr><td>즉시</td></tr>
</table>

| 납 세<br>의 무 자 | ① 성 명<br>(법인명) | | | | | | ② 주민(법인)<br>등 록 번 호 | |
|---|---|---|---|---|---|---|---|---|
| | ③ 주 소 | | | | | | ④ 전 화 번 호 | |

| ⑤재산소재지 | ⑥<br>재산종류 | ⑦용도(지목/구조) | | ⑧ 면 적<br>(수 량) | ⑨ 취득<br>일 자 | ⑩ 변 동 사 유 | | ⑪ 소 유 자 | |
|---|---|---|---|---|---|---|---|---|---|
| | | 공부상 | 현 황 | | | 연 월 일 | 사 유 | 사실상 | 공부상 |
| | | | | | | | | | |

「지방세법」 제194조 제1항 및 동법 시행규칙 제79조의 규정에 의하여 위와 같이 신고합니다.

년    월    일

주소

신고인                                     (서명 또는 인)

시장(군수·구청장)        귀하

| ※ 첨부서류 : 없음(다만, 증빙자료가 필요시 제출) | 수수료 |
|---|---|
| | 없음 |

210mm×297mm(신문용지 54g/㎡(재활용지))

[별지 제54호 서식]

(앞 쪽)

※ ① 관리번호 　—

# 주 식 등 변 동 상 황 명 세 서

세무서 : 코드　—

| ② 법 인 명 | | ③ 사업자등록번호 | | ④ 대 표 자 | |
| --- | --- | --- | --- | --- | --- |
| ⑤ 상 장 변 경 일 | | ⑥ 합병·분할일 | | ⑦ 사 업 년 도 | ． ． ～ ． ． |

| 자 본 금 (출 자 금) 변 동 상 황 | | | | | | | | | | | | |
| --- | --- | --- | --- | --- | --- | --- | --- | --- | --- | --- | --- | --- |
| ⑧ 일자 | ⑨ 원인 코드 | 증가(감소)한 주식의 내용 | | | | ⑭ 증가(감소) 자본금 | ⑧ 일 자 | ⑨ 원인 코드 | 증가(감소)한 주식의 내용 | | | | ⑭ 증가(감소) 자본금 |
| | | ⑩ 종류 | ⑪ 주식수 (출자좌수) | ⑫ 주당 액면가액 | ⑬ 주당발행 (인수)가액 | | | | ⑩ 종류 | ⑪ 주식수 (출자좌수) | ⑫ 주당 액면가액 | ⑬ 주당발행 (인수)가액 | |
| ⑮ 기초 | | | | | | | | | | | | |
| | | | | | | | ． ． | | | | | |
| | | | | | | | ． ． | | | | | |
| ． ． | | | | | | | ． ． | | | | | |
| ． ． | | | | | | | ⑯ 기 말 | | | | | |

| ⑰ 일련 번호 | 주 주·출 자 자 | | | 기 초 | 변 동 상 황(주식수·출자좌수) | | | | | | | | | | | | | 기 말 | | ㊲ 지배주주 와의 관계코드 |
| --- | --- | --- | --- | --- | --- | --- | --- | --- | --- | --- | --- | --- | --- | --- | --- | --- | --- | --- | --- | --- |
| | ⑱ 구분 | ⑲ 성 명 (법인명) | ⑳ 주민등록번호 (사업자번호) | ㉑ 주식수 (출자좌수) | 증 가 주 식 수(출자좌수) | | | | | | | 감 소 주 식 수(출자좌수) | | | | | ㉟ 주식수 (출자좌수) | ㊱ 지분율 | |
| | | | | | ㉒ 지분율 | ㉓ 양수 | ㉔ 유상증자 | ㉕ 무상증자 | ㉖ 상속 | ㉗ 증여 | ㉘ 전환 사채 등 출자전환 | ㉙ 기타 | ㉚ 양도 | ㉛ 상속 | ㉜ 증여 | ㉝ 감자 | ㉞ 기타 | | | |
| 01 | 합계 | | | | | | | | | | | | | | | | | | | |
| 02 | 제출의무면제 주주 소계 | | | | | | | | | | | | | | | | | | | |
| 03 | | | | | | | | | | | | | | | | | | | | 00 |
| 04 | | | | | | | | | | | | | | | | | | | | |
| 05 | | | | | | | | | | | | | | | | | | | | |
| 06 | | | | | | | | | | | | | | | | | | | | |
| 07 | | | | | | | | | | | | | | | | | | | | |
| 08 | | | | | | | | | | | | | | | | | | | | |
| 09 | | | | | | | | | | | | | | | | | | | | |
| 지배주주와 관계 | 본인(00)　배우자(01)　자(02)　부모(03)　형제자매(04)　손(05)　조부모(06)　02~06의 배우자(07)　01~07이외의 친족(08)　기타(09) | | | | | | | | | | | | | | | | | | | |

「법인세법」 제60조 및 같은 법 제119조, 같은 법 시행령 제97조 및 제161조에 따라 위와 같이 주식등변동상황명세서를 제출합니다.

세 무 서 장 귀하　　　　　　대 표 자　　　　(서명 또는 인)

297mm×210mm(신문용지 54g/㎡ (재활용품))

[별지 제2호(병) 서식]

## 증권거래세 과세표준신고서
### (「증권거래세법」 제3조제3호에 따른 납세의무자용)

(    년    분기분)

처리기간 즉시

| 납 세 의무자 | ①상호(법인명) | | ②주민(법인)등록번호 | |
|---|---|---|---|---|
| | ③성명(대표자) | | ④ 전 화 번 호 | |

거래자인적사항

| 양도자 | ⑤ 성 명 ( 법 인 명 ) | 양수자 | ⑥ 성 명 ( 법 인 명 ) |
|---|---|---|---|
| | ⑦주민(법인)등록번호 | | ⑧주민(법인)등록번호 |
| | ⑨ 사 업 자 등 록 번 호 | | ⑩ 사 업 자 등 록 번 호 |
| | ⑪주소(본점소재지) | | ⑫주소(본점소재지) |

신고내용

| ⑬양도 연월일 | ⑭주권·지분 발행법인 | | ⑮주권 등의 종류 | ⑯ 주식수 | ⑰ 1주당 가액 | ⑱ 과세표준 | ⑲ 세율 | ⑳ 산출세액 | ㉑ 가산세 | ㉒ 납부할세액 |
|---|---|---|---|---|---|---|---|---|---|---|
| | 법인명 | 사업자등록번호 | | | | | | | | |
| | | | | | | | 5/1000 | | | |
| | | | | | | | 5/1000 | | | |
| | | | | | | | 5/1000 | | | |
| | | | | | | | 5/1000 | | | |
| 합계 | | | | | | | | | | |

「증권거래세법」 제10조 제1항에 따라 위와 같이 신고합니다.

년    월    일

신고인          (서명 또는 인)

세무서장 귀하

수납인

※ 납세의무자 : 양도자가 내국인인 경우에는 양도자가 납세의무자이고, 양도자가 국내사업장을 가지고 있지 아니한 비거주자 또는 국내사업장을 가지고 있지 아니한 외국법인인 경우에는 양수자가 납세의무자입니다.

※ 구비서류 : 주권 또는 지분의 매매계약서사본 1부

수수료 없음

297㎜×210㎜

(일반용지 60 g / ㎡(재활용품))

# 증여세과세표준신고 및 자진납부계산서
## ( 기본세율 적용 증여재산 신고용 )

| ① 관리번호 | - |
| --- | --- |

| 수증자 | ② 성 명 |  | ③ 주민등록번호 |  | 전자우편주소 |  |
| --- | --- | --- | --- | --- | --- | --- |
|  | ④ 주 소 |  | (☎ | ) | ⑤ 증여자와의 관계 |  |
| 증여자 | ⑥ 성 명 |  | ⑦ 주민등록번호 |  |  |  |
|  | ⑧ 주 소 |  |  |  | (☎ | ) |

| 증 여 재 산 | | | | | | |
| --- | --- | --- | --- | --- | --- | --- |
| ⑨ 증여일 | ⑩ 종 류 | ⑪ 소 재 지<br>국외재산국가명 | | ⑫ 수 량<br>( 면 적 ) | ⑬ 단 가 | ⑭ 금 액 |
|  |  |  |  |  |  |  |
|  |  |  |  |  |  |  |
| 계 |  |  |  |  |  |  |

| 구 분 | 금 액 | 구 분 | 금 액 |
| --- | --- | --- | --- |
| ⑮ 증 여 재 산 가 액 |  | ㉝ 문화재 등 징수유예세액 |  |
| ⑯ 증 여 재 산 가 산 액<br>(「상속세 및 증여세법」 제47조제2항) |  | 세액공제 ㉞ 세 액 공 제 합 계 |  |
| ⑰ 비 과 세 재 산 가 액 |  | ㉟ 기 납 부 세 액<br>(「상속세 및 증여세법」 제58조) |  |
| 과세가액<br>불산입 | ⑱ 공 익 법 인 출 연 재 산 가 액<br>(「상속세 및 증여세법」 제48조) |  | ㊱ 외 국 납 부 세 액 공 제<br>(「상속세 및 증여세법」 제59조) |  |
|  | ⑲ 공 익 신 탁 재 산 가 액<br>(「상속세 및 증여세법」 제52조) |  | ㊲ 신 고 세 액 공 제<br>(「상속세 및 증여세법」 제69조) |  |
|  | ⑳ 장 애 인 신 탁 재 산 가 액<br>(「상속세 및 증여세법」 제52조의2) |  | ㊳ 그 밖의 공제 · 감면세액 |  |
| ㉑ 채 무 액 |  | ㊴ 신 고 불 성 실 가 산 세 |  |
| ㉒ 증 여 세 과 세 가 액<br>( ⑮ + ⑯ - ⑰ - ⑱ - ⑲ - ⑳ - ㉑ ) |  | ㊵ 납 부 불 성 실 가 산 세 |  |
| 증여<br>재산공제 | ㉓ 배 우 자 |  | ㊶ 차 가 감 자 진 납 부 할 세 액<br>( ㉜ - ㉝ - ㉞ + ㊴ + ㊵ ) |  |
|  | ㉔ 직 계 존 비 속 |  | 납 부 방 법　납부 및 신청일자 |  |
|  | ㉕ 그 밖 의 친 족 |  |  |  |
| ㉖ 재해손실공제(「상속세 및 증여세법」 제54조) |  | ㊷ 연 부 연 납 |  |
| ㉗ 감 정 평 가 수 수 료 |  | ㊸ 물 납 |  |
| ㉘ 과 세 표 준 ( ㉒ - ㉓ - ㉔ - ㉕ - ㉖ - ㉗ ) |  | 현금 ㊹ 분 납 |  |
| ㉙ 세 율 |  | ㊺ 신 고 납 부 |  |
| ㉚ 산 출 세 액 |  |  |  |
| ㉛ 세대생략가산액(「상속세 및 증여세법」 제57조) |  |  |  |
| ㉜ 산 출 세 액 계 ( ㉚ + ㉛ ) |  |  |  |

「상속세 및 증여세법」 제68조 및 같은 법 시행령 제65조제1항에 따라 증여세 과세표준신고 및 자진납부계산서를 제출합니다.

년 　 월 　 일

신 고 인 　　　　(서명 또는 인)

세무대리인 　　(서명 또는 인) 　(관리번호 : 　　　☎ 　　　　)

세무서장 귀하

| 구비서류 | 신고인 제출서류 | 담당 공무원 확인사항<br>(담당 공무원의 확인에 동의하지 아니하는 경우<br>신고인이 직접 제출하여야 하는 서류) |
| --- | --- | --- |
|  | 1. 증여재산 및 평가명세서(부표) 1부<br>2. 채무사실 등 그 밖의 입증서류 1부 | 증여자 및 수증자 관계를 알 수 있는<br>가족관계등록부(1부) |

본인은 이 건 업무처리와 관련하여 「전자정부법」 제21조제1항에 따른 행정정보의 공동이용을 통하여 담당 공무원이 위의 담당 공무원 확인사항을 확인하는 것에 동의합니다.

신고인 　　　　(서명 또는 인)

# 증여세과세표준신고 및 자진납부계산서
## (창업자금 등 특례세율 적용 증여재산 신고용)

| ① 관 리 번 호 | - |
|---|---|

| 수 증 자 | ② 성  명 | | ③ 주 민 등 록 번 호 | 전 자 우 편 주 소 |
|---|---|---|---|---|
| | ④ 주  소 | (☎          ) | | ⑤ 증여자와의 관계 |
| 증 여 자 | ⑥ 성  명 | | ⑦ 주민등록번호 | |
| | ⑧ 주  소 | | | (☎              ) |

### 증 여 재 산

| ⑨ 증 여 일 | ⑩ 종  류 | ⑪ 소  재  지 / 국 외 재 산 / 국 가 명 | ⑫ 수량(면적) | ⑬ 단  가 | ⑭ 금  액 |
|---|---|---|---|---|---|
| | | | | | |
| | | | | | |
| | | | | | |
| 계 | | | | | |

| 구  분 | | ⑮당해 증여재산 | 금 액 | 구  분 | | 금 액 |
|---|---|---|---|---|---|---|
| 증여세 과세가액 | 창 업 자 금 (「조세특례제한법」제30조의5) | ⑮당해 증여재산 (부표 ⑮가액) | | 세 액 공 제 | ㉖ 세 액 공 제 합 계 (㉗+㉘) | |
| | | ⑯가산 증여재산 (부표 ⑩가액) | | | ㉗ 기 납 부 세 액 (「상속세 및 증여세법」제58조) | |
| | 가업승계주식등 (「조세특례제한법」제30조의6) | ⑰당해 증여재산 (부표 ⑮가액) | | | ㉘ 외 국 납 부 세 액 공 제 (「상속세 및 증여세법」제59조) | |
| | | ⑱가산 증여재산 (부표 ⑩가액) | | | ㉙ 신 고 불 성 실 가 산 세 | |
| | ⑲ 합 계 (⑮+⑯ 또는 ⑰+⑱) | | | ㉚ 납 부 불 성 실 가 산 세 | | |
| ⑳ 증 여 재 산 공 제 | | | | ㉛ 차 가 감 자 진 납 부 할 세 액 (㉕ - ㉖ + ㉙ + ㉚) | | |
| ㉑ 재 해 손 실 공 제 (「상속세 및 증여세법」 제54조) | | | | | | |
| ㉒ 감 정 평 가 수 수 료 | | | | 납 부 방 법 | 납부 및 신청일자 | |
| ㉓ 과 세 표 준 (⑲-⑳-㉑-㉒) | | | | ㉜ 물      납 | | |
| ㉔ 세      율 | | | 10% | 현금 | ㉝ 분      납 | |
| ㉕ 산 출 세 액 | | | | | ㉞ 신 고 납 부 | |

「상속세 및 증여세법」 제68조 및 같은 법 시행령 제65조 제1항에 따라 증여세 과세표준신고 및 자진납부계산서를 제출합니다.

년      월      일

신 고 인            (서명 또는 인)

세무대리인        (서명 또는 인)      (관리번호 :          ☎            )

세무서장 귀하

| 구 비 서 류 | 신고인 제출서류 | 담당 공무원 확인사항 (담당 공무원의 확인에 동의하지 아니하는 경우 신고인이 직접 제출하여야 하는 서류) |
|---|---|---|
| | 1. 증여재산평가 및 과세가액계산명세서(부표) 1부 2. 채무사실 등 그 밖의 입증서류 1부 3. 창업자금 특례신청서 또는 가업승계 주식 등 증여세 과세특례 적용신청서 1부. | 증여자 및 수증자 관계를 알 수 있는 가족관계등록부(각 1부) |

본인은 이 건 업무처리와 관련하여 「전자정부법」 제21조 제1항에 따른 행정정보의 공동이용을 통하여 담당 공무원이 위의 담당 공무원 확인사항을 확인하는 것에 동의합니다.

신고인                (서명 또는 인)

210mm×297mm(신문용지 54g/㎡ (재활용품))

# 상속세과세표준신고 및 자진납부계산서

| ① 관 리 번 호 | － |
|---|---|

| 신고인 | ② 성 명 | | ③ 주민등록번호 | | 피상속인과의 관 계 | |
|---|---|---|---|---|---|---|
| | ④ 주 소 | | ( ☎ ) | | 전자우편 주소 | |

| 피상속인 | ⑤ 성 명 | | ⑥ 주민등록번호 | |
|---|---|---|---|---|
| | ⑦ 주 소 | | | |

| ⑧ 상 속 원 인 | | ⑨ 상 속 개 시 일 | |
|---|---|---|---|

| 구 분 | 금 액 | 구 분 | 금 액 |
|---|---|---|---|
| ⑩ 상 속 세 과 세 가 액 | | ㉔ 신 고 불 성 실 가 산 세 | |
| ⑪ 상 속 공 제 액 | | ㉕ 납 부 불 성 실 가 산 세 | |
| ⑫ 과 세 표 준 (⑩-⑪) | | ㉖ 차 가 감 납 부 할 세 액<br>( ⑯ - ⑰ - ⑱ + ㉔ + ㉕ ) | |
| ⑬ 세 율 | | 납 부 방 법 ｜ 납부·신청일자 | |
| ⑭ 산 출 세 액 | | ㉗ 연 부 연 납 세 액 | |
| ⑮ 세 대 생 략 가 산 액<br>(「상속세 및 증여세법」 제27조) | | ㉘ 물 납 | |
| ⑯ 산 출 세 액(⑭+⑮) | | 현 금 ｜ ㉙ 분 납 | |
| ⑰ 문 화 재 등 징 수 유 예 세 액 | | 현 금 ｜ ㉚ 신고납부 | |

| 세액공제 | ⑱ 계 ( ⑲ + ⑳ + ㉑ + ㉒ + ㉓ ) | |
|---|---|---|
| | ⑲ 증여세액공제 ｜ 소 계 | |
| | ⑲ 증여세액공제 ｜ 「상속세 및 증여세법」 제28조 | |
| | ⑲ 증여세액공제 ｜ 「조세특례제한법」 제30조의5 및 제30조의6 | |
| | ⑳ 외 국 납 부 세 액 공 제<br>(「상속세 및 증여세법」 제29조) | |
| | ㉑ 단 기 세 액 공 제<br>(「상속세 및 증여세법」 제30조) | |
| | ㉒ 신 고 세 액 공 제<br>(「상속세 및 증여세법」 제69조) | |
| | ㉓ 그 밖 의 공 제 | |

「상속세 및 증여세법」제67조 및 같은 법 시행령 제64조제1항에 따라 상속세과세표준신고 및 자진납부계산서를 제출합니다.

　　　　　　　　　년　월　일

　신 고 인　　　　　(서명 또는 인)
　세무대리인　　　　(서명 또는 인)
　(관리번호 :　　　☎　　　　)

　　세무서장 귀하

| 구비서류 | 신고인 제출서류 | 담당 공무원 확인사항<br>(담당 공무원의 확인에 동의하지 아니하는 경우 신고인이 직접 제출하여야 하는 서류) |
|---|---|---|
| | 1. 피상속인의 가족관계증명서 1부<br>2. 상속세과세가액계산명세서(부표 1) 1부<br>3. 상속인별 상속재산 및 평가명세서(부표 2) 1부<br>4. 채무·공과금·장례비용 및 상속공제 명세서(부표 3) 1부<br>5. 상속개시 전 1(2)년 이내 재산처분·채무부담 내역 및 사용처소명명세서(부표 4) 1부 | 상속인의 가족관계증명서 (1부) |

본인은 이 건 업무처리와 관련하여 「전자정부법」 제21조제1항에 따른 행정정보의 공동이용을 통하여 담당 공무원이 위의 담당 공무원 확인사항을 확인하는 것에 동의합니다.
　　　　　　　　　　　　　　　　　　　신고인　　　　　(서명 또는 인)

210㎜×297㎜(신문용지 54g/㎡ (재활용품))

# 공익법인 출연재산 등에 대한 보고서

## 1. 인적사항

| ①공 익 법 인 명 | | ②사업자등록번호<br>( 고 유 번 호 ) | |
| --- | --- | --- | --- |
| ③대　　표　　자 | | ④사 업 연 도 | |
| ⑤소　　재　　지 | | ⑥전 자 우 편 주 소 | |
| | | ⑦전 화 번 호 | |
| ⑧공 익 사 업 유 형 | 1.학교　2.학술·장학　3.사회복지　4.의료　5.종교　6.문화　7.기타 | | |
| ⑨외부세무확인대상 | 1.여　　2.부 | ⑩수익사업 운영 | 1.여　　2.부 |

## 2. 자산보유현황

| ⑪총 자 산 가 액<br>( ⑫+⑬+⑭+⑮+⑯) | ⑫토　　지 | ⑬건　　　　물 | ⑭주 식 · 출 자<br>지 분　　　등 | ⑮예금·적금<br>등 금 융 자 산 | ⑯기　　　타 |
| --- | --- | --- | --- | --- | --- |
| | | | | | |

## 3. 수입원천별 수입금액현황

| 구분 | ⑰합계<br>(⑱+㉒+<br>㉕+㉖) | 금융 | | | | 부동산 | | | ㉕<br>수익<br>사업 | ㉖<br>기타 |
| --- | --- | --- | --- | --- | --- | --- | --- | --- | --- | --- |
| | | ⑱<br>소계 | ⑲<br>이자 | ⑳<br>배당 | ㉑<br>기타 | ㉒<br>소계 | ㉓<br>임대 | ㉔<br>매각 | | |
| 수입금액 | | | | | | | | | | |
| 필요경비 | | | | | | | | | | |
| 소득금액 | | | | | | | | | | |

　「상속세 및 증여세법」 제48조 제5항 및 같은 법 시행령 제41조에 따라 공익법인 출연재산 등에 대한 보고서를 제출합니다.

년　　월　　일

제출자　　　　　　　　(서명 또는 인)

　　세무서장　귀하

## ※ 구비서류

1. 출연재산 · 운용소득 · 매각대금의 사용계획 및 진도내역서(별지 제24호 서식)
2. 출연받은 재산의 사용명세서(별지 제25호의2 서식)
3. 출연재산 매각대금 사용명세서(별지 제25호의3 서식)
4. 운용소득 사용명세서(별지 제25호의4 서식)
5. 주식(출자지분) 보유명세서(별지 제26호 서식)
6. 이사 등 선임명세서(별지 제26호의2 서식)
7. 특정기업광고 등 명세서(별지 제26호의3 서식)
8. 공익법인 등의 세무확인서, 공익법인 등의 세무확인 결과 집계표, 출연자 등 특수관계인 사용수익명세서, 수혜자 선정 부적정명세서, 재산의 운영 및 수익사업내역 부적정명세서, 장부의 작성 · 비치의무 불이행명세서, 보유부동산명세서(외부전문가 세무확인대상인 경우로 한정합니다)

# 가림출판사 · 가림M&B · 가림Let's에서 나온 책들

## 문 학

**바늘구멍**
켄 폴리트 지음 / 홍영의 옮김
신국판 / 342쪽 / 5,300원

**레베카의 열쇠**
켄 폴리트 지음 / 손연숙 옮김
신국판 / 492쪽 / 6,800원

**암병선**
니시무라 쥬코 지음 / 홍영의 옮김
신국판 / 300쪽 / 4,800원

**첫키스한 얘기 말해도 될까**
김정미 외 7명 지음 / 신국판 / 228쪽 / 4,000원

**사미인곡 上·中·下**
김충호 지음 / 신국판 / 각 권 5,000원

**이내의 끝자리**
박수완 스님 지음 / 국판변형 / 132쪽 / 3,000원

**너는 왜 나에게 다가서야 했는지**
김충호 지음 / 국판변형 / 124쪽 / 3,000원

**세계의 명언**
편집부 엮음 / 신국판 / 322쪽 / 5,000원

**여자가 알아야 할 101가지 지혜**
제인 아서 엮음 / 지창영 옮김
4×6판 / 132쪽 / 5,000원

**현명한 사람이 읽는 지혜로운 이야기**
이정민 엮음 / 신국판 / 236쪽 / 6,500원

**성공적인 표정이 당신을 바꾼다**
마츠오 도오루 지음 / 홍영의 옮김
신국판 / 240쪽 / 7,500원

**태양의 법**
오오카와 류우호오 지음 / 민병수 옮김
신국판 / 246쪽 / 8,500원

**영원의 법**
오오카와 류우호오 지음 / 민병수 옮김
신국판 / 240쪽 / 8,000원

**석가의 본심**
오오카와 류우호오 지음 / 민병수 옮김
신국판 / 246쪽 / 10,000원

**옛 사람들의 재치와 웃음**
강형중 · 김경익 편저 / 신국판 / 316쪽 / 8,000원

**지혜의 쉼터**
쇼펜하우어 지음 / 김충호 엮음
4×6판 양장본 / 160쪽 / 4,300원

**헤세가 너에게**
헤르만 헤세 지음 / 홍영의 엮음
4×6판 양장본 / 144쪽 / 4,500원

**사랑보다 소중한 삶의 의미**
크리슈나무르티 지음 / 최윤영 엮음
신국판 / 180쪽 / 4,000원

**장자-어찌하여 알 속에 털이 있다 하는가**
홍영의 엮음 / 4×6판 / 180쪽 / 4,000원

**논어-배우고 때로 익히면 즐겁지 아니한가**
신도희 엮음 / 4×6판 / 180쪽 / 4,000원

**맹자-가까이 있는데 어찌 먼 데서 구하려 하는가**
홍영의 엮음 / 4×6판 / 180쪽 / 4,000원

**아름다운 세상을 만드는 사랑의 메시지 365**
DuMont monte Verlag 엮음 / 정성호 옮김
4×6판 변형 양장본 / 240쪽 / 8,000원

**황금의 법**
오오카와 류우호오 지음 / 민병수 옮김
신국판 / 320쪽 / 12,000원

**왜 여자는 바람을 피우는가?**
기젤라 룬테 지음 / 김현성 · 진정미 옮김
국판 / 200쪽 / 7,000원

**세상에서 가장 아름다운 선물**
김인자 지음 / 국판변형 / 292쪽 / 9,000원

**수능에 꼭 나오는 한국 단편 33**
윤종필 엮음 / 신국판 / 704쪽 / 11,000원

**수능에 꼭 나오는 한국 현대 단편 소설**
윤종필 엮음 및 해설 / 신국판 / 364쪽 / 11,000원

**수능에 꼭 나오는 세계단편(영미권)**
지창영 옮김 / 윤종필 엮음 및 해설
신국판 / 328쪽 / 10,000원

**수능에 꼭 나오는 세계단편(유럽권)**
지창영 옮김 / 윤종필 엮음 및 해설
신국판 / 360쪽 / 11,000원

**대왕세종 1·2·3**
박충훈 지음 / 신국판 / 각 권 9,800원

**세상에서 가장 소중한 아버지의 선물**
최은경 지음 / 신국판 / 144쪽 / 9,500원

## 건 강

**아름다운 피부미용법**
이순희(한독피부미용학원 원장) 지음
신국판 / 296쪽 / 6,000원

**버섯건강요법**
김병각 외 6명 지음 / 신국판 / 286쪽 / 8,000원

**성인병과 암을 정복하는 유기게르마늄**
이상현 편저 / 캬오 샤오이 감수
신국판 / 312쪽 / 9,000원

**난치성 피부병**
생약효소연구원 지음 / 신국판 / 232쪽 / 7,500원

**新 방약합편**
정도명 편역 / 신국판 / 416쪽 / 15,000원

**자연치료의학**
오홍근(신경정신과 의학박사 · 자연의학박사) 지음
신국판 / 472쪽 / 15,000원

**약초의 활용과 가정한방**
이인성 지음 / 신국판 / 384쪽 / 8,500원

**역전의학**
이시하라 유미 지음 / 유태종 감수
신국판 / 286쪽 / 8,500원

**이순희식 순수피부미용법**
이순희(한독피부미용학원 원장) 지음
신국판 / 304쪽 / 7,000원

**21세기 당뇨병 예방과 치료법**
이현철(연세대 의대 내과 교수) 지음
신국판 / 360쪽 / 9,500원

**신재용의 민의학 동의보감**
신재용(해성한의원 원장) 지음 / 신국판 / 476쪽 / 10,000원

**치매 알면 치매 이긴다**
배오성(백성한방병원 원장) 지음
신국판 / 312쪽 / 10,000원

**21세기 건강혁명 밥상 위의 보약 생식**
최경순 지음 / 신국판 / 348쪽 / 9,800원

**기치유와 기공수련**
윤한홍(기치유 연구회 회장) 지음
신국판 / 340쪽 / 12,000원

**만병의 근원 스트레스 원인과 퇴치**
김지혁(김지혁한의원 원장) 지음
신국판 / 324쪽 / 9,500원

**김종성 박사의 뇌졸중 119**
김종성 지음 / 신국판 / 356쪽 / 12,000원

**탈모 예방과 모발 클리닉**
장정훈 · 전재홍 지음 / 신국판 / 252쪽 / 8,000원

**구태규의 100% 성공 다이어트**
구태규 지음 / 4×6배판 변형 / 240쪽 / 9,900원

**암 예방과 치료법**
이춘기 지음 / 신국판 / 296쪽 / 11,000원

**알기 쉬운 위장병 예방과 치료법**
민영일 지음 / 신국판 / 328쪽 / 9,900원

**이온 체내혁명**
노보루 야마노이 지음 / 김병관 옮김
신국판 / 272쪽 / 9,500원

**어혈과 사혈요법**
정지천 지음 / 신국판 / 308쪽 / 12,000원

**약손 경락마사지로 건강미인 만들기**
고정환 지음 / 4×6배판 변형 / 284쪽 / 15,000원

**정유정의 LOVE DIET**
정유정 지음 / 4×6배판 변형 / 196쪽 / 10,500원

**머리에서 발끝까지 예뻐지는 부분다이어트**
신상만 · 김선민 지음 / 4×6배판 변형
196쪽 / 11,000원

**알기 쉬운 심장병 119**
박승정 지음 / 신국판 / 248쪽 / 9,000원

**알기 쉬운 고혈압 119**
이정균 지음 / 신국판 / 304쪽 / 10,000원

**여성을 위한 부인과질환의 예방과 치료**
차선희 지음 / 신국판 / 304쪽 / 10,000원

**알기 쉬운 아토피 119**
이승규 · 임승엽 · 김문호 · 안유일 지음
신국판 / 232쪽 / 9,500원

**120세에 도전한다**
이권행 지음 / 신국판 / 308쪽 / 11,000원

**건강과 아름다움을 만드는 요가**
정판식 지음 / 4×6배판 변형 / 224쪽 / 14,000원

**우리 아이 건강하고 아름다운 롱다리 만들기**
김성훈 지음 / 대국전판 / 236쪽 / 10,500원

**알기 쉬운 허리디스크 예방과 치료**
이종서 지음 / 대국전판 / 328쪽 / 12,000원

**소아과 전문의에게 듣는 알기 쉬운 소아과 119**
신영규 · 이강우 · 최성항 지음
4×6배판 변형 / 280쪽 / 14,000원

**피가 맑아야 건강하게 오래 살 수 있다**
김영찬 지음 / 신국판 / 256쪽 / 10,000원

**웰빙형 피부 미인을 만드는 나만의 셀프 피부건강**
양해원 지음 / 대국전판 / 144쪽 / 10,000원

**내 몸을 살리는 생활 속의 웰빙 항암 식품**
이승남 지음 / 대국전판 / 248쪽 / 9,800원

**마음한글, 느낌한글**
박완식 지음 / 4×6배판 / 300쪽 / 15,000원

**웰빙 동의보감식 발마사지 10분**
최미희 지음 / 신재용 감수
4×6배판 변형 / 204쪽 / 13,000원

**아름다운 몸, 건강한 몸을 위한 목욕 건강 30분**
임하성 지음 / 대국전판 / 176쪽 / 9,500원

**내가 만드는 한방생주스 60**
김영섭 지음 / 국판 / 112쪽 / 7,000원

**몸을 살리는 건강식품**
백은희 · 조창호 · 최양진 지음
신국판 / 384쪽 / 11,000원

**건강도 키우고 성적도 올리는 자녀 건강**
김진돈 지음 / 신국판 / 304쪽 / 12,000원

**알기 쉬운 간질환 119**
이관식 지음 / 신국판 / 264쪽 / 11,000원

**밥으로 병을 고친다**
허봉수 지음 / 대국전판 / 352쪽 / 13,500원

**알기 쉬운 신장병 119**
김형규 지음 / 신국판 / 240쪽 / 10,000원

마음의 감기 치료법 **우울증 119**
이민수 지음 / 대국전판 / 232쪽 / 9,800원

**관절염 119**
송영욱 지음 / 대국전판 / 224쪽 / 9,800원

내 딸을 위한 **미성년 클리닉**
강병문 · 이향아 · 최정원 지음
국판 / 148쪽 / 8,000원

암을 다스리는 **기적의 치유법**　케이 세이헤이 감수
카와키 나리카즈 지음 / 민병수 옮김 /
신국판 / 256쪽 / 9,000원

**스트레스 다스리기**
대한불안장애학회 스트레스관리연구특별위원회 지음
신국판 / 304쪽 / 12,000원

**천연 식초 건강법**
건강식품연구회 엮음 / 신재용(혜성한의원 원장) 감수
신국판 / 252쪽 / 9,000원

**암에 대한 모든 것**
서울아산병원 암센터 지음 / 신국판 / 360쪽 / 13,000원

**알록달록 컬러 다이어트**
이승남 지음 / 국판 / 248쪽 / 10,000원

**당신도 부모가 될 수 있다**
정병준 지음 / 신국판 / 268쪽 / 9,500원

**키 10cm 더 크는 키네스 성장법**
김양수 · 이종균 · 최형규 · 표재환 · 김문희 지음
대국전판 / 312쪽 / 12,000원

**당뇨병 백과**
이현철 · 송영득 · 안철우 지음
4×6배판 변형 / 396쪽 / 16,000원

**호흡기 클리닉 119**
박성학 지음 / 신국판 / 256쪽 / 10,000원

**키 쑥쑥 크는 롱다리 만들기**
롱다리 성장클리닉 원장단 지음
4×6배판 변형 / 256쪽 / 11,000원

**내 몸을 살리는 건강식품**
백은희 · 조창호 · 최양진 지음
신국판 / 368쪽 / 11,000원

**내 몸에 맞는 운동과 건강**
하철수 지음 / 신국판 / 264쪽 / 11,000원

**알기 쉬운 척추 질환 119**
김수연 지음 / 신국판 변형 / 240쪽 / 11,000원

**베스트 닥터 박승정 교수팀의 심장병 예방과 치료**
박승정 외 5인 지음 / 신국판 / 264쪽 / 10,500원

암 전이 재발을 막아주는 **한방 신치료 전략**
조종관 · 유화승 지음 / 신국판 / 308쪽 / 12,000원

**식탁 위의 위대한 혁명 사계절 웰빙 식품**
김진돈 지음 / 신국판 / 284쪽 / 12,000원

---

## 교육

**우리 교육의 창조적 백색혁명**
원상기 지음 / 신국판 / 206쪽 / 6,000원

**현대생활과 체육**
조창남 외 5명 공저 / 신국판 / 340쪽 / 10,000원

**퍼펙트 MBA**
IAE유학네트 지음 / 신국판 / 400쪽 / 12,000원

**유학길라잡이 Ⅰ - 미국편**
IAE유학네트 지음 / 4×6배판 / 372쪽 / 13,900원

**유학길라잡이 Ⅱ - 4개국편**
IAE유학네트 지음 / 4×6배판 / 348쪽 / 13,900원

**조기유학길라잡이.com**
IAE유학네트 지음 / 4×6배판 / 428쪽 / 15,000원

**현대인의 건강생활**
박상호 외 5명 공저 / 4×6배판 / 268쪽 / 15,000원

**천재아이로 키우는 두뇌훈련**
나카마츠 요시로 지음 / 민병수 옮김
국판 / 288쪽 / 9,500원

**두뇌혁명**
나카마츠 요시로 지음 / 민병수 옮김
4×6판 양장본 / 288쪽 / 12,000원

**테마별 고사성어로 익히는 한자**
김경익 지음 / 4×6배판 변형 / 248쪽 / 9,800원

**生생 공부비법**
이은승 지음 / 대국전판 / 272쪽 / 9,500원

자녀를 성공시키는 **습관만들기**
배은경 지음 / 대국전판 / 232쪽 / 9,500원

**한자능력검정시험 1급**
한자능력검정시험연구위원회 편저
4×6배판 / 568쪽 / 21,000원

**한자능력검정시험 2급**
한자능력검정시험연구위원회 편저
4×6배판 / 472쪽 / 18,000원

**한자능력검정시험 3급(3급Ⅱ)**
한자능력검정시험연구위원회 편
4×6배판 / 440쪽 / 17,000원

**한자능력검정시험 4급(4급Ⅱ)**
한자능력검정시험연구위원회 편
4×6배판 / 352쪽 / 15,000원

**한자능력검정시험 5급**
한자능력검정시험연구위원회 편저
4×6배판 / 264쪽 / 11,000원

**한자능력검정시험 6급**
한자능력검정시험연구위원회 편저
4×6배판 / 168쪽 / 8,500원

**한자능력검정시험 7급**
한자능력검정시험연구위원회 편저
4×6배판 / 152쪽 / 7,000원

**한자능력검정시험 8급**
한자능력검정시험연구위원회 편저
4×6배판 / 112쪽 / 6,000원

**볼링의 이론과 실기**
이택상 지음 / 신국판 / 192쪽 / 9,000원

**고사성어로 끝내는 천자문**
조준상 글 · 그림 / 4×6배판 / 216쪽 / 12,000원

**논술 종합 비타민**
김종원 지음 / 신국판 / 200쪽 / 9,000원

내 아이 **스타 만들기**
김민성 지음 / 신국판 / 200쪽 / 9,000원

교육 1번지 강남 엄마들의 **수험생 자녀 관리**
황송주 지음 / 신국판 / 288쪽 / 9,500원

**초등학생이 꼭 알아야 할 위대한 역사 상식**
우진영 · 이양경 지음
4×6배판 변형 / 228쪽 / 9,500원

**초등학생이 꼭 알아야 할 행복한 경제 상식**
우진영 · 전선심 지음
4×6배판 변형 / 224쪽 / 9,500원

**초등학생이 꼭 알아야 할 재미있는 과학상식**
우진영 · 정경희 지음
4×6배판 변형 / 220쪽 / 9,500원

**한자능력검정시험 3급 · 3급Ⅱ**
한자능력검정시험연구위원회 편저
4×6판 / 380쪽 / 7,500원

**교과서 속에 꼭꼭 숨어있는 이색박물관 체험**
이신화 지음 / 대국전판 / 248쪽 / 12,000원

**초등학생 독서 논술(저학년)**
책마루 독서교육연구회 지음
4×6배판 변형 / 244쪽 / 14,000원

**초등학생 독서 논술(고학년)**
책마루 독서교육연구회 지음
4×6배판 변형 / 236쪽 / 14,000원

**놀면서 배우는 경제**
김솔 지음 / 대국전판 / 196쪽 / 10,000원

**건강생활과 레저스포츠 즐기기**
강선희 외 11명 공저 / 4×6배판 / 324쪽 / 18,000원

**아이의 미래를 바꿔주는 좋은 습관**
배은경 지음 / 신국판 / 216쪽 / 9,500원

**다중지능 아이의 미래를 바꾼다**
이소영 외 6인 지음 / 신국판 / 232쪽 / 11,000원

세육악 사연과악 및 사회과악 분야의 식 · 빅사 학위 논문, 학술진흥재단 등재지, 등재후보지와 관련된 학회지 **논문 작성법**
하철수 · 김봉걸 지음 / 신국판 / 336쪽 / 15,000원

**공부가 제일 쉬운 공부 달인 되기**
이은승 지음 / 신국판 / 256쪽 / 10,000원

**글로벌 리더가 되려면 영어부터 정복하라**
서재희 지음 / 신국판 / 276쪽 / 11,500원

---

## 취미실용

김진국과 같이 배우는 **와인의 세계**
김진국 지음
국배판 변형 양장본(올컬러) / 208쪽 / 30,000원

**배스낚시 테크닉**
이종건 지음 / 4×6배판 / 440쪽 / 20,000원

**나도 디지털 전문가 될 수 있다!!!**
이승훈 지음 / 4×6배판 / 320쪽 / 19,200원

건강하고 아름다운 **동양란 기르기**
난마을 지음 / 4×6배판 변형 / 184쪽 / 12,000원

**애완견114**
황양원 엮음 / 4×6배판 변형 / 228쪽 / 13,000원

**법률 일반**

**여성을 위한 성범죄 법률상식**
조명원(변호사) 지음/ 신국판/ 248쪽 / 8,000원

**아파트 난방비 75% 절감방법**
고영근 지음 / 신국판 / 238쪽 / 8,000원

**일반인이 꼭 알아야 할 절세전략 173선**
최성호(공인회계사) 지음 / 신국판 / 392쪽 / 12,000원

변호사와 함께하는 **부동산 경매**
최환주(변호사) 지음 / 신국판 / 404쪽 / 13,000원

혼자서 쉽고 빠르게 할 수 있는 **소액재판**
김재용 · 김종철 공저 / 신국판 / 312쪽 / 9,500원

"술 한 잔 사겠다"는 말에서 찾아보는 **채권 · 채무**
변환철(변호사) 지음 / 신국판 / 408쪽 / 13,000원

알기쉬운 **부동산 세무 길라잡이**
이건우(세무서 재산계장) 지음
신국판 / 400쪽 / 13,000원

알기쉬운 **어음, 수표 길라잡이**
변환철(변호사) 지음 / 신국판 / 328쪽 / 11,000원

**제조물책임법**
강동근(변호사) · 윤종성(검사) 공저
신국판 / 368쪽 / 13,000원

알기 쉬운 **주5일근무에 따른 임금 · 연봉제 실무**
문강분(공인노무사) 지음
4×6배판 변형 / 544쪽 / 35,000원

변호사 없이 당당히 이길 수 있는 **형사소송**
김대환 지음 / 신국판 / 304쪽 / 13,000원

변호사 없이 당당히 이길 수 있는 **민사소송**
김대환 지음 / 신국판 / 412쪽 / 14,500원

혼자서 해결할 수 있는 **교통사고 Q&A**
조명원(변호사) 지음 / 신국판 / 336쪽 / 12,000원

알기 쉬운 **개인회생 · 파산 신청법**
최재구(법무사) 지음 / 신국판 / 352쪽 / 13,000원

**생활 법률**

**부동산 생활법률**의 기본지식
대한법률연구회 지음 / 김원중(변호사) 감수
신국판 / 472쪽 / 13,000원

**고소장 · 내용증명 생활법률**의 기본지식
하태웅(변호사) 지음 / 신국판 / 440쪽 / 12,000원

**노동 관련 생활법률**의 기본지식
남동희(공인노무사) 지음 / 신국판 / 528쪽 / 14,000원

**외국인 근로자 생활법률**의 기본지식
남동희(공인노무사) 지음 / 신국판 / 400쪽 / 12,000원

**계약작성 생활법률**의 기본지식
이상도(변호사) 지음 / 신국판 / 560쪽 / 14,500원

**지적재산 생활법률**의 기본지식
이상도(변호사) · 조의제(변리사) 공저
신국판 / 496쪽 / 14,000원

**부당노동행위와 부당해고 생활법률**의 기본지식
박영수(공인노무사) 지음 / 신국판 / 432쪽 / 14,000원

**주택 · 상가임대차 생활법률**의 기본지식
김운용(변호사) 지음 / 신국판 / 480쪽 / 14,000원

**하도급거래 생활법률**의 기본지식
김진홍(변호사) 지음 / 신국판 / 440쪽 / 14,000원

**이혼소송과 재산분할 생활법률**의 기본지식
박동섭(변호사) 지음 / 신국판 / 460쪽 / 14,000원

**부동산등기 생활법률**의 기본지식
정상태(법무사) 지음 / 신국판 / 456쪽 / 14,000원

**기업경영 생활법률**의 기본지식
안동섭(단국대 교수) 지음 / 신국판 / 466쪽 / 14,000원

**교통사고 생활법률**의 기본지식
박정무(변호사) · 전병찬 공저
신국판 / 480쪽 / 14,000원

**소송서식 생활법률**의 기본지식
김대환 지음 / 신국판 / 480쪽 / 14,000원

**호적 · 가사소송 생활법률**의 기본지식
정주수(법무사) 지음 / 신국판 / 516쪽 / 14,000원

**상속과 세금 생활법률**의 기본지식
박동섭(변호사) 지음 / 신국판 / 480쪽 / 14,000원

**담보 · 보증 생활법률**의 기본지식
류창호(법학박사) 지음 / 신국판 / 436쪽 / 14,000원

**소비자보호 생활법률**의 기본지식
김성천(법학박사) 지음 / 신국판 / 504쪽 / 15,000원

**판결 · 공정증서 생활법률**의 기본지식
정상태(법무사) 지음 / 신국판 / 312쪽 / 13,000원

**산업재해보상보험 생활법률**의 기본지식
정유석(공인노무사) 지음 / 신국판 / 384쪽 / 14,000원

**처 세**

성공적인 삶을 추구하는 여성들에게 **우먼파워**
조안 커너 · 모이라 레이너 공저 / 지창영 옮김
신국판 / 352쪽 / 8,800원

膳 **이익이 되는 말** 話 **손해가 되는 말**
우메시마 미요 지음 / 정성호 옮김
신국판 / 304쪽 / 9,000원

성공하는 사람들의 **화술테크닉**
민영욱 지음 / 신국판 / 320쪽 / 9,500원

**부자들의 생활습관 가난한 사람들의 생활습관**
다케우치 야스오 지음 / 홍영의 옮김
신국판 / 320쪽 / 9,800원

**코끼리 귀를 당긴 원숭이-히딩크식 창의력을 배우자**
강충인 지음 / 신국판 / 208쪽 / 8,500원

**성공하려면 유머와 위트로 무장하라**
민영욱 지음 / 신국판 / 292쪽 / 9,500원

등소평의 **오뚝이전략**
조창남 편저 / 신국판 / 304쪽 / 9,500원

**노무현 화술과 화법을 통한 이미지 변화**
이현정 지음 / 신국판 / 320쪽 / 10,000원

성공하는 사람들의 **토론의 법칙**
민영욱 지음 / 신국판 / 280쪽 / 9,500원

**사람은 칭찬을 먹고산다**
민영욱 지음 / 신국판 / 268쪽 / 9,500원

**사과의 기술**
김농주 지음 / 신국판 변형 양장본 / 200쪽 / 10,000원

**취업 경쟁력을 높여라**
김농주 지음 / 신국판 / 280쪽 / 12,000원

**유비쿼터스시대의 블루오션 전략**
최양진 지음 / 신국판 / 248쪽 / 10,000원

**나만의 블루오션 전략 - 화술편**
민영욱 지음 / 신국판 / 254쪽 / 10,000원

**희망의 씨앗을 뿌리는 20대를 위하여**
우광균 지음 / 신국판 / 172쪽 / 8,000원

**끌리는 사람이 되기위한 이미지 컨설팅**
홍순아 지음 / 대국전판 / 194쪽 / 10,000원

**글로벌 리더의 소통을 위한 스피치**
민영욱 지음 / 신국판 / 328쪽 / 10,000원

**오바마처럼 꿈에 미쳐라**
정영순 지음 / 신국판 / 208쪽 / 9,500원

**여자 30대, 내 생애 최고의 인생을 만들어라**
정영순 지음 / 신국판 / 256쪽 / 11,500원

**인맥의 달인을 넘어 인맥의 神이 되라**
서필환 · 봉은희 지음 / 신국판 / 304쪽 / 12,000원

**아임 파인(I'm Fine!)**
오오카와 류우호오 지음 / 4×6판 / 152쪽 / 8,000원

**미셸 오바마처럼 사랑하고 성공하라**
정영순 지음 / 신국판 / 224쪽 / 10,000원

**용기의 법**
오오카와 류우호오 지음 / 국판 / 208쪽 / 10,000원

**명 상**

**명상으로 얻는 깨달음**
달라이 라마 지음 / 지창영 옮김
국판 / 320쪽 / 9,000원

## 어 학

**2진법 영어**
이상도 지음 / 4×6배판 변형 / 328쪽 / 13,000원

**한 방으로 끝내는 영어**
고제윤 지음 / 신국판 / 316쪽 / 9,800원

**한 방으로 끝내는 영단어**
김승엽 지음 / 김수경 · 카렌다 감수
4×6배판 변형 / 236쪽 / 9,800원

해도해도 안 되던 영어회화 **하루에 30분씩 90일이면 끝낸다**
Carrot Korea 편집부 지음
4×6배판 변형 / 260쪽 / 11,000원

**바로 활용할 수 있는 기초생활영어**
김수경 지음 / 신국판 / 240쪽 / 10,000원

**바로 활용할 수 있는 비즈니스영어**
김수경 지음 / 신국판 / 252쪽 / 10,000원

**생존영어55**
홍일록 지음 / 신국판 / 224쪽 / 8,500원

**필수 여행영어회화**
한현숙 지음 / 4×6판 변형 / 328쪽 / 7,000원

**필수 여행일어회화**
윤영자 지음 / 4×6판 변형 / 264쪽 / 6,500원

**필수 여행중국어회화**
이은진 지음 / 4×6판 변형 / 256쪽 / 7,000원

**영어로 배우는 중국어**
김승엽 지음 / 신국판 / 216쪽 / 9,000원

**필수 여행 스페인어회화**
유연창 지음 / 4×6판 변형 / 288쪽 / 7,000원

**바로 활용할 수 있는 홈스테이 영어**
김형주 지음 / 신국판 / 184쪽 / 9,000원

**필수 여행 러시아어회화**
이은수 지음 / 4×6판 변형 / 248쪽 / 7,500원

## 여 행

우리 땅 우리 문화가 살아 숨쉬는 **옛터**
이형권 지음 / 대국전판(올컬러) / 208쪽 / 9,500원

**아름다운 산사**
이형권 지음 / 대국전판(올컬러) / 208쪽 / 9,500원

맛과 멋이 있는 낭만의 **카페**
박성찬 지음 / 대국전판(올컬러) / 168쪽 / 9,900원

한국의 숨어 있는 아름다운 **풍경**
이종원 지음 / 대국전판(올컬러) / 208쪽 / 9,900원

사람이 있고 자연이 있는 아름다운 **명산**
박기성 지음 / 대국전판(올컬러) / 176쪽 / 12,000원

마음의 고향을 찾아가는 여행 **포구**
김인자 지음 / 대국전판(올컬러) / 224쪽 / 14,000원

생명이 살아 숨쉬는 한국의 아름다운 **강**
민병준 지음 / 대국전판(올컬러) / 168쪽 / 12,000원

**틈나는 대로 세계여행**
김재관 지음
4×6배판 변형(올컬러) / 368쪽 / 20,000원

풍경 속을 걷는 즐거움 **명상 산책**
김인자 지음 / 대국전판(올컬러) / 224쪽 / 14,000원

**3. 3. 7 세계여행**
김완수 지음
4×6배판 변형(올컬러) / 280쪽 / 12,900원

## 레 포츠

수열이의 브라질 축구 탐방 **삼바 축구, 그들은 강하다**
이수열 지음 / 신국판 / 280쪽 / 8,500원

**마라톤, 그 아름다운 도전을 향하여**
빌 로저스 · 프리실라 웰치 · 조 헨더슨 공저
오인환 감수 / 지창영 옮김
4×6배판 / 320쪽 / 15,000원

**인라인스케이팅** 100%즐기기
임미숙 지음 / 4×6배판 변형 / 172쪽 / 11,000원

**스키 100% 즐기기**
김동환 지음 / 4×6배판 변형 / 184쪽 / 12,000원

**태권도 총론**
하웅의 지음 / 4×6배판 / 288쪽 / 15,000원

**수영 100% 즐기기**
김종만 지음 / 4×6배판 변형 / 248쪽 / 13,000원

건강을 위한 **웰빙 걷기**
이강옥 지음 / 대국전판 / 280쪽 / 10,000원

쉽고 즐겁게! 신나게! 배우는 **재즈댄스**
최재선 지음 / 4×6배판 변형 / 200쪽 / 12,000원

해양스포츠 **카이트보딩**
김남용 편저 / 신국판(올컬러) / 152쪽 / 18,000원

## 골 프

**퍼팅 메커닉**
이근택 지음 / 4×6배판 변형 / 192쪽 / 18,000원

**아마골프 가이드**
정영호 지음 / 4×6배판 변형 / 216쪽 / 12,000원

**골프 100타 깨기**
김준모 지음 / 4×6배판 변형 / 136쪽 / 10,000원

**골프 90타 깨기**
김광섭 지음 / 4×6배판 변형 / 148쪽 / 11,000원

**KLPGA 최여진 프로의 센스 골프**
최여진 지음
4×6배판 변형(올컬러) / 188쪽 / 13,900원

**KTPGA 김준모 프로의 파워 골프**
김준모 지음
4×6배판 변형(올컬러) / 192쪽 / 13,900원

**골프 80타 깨기**
오태훈 지음 / 4×6배판 변형 / 132쪽 / 10,000원

**신나는 골프 세상**
유웅열 지음 / 4×6배판 변형(올컬러) / 232쪽 / 16,000원

**이신 프로의 더 퍼펙트**
이신 지음 / 국배판 변형 / 336쪽 / 28,000원

**주니어출신 박영진 프로의 주니어골프**
박영진 지음
4×6배판 변형(올컬러) / 164쪽 / 11,000원

**골프손자병법**
유웅열 지음
4×6배판 변형(올컬러) / 212쪽 / 16,000원

**박영진 프로의 주말 골퍼 100타 깨기**
박영진 지음
4×6배판 변형(올컬러) / 160쪽 / 12,000원

**10타 줄여주는 클럽 피팅**
현세용 · 서주석 공저
4×6배판 변형 / 184쪽 / 15,000원

단기간에 싱글이 될 수 있는 **원포인트 레슨**
권용진 · 김준모 지음
4×6배판 변형(올컬러) / 152쪽 / 12,500원

**이신 프로의 더 퍼펙트 쇼트 게임**
이신 지음
국배판 변형(올컬러) / 248쪽 / 20,000원

인체에 가장 잘 맞는 **스킨 골프**
박길석 지음
국배판 변형 양장본(올컬러) / 312쪽 / 43,000원

## 여성 실용

**결혼준비, 이제 놀이가 된다**
김창규 · 김수경 · 김정철 지음
4×6배판 변형(올컬러) / 230쪽 / 13,000원

## 아 동

**꿈도둑의 비밀**
이소영 지음 / 신국판 / 136쪽 / 7,500원

합법적으로 확실하게
# 세금 줄이는 방법

2009년 11월 30일 제1판 1쇄 발행
2010년  2월 10일 제1판 2쇄 발행


지은이/최성호, 김기근
펴낸이/강선희
펴낸곳/가림출판사

등록/1992. 10. 6. 제4-191호
주소/서울시 광진구 구의동 57-71 부원빌딩 4층
대표전화/458-6451    팩스/458-6450
홈페이지  http://www.galim.co.kr
전자우편  galim@galim.co.kr

값  16,000원

ⓒ 최성호, 김기근, 2009

무단 복제 · 전재를 절대 금합니다.


ISBN  978-89-7895-325-2  13320

가림출판사 · 가림M&B · 가림Let's의 홈페이지(http://www.galim.co.kr)에 들어오시면 가림출판사 · 가림M&B · 가림Let's의 신간도서 및 출간 예정 도서를 포함한 모든 책들을 만나실 수 있습니다.
온라인 서점을 통하여 직접 도서 구입도 하실 수 있으며 가림 홈페이지 내에서 전국 대형 서점들의 사이트에 링크하시어 종합 신간 안내 및 각종 도서 정보, 책과 관련된 문화 정보를 받아보실 수 있습니다.
또한 홈페이지 방문시 회원으로 가입하시면 신간 안내 자료를 보내드립니다.